A. E. Johann · Die Bergwelt Kanadas

A. E. Johann

Die Bergwelt KANADAS

Langen Müller

Umschlagfoto: Wanderer im kanadischen Frühling

Vorsatzfoto: »Avalanche Plain« (Lawinen-Ebene) der sechs Gletscher im Banff Nationalpark. Gerade geht eine Lawine ab.

2., unveränderte Auflage 1978

Gesamtherstellung: Druckerei Ludwig Auer, Donauwörth
Printed in Germany 1978
ISBN 3-7844-1644-6

Inhalt

Tex Hansen vom Klinaklini,

Reiter, Jäger, Freund der Wildnis

Sah ich Gespenster, oder war es Wirklichkeit, was ich da im ersten blassen Grau des Herbstmorgens zu erkennen glaubte?
Ich war aus der Tür meines Blockhauses getreten, um das Wasser, mit dem ich mich rasiert hatte, aus der Blechschüssel zu gießen – schlecht und recht rasiert übrigens; die Petroleumlampe spendete nur ein dämmriges Licht. Wie jeden Morgen in der Wildnis des westlichen Chilcotin-Landes wollte ich Ausschau halten, ob der Tag sich freundlich anlassen würde. Es hatte gereift. Eisbordüren säumten die Kanten jedes Grashalms. Obgleich ich nichts weiter als eine Hose trug, merkte ich nicht, daß Frost eingefallen war, denn die Luft war vollkommen still. Es regte sich nicht der leiseste Hauch.
Ich stand und starrte über die wohl hundert Schritt sanft zum Seeufer abfallende Wiese hinweg. Der See lag wie geschliffener grauer Stahl. Ich sah sein Wasser in dem Ausschnitt zwischen den Ufergebüschen. Dort gab es einen kleinen Landungssteg, an dem die beiden Ruderboote schwammen.
Das riesige Wesen stand genauso steif und still wie ich und blickte zu mir herüber. Der Klatsch des ausschwappenden Wassers und mehr noch das steinerweichende Knarren meiner Tür mußten es aufmerksam gemacht haben: ein Bär!
Das Tier hatte sich auf die Hinterbeine erhoben, ließ die Vordertatzen vor dem Bauch baumeln und reckte den Hals. Eine Weile schien ich das wilde Wesen völlig zu fesseln, aber dann blickte es links, blickte rechts, als wollte es sich nichts von der dämmrigen Wiese, der weiten Lichtung im Wald über dem See mit den Häusern, Schuppen und Ställen des Hansenschen Anwesens, dieser ganz kleinen Rodungsinsel im Ozean der Wälder, entgehen lassen. Und während das mächtige Geschöpf den Kopf drehte, erkannte ich seine sonderbar spitze Schnauze, die flache, fliehende Stirn, die wie gestutzt stumpfen Ohren. Es war noch zu dunkel, um die Farbe des

Fells deutlich bestimmen zu können. Doch an den Gebüschen, die den Liegeplatz der Boote und die kleine hölzerne Landepier einfaßten, konnte ich etwa bemessen, daß der aufrecht stehende Bär sich mindestens zwei Meter hoch über den Erdboden erheben mußte, ein gewaltiger Bursche also!

Als erstes schoß mir der dumme Gedanke durchs Hirn: Natürlich, endlich läuft dir der lang gesuchte Bär vor die Flinte, und da stehst du nun, nur in der Hose und oben ohne und mit nichts als einer Blechschüssel bewaffnet. Und die Kamera liegt verpackt im Haus, und außerdem ist es noch viel zu dunkel. Dabei steht der Kerl da wie hingebaut fürs Teleobjektiv!

Aber dann vergaß ich diesen Ärger und wurde mit einem Mal des großen Wunders inne, das mir unverhofft geschenkt war. Die Stille ringsum war vollkommen. Lautlos hatte sich ein jadegrüner Schimmer in den schwarzgrauen Seidenhimmel geschlichen. Die Föhren am Rande der Rodung zeichneten ihre Silhouetten dagegen ab, noch ganz schwarz, als hätte sich die letzte Finsternis der Nacht in diese Schattenrisse zurückgezogen. Der Reif auf dem längst herbstlich goldenen, von den Pferden kurz gekroppten Gras der Wiese glitzerte, als wäre er von unten her aufs zarteste erleuchtet. Die Kette des Kaskaden-Gebirges jenseits des Clearwater-Sees im Süden, die vor zwei Tagen Neuschnee empfangen hatte, war wie mit schärfstem Griffel in den Horizont gerissen, ganz scharf, als bestünde sie aus Glas von sehr dunkler, fast schwarzvioletter Farbe. Der niedrige Moorwald am jenseitigen Rand der Lichtung, Weiden, Espen, Birken, ließ ahnen – wurde es doch unmerklich heller –, daß er den Prunk des Herbstes schon überbunt zur Schau trug, rot und gelb und purpurn wie ein kostbarer Tropenvogel. Die schwergefügten Blockhäuser der Farm duckten sich im Mittelpunkt der weiten Rodung dicht zur Erde, wie eine Herde großer Tiere, die sich nach allen Seiten an den Boden preßt, wenn sie mißtrauisch und zum verteidigenden Ansprung bereit auf Wache liegt.

Die Luft kalt, gläsern, so rein wie Quellwasser.

Mitten aber in dieser vollkommenen Stille, dieser schwebenden Ruhe, dieser den Atem anhaltenden Reglosigkeit erhob sich, als wäre es sich solchen großartigen Rahmens bewußt, das gewaltige Leben der Einöde, der Bär, voller Neugier, äugte nach rechts, nach links, sog sichernd die Luft ein, prüfend, begriff nicht ganz dies

Menschenwerk vor seinen Augen, begriff gewiß auch mich nicht, ein Wesen, wie er es vielleicht noch nie zu Gesicht bekommen hatte. Meine Witterung konnte dem zottigen Riesen gewiß nicht zuwehen. Es ging kein Wind, kein noch so leiser Lufthauch. Kerzengerade stieg aus dem Blechschornstein meiner Hütte der blaue Rauch des Holzfeuers in die unbewegte Luft.

Ich stand und starrte, hielt die Schüssel noch in der Hand, spürte nicht die Kälte auf der Haut. Der Bär äugte weiter her und hin, hin und her, als würde er nicht damit fertig, mit dieser sonderbaren Ansammlung von Hütten, weißlichen Dächern, Schuppen, Zäunen, Tonnen, Treckern und anderen Vehikeln, lauter nicht gewachsenen, nicht lebendigen Wesen wie Bäume, Büsche, Hirsche zum Beispiel, die er in seinen Wäldern gewohnt war, sondern gemachten Dingen, die dem schwärzlichen Herrn der Wildnis höchst verdächtig vorkommen mochten.

Herrn der Wildnis –? Eben war er's noch. Aber dann explodierte die makellose Stille des Morgens so unerwartet, daß ich erschreckt zusammenfuhr. Auch Tex hatte, wie ich später erfuhr, vom Fenster des Schlafzimmers im Haupthaus bei einem ersten Blick in den aufkeimenden Tag den neugierigen Besucher aus der Tiefe der Wälder entdeckt. Die Unruhe seiner beiden Hunde, die ausnahmsweise im Vorraum des Hauses geschlafen hatten, war ihm nicht entgangen. Die Hunde hatten zwar nicht laut gebellt; dazu waren sie zu gut erzogen, diese wunderbaren Tiere, zottig und stark wie kleine Bären, nur viel schneller, eine Kreuzung von Husky und Border-Collie.

Tex hatte die Hunde mit einem kurzen Hetzlaut, den sie nur zu gut verstanden, aus dem Haus gelassen. Mit einem rasend aufklingenden, scharf zustoßenden Gebell waren die Tiere ins Freie gestürzt. Furcht kannten sie nicht. Ich sah sie wie zwei große dunkle Bälle vom Haupthaus über die Wiese zum See hinunterpreschen. Dies war ihr Gebiet, und kein fremdes Tier mit scharfen Zähnen hatte darin etwas zu suchen. Dem Bären war die Neugier sofort vergangen, als die ersten Laute des Gebells wie eine Explosion die Stille zerrissen. Das wilde Tier ließ sich aus der aufrechten Stellung sofort auf seine vier Beine nieder und sah plötzlich viel weniger gewaltig aus. Ehe es sich noch trollen konnte, waren die Hunde schon heran und umtanzten es mit wütenden Lauten.

Der Bär, das wurde schnell deutlich, hätte sich gern aus der Affäre gezogen und wäre am liebsten ohne viel Aufhebens waldwärts verschwunden. Aber das machten die Hunde ihm schwer. Kaum wandte er sich an den Ufergebüschen entlang zur Flucht, so fuhren sie ihm ans Hinterviertel, wichen aber geschickt aus, wenn er sich um und gegen sie drehte. Natürlich belebte es den Kampfesmut der Hunde ungemein, daß der ungebetene Gast keinen Spaß daran zu finden schien, sich auf eine ernsthafte Auseinandersetzung einzulassen. Die beiden vor Wut schäumenden Angreifer mit dem fremden Geruch behagten dem Bären gar nicht.
Immer wieder Front machend und die Verfolger kurz bedrohend, erreichte der Bär den mannshohen Plankenzaun, der sommers die Pferde und winters die Kühe um das engere Farmgebiet zusammenhielt. In Abständen von etwa fünf bis sechs Metern werden jeweils drei kräftige Pfosten zu aufrechten, quer zur Zaunlinie stehenden Dreiecken verbunden, an die dann im Zuge der Zaunlinie, jeweils einen Fuß voneinander entfernt, vier oder fünf lange Stangen gehängt werden. Wenn diese Zäune sorgfältig gebaut werden – der Wald liefert das Zubehör in reicher Auswahl –, lassen sie sich zwar von Menschen verhältnismäßig leicht überklettern; für Pferde, Kühe und das Hochwild der Wälder sind sie fast unüberwindlich.
Der Bär zeigte, was er konnte. Er trieb die Hunde mit einem kurzen heftigen Gegenangriff zurück, kletterte dann äußerst geschickt und schnell über die Planken des Zauns hinweg und verschwand mit einem Satz von dem obersten Querbaum im Wald und aus den Blicken. Das konnten ihm die Hunde nicht nachmachen. Sie verloren einige Sekunden, ehe sie sich durch die Stangen hindurchgezwängt hatten.
Seit der Bär das eingezäunte Gebiet verlassen hatte, klang das Gebell der Hunde, sich schnell entfernend, weniger dringlich – so schien es mir –, weniger zornig, weniger rechthaberisch. Wahrscheinlich hielten die wackeren Hüter von Haus und Hof ihre Pflicht im wesentlichen für getan, nachdem sie den Eindringling über den Zaun gejagt hatten.
Wenige Minuten später trat die Morgenstille wieder ihre Herrschaft an. Der Himmel hatte sich sachte goldrot überpudert; dann erhielt der höchste Gipfel der Kaskaden im Südwesten jenseits der schwarzblauen Rücken der Vorberge den ersten Sonnenkuß und

leuchtete strahlend auf wie eine plötzlich entzündete goldene Lampe. Ob der die minderen Bergzüge gerade noch überragende Gipfel nun die Spitze des Mount Tiedemann war oder die des Mount Waddington oder Mount Munday, fragte ich mich wohl zum hundertsten Male – und ärgerte mich über mich selbst. Als ob es darauf ankäme, welche Namen die Leute den Bergen dort in der Ferne gegeben hatten, zufällige Namen, die ebensogut auch ganz anders hätten lauten können und in der indianischen Zeit vor dem Erscheinen des weißen Mannes auch gelautet hatten. Daß mich die schneeige Kette vom Südosten in weitem herrlichen Halbkreis bis zum Nordwesten jeden Tag von neuem entzückte, daß die wunderbaren, wildgezackten Kanten der Coast Range (oder Cascades, wie sie schöner auch genannt werden) im Laufe des Tages und der hellen Nächte ihr Gewand aus Licht und Farbe ein halbes dutzendmal wechselten, ohne sich je zu wiederholen, daß sie wie eine ewige Verlockung den Horizont jenseits des Sees, der Wälder und minderen Berge begrenzten, darauf kam es an. Hier empfand ich es stärker als anderswo, daß angesichts der uralten Würde dieser Gletscherspitzen die ihnen zufällig umgehängten Namen nichts weiter sind als beinahe kindischer Schall und Rauch.

Ganz still lag sie wieder, die bereifte Lichtung, und der gefrorene Tau funkelte im prachtvoll schwellenden Frühlicht. Und plötzlich fror ich bis ins Mark, ich stand ja immer noch mit der leeren blechernen Schüssel vor meiner Tür und hatte nichts auf dem Leibe, außer meinen Hosen.

Die Tür knarrte grämlich wie immer, und die Hütte nahm mich auf. In meiner geräumigen Unterkunft aus schweren Föhrenstämmen (Jack-Pine- oder Lodgepole-Pine-Stämmen, um genau zu sein) war es warm. Zuweilen knisterten die Holzblöcke in der umfänglichen Ofentonne aus Stahlblech, die ihren Schornstein durchs Dach schickte. Ich zog mich an, wurde schnell wieder warm. Noch zwanzig Minuten bis zum Frühstück bei Tex und Inge drüben im Haupthaus. In einer Stunde würde die Sonne allen Frost zum Teufel gejagt haben, und mittags würde man sich in den Sommer zurückversetzt wähnen. Ein heller Wind würde sich von den Bergen her aufmachen, stark und frisch, duftend nach Harz und Röhricht. Das Herbstlaub an den Büschen, den Weiden, Erlen und Espen am See würde nach der kalten Nacht noch papageienbunter

leuchten – und das Wasser des Sees wiederum um ein Grad kälter geworden sein. Längst mochte man nicht mehr baden in dem gläsernen *clear water* des Clearwater Lake. Ein neuer vollkommener Tag kündigte sich an mit weißen Wolken im hohen Blau des Mittags, leuchtenden Gebirgen – zum Greifen nahe scheinbar, in Wahrheit aber zwei, drei Tagereisen zu Pferde entfernt über Berg und Tal, durch schäumende Bäche und Flüsse, durch weglose Wälder. Ein Tag mit Tex im Sattel, an sumpfigen Wildwiesen entlang, über versteckte Biberdämme hinweg, dem Rande tiefer Schluchten folgend, durch lichten Föhrenwald über elend steile, geröllige Hänge, wo die Pferde die Hufe behutsam setzen müssen, um den festen Halt nicht zu verlieren, ein Tag also, um den es sich lohnen würde zu leben – und die weite Reise ins entlegene Land am Chilcotin und am Klinaklini unternommen zu haben.
Ich sah die Hunde von der Jagd zurückkehren. Sie jachterten mit hechelnden Zungen vom Ufergebüsch her die Wiese herauf und nahmen den Pfad an meinem Haus vorbei; sie erschienen jeden Morgen vor meiner Wohnung, um zu kontrollieren, ob ich noch existierte, mich, wie es sich gehört, als Gast des Hauses zu begrüßen und ein paar Freundschaftsklapse und kurzes Streicheln entgegenzunehmen. Ich trat wieder vor die Tür, beugte mich zu den beiden kräftigen Tieren hinunter und kraulte ihnen die schlanken, schönen Collie-Köpfe. Sie drängten sich an mich mit ihren dickbepelzten, sehnigen Körpern, konnten nicht genug davon bekommen, sich dafür streicheln und loben zu lassen, daß sie die Bestie Bär in die Tiefe der Wälder zurückverwiesen hatten.
Die Freundschaft und sogar Zärtlichkeit zwischen all dem zahlreichen Getier auf Hansens Ranch und seinen zwei ständigen Bewohnern, eben Tex und Inge, und den gelegentlichen, nicht allzu häufigen Gästen hier im innersten verborgenen Herzen British Columbias kommt mir in der Erinnerung beinahe unwirklich vor – und doch ist es so, als hätte es sich erst gestern ereignet, daß mir da am ›See des Klaren Wassers‹ die furchtlosen Bärenhunde sehr gravitätisch die Pfote reichten oder sich in seliger Ergebenheit vor mir auf den Rücken legten, alle viere in der Luft, um sich reiben und hätscheln zu lassen, daß die Pferde, wenn sie gegen Mittag zur Tränke am See zogen, gern einen kleinen Umweg machten, um sich den Hals oder die strammen Hinterbacken klopfen zu lassen und

vielleicht eine Leckerei in Gestalt einer Brotkruste oder eines Stückchen Zuckers einzuheimsen, daß der ehrwürdige alte Truthahn zwar jeden Fremden ablehnte, sich vor ihm aufbaute, kollernd, um ihm den Eintritt in den Vorhof des Haupthauses zu verwehren, aber jeden Tag mit greisenhaftem Eigensinn darauf bestand, von Inge ganz speziell angesprochen, gekrault und mit einem Leckerbissen verwöhnt zu werden. Und die Gänse, die Schar der Hühner und Enten – sie gehörten ebenfalls allesamt ›zur Familie‹ und benahmen sich entsprechend vertraulich oder auch frech, vor allem die Gänse. Und eine Krähe, die Inge mit verletztem Flügel im Busch gefunden und wieder gesund gepflegt hatte, schien fest entschlossen, sich aus dem bevorzugten Kreis der Tiere des Hansenschen Anwesens nicht mehr verdrängen zu lassen. Sie krakeelte so lange jeden Abend auf dem Hauszaun, tanzte hin und her, bis jemand ihr ein paar fette Brocken vom letzten Mittagessen auf den Torpfosten legte. Ein halbes Dutzend höchst gediegener gelbweißer und grauweißer Katzen hielt das Mäusevolk in der Furcht des Herrn, wie es sich gehört. Und all die vielen sich in voller Freiheit um Haus und Hof tummelnden Tiere vertrugen sich untereinander genauso gut, wie sie sich mit den Menschen vertrugen. Sie mochten gelegentlich ein nicht allzu ernst gemeintes Scheltwort einzustecken haben und ließen dann die Ohren hängen – wenn sie welche hatten. Aber Schläge, Knüppel, Sporen, Peitsche und dergleichen waren hier unbekannt. Allerdings, wenn King, der mächtige Husky-Collie, sich neben dem großen Eisenofen im Wohnzimmer gar zu breit machte und den Stammplatz der ältesten Kätzin belegte, dann mochte es vorkommen, daß Muschi ihm blitzschnell eine mit der Tatze langte, die nicht von schlechten Eltern war. King erhob sich dann total verdutzt und ging beiseite; aber meist setzte Tex alle beide an die frische Luft, um ihnen klarzumachen, daß innerhalb der vier Wände nur einer – oder eine, Ingeborg nämlich – regierte.

Ich lud die Hunde ein: »Also los, Freunde, es ist Zeit zum Frühstück!« Sie verstanden sofort und trotteten mir voraus. Der Truthahn kollerte mich an, duldete aber meinen Eintritt ins Haus.

»Good morning, Inge, good morning, Tex!« sagte ich.

»Morning, morning! Hope, you had a good night!« scholl es freundlich zurück.

Es roch sehr erfreulich nach frischem Brot, nach Tabak und gebratenen Eiern mit Speck. Tex saß auf der Holzbank neben dem Küchenherd und rauchte seine Morgenpfeife. Inge hantierte am warmen Herd, flink, geschickt, ohne eine Bewegung zuviel, wie immer. Ihr volles weißes Haar war dicht an den Kopf gestrichen und im Nacken zu einem runden Knoten geschürzt. Das hellblau gemusterte Baumwollkleid und die weiße Schürze leuchteten geradezu vor Sauberkeit und Frische. Ein Vergnügen, Ingeborg anzuschauen! Wie aus dem Ei gepellt, morgens wie abends! Man freute sich, wenn man sie sah. Tex saß auf seiner Bank, sog an seiner Pfeife und sah sie an und sah ihr zu, seiner Frau. Ich setzte mich wie üblich neben ihn, tat desgleichen und ließ mir das kräftige Frühstück theoretisch schon im voraus schmecken.
Ich sagte: »Die Hunde haben den Bären gehörig auf Trab gebracht.«
Tex nahm die Pfeife aus dem Mund: »Ja, nichts bringt sie mehr in Wut als ein Bär im eingezäunten Farmland. Das ist ihr Herrschaftsbereich. Wenn der Bär nicht geflüchtet wäre, hätten sie den Kampf mit ihm aufgenommen, und wir hätten jetzt Wunden zu verbinden oder einen Hund zu begraben. King gibt nicht nach, und er hat sich bisher immer durchgesetzt. Und Queen ist genauso oder noch schlimmer. Es hat sich bei dem Besuch heute morgen wahrscheinlich um einen jungen Grizzly gehandelt. Es war noch nicht hell genug, um das Tier genau zu erkennen. Nun, der kommt nicht wieder. Bären können lauten Lärm nicht ertragen. Und die Hunde machen ein fürchterliches Getöse, wenn sie zornig sind und ihr Gebiet verteidigen.«
Damit hielt Tex den Vorfall offenbar für erledigt. Zu langen Reden und Debatten neigte er nicht. Ich meinte noch:
»Eigentlich muß man immer darauf gefaßt sein, daß einem ein Bär, ein Luchs, vielleicht sogar ein Cougar über den Weg läuft, wenn man den Zaun um die Wiesen beim Haus verläßt.«
Tex lachte: »Na ja, der Zaun hält auch nicht unbedingt dicht, wie sich heute morgen gezeigt hat. In der freien Wildbahn kommt es selten genug vor, daß man Tieren begegnet. Die Tiere bemerken den Menschen gewöhnlich viel früher, als der Mensch die Tiere wahrnimmt; und dann weichen sie ihm aus; er ist und bleibt ihnen fremd. Aber du hast schon recht, A. E., es empfiehlt sich nicht, in diesen Wäldern gemächlich spazierenzugehen wie im Park von

Charlottenlund zu Kopenhagen. Es liegt auch ohne Bären allzuviel trockenes Holz im Wege. Entweder man sitzt zu Pferd; da ist man sicher. Oder man hat einen guten, starken Hund bei sich, der nicht kneift, oder wenigstens ein Gewehr oder besser beides. Aber das haben wir ja schon mehr als einmal besprochen.«

Ja, das hatten wir. Es brauchte also nicht weiter erörtert zu werden. Ingeborg goß schon den dampfenden Kaffee in die Tassen auf dem langen Eßtisch. Im Wohnzimmer unter dem hohen Hausgiebel ohne eingezogene Decke, mit den schweren Bäumen als Dachbalken, war es angenehm warm. Durch die niedrigen, aber sehr breiten Fenster glitt der Blick über den schon herbstlich leeren und vom Frost gezeichneten Blumengarten und dann über einen Ausläufer der großen Wiese hinweg zu den dicht verfilzten, rot und golden schimmernden Büschen um die sumpfige Bucht am westlichen Ende des Sees und weiter hinüber zu den dunklen Wälderhügeln und schließlich den kahlen, im Licht der Morgensonne vor dem Blau des Himmels mit ihren Zacken prunkenden, im Neuschnee blendend schimmernden Ketten der Coast Mountains am Horizont: eine Aussicht, die zu bewundern ich niemals müde wurde.

Und wieder einmal durchdrang mich an diesem Morgen des aufrecht Umschau haltenden Bären wie eine unerwartet aufbrechende große Helle die außerordentliche Spannweite der Verhältnisse, unter denen ich mit meinen Gastgebern hier lebte. Rings um unsere eigentlich nur winzige Insel menschlichen Daseins breitete sich über ungezählte Quadratmeilen hinweg die ungezähmte, noch ganz unberührte Wildnis, Berge, Gletscher, unermeßliche Wälder, unzählige stille Seen, tief gerissene Schluchten, verborgene, üppige Wildwiesen, versumpfte Niederungen, schäumende Wildbäche und über grobes Gefels stolpernde Flüsse, auch sanft murmelnde Gewässer unter dichten Hainen von Espen, Weiden, Birken, grüne Matten, von Blumen überschäumend, und undurchdringliches Brombeergestrüpp. Und wir hier, als verstände es sich von selbst, saßen in diesem breiten und hohen Wohnraum mit den tiefen Sesseln, den Bildern an den Wänden, diesem Saal aus mächtigen, sorgfältig geglätteten und lackierten Föhrenstämmen, mit den breiten, schweren Dielen, dem höchst behaglichen großen Eßtisch und seinen hochlehnigen Stühlen. In dem mächtigen, liegenden Rundofen aus Eisen knackten die Kiefern- und Birkenkloben. Und auf dem Tische stand ein prächtiges Morgenmahl, die Teller und Bestecke glänzten, und der Kaffee duftete aus den Tassen. Auf Schiffen manchmal habe ich den Gegensatz zwischen der grenzenlosen Öde des Weltmeers und der kleinen, aber höchst angenehmen Welt des Speiseraums ähnlich stark empfunden. Im Ozean der Berge und Wälder schwamm die fest gefügte und verankerte Arche der Hansens, hatten die Menschen rings um sich her ein wenig Luft und Ellbogenraum geschaffen, hatten eine Rodung in die Wälder geschlagen, hatten sich, wo seit ungezählten Jahrtausenden allein die Einöde und die Wildnis gewaltet hatten, eine Heimstatt geschaffen, eine sehr behagliche sogar, lebten davon, sammelten bescheidene Wohlhabenheit, trotzten den harten Wintern, fanden sie sogar schöner noch als die Sommer, planten neue Wege durch die Wildnis, Pfade, Zäune, Hürden und neue Blockhütten für Freunde, Helfer und vielleicht weitere Siedler.

Und die Wildnis weicht langsam, Schritt für Schritt und ohne ernsthaften Widerstand, vor dem weißen Mann zurück und wird ihm in einigen Jahrzehnten oder Generationen untertan, das heißt aber: mit Sekundenschnelle, gemessen an der Dauer der vergangenen Zeitalter.

Manchmal, wenn ich mit Tex allein unterwegs war und die Pferde einem alten Pfade, mochte er auch kaum noch erkennbar sein, folgen konnten, brachte ich das Gespräch auf diesen mich immer wieder beschäftigenden Gegensatz zwischen Mensch und ungebrochener Wildnis. Ich sagte dann etwa:

»Es ist großartig, was du hier aus dem Nichts, aus der rohen Einöde geschaffen hast, Tex. Und zugleich ist es schade, daß wieder ein Stück Einsamkeit und Unberührtheit dahin ist, daß die Bresche geschlagen ist und wahrscheinlich nicht mehr zu schließen sein wird. Wenn du nicht hier wärst, könnte man kaum der großen Wildnis so ganz nahe auf den Leib rücken, wie es bei dir möglich ist. Weil du hier bist aber, wird früher oder später die sogenannte königliche Wildnis aufhören, Wildnis zu sein.«

Er setzte sich dann im Sattel halb quer, um besser zu mir nach hinten

Brandung des Stillen Ozeans an der Westküste von Vancouver Island, unweit Tofino

sprechen zu können (es ritt sich im Walde leichter hinter- als nebeneinander): »Das sind so Flausen, A. E. Wir haben das Gesetz zu befolgen, nach dem wir angetreten sind. Die Indianer hier lebten ganz in und von der Wildnis, paßten sich ihr an, dachten nie daran, sie zu bezwingen. Ihre Zahl blieb so klein wie die der Bären oder Elche. Und sie lebten ebenso weit verstreut. Wenn die Lachse ausblieben oder die Hirsche abwanderten, dann mußten die Indianer weichen oder verhungerten. In tausend Jahren hätten sie das Aussehen des Landes nicht verändert. Vielleicht hätten sie in diesen tausend Jahren eine bessere Fischfalle erfunden oder eine geeignetere Tiersehne für ihre Jagdbögen entdeckt. Aber die Wildnis wäre Wildnis geblieben, unberührt und sich ewig erneuernd wie seit hunderttausend Jahren. Aber wir sind nicht imstande, so zu leben, wie die Indianer gelebt haben. Wir sind anders geartet und können nicht aus unserer Haut heraus, sind ewig *novarum rerum cupidus,* wie die Lateiner sagten, nach neuen Dingen begierig – auch wenn das Alte noch so gut und brauchbar ist. Wir, Ingeborg und ich, wären fähig, vollkommen selbstgenügsam hier zu existieren. Wenn die ganze übrige Welt unterginge, unser Dasein hier wäre deshalb nicht unbedingt gefährdet. Wir könnten alles erzeugen, was wir zum Leben brauchten, und tun es ja auch in beträchtlichem Maße. Die Wolle zu dieser Wolljacke ist auf meinem Schaf gewachsen, und das Schaf ging auf meiner Weide, die ich selbst aus dem Wald geschlagen habe. Aber wir wollen die Selbstgenügsamkeit durchaus nicht übertreiben. Wir trinken mit Vergnügen unsern Kaffee und streichen Orangenmarmelade auf den Toast. Ich rauche meinen Tabak, und du willst heute abend wieder einen steifen Grog. Im Winter, wenn die Abende lang sind und die Nächte 40 Grad unter Null, dann wollen wir lesen. Und wenn du morgen vom Roß fällst, alter Schreiberling, und dir das Schlüsselbein brichst, dann rufen wir einfach mit unserem Radiotelefon die Polizei an in Williams Lake, 270 Kilometer östlich, und sie schickt einen Hubschrauber oder ein Wasserflugzeug, und noch am gleichen Tag bist du im Krankenhaus in Williams Lake und kannst einer prima

Transkanadischer Expreß der CNR auf der Reise zur Pazifischen Küste

schicken Krankenschwester Elogen ins duftende Öhrchen flüstern. Wildnis in indianischem Stil ist sicherlich sehr schön und eindrucksvoll, aber Wildnis in unserm Stil mit Hubschrauber im Hintergrund ist auch nicht zu verachten!«

Ich mußte lachen. Da hockte er vor mir reichlich windschief im Sattel auf seinem wunderbaren schwarzbraunen Amigo, halb zu mir nach hinten gewandt. Sein graues Bürstenhaar schien sich zu sträuben vor lauter Ironie und Vergnügen am Wortgefecht. Die breiten Leggings aus Hirschleder mit den je drei runden Silberknöpfen zur Zierde flappten bei jedem Schritt des stolzen Wallachs. Seine grauen Augen blitzten unter den dichten Brauen aus dem verwitterten, guten Gesicht. Ach, Tex, ein großartiger Mann und Herr dieser Wildnis, Reiter, Jäger, Rancher und Guide Erster Klasse seit dreißig Jahren! (Als ich ihn Ende 1975 wieder besuchte, merkte ich, daß er nicht jünger geworden war – genau wie ich auch – leider!) Ich erwiderte:

»Schimpf nicht, Tex! Für uns beide und für Inge wird die Wildnis noch reichen. Nach uns die Sintflut und die Straßenverkehrsordnung – selbst hier am Chilcotin und am Klinaklini! Setz dich, bitte, wieder richtig in den Sattel, sonst fällst *du* noch vom Roß, wenn Amigo stolpert, brichst dir deine krummen Reiterbeine, und ich kann zusehen, wie ich dich wieder nach Hause transportiere. Es ist ein langer Weg dorthin.«

Er setzte sich tatsächlich wieder zurecht. Das mit den ›krummen Reiterbeinen‹ hatte ihn getroffen; obendrein hatte er auch noch oft genug scheußliches Rheuma oder gar Arthritis darin. Aber wenn wir unter uns waren, nahmen wir kein Blatt vor den Mund; dann vergaß auch er manchmal seine sonstige Wortkargheit. Nach einer Weile, in der nichts weiter zu hören war als der gedämpfte Schritt der Pferde auf dem weichen Waldboden und ein gelegentliches Knirschen des Lederzeugs, nahm er den Faden noch einmal auf:

»Dann dürftest du heute überhaupt nicht mit mir unterwegs sein. Da reiten wir zu den oberen Wildwiesen am Clearwater-Bach und werden ein paar prächtige Biberdämme in die Luft sprengen. Wir werden das kunstvolle Werk der Biber zerstören, ihre Wohnburgen von schützendem Wasser entblößen, so daß die Tiere darin keine Sicherheit für den Winter finden, am Dasein verzweifeln, auswandern, wenn sie vor dem Winter noch Zeit dazu finden, oder vielleicht sogar umkommen. Und dieses ganze wilde, bewunderns- werte Biberleben bringen wir so mit ein paar Dynamitpatronen in Gefahr, nur damit ich im nächsten Jahr die oberhalb der Dämme gelegenen Wildwiesen mähen und vielleicht ein oder zwei Dutzend Mastrinder mehr auf den Markt nach Williams Lake liefern kann. Du bist nicht konsequent, mein Lieber!«

Nein, ich war nicht konsequent – wie die allermeisten Leute heute, die den fortschreitenden, offenbar unaufhaltsamen Untergang der freien, uneingeschränkten Wildnis beklagen. Ich sah natürlich ein, daß Tex seine Wiesen brauchte und sie nicht immerfort durch die unermüdlichen und kunstfertigen Dammbauer, die Biber, unter Wasser setzen lassen konnt . Die Kühe, Kälber und Ochsen wollten leben und die Pferde, Tex und Ingeborg auch, gut und reichlich dazu, und ich wollte gelegentlich auch meinen kleinen Anteil haben. Die Biber mußten weichen. Der Mensch setzt das Recht, so wie er's braucht. Entweder bejahte ich die großartige Lebensleistung dieses wahren Wildnispioniers und seiner Gefährtin – und das tue ich und bewundere sie aus vollem Herzen –, dann mußte ich damit einverstanden sein, daß den Bibern ihr kunstvolles Handwerk gelegt wurde; oder ich war dafür, die Wildnis ungeschmälert zu erhalten; dann mußte ich den Hansens das Recht auf ihre Ranch, ihre Rodungen, ihre Häuser und die Wege, die sie durch den Urwald geschlagen hatten, überhaupt bestreiten.

Ich tröstete mich damit, daß die Biber in dieser Landschaft noch abertausend Quadratmeilen Platz hätten, ihre Dämme zu bauen, ohne dem Menschen in die Quere zu kommen. Und außerdem werden meine Bedenken die Entwicklung nicht aufhalten. Der Mensch ist eine schlimme Krankheit dieser Erde, eine Krankheit, die gerade in der Gegenwart besonders virulent geworden ist und sich mit erschreckender Geschwindigkeit ausbreitet. Ich für mein Teil habe nichts für die Verbreitung der Krankheit getan und werde bereits das Zeitliche gesegnet haben, wenn auf unserem Planeten nur noch Stehplätze zu vergeben sind.

Noch war es nicht soweit, und ich ritt mit Tex sehr vergnügt durch den herbstlichen Urwald, um die Staudämme einiger Biberfamilien in die Luft zu jagen und für einige Dutzend kluger und geschickter Tiere eine lebensbedrohende Katastrophe heraufzubeschwören. Tex war mein Freund, die Biber waren es nicht; ganz im Gegenteil:

Zwei Tage zuvor war ich über eine der Wildwiesen geritten, einem schmalen Pfade folgend, wie ihn das Vieh und das Wild in den Wäldern und versteckten Auen auszutreten pflegen. Mein Pferd hatte diesen Pfad ebenso wie ich schon einige Male benutzt und ahnte nichts Böses. Rocky war außerdem ein sehr vorsichtiges und wildniserfahrenes, eher ängstliches Pferd.
Rocky tappte genau von Grasbülte zu Grasbülte, obgleich mir das überflüssig vorkam, stockte plötzlich, versuchte einen kurzen Sprung, der aber kläglich mißlang – und sackte mit einmal auf der Hinterhand weg. Ich machte, daß ich aus dem Sattel kam, um das Pferd, das unter den Hinterhufen keinen Halt mehr fand, nicht noch schneller in den Morast zu drücken. Glücklicherweise kam wenigstens ich auf einen breiten Grasbüschel zu stehen, der willens schien, mich zu tragen. Rocky ruhte bereits auf seinem Bauch; seine Hinterbeine waren im saugenden Morast verschwunden. Das Tier schnarchte angstvoll durch die Nase. In seinen weitaufgerissenen Augen trat das Weiße hervor. Wenn das Tier jetzt anfing zu toben, schlug es vielleicht auch mich in den Sumpf. Rocky war ein riesiges dunkelbraunes Pferd und ungeheuer stark. Wir kannten uns gut. Ich redete ihm ruhig zu und ermunterte es mit kräftiger Stimme, es noch einmal zu probieren. Ich brachte mich in einigen Abstand, als ich merkte, daß das Pferd sich anschickte, den einzig möglichen Versuch zu machen, sich aus dem schwarzen Modder des Untergrunds zu befreien. Rocky spannte die Vorderbeine um zwei mächtige Bülten, fand Halt, krümmte den Rücken und zog sich mit einer riesigen Anstrengung frei, kam auf anderes Gras zu stehen und erreichte mit einigen fahrigen Sprüngen, von mir nicht mehr beschwert, den Rand, besser das Ufer der versumpften Wiese, das glücklicherweise nur einen Steinwurf weit entfernt war. Dort stand das Tier zitternd still, schüttelte sich und blickte sich nach mir um.
Ich hatte mich vorsichtig von Bülte zu Bülte getastet und verwünschte die breiten ledernen Leggings; sie sind zwar unentbehrlich, wenn man durch dichten Busch reitet und die Hosen von den Zweigen und Dornen nicht in Fetzen gerissen werden sollen; aber zu Fuß wird man von den flappenden, um die Schenkel geschnallten Ledersegeln scheußlich behindert. Immerhin: Ich erreichte, mich an einigen saftigen Flüchen aufrecht haltend, ebenfalls den Rand der versumpften Wiese.

Es war ganz klar, was geschehen war: Die Biber hatten einen weiteren Staudamm geschlossen; das aufgehaltene Wasser hatte zurückgestaut und langsam den Untergrund der Wildwiese aufgeweicht. Im Frühling nach der Schneeschmelze sind diese Wiesen überschwemmt, morastig und unpassierbar. Aber im Sommer trocknet ihre Oberfläche zwischen den tiefverwurzelten kräftigen Grasbüscheln zu einer steinharten Kruste ein, der sich auch das schwerste Tier – dazu der Trecker und die Grasmähmaschine Tex Hansens – ohne Gefahr anvertrauen können. Wenn aber die Biber die Rinnsale und Bäche, welche die Wiesen entwässern, verbauen, dann drängt das Wasser in die flachen Grasmulden zurück, weicht den Untergrund von unten her auf; irgendwann wird dann der Augenblick erreicht, in dem die harte Oberkruste das Gewicht eines Reiters nicht mehr zu tragen vermag. Einen solchen Augenblick mußten Rocky und ich gerade erwischt haben.
In der Wildnis geht es so, wie es auch im Kriege ging: dicht daneben ist auch vorbei! Das Pferd knabberte schon wieder an ein paar blühenden Kräutern am Hang. Ich zog den Sattelgurt nach, was Rocky stets mit einem unwilligen Aufwerfen des schönen, sehr zierlich modellierten Kopfes beantwortete. Dann stieg ich am Hang von der höheren Seite wieder in den Sattel. Das Pferd war sehr hoch und aus der Ebene nur mit Mühe zu erklimmen. Wir machten, daß wir weiterkamen, um Tex einzuholen, der die Wildwiese am anderen Ende umritten hatte. Wir waren auf der Suche nach einem Dutzend guter Kühe und Kälber, die seit längerer Zeit nicht mehr bei der Farm und dem übrigen Vieh gesichtet worden waren.
Ein Unglück kommt selten allein. Eine halbe Stunde später sackte Rocky am Rande einer anderen Wiese abermals in grundlosen Sumpf. Diesmal begriff ich schneller, was vorging, warf mich sofort aus dem Sattel und versetzte dem Pferd einen harten Schlag mit der flachen Hand. Solche Behandlung war Rocky nicht gewohnt, erschrak und strampelte sich mit einer wütenden Anstrengung frei, wobei er mich mit einem Seitenschwung seines Kopfes in den Dreck beförderte. Tex, der mit seinem geschickten Amigo ebenfalls den Untergrund nachgeben gespürt hatte, war gerade noch rechtzeitig abgesprungen, ehe sein Tier versackte. Jetzt freute er sich wie ein Schneekönig, daß ich mir einen nassen Hosenboden geholt hatte und er nicht. Aber da und dort beschloß er, den Bibern endlich das

Handwerk zu legen. Es ginge nicht an, daß eine Wiese nach der anderen langsam ersoff, die Pferde versackten und das Gras nicht zu gewinnen sein würde.

Nun waren wir also unterwegs, um den ›Bibern das Handwerk zu legen‹. Wir ritten die Kette der Wildwiesen schon zwei Stunden aufwärts, hielten uns aber immer an den Hängen über den Flächen. Mein Pferd hatte seine Lektion gelernt und war äußerst vorsichtig geworden, umging jede grasige Niederung, auch wenn sie nur klein war – und ich konnte nichts Besseres tun, als Rocky den Willen zu lassen. Diese Wildnispferde, die nie einen Stall von innen gesehen haben, alle Jahreszeiten im Freien zubringen, die in der Wildnis geboren und groß geworden sind und sich darin ihr Futter suchen, werden und bleiben zwar, wenn sie wie auf Hansens Platz geduldig, fest und freundlich geschult und behandelt werden, gute Freunde des Menschen, entwickeln aber im höchsten Maße alle Eigenschaften eines wilden Tieres. Sie wittern wie Wölfe, sehen wie Luchse, lernen aus der Gefahr und meiden sie fortab mit untrüglichem Vermögen, sich zu erinnern und keinen Fehler dreimal zu machen.

Als wir endlich in den Hügeln Wiesen erreichten, die prachtvolles trockenes Gras zeigten, das nur auf den Schnitt zu warten schien, deren Untergrund sich als fest und zuverlässig erwies, galt es, dem Zug des Gewässers, das die Wiesen murmelnd durchrann, wieder talwärts zu folgen und die Dämme aufzuspüren, mit welchen die Biber das Fließ verbauen, um das Wasser aufzustauen, den Wasserspiegel um einen oder zwei Meter zu erhöhen und so die Eingänge zu den vorher getürmten ›Biberburgen‹ unter Wasser zu setzen. Die Biber können dann unter Wasser oder unter dem Eis ungesehen in ihre Wasserschlösser tauchen und sitzen, von unten innen aufsteigend, warm und trocken in den über den Wasserspiegel weit hinausragenden, aus Erde, Knüppeln und Weidenstämmen festgefügten ›Häusern‹.

Die Dämme sind in dem Gewirr der Niederungen aus Büschen, Bäumen, toten oder halb gestürzten Stämmen, hohem Kraut und Ried oft genug kaum zu erkennen. Wenn man jedoch von den häufig sehr steilen Hügeln herabschaut, zwischen denen das sachte zum großen Clearwater-See abfallende System der aufgereihten Graspfannen eingebettet liegt, dann treten die Querstriche der Dämme deutlich aus den Pflanzendickungen hervor.

Tex wollte mit dem untersten Damm, der sich dann als der stärkste erwies, beginnen, um der untersten Staustufe den Ablauf des Wassers zu gestatten, ehe sie von den befreiten Wassermengen der oberen Staustufen überflutet wurde.
Wir banden die Pferde gut dreihundert Schritt weit von der Dammstelle hinter einem dichtbewaldeten Hügel fest an einen Baum. Sie erschrecken vor den Donnerschlägen der Explosionen und flüchten, wenn sie nicht mit starkem Halfter und Strick sicher an einen standfesten Stamm gefesselt sind.
Wir befreiten uns von den vermaledeiten Leggings, suchten unser Handwerkszeug aus den Satteltaschen: Spaten, Erdbohrer, Axt, Dynamitpatronen, Zünder und Zündschnur, und machten uns auf den Weg. Wir gewannen den Punkt, wo der künstliche Damm sich an den Hügelhang lehnte, und staksten von dort aus auf den Damm hinaus, ein unglaublich umfangreiches Bauwerk, aber schwer zu begehen, denn überall starrten die Bäume aus dem Erdwerk, dem flach gewölbten Erdwall, die dem Ganzen Halt geben. Ihre Enden zeigten allesamt, daß sie von Bibern gefällt waren, sahen sie doch alle einem ziemlich stumpf angespitzten Bleistift ähnlich. Die scharfen Biberzähne nagen von oben und unten her zwei mit den Spitzen aufeinanderstehende Kegelmäntel aus dem gesunden Holz der Weide oder Espe oder Birke heraus, bis der Baum auf dem immer enger und dünner werdenden Mittelstift nicht mehr stehen kann und stürzt. Die Krone wird ihm dann auf die gleiche Weise abgenagt. Auch wird er aller starken Zweige beraubt, die in den Damm geflochten werden und ihn verstärken helfen.
Wie die verhältnismäßig kleinen Biber – ein ausgewachsenes Tier ist ja nicht viel größer als ein besonders groß geratener Dackel – die häufig mannsschenkelstarken Stämme nicht nur dahin befördern, wo sie gebraucht werden, sondern dort auch noch so fest im Untergrund und mit anderen Stämmen, Zweigen, Reisern und Wurzeln verankern, daß auch ein bärenstarker Mann wie Tex sie nicht aus dem Erdreich zu reißen vermag – das und manches andere an diesen erstaunlichen Bauwerken ist mir ein Rätsel geblieben, das mir auch der sonst allwissende Tex nicht erklären konnte. Die äußerst fest ineinandergefügte Holzbarrikade wird dann mit Schlamm, Lehm, Sand, Steinen angefüllt und breit gepolstert, und

zwar so, daß der Damm von der Stromaufseite, oberhalb welcher das Wasser gestaut werden soll, nur ganz allmählich, ganz flach zur Dammkrone ansteigt, während er an der Stromabseite steil abfällt, so dem Druck des sich stauenden Wassers zuverlässig standhaltend. Und die Biber wissen auch, daß man im Verlauf der Dammkrone einen Überlauf anlegen muß, damit bei Hochwasser die Stauung nicht über die ganze Breite des Dammes quillt und schließlich den ganzen Damm abspült, sondern schon zuvor eine Lücke findet – etwa ein bis zwei Fuß unter der Dammkrone liegend –, durch die das Überfluß-Wasser, ohne Schaden anzurichten, abströmen kann. Dieser Hauptdamm, so schätzten wir, mochte an seiner Sohle etwa fünfundzwanzig Fuß breit (ca. 7,5 Meter), etwa fünfzehn Fuß hoch (ca. 4,6 Meter) sein und erstreckte sich von Hang zu Hang an seinen Seiten über eine Länge von etwa 150 Fuß (ca. 45 Meter). Er bildete also ein höchst bedeutendes Bauwerk, das auch dem Menschen und seinen Maschinen einige Wochen Arbeit abverlangt hätte.
Was mich am meisten in Erstaunen versetzte, war die ganz außerordentliche Festigkeit des mächtigen Bauwerks. Tex berichtete mir, daß er Dämme von 600 bis 700 Fuß Länge (ca. 200 Meter) zu Gesicht bekommen hätte – und Tex neigte nicht dazu, Märchen zu erzählen. Es gelang weder ihm noch mir, mit einem zugespitzten kräftigen Knüppel ein Loch in den Dammkörper zu bohren, das groß und tief genug gewesen wäre, die Sprengpatronen aufzunehmen. Wir stießen entweder auf die im Untergrund verschränkten Baumpfähle oder kamen in dem zähen Lehm oder Ton nicht weiter, den die Tiere zur Auspolsterung der Dammwand benutzt hatten. Wir mußten, wie Tex erwartet hatte, den Erdbohrer zu Hilfe nehmen und gingen dicht neben dem Überlauf in die Tiefe. Auch so kamen wir nicht viel tiefer als einen Meter. Aber wenn erst einmal eine Bresche geschlagen war, würde das mit Gewalt abströmende Wasser sich selbst einen Weg bis zur Dammsohle freispülen.
Endlich waren die mit den Zündern versehenen Patronen versenkt und festgestopft. Wir steckten die Zündschnur an und machten, daß wir den Damm entlang und über den Hügel davonkamen. Wir waren eben, ziemlich außer Atem und zerkratzt, bei den Pferden angelangt, als mit dumpfem Krachen die Ladung in die Luft ging. Ein paar krumme Wurzeln und Holzfetzen segelten hoch über die Hügel hinaus in die Luft und verschwanden wieder. Mein Pferd

bäumte sich vor Schreck bei dem Knall und sprengte den allerdings schon morschen Halfter. Aber da wir in der Nähe waren, und Amigo nur zusammenzuckte, beruhigte sich Rocky schnell.
Wir stolperten wieder los, um zu kontrollieren, was wir angerichtet hatten. Eine fast drei Meter breite Lücke war in den Damm gerissen, und das Wasser ergoß sich mit heftiger Gewalt in einem breiten Schwall bachab; es würde allen Füllboden fortwaschen und den Damm für lange Zeit, wenn nicht für immer, unbrauchbar machen.
Ich sagte:
»Die Biber werden sich wundern, Tex!«
Tex beschrieb mit beiden Armen zwei weite Halbkreise:
»Ich muß sie aus meinen paar Wiesen vergrämen. Da hinten haben sie noch ungezählte Quadratmeilen ohne eine Menschenseele, wo sie so viele Dämme bauen können, wie sie lustig sind!«
Das stimmte aufs Haar. Tex und Inge wollten auch leben, möglichst ebenso komfortabel wie die Biber. Sie hatten ihm seine Wiesen unter Wasser gesetzt; so zerstörte er ihre Stauwehre.
Wir zerstörten noch vier weitere, allerdings wesentlich kleinere Dämme an diesem blauen Nachmittag und nahmen abends, todmüde, zerschrammt und verbeult, die Gewißheit mit nach Hause, daß Tex im nächsten Sommer von einigen Dutzend Hektar neuer Wildwiesen Heu genug ernten würde, um einige weitere Dutzend Mutterkühe gut über den Winter zu bringen.
Und wenn ich hier an meinem Schreibtisch die Augen schließe, sehe ich hinter den geschlossenen Lidern immer noch ein paar krumme Baumwurzeln und Holzscheite über dunklen Föhrenwipfeln durch die Lüfte kreiseln und wieder versinken, sehe die Pferde zusammenzucken bei dem dumpfen Geknall, sehe Tex sich mit dem Daumen im eisengrauen Bürstenhaar kratzen und höre ihn sagen: »Well, that was a perfect shot!«

So war ich immer bemüht, mich auf Hansens Platz nützlich zu machen, denn von außen als bloßer Beobachter oder Logiergast kommt man nicht dahinter, wie es wirklich bei Leuten zugeht; man muß ihre Arbeit teilen, muß ihre Sorgen nicht nur theoretisch, sondern in der Praxis kennenlernen, muß abends so müde und steif und verstaubt aus dem Sattel gleiten wie sie selber.

Wir sind tagelang gemeinsam durch die Wildnis gezogen, um

verlorenes Vieh zu suchen, und haben unsere liebe Not gehabt, die widerwilligen Tiere zusammenzutreiben und auf die Straße zu bringen, die eine einzige grobe Kiesstraße, die durch das weite Chilcotin-Gebiet über den Fraser führt, den Chilcotin aufwärts, den Klinaklini abwärts, über das Küstengebirge und dann den Bella Coola abwärts zum Stillen Ozean. Hatten wir die Kühe und Kälber – wild und fix wie Hirsche, weiß der liebe Himmel! – erst einmal auf der Straße, so konnten wir sie gut im Trab halten, so daß sie gar nicht mehr auf den Gedanken kamen, seitwärts wieder in den Busch auszubrechen – besonders, wenn der pausenlose Gewaltmarsch sie erst ermüdet hatte. Allerdings waren auch wir wie gerädert, wenn wir nach vielen Stunden ununterbrochener Hetzerei endlich wieder festen Boden unter den Füßen fühlten, die Pferde abgesattelt und mit einem Freundschaftsklaps an die Tränke am See und auf die Weide entlassen hatten.
Doch wenn wir ausritten am noch frostigen Morgen, die Pferde munter dem Wälderschatten zustrebten, das Sattelzeug knarrte, die Schneeberge in der Ferne hinter den Hügeln wie kostbare Gemmen in das helle Blau des Himmelsrandes geschnitten waren, wenn die beiden Adler, die Tex genau kannte und die in diese Gegend gehörten ebenso wie die hierherum ansässigen Biber und Bären, im dunkleren Blau der Himmelshöhe ihre geruhsamen Kreise zogen, um dann plötzlich wie ein Stein in ein uns nicht mehr sichtbares Tal zu stürzen oder einen der vielen Seen, um ihre Beute zu schlagen, wenn die Pferde den ersten Hügel erklommen, um auf seiner Gegenseite sehr vorsichtig auf der Hinterhand in eine tiefe Schlucht hinabzurutschen, einen Bach oder ein Flüßchen zu überwinden – wir wollten in den Vorgebirgen jenem mächtigen alten Elch auf die Spur kommen, den Tex für den späten Herbst einem seiner Jagdkunden aus San Francisco versprochen hatte –, wenn die Pferde mitten im eilig strömenden Naß innehielten, den Kopf senkten und mit genußvollem Schlürfen das eisige, glasige Naß tranken, wenn sie danach den Kopf aufwarfen und ohne weitere Aufforderung das Gegenufer erkletterten, wenn wir dann, schon beträchtlich gestiegen, auf schmalem, allerschmalstem Pfad, einem Wildwechsel, einen steilen kahlen Hang entlangritten, den die Sonne unbehindert treffen konnte, wenn ihre Strahlen zum erstenmal an diesem Tag wärmend auf die frierenden Hände fielen, wenn dann die Blicke

vom hohen Hang her über die unermeßlichen Einsamkeiten schweifen konnten, über die bewaldeten, je ferner, desto tiefer blauenden Wälderrücken – und immer das gleißende Hochgebirge im Süden und Westen dahinter wie Mauern einer gewaltigen Zauberfestung, wenn der erste Wind des Tages sich erhob und die herben Dürfte der ungekränkten Einöden, der königlichen Wildnisse uns umfächelten und die vollkommene Klarheit der Luft noch den allerfernsten Gipfelgrat sich haarscharf abzeichnen ließ, wenn wir dann sogar noch am Rande eines schwärzlichen Bruchwassers eine Hirschkuh und ihr zierlich schlenkriges Kalb bei der Tränke überraschten und die beiden Tiere ein wenig bestürzt, aber gar nicht besonders eilig ins schützende Dickicht am Rande des Sumpflandes abtrabten, wenn dann Tex schließlich von der leider nur seltenen Lust angewandelt wurde, eine alte Geschichte zu erzählen, und ich ihm danach mit einer anderen aus einem, wie er's gern hatte, möglichst entlegenen Erdenwinkel Genüge tat, dann, ach dann war das Glück der großen Stille, die Seligkeit der unberührten Wildnis, die ungemeine Freude der hohen Felsengebirge im fernen kanadischen Westen, dies alles, mit Worten kaum zu fassen, wogte um mich her wie eine machtvolle, aber sanfte Brandung, mich tragend, mich warm umwallend, lautlos und stark, ein reueloses Glück.

Ich sprach das manchmal aus, wenn ich mit Tex allein unterwegs war. Der Freund neigte nicht wie ich zu Überschwang, lyrischen Gefühlen und romantischen Phantasmagorien. Doch verstand er sich etwa zu der Feststellung:

»Ich hätte ja auch woanders siedeln und mir meine Farm aus dem Busch herausschlagen können. Nur hier hatte ich alles, was mir vorschwebte, als meine ersten Versuche in der Prärie gescheitert waren. Hier hatte ich eine großartige, aber nicht öde, sondern helle und vielgestaltige Einsamkeit, hier hatte ich harte, aber nicht allzu harte Winter, hell und hoch und windstill; hier kamen Frühling und Sommer prachtvoll, farbig, nicht zu naß und nicht zu trocken, hier war klares Wasser in Seen und Flüssen, rein und reich an Fischen; hier boten die Wälder beinahe jede Art von Holz, das man sich wünschen konnte, zeigten sich nirgendwo dschungelhaft dicht wie an den überreich beregneten Küstenhängen, sondern so licht und durchlässig, daß sie überall zu durchreiten sind; hier boten die

Wildwiesen wunderbares Gras, reichlich und gut zu gewinnen; hier lebten nur wenige Menschen und zumeist solche, wie man selber einer war, also den andern respektierend und Abstand haltend; hier brauchte keiner den andern zu beneiden; denn jeder hatte das gleiche, und jeder genoß nur, was er selber erworben und erarbeitet hatte. Und jeder hatte Platz, viel Platz und konnte nach seiner Fasson selig werden, faul oder fleißig, schlampig und dreckig oder sauber, strebsam und ehrgeizig, ganz genügsam, einsiedlerisch oder mit Maßen gesellig. Nein, für mich gibt es kein besseres Land als dieses. Ich bin zufrieden mit diesem Land und meinem Los. Ich bin kein reicher Mann geworden, aber hier habe ich niemals Not gelitten und werde auch niemals Not zu leiden brauchen. Hier werde ich begraben werden, hier im Herzen von Britisch Columbia am Clearwater Lake. Dies ist mein Land, ist das Land, das ich liebe!«

Genauso, wie ich es eben aufschrieb, hat Tex es nicht gesagt. Das hätte ihm nicht gelegen und nicht behagt. Aber er sagte heute ein paar Worte und bei der nächsten Gelegenheit ein paar andere; all diese vereinzelten Sätze und Urteile flossen schließlich zu der großen und vorbehaltlosen Bestätigung seiner Wahlheimat zusammen, wie ich sie zu formulieren versucht habe.

Tex ist nicht nur ein bescheiden erfolgreicher Rancher und Farmer, sondern – und als solcher ist er unter Kundigen geehrt und bekannt – ein Jagd- und Wildnisführer mit jahrzehntelanger Erfahrung, einer der wenigen *Class A Guides* von British Columbia, eine Würde und Auszeichnung, die nicht leicht zu erwerben ist und großen Respekt genießt. Wer einen Bären, einen Elch oder einen Hirsch erlegen oder einfach nur ›am Busen der Natur‹, der völlig unberührten, zehn oder vierzehn Tage lang kampieren will, der kann sich Fred Hansen, genannt Tex, dem eisengrauen, mittelgroßen Mann mit den harten Händen und der leisen, stets ein wenig heiseren Stimme ohne Sorge anvertrauen; er wird unbeschädigt wieder zu Frau Hansens sehr nahrhaften und wohlschmeckenden Fleischtöpfen zurückfinden. Und es gibt ausgesuchte Leute, die kehren jedes Jahr wieder eine Zeitlang bei Hansens ein, aus Südkalifornien etwa oder aus Detroit oder Toronto. Und alle nehmen die Überzeugung mit nach Hause, daß sich die Welt kaum irgendwo so still und hell, so sorgenfrei und leuchtend offenbart wie

da am Clearwater Lake im Chilcotin-Lande im grünen Herzen von B. C.
Es geht sehr einfach zu bei Hansens. Es gibt keine Elektrizität und kein Telefon, kein Fernsehen und keine Ölheizung, keine Attraktionen und keine Sensationen, außer denen, welche die Wildnis gelegentlich serviert. Die Post kommt nur einmal in der Woche (die Posthilfsstelle ist zehn Kilometer entfernt!) und die neueste Zeitung aus Vancouver oder Edmonton ist immer schon zehn Tage alt. Aber der einzige Lastfahrer auf der Bella-Coola-Straße bringt einmal in der Woche 270 Kilometer weit aus Williams Lake sehr zuverlässig mit, was man in der Woche zuvor bestellt hat. Man entdeckt dann erstaunlich bald, daß man all den städtischen Firlefanz nicht nötig hat, daß man sich sehr intensiv informiert halten kann, wobei zehn Tage Zeitdifferenz belanglos bleiben, denn wesentlich sind ohnehin nur die langfristigen Entwicklungen, und daß man viel zuverlässiger begreift, was wichtig ist und was nicht, als dies im lärmenden Stimmenwirrwarr der großen Städte noch möglich ist. Vielleicht sollte man die Politiker der ganzen Welt, jeden für sich allein, ein halbes Jahr lang hinter die sieben mal sieben Hügel und hohen Berge im Chilcotin- und Klinaklini-Land verbannen, bloß so zum Nachdenken. Und jedem einen Fred Hansen beigeben, damit sie sich nicht vor den Bären und Silberlöwen zu fürchten brauchen und auch erleben, was ein Mensch ist, der nur auf sich selbst beruht, wie Fred Hansen. Vielleicht kämen sie etwas geduldiger, etwas klüger und bescheidener aus der Stille zurück, diese sogenannten Politiker, die der Herr allesamt in seinem Zorn erschaffen zu haben scheint; und niemals, so scheint es, ist er so voll Zorn gewesen wie heute . . .

Es wäre nun noch nachzutragen, woher Fred Hansen und seine Frau Ingeborg eigentlich kommen und wie und warum sie in die Chilcotin-Einsamkeit gezogen sind. Beide sind keine geborenen Kanadier, aber das ist in einem jungen Lande wie Kanada nichts Besonderes oder Auffälliges, schon gar nicht in seiner europafernsten Provinz British Columbia. Jeder dritte oder vierte, der dir in B. C. begegnet und sich als überzeugter Bürger seines Landes beweist, ist nicht zwischen diesen hohen Bergen, an diesen lauen, feuchten Küsten, auf diesen sehnsüchtig weiträumigen Hochebenen des britischen Columbia geboren, sondern weit entfernt davon, ganz anderswo, in Oklahoma zum Beispiel oder Connecticut, in Schottland oder Oberbayern, in Griechenland oder auf Malta, in London, Cork oder Berlin, Nagasaki oder Hongkong. Deshalb werden sie doch alle musterhafte Columbier, kommen mühelos miteinander aus, verleugnen ihre Herkunft nicht, bleiben der alten Heimat treu und sind sehr stolz darauf, Kanadier im allgemeinen und B. C.er im besonderen zu sein. Tex und Inge bilden keine Ausnahme von der Regel.

Er stammt von einem großen alten Bauernhof in Dänemark, nicht allzuweit von Kopenhagen, wo er daheim und auf den guten dänischen Schulen all das erlernt hat, was vor vierzig oder fünfzig Jahren an europäischer Landwirtschaft zu erlernen war. Aber das Glück hatte nicht an seiner Wiege Pate gestanden: Er war ein jüngerer Sohn, hatte keine Lust, sein Leben lang auf dem Hof die zweite Flöte zu spielen oder anderswo mühsam einzuheiraten oder nur als Knecht ein mageres Brot zu verdienen. Ihm stand der Sinn nach Weite, Abenteuer und Selbständigkeit. Der Name Texas hatte es ihm angetan. Der Zauber dieses Namens ist ja auch heute noch nicht ganz erloschen.

Er ließ sich sein karges Erbteil auszahlen und kaufte sich damit ohne Übergang und Federlesens die Fahrkarte nach Texas. Das war Anfang der zwanziger Jahre dieses Jahrhunderts von Kopenhagen her eine weite und umständliche Reise. Aber der Bursche von achtzehn Lenzen muß schon sehr zähe und zielbewußt gewesen sein. Er gelangte nicht nur nach Texas, ohne sich unterwegs aufhalten zu lassen. Die großen Städte verlockten ihn weder damals noch heute. Er erreichte auch, daß er auf einer guten Ranch (Viehgroßfarm) nach gehöriger Lehrzeit in die Zunft der Cowboys aufgenommen wurde. Mit Pferden und Vieh umzugehen und fest im Sattel zu sitzen, hatte er schon als Bürschlein auf dem väterlichen Hof gelernt. Er merkte bald, daß in Texas auch nur mit Wasser gekocht wird, daß man dort nicht besser, sondern eher schlechter und für die Pferde härter reitet als im alten Land, daß große Hüte und silberne Sporen noch keinen guten Reiter machen und daß er eigentlich viel sicherer mit Pferden und Vieh umzugehen verstand als die wilden Gesellen, meist mit mexikanischem Blut, mit denen er hier zusammen zu arbeiten hatte, nämlich sanfter und geduldiger, im Endeffekt sehr viel wirkungsvoller.

Jedoch lernte er, was zu lernen war, besonders dies: Stunde für Stunde im Sattel zu hocken, von Sonnenaufgang bis Sonnenuntergang, gehüllt in Wolken von gelbem Staub, in glühender Hitze, die die Lippen bersten machte und die Stimme heiser, und am Tag drei Pferde müde zu reiten. Das hatte es im beschaulichen Dänemark nicht gegeben. Und auch nicht dies: so viel Geld zu verdienen, wie er es verdiente, nachdem er erst einmal das ziemlich bittere Anfangsjahr hinter sich gebracht hatte und die englische Sprache mit texanischem Tonfall ihm keine Schwierigkeiten mehr bereitete. Der junge Däne hielt sein Geld zusammen nach der damals noch üblichen Manier des alten Landes und nahm jeden Nebenverdienst mit, der sich bot, ohne ihn nach der Weise seiner Gefährten jeweils bei nächster Gelegenheit munter zu verjubeln.

Der Reiz der großen Hüte, der gescheckten Pferde und der klirrenden Silbersporen ließ schnell nach. Fred Hansen war von Natur zu nüchtern, um sich auf die Dauer davon benebeln zu lassen. Es verlangte ihn nach eigenem festen Boden unter den Füßen. Er hörte sich gründlich und ausführlich um. Weit im Norden, in den Prärieprovinzen Kanadas, sollte es gutes Land billig zu kaufen geben. Der Weizen sollte dort unwahrscheinlich prächtig gedeihen. Etwas anderes als Weizen brauchte man nicht zu pflanzen; um den Absatz brauchte man sich nicht zu sorgen, und die Preise, die auf den Weltmärkten gezahlt wurden, verschafften den Farmern vorzügliche Profite, so daß es ihnen nicht schwerfiel, ihre Maschinen, Grundstücke und sonstigen Lasten zu finanzieren.

Fred Hansen sagte dem Lande Texas, seiner glühenden Sonne, seinem Staub und seinen nach Hansens Meinung allzu rauhen Methoden des Umgangs mit Pferden ohne großes Bedauern Lebewohl, trat die weite Reise nach Saskatchewan, der mittelsten der drei kanadischen Prärieprovinzen, an und etablierte sich dort nach sorgfältiger Umschau als Weizenfarmer auf einem kleinen, aber günstig zu Straße und Eisenbahn gelegenen Besitztum.

Alles ging ein paar Jahre lang nach Wunsch. Der junge Farmer dachte bereits daran, nach Roskilde, Odense oder Flensburg auf Brautschau zu fahren. Verehelichen wollte er sich – das stand von jeher bei ihm fest – nur mit einem Mädchen aus dem alten Lande, allerdings erst dann, wenn er für Frau und Kind eine sichere Lebensgrundlage geschaffen hatte; damals hielt man das noch für

notwendig; inzwischen hat uns der wacker fortschreitende Fortschritt über so antiquierte Rücksichten längst hinausgeführt.
Aber aus der Europareise und der Hochzeit wurde nichts. Die fürchterliche Krise der Weltwirtschaft Anfang der dreißiger Jahre riß gerade den ja einigermaßen spekulativen Weizenbau der Prärieprovinzen in ihren zermalmenden Strudel. Die Preise sanken ins Bodenlose, tief unter die Gestehungskosten. Zugleich, als wären alle Plagen auf einmal entfesselt, erhob der ›Alte Mann Dürre‹, der lange irgendwo die Zeit verschlafen hatte, sein hageres Haupt und stakste über die Prärien. Der Weizenbau hatte die alte Grasnarbe zerstört. Der entblößte Boden verdorrte zu trockenem Staub und flog vor den harten Winden in ungeheuren Wolken davon – und mit ihm die Fruchtbarkeit des Landes.
Auch Fred Hansen und seine Farm ›trockneten aus‹. Er klammerte sich für einige Jahre an den Besitz, in den er so viel Schweiß, Arbeit, Mühe und all sein Geld investiert hatte. Aber dann kam auch für ihn wie für unzählige andere der Tag, an dem die Verzweiflung über ihm zusammenschlug. Nichts gehörte ihm mehr auf seinem Platz, nichts war mehr zu beleihen, nichts wollte mehr wachsen. Er zog die Tür hinter sich ins rostige Schloß, trug nichts mit fort als ein ärmliches Kleiderbündel und einige, seit langem schon sorgsam und geizig gehütete Dollarscheine.
Nur fort, nur fort aus dieser grausigen, gestorbenen Prärie, in der bloß noch die Gophers und die Heuschrecken überleben konnten, wo nur noch das Tumbleweed Leben vortäuschte, das der dörrende Wind über die leere Steppe rollte. Fred Hansen fuhr nach Westen. Als die Gebirge British Columbias ihn empfingen, grüne Wälder und grüne Matten ihn aufnahmen, atmete er auf. Er hatte schon vergessen gehabt, daß es dergleichen immer noch gab.
Das Glück, von dem Hansen sich völlig verlassen wähnte, wandte sich ihm plötzlich wieder zu, gleich am ersten Tage, als er in Kamloops den Zug verließ, um sich nach Arbeit umzusehen. Er hatte noch fünf Dollar in der Tasche. Das war alles, was er aus der Katastrophe gerettet hatte. Eine Landvermessungskommission der

Winterfreuden im »Snowmobile« in den Küstenbergen über Vancouver

Provinzregierung suchte einen Pferdepfleger und Lagerhelfer, der bereit war, auf lange Zeit mit den Landvermessern im Busch zu verschwinden, um die Berge, Ströme, Täler und Seen in die Karten einzuzeichnen. Auf Pferde verstand sich Hansen, besser als irgendeiner hier, und auf Einsamkeit auch und sogar aufs Kochen über offenem Feuer, und er hatte eine ruhige Hand und ein sicheres Auge, wenn geschossen werden mußte. Seine texanische Vergangenheit und sein Geschick mit Pferden gaben den Ausschlag. Er wurde angenommen – und hatte seinen Spitznamen weg: Tex.

Tex ist dann mit diesem und anderen Vermessungstrupps einige Jahre durch das Herz Britisch Columbias gezogen, jenes unbestimmte große Gebiet zwischen den Rockies und dem Oberlauf des Fraser im Osten, der Coast Range im Westen, dem Nechako River im Norden und etwa der Breite des Bonaparte River im Süden (beides Nebenflüsse des Fraser), jenes Gebiet, das gewöhnlich unter dem Namen Cariboo zusammengefaßt wird. Natürlich hielt er die Augen offen dabei, und was ihm an praktischer Kenntnis der Wälder und Wildnis noch gefehlt haben mochte, das errang er sich jetzt in dem großen Land, das durch den gewaltigen Fraser-Strom entwässert und gekennzeichnet wird.

In der Nähe des Fraser-Tals und seiner wichtigen Nebenflüsse war alles Land, das sich beweiden oder beackern ließ, schon vergeben. Der Goldrausch in der mittleren und östlichen Cariboo in der zweiten Hälfte des vorigen Jahrhunderts hatte die weiten, so gut wie menschenleeren Gebiete schon ein wenig geöffnet, entlang der wenigen, mühsam entstehenden Straßen, entlang der Flüsse, soweit sie schiffbar waren und offene, bewohnbare Ufer aufwiesen. Hier gab es schon, zum Teil seit Jahrzehnten, große Viehfarmen, Ranches, die Lee Ranch zum Beispiel oder die Gang Ranch. Dort konnte Tex mit seinen bescheidenen Mitteln keinen Platz mehr finden.

Aber hundert oder zweihundert Kilometer weiter im Westen, wenn man die flache Wasserscheide zwischen dem zum Fraser strömenden Chilcotin und den ohne Umschweife zum Pazifischen Ozean

33 *Inseln und geschützte Wasserwege vor der Küste British Columbias*

durchs Gebirge stoßenden Flüssen überwunden hatte, dem Klinaklini, dem Homathko, dem Southgate, dort gab es noch Tausende von Quadratmeilen freien Landes. Zwar verlief sich dort die einzige, das Chilcotin- und Klinaklini-Gebiet höchst unzulänglich erschließende primitive Straße in den Vorbergen der Kaskaden, des tief zerschluchteten, fürchterlich schroffen und hoch aufgesteilten Küstengebirges. Außer einigen weit verstreuten friedlichen Indianern lebte kaum ein Mensch in diesen vielgestaltigen Landstrichen. Das Hochwild zog leise durch die Wälder und Sümpfe wie seit Urzeiten. Lachse und Forellen, lang wie ein Arm, zuckten durch die unzähligen glasklaren Seen. Wildwiesen prunkten mit üppigem Gras und duftenden Kräutern. Die Wälder waren licht und überall passierbar. Die Jack Pine, diese vorzügliche, kerzengerade aufwachsende Föhre, bot festes, gesundes Holz für alle nur denkbaren Zwecke im Überfluß. Die Winter waren nicht allzu hart, die Sommer, die strahlenden, nicht allzu heiß.
Sich einem unsicheren, vom Weltmarkt abhängigen Produkt wie dem Weizen anzuvertrauen, die Lust dazu war Tex nach den Erfahrungen in Saskatchewan ein für allemal vergangen. Hier aber, im entlegenen Klinaklini-Land, hier war man weit vom Schuß, hier würde ein tüchtiger, wildniserfahrener Mann – Reiter, Bauer, Jäger und Viehzüchter in einem – nie zu verhungern brauchen, komme, was da wolle.
Tex nahm am Clearwater Lake Land auf, baute sich ein kleines, aber festes Blockhaus, entwässerte und planierte eine schon vorhandene, zum See hinunterreichende Wildwiese, baute den ersten groben Zaun, ein Viehgatter nur, rund umher und um ein großes Waldstück und weitere Wiesen, die er zunächst wild liegen ließ, kaufte ein paar Mutterkühe und einen Bullen, einige Stuten und einen Hengst – und offerierte sich und seine Dienste über die vielen Bekanntschaften, die er in den Jahren der Landvermessung gemacht hatte, zahlungskräftigen Leuten als erfahrener Jagd- und Wildnisführer. Das Unternehmen florierte auf bescheidene Weise von Anfang an. Die Regierung erteilte ihm ohne Umschweife die große Lizenz als *Class A Guide,* eine Auszeichnung, die mit der Zeit gute Zinsen eingebracht hat.
Bald mußte das Haus vergrößert werden, mußten weitere Bockhütten für die Gäste gebaut werden. Die Herden wuchsen. Aus seiner

kleinen Anfangszucht baute sich Tex nach eigenem Geschmack eine Pferdeart auf, wie er sie für das grobe Gelände westlich des Clearwater für geeignet hielt: starke, große, aber gleichzeitig gelenkige und sicherfüßige Tiere, die er sich von klein auf heranzieht; schon als Fohlen werden sie mit dem Menschen vertraut, gewöhnen sich daran, in Tex und Ingeborg freundliche Wesen zu sehen, von denen kein böses Wort, keine erschreckende Bewegung, wohl aber ab und zu Leckerbissen zu erwarten sind. Langsam werden die Jungpferde dann an einen Riemen um den Hals, einen Sack auf dem Rücken, einen lockeren, dann immer festeren Gurt um den Bauch gewöhnt, müssen dann auch irgendwann die Erfahrung machen, daß es besser ist, den Wünschen der Menschen nachzugeben, als nutzlosen Widerstand zu leisten – und sind schließlich, ohne es recht zu merken, an Sattel und Zaumzeug gewöhnt, folgen jedem leisen Wink der Zügel, jedem Druck der Schenkel, begreifen schnell, was von ihnen verlangt wird, und geben in jeder Situation ihr Bestes. Ich habe nirgendwo so gut gezogene, willige und freundliche Pferde kennengelernt wie auf Hansens Platz, selbst nicht in den Weiten des australischen Nordens, wo man wirklich etwas von Pferden versteht und wo die Stockmen ihren Pferden nahe und befreundet sind wie bei uns vielleicht der Jäger seinem Hund.

Nach dem Kriege konnte Tex sich sagen, daß er ›es geschafft‹ hatte, wiederum – und diesmal auf zuverlässigerer Grundlage als damals in Saskatchewan. Aber er mußte erkennen, daß ihm die Aufgabe, die er sich gestellt hatte, über den Kopf zu wachsen drohte. Vieh und Pferde, Haus und Hof, Essen und Trinken und dann die Jäger und Wildnisfreunde, die für zehn oder zwanzig Tage durch die Wildnis geführt werden wollten mit einer Kette von Packpferden, Zelten, Gewehren, Schlafsäcken, Kisten und Kasten voller Proviant – und die vor allem ein kapitales Elchgeweih, ein Bärenfell oder eine andere Trophäe mit nach Hause, nach Chicago oder St. Louis, nehmen wollten –, es war einfach zuviel für einen Mann, mochte er noch so tüchtig sein, mochte er auch ab und zu Helfer anheuern können; die jungen Kerle hielten es gewöhnlich nicht lange aus in der Einsamkeit oder versagten vor den großen Strapazen in der Wildnis, die unausweichlich sind. Was er brauchte, Tex kam nicht darum herum, war eine tüchtige Frau, die sich sommers und winters in der Einsamkeit wohl fühlte und ihm die Sorge für Haus und Hof abnahm.

Wie Tex und Ingeborg Hansen zusammengekommen sind, das ist das unglaubwürdigste Märchen der Welt. Es gehört nicht hierher. Ingeborg ist längst verwachsen mit der wilden, schönen Welt unter den Kaskaden. Die nie abreißende Arbeit geht ihr schnell und leicht von der Hand. Ihre Küche ist weit und breit berühmt; sie kocht englisch und schottisch, deutsch und dänisch, italienisch und amerikanisch und kreuzt die Kochweisen mit anscheinend unerschöpflicher Phantasie. Hühner und Gänse, Puten und Enten, Schafe und Hunde gedeihen prächtig unter ihrer zwar strengen, doch nie erlahmenden Fürsorge.

Und im Winter, wenn das Quecksilber des Thermometers sich ganz in das kleine Bällchen am Fuß der Glasröhre zurückgezogen hat, das Eis auf dem See kracht wie Kanonenschläge und die Welt so lautlos friert, daß man es hören kann, wenn ein Schneeklümpchen vom Aste fällt, dann ist es warm in der großen Wohnstube unter dem hohen Dach. Dann kann man lesen, lesen und all das nachholen, was man im allzu arbeitsreichen Sommer versäumt hat. Das heißt, auch dann wird gestrickt, genäht, gestopft, Tex bastelt an den Sätteln und Geschirren; aber einer von beiden findet immer Zeit zum Vorlesen. Und nachts vor dem Schlafengehen ziehen sie wohl noch einmal den Pelz über und treten vor die Tür. Nordlicht steht am schwarzgläsernen Himmel, läßt seine ungeheuren Draperien über die nördliche Kuppel wallen, schießt seine geistergrünen, orangeroten, fahlgoldenen Strahlen in die schweigende Nacht, veranstaltet ein ungeheures Sphärenkonzert aus dem Licht der Nacht, vor dem die Sterne verblassen. Bis auf einen harten Wink des großen unsichtbaren Dirigenten alle Farben urplötzlich fortgewischt sind – und wieder die gestirnte Wölbung sichtbar wird, die dunkle, funkelnde; sie war nur in den Hintergrund getreten, um dem Nordlicht für ein Gastspiel den Vortritt zu gewähren.

Es war sehr kalt, als ich vor die Tür meiner Hütte trat. Die Sterne flimmerten auf dem schwarzblauen Samt des Nachthimmels. Der Mond war schon hinter dem Hochgebirge im Nordwesten versunken. Vor der Tür wartete stumm und geduldig mein braves Auto. Mein Gepäck hatte ich schon am Abend zuvor darin verstaut. Der

Waldrand hinter meinem Hause war eine schwarze Schattenwand. Abgrundtiefe Stille, vollkommene Reglosigkeit hielten die Welt gefangen. Über die Spiegelfläche des Clearwater-Sees legte ein Stern eine schmale Glitzerfurche; sie bot sich mir silbern in der Lücke zwischen den Ufergebüschen, wo die Boote lagen und am Tage die Pferde zur Tränke gingen.
Die Lampe hatte ich schon gelöscht, die Ofentür verwahrt und die Klappe für die Zuluft auf einen schmalen Schlitz gedrosselt; so blieb die Glut erhalten, ohne zu heller Flamme aufzuschlagen. Ingeborg sollte es noch warm finden, wenn sie im Laufe des kommenden Vormittags mein Quartier wieder in musterhafte Ordnung bringen würde – ich kannte sie ja.
Leise zog ich die Tür hinter mir zu. Zu verschließen war da nichts. Schlösser und Riegel sind in diesen Landstrichen unbekannt. Von Räubern und Einbrechern hat man in der Wildnis noch nichts gehört. Meine Uhr zeigte ein Viertel nach vier; das Thermometer im Außenspiegel meines Autos acht Grad unter Null. Ich erinnerte mich, daß man den fünften Oktober schrieb. Aber Hansens Platz liegt auf 1200 Meter Höhe – und seit zwei Tagen hatten wir Nordwind. Die weiten Hochländer im Herzen British Columbias öffnen sich nach Norden und Nordosten weit zwischen den abflachenden Ketten der Rockies im Osten und den immer steiler und wilder nach Alaska drängenden Küstengebirgen. Von Norden kam diese kalte, gläserne Luft, aus der Heimat der Nordlichter.
Ich hatte mich schon am Abend zuvor von den Hansens verabschiedet, hatte darauf bestanden, daß sie sich nicht die Nacht verkürzten. Wieder einmal Abschied vom Clearwater Lake, von den starken, klugen Pferden, von King, dem zärtlichkeitsbedürftigen mächtigen Husky Collie, und seiner Queen mit der furchtlosen Seele, vom Gerausche in den Föhrenwipfeln, den guten Freunden Tex und Inge vor allem. Doch ist es eine alte Weisheit, daß man gehen soll, wenn es am besten schmeckt. Dann bleibt das Verlangen stark, wiederzukehren.
Es widerstrebte mir, das Auto anzulassen. Das würde Lärm geben, würde die Stille erdolchen. Auch mußte ich die Autotür zuschlagen. Ich stieg ein und schlug sie zu, so sanft wie möglich. Gehorsam sprang der Motor an. Die Scheinwerfer blendeten auf, und sofort verging die hohe, stille Nacht zu zwei bleich ausgeleuchteten

Lichtkegeln vor meinem Auto. Sachte rollte ich vom Platz, über die kleine Brücke, die den Entwässerungsgraben quert; die Heuscheune, der Traktorenschuppen blieben als Schatten hinter mir. Ich tauchte in den Wald, gab ein wenig mehr Gas auf dem glatten, unter den Bäumen über Bodenwellen schwingenden Autopfad. Dann kam das große Tor im hohen Viehzaun eine halbe Meile weiter. Anhalten, aussteigen, das Tor öffnen – es knarrte wie immer, so auch in dieser letzten Nacht –, einsteigen, das Auto durch die Öffnung rollen lassen, anhalten, aussteigen, das Tor wieder schließen und sichern, einsteigen, Gas geben. Ich hatte den engeren Farmbezirk endgültig verlassen, erreichte eine Meile weiter die Bella-Coola-Straße, bog in sie ein nach Westen, meerwärts.

Einige Meilen weiter durch die kalte, reglose Nacht. Die Straße schwang sich aus dem Urstromtal des Klinaklini, der auf einer löchrigen und nicht unbedingt vertrauenerweckenden Brücke zu überqueren ist, in einer kühnen Doppelkurve den hohen Steilhang hinauf. Oben, bevor der Weg wieder in die westwärts stets dichter werdenden Wälder taucht, hatte ich oftmals für ein paar Minuten angehalten, war ausgestiegen und hatte den Blick ost- und südwärts über die unabsehbaren Waldeinsamkeiten bis hin zu den Schneebergen in der Ferne schweifen lassen, hatte jedesmal von neuem jenes sonderbare Ziehen und Zerren am Herzen verspürt, das den Menschen befällt, wenn er an einem besonderen Ort der grenzenlosen Weite und Leere dieser Welt und zugleich seiner eigenen Winzigkeit und Bedeutungslosigkeit inne wird. Denn wenn sich der Mensch auch Mühe gibt, gerade in den jungen Ländern wie Kanada oder den USA, der Natur überall seinen meist schmutzigen und schmierigen Stempel aufzudrücken, so ist die Erde doch immer noch so groß und weit und königlich, daß Wälder und Berge, Wüsten, Ströme und Küsten übrigbleiben, die noch von keiner gierigen Menschenhand angerührt sind. Weil das so ist, zieht es mich immer wieder in den herrlich weiten, leeren und freien fernen Westen Kanadas, die mächtigen Gebirge, in die wilde Cariboo, das goldene Land jenseits des Chilcotin, zu Fred Hansen, genannt Tex, den Freund der Wildnis, der sich ihr gerne einfügt, ohne sie beherrschen oder gar zerstören zu wollen.

Auch an jenem Morgen im Herbst 1970 (wie auch zuletzt wieder im Jahre 1975) hielt ich an, stieg aus und blickte zurück, als das Auto in glattem Zug die Höhe erklommen hatte. Noch regierte die volle Nacht. Im Osten lagerte, kaum erkennbar, ein erster blasser ›Wolfsschweif‹ am Horizont. Eine weitere Stunde würde vergehen, ehe es hell genug war, die Autolichter zu löschen. Noch schlief die Welt in der Tiefe. Der Clearwater Lake war kaum zu ahnen in dem erstarrten schwarzdunklen Gewoge tief unter mir. Da unten irgendwo war Hansens Platz, dort hatte ich gewohnt. Wann würde ich wiederkehren? Ob überhaupt? Ich wußte es nicht. Jetzt erst überkam mich die Trauer des Abschieds.

Wie zum Trost pulste neben mir in der Dunkelheit der starke Motor meines Fahrzeugs, mahnte mich, daß noch eine weite und schwierige Route vor uns lag. Bei Tagesanbruch wollte ich Anahim Lake passiert und die Ostgrenze des großen Tweedsmuir Park erreicht haben. Dann würde die Straße ein Abenteuer werden, ich kannte es schon – –.

Straßen!

Straßen haben mich mein Leben lang magisch angezogen. Sie führen fort aus dem Bekannten dorthin, wo man noch nicht Bescheid weiß und wo vielleicht Unerhörtes wartet. Während ich anfuhr, faßte mich plötzlich der Rausch des Wieder-unterwegs-Seins, des Wieder-auf-eine-schwierige-Bahn-achten-Müssens; ich würde ihn bezwingen müssen, den gefährlichen Westabschnitt der B. C. Straße No. 20 über das Küstengebirge hinunter nach dem Städtchen Bella Coola am Ostende des North-Bentinck-Arms des Burke Channel, eines der riesigen, hundert und mehr Kilometer ins Festland vorstoßenden Fjorde, welche die pazifische Küste British Columbias in ein wahres Labyrinth geschützter Salzwasserwege verwandeln.

Was wäre British Columbia, wenn es nicht durch eine Anzahl von außerordentlichen Straßen erschlossen würde, die ich nie müde wurde zu befahren. Die Geschichte des großen Landes (ca. 950 000 Quadratkilometer, fast das Vierfache der Bundesrepublik) ist unlösbar verquickt mit der Geschichte seiner Straßen und Bahnen. Die Straßen British Columbias, ebenso wie jene, die das kanadische Hochgebirge dort durchziehen, wo es über die Grenzen von B. C. hinausreicht – ins südwestliche Alberta und ins Yukon-Gebiet, sie verdienten ein eigenes Buch. Ich kann nur einige von ihnen zu schildern suchen.

Straßen, Straßen eines großen Landes

No. 20

Um gleich bei jener Straße zu bleiben, auf der ich mich am frühen Morgen des Abschieds von Hansens Platz befand, der Provinzstraße No. 20 – sie bildet eine der drei wichtigen Verbindungen, die der weiten Landmasse im Osten den Zugang zum Stillen Ozean öffnen, die mittelste, zugleich die am wenigsten befahrene und in mancher Hinsicht schwierigste. Das heißt, über die östlichen zwei Drittel ihres Verlaufs bietet sie dem Autofahrer, der sich auf nur geschotterten Straßen auskennt, keine wesentlichen Schwierigkeiten. Wo der meist sehr grobe Kies frisch geschüttet ist und dick liegt, besonders auch in den Kurven, muß man vorsichtig und mit leichter Hand fahren. Der lockere Kies wirkt unter den Rädern zuweilen, als ob er Seife wäre, gibt nach, und das Fahrzeug neigt zum Schleudern. Es gilt dann, dem Wagen in aller Ruhe die Zügel locker zu lassen und nicht allzu heftig gegenzusteuern; man muß natürlich das Gas wegnehmen; ich habe nie erlebt, daß ein richtig beladenes Auto mit möglichst viel Gewicht zwischen und nicht hinter den Rädern sich nach einigen mutwilligen Schlenkern dann nicht gefangen hätte.

Bei trockenem Wetter allerdings – und in der zweiten Hälfte des Sommers regnet es am Chilco, am Chilcotin und am oberen Klinaklini nur sehr wenig –, bei trockenem Wetter zieht jedes Auto eine mächtige Staubwolke hinter sich her. Von der eigenen Staubwolke merkt man nicht viel, die bleibt hinter den Hinterrädern zurück und wird nur im Rückspiegel sichtbar, dafür aber um so mehr von den Wolken, die von entgegenkommenden und, schlimmer noch, aber viel seltener, von überholenden Gefährten aufgewirbelt werden. Der Staub dringt durch die verschlossenen Türen und Fenster und Lüftungsschlitze, dringt in den Kofferraum und sogar in die verschlossenen Koffer, ein bräunlicher Belag, der sich jedoch leicht abbürsten läßt; ihn abzuwischen gelingt nicht, sondern schmiert ihn nur ins Gewebe.

Die Straße 20 beginnt im innersten Herzen der Südhälfte von B. C. bei dem Städtchen Williams Lake, und zwar zweigt sie hier von der großen und bedeutenden No. 97 ab, die nach Süden über Kamloops und durch das reiche und blühende Okanagan-Tal (mit den besten Äpfeln und Kirschen der Welt) in den US-Staat Washington hinunterführt, wo sie unter der gleichen Nummer als US-Bundesstraße 97 weiter nach Süden strebt, um dann im Staate Oregon in die schnellen Autobahnen nach San Francisco und Los Angeles einzumünden. Nordwärts aber führt die 97 über die schnell aufstrebende Stadt Prince George nach Dawson Creek, wo dann immer noch unter der Nummer 97 die Alaskastraße beginnt, die erst 1523 Meilen (das heißt 2450 Kilometer) weiter nach Nordwesten in Fairbanks, Alaska, endet. Ehe der Cariboo Highway (das ist die 97 bis Prince George) und der John Hart-Peace River Highway (die 97 zwischen Prince George und Dawson Creek) gebaut und miteinander verbunden wurden, ehe im letzten Weltkrieg mit sagenhafter Geschwindigkeit die Alaskastraße aus der Wildnis und den Bergen gestampft wurde, war Williams Lake nichts weiter als eine kaum bemerkenswerte *Cow Town,* eine Kuh-Stadt, der verschlafene Einkaufsort für die kleinen und großen Viehfarmen in der westlichen Cariboo, dem Chilcotin-Lande, die nur einmal gegen Ende jeden Jahres während der großen Viehauktionen zum Leben erwachte.

Das hat sich sehr geändert. Die Wälder in der näheren Umgebung boten sich allzu deutlich an. Holzverarbeitende Betriebe saugen die Stämme in ihre sausenden Sägegatter – und verschandeln mit dem ewigen Qualm aus den rostbraunen Blechtürmen, in denen unablässig die Abfälle der Holzverarbeitung schwelen und brennen, das weite, liebliche Tal am Nordende des großen Williams-Sees. Den eigentlichen Aufschwung aber verdankt die Stadt den Touristen, die hier auf dem Wege nach Norden oder Westen Station machen oder den Ort selbst als Standquartier für ihre Jagdausflüge und Fischfänge erwählen. Hotels und Motels jeder Preislage von mittelteuer bis teuer laden zum Übernachten oder zu längerem Verweilen ein. Etwas angestrengt elegante und standardisiert originelle Restaurants und Bars, wie etwa der *Sabre Room* im *Travelodge,* versuchen Großstadt vorzutäuschen, besonders, was ihre Preise anbelangt. Aber hinter dieser etwas aufgedonnerten Fassade ist Williams Lake immer noch *Cow Town* geblieben, wie die vielen Indianer in Cowboystiefeln, sehnige, braungebrannte Burschen unter breitkrempigen Hüten, Pferde am Straßenrand, Sättel und Zaumzeug in den Geschäften verraten.

Ich war jedesmal froh, wenn ich der Stadt und ihrem Qualm entrinnen und die Höhen im Westen erklimmen konnte, obgleich das feste Pflaster dort bald von Kies und Staub abgelöst wird.

Ein Dutzend Meilen weiter taucht die Straße in langen Windungen in das tief eingeschnittene Tal des Fraser hinunter, der auf dem Grunde der engen Furche zwischen gelben, kaum bewachsenen Schutt- und Geröllkuppen von Norden her gezogen kommt, braun, wallend und wenig einladend, eine merkwürdig öde und feindlich anmutende Landschaft. Eine filigranzierliche, silbrige Bogenbrücke überquert den Strom in großer Höhe und schleust die Straße in die steilen Hänge des jenseitigen Ufers, wo der Fluß in der Tiefe bald den Blicken entschwindet.

Hat man erst einmal die Höhe jenseits des Fraser-Cañon gewonnen, so ändert sich das Bild mit einem Schlage. Man erkennt, daß der Strom seine breite Talfurche in eine unabsehbar zum Horizont hinwallende, schön bewegte Hochfläche gegraben hat. Wunderbare offene Grasländer, wie geschaffen dafür, Lieferanten saftiger Beefsteaks reichlich zu nähren, wechseln mit stillen, blauschimmernden Seen und ausgedehnten Föhren-Hainen.

In der Tat haben sich hier die ersten Rancher schon in den letzten Jahrzehnten des vorigen Jahrhunderts niedergelassen, als von der Straße 20 noch keine Rede war. Hanceville, etwa hundert Kilometer westlich von Williams Lake, ist die älteste Siedlung des weißen Mannes auf dem Chilcotin Plateau. Tom Hance und sein Partner, Doc English, haben schon 1879 an diesem Ort einen Handelsposten eingerichtet, der bald florierte, da die in dieser Gegend beheimateten Indianer darauf brannten, der Segnungen der weißen Zivilisation in Gestalt von Wolldecken, Glasperlen, Taschenmessern und Alkohol teilhaftig zu werden. Das wunderbare Grasland ringsum machte es den beiden Männern, die sicherlich unternehmenden Geistes waren, beinahe selbstverständlich, Vieh anzuschaffen und zu versuchen, das prächtige Gras in prächtige Rinderfilets und Rumpsteaks zu verwandeln. Auch das ließ sich günstig an, wenn man auch anfangs viel Ärger mit den Indianern deswegen hatte.

Die Indianer nämlich hatten seit ewigen Zeiten von der Jagd gelebt, kannten den Unterschied zwischen Wild und Haustier nicht und betrachteten alles Lebendige im Wald und auf den Wildweiden, soweit es für den eigenen Lebensunterhalt zu gebrauchen war, als ihre Beute. Kühe, Kälber und fette Öchslein ließen sich viel müheloser ›erjagen‹ als etwa ein Elch und schmeckten mindestens ebensogut. Es dauerte geraume Zeit, ehe der weiße Mann den Einheimischen klargemacht hatte, daß Rindvieh kein Freiwild wäre, sondern Eigentum wie ein Pferd oder ein Gewehr, und daß man dafür zu bezahlen hätte, wenn man es verzehren wollte. Inzwischen haben die Indianer diese sonderbaren Vorstellungen begriffen und sind, teils genossenschaftlich, teils privat, selber Herdenbesitzer geworden, wenn auch nur in bescheidenem Umfang.

Natürlich richteten mit der Zeit Tom Hance und Doc English auch ein Gasthaus ein. Goldgräber, Trapper, Abenteurer, Landsucher tauchten auf in immer steigender Zahl, wollten untergebracht, verpflegt und mit Whisky, Gin und Rum getröstet werden. So entstand Hanceville als erste Siedlung auf dem Chilcotin Plateau und wäre heute eine ansehnliche Stadt wie Williams Lake, wenn nicht später die Eisenbahn und die große Straße von Süden nach Norden in weitem Abstand ostwärts des Fraser daran vorbeigeführt worden wäre. Aber noch bis zum heutigen Tage gehört Tom Hances Ranch seinen Nachkommen.

Lee's Ranch

Gleiches gilt für eine andere große Ranch in derselben Gegend, die Norman Lee schon 1884 gegründet hat – in einer großartigen Landschaft übrigens mit tiefgerissenen Schluchten, prachtvoll hingelagerten Bergrücken und atemberaubenden Fernblicken über Wälder, Steppen und Einsamkeit.

Bevor die Straße von der Höhe zu *Lee's Corner,* einem mehr schlecht als recht von Lees Nachkommen geführten Gast- und Rasthaus, dazu dem obligaten Store (Kaufladen), hinuntertaucht, erinnert auf einer weit das schweigende, leuchtende Land überschauenden Felsenkanzel (die Straße 20 schwingt dicht daran

vorbei) eine schön gemalte und geschnitzte Tafel an Norman Lee's größtes Abenteuer und größten Fehlschlag.
Die Geschichte ist wert, kurz erzählt zu werden. Sie zeigt, was für Kerle es gewesen sind, die dieses Land erschlossen haben, wagemutige, kühne Gesellen, die auch von bösen Rückschlägen nicht zu brechen waren. Die Viehherden Lee's hatten, nachdem erst einmal die stets harten Anfangsjahre überwunden waren, schnell zugenommen, und Lee durfte sich bereits für einen leidlich vermögenden Mann halten.
Ende des Jahrhunderts machte nicht nur in Nordamerika, sondern auf der ganzen Welt der ›Goldrausch‹ am Klondike, hoch oben im Yukon-Territorium, von sich reden und lockte Abenteurer aller Art zu vielen Tausenden in die menschenleeren, weit entlegenen Gebiete des kanadischen Nordwestens.
Norman Lee hatte natürlich vernommen, daß da weit nördlich der Nordgrenze British Columbias sich von heute auf morgen neue Städte etabliert hatten – in einer Landschaft mit grimmigen Wintern und nur kurzen Sommern, aus der sich die vielen hart arbeitenden Männer nicht ernähren konnten. Die Preise für Lebensmittel wären, so hieß es, dort längst ins Märchenhafte gestiegen, und wer etwas Eßbares von guter Qualität anzubieten hätte, würde schneller reich, als wenn er aus dem Sand des Klondike-Baches das Gold herauswusch.
Norman Lee sah sich seine feisten Stiere an und sagte sich: sie werden hier in der Wildnis geboren, leben hier und werden fett. Auch wenn sie marschieren und nicht zu heftig getrieben werden, sollten die Tiere gut im Futter bleiben. Ich werde mir zweihundert gute Jungochsen auswählen, werde sie nach Norden treiben und am Klondike oder in Dawson City am Yukon so teuer verkaufen, daß ich fortan ein gemachter Mann bin.
Im Frühling des Jahres 1898 versammelte Lee zweihundert seiner besten Ochsen und trat mit fünf Cowboys, einem Koch und einem Lagerhelfer die unwahrscheinliche Reise an. Dreißig Pack- und Sattelpferde dienten den acht Männern zum Transport ihrer selbst und ihrer Ausrüstung. Die Herde und ihre Treiber hatten etwa 2500 Kilometer vor sich. Selbst wenn sie hätten Straßen benutzen können, wäre es eine höchst schwierige Aufgabe gewesen, zweihundert Stück wildes Vieh über eine so weite Strecke (etwa von

Hamburg nach Gibraltar) so zu treiben, daß sie noch mit einigem Speck auf den Rippen am Ziel ankamen. Aber Straßen gab es damals nicht. Männer und Herde mußten sich der ungebrochenen Wildnis anvertrauen. Ströme, Wälder, Sümpfe, Berge, von denen die vorhandenen groben Karten nur eine sehr vage Vorstellung vermittelten, waren ohne jede fremde Hilfe zu überwinden.

Norman Lee fragte nicht danach; er war davon überzeugt, daß er, der sich in der Wildnis aus dem Nichts in wenig mehr als einem Jahrzehnt ein kleines Fürstentum geschaffen hatte, auch mit der Wildnis anderswo, sozusagen in laufendem Gefecht, fertig werden würde.

Das Vieh und seine Treiber zogen über dem Westufer des Fraser und jenseits von Fort George dem Ufer des Parsnip folgend nordwärts, wandten sich dann am Pine aufwärts nach Nordosten, um über den flachen Pine-Paß den großen Peace und seine Quellflüsse zu erreichen, deren Wasser nicht mehr dem Stillen Ozean, sondern als Endziel dem Arktischen Meer zuströmt. Doch konnte die mühsam über den Flußläufen durch die Wälder stolpernde Herde dem großen Peace nicht weiter folgen. Das hätte sie viel zu weit nach Nordosten geführt. An der Ostabdachung der nach Nordwesten streichenden, hier nicht mehr besonders hohen Rocky Mountains wanderten Herde und Treiber wieder nach Norden.

Längst waren einige Tiere ausgerissen, auch zwei der Cowboys und der Lagerhelfer hatten sich bei passender Gelegenheit verkrümelt, der fortgesetzten, fürchterlichen Plackerei und der nicht abreißenden Gefahren müde. Aber Norman Lee und seine vier besten Männer gaben nicht auf. Der Koch war in die Schar der Rinderhirten eingereiht worden, stand seinen Mann und ritt sein Pferd nicht schlechter als die Cowboys.

Endlich erreichten sie den mächtigen Liard. Sein Lauf, dem die Schar nun entgegenzog, würde ihnen als Richtschnur in das südliche Yukon-Gebiet dienen. Dann war Whitehorse nicht mehr allzu weit, von wo ab der gewaltig und gewaltsam nach Norden drängende Yukon sie zu den Goldgebieten am Klondike leiten würde.

Lee hatte gehofft, im Norden offeneres Gelände zu finden. Aber davon war keine Rede. Mühsam und langsam quälte sich die Herde durch die Wälder, und oft genug verging ein ganzer Tag, ehe ein tief eingeschnittenes Flußbett überwunden war. Lee konnte sich beinahe schon ausrechnen, daß er mit seinen längst nicht mehr zweihundert Rindern den Yukon vielleicht noch, aber gewiß nicht mehr die Goldfelder erreichen würde. Der Marsch vom Chilcotin herauf hatte viel längere Zeit erfordert, als er gerechnet hatte, und selbst wenn er und seine Männer noch so verbissen und unnachgiebig vorwärts drängten, Wunder waren auch hier nicht zu vollbringen.

Jenseits des Watson Lake wurde schließlich der von Westen dem Liard zu strömende Rancheria erreicht, dem die Herde aufwärts folgte, um an seinem Oberlauf die ganz schmale Wasserscheide zu überwinden, die das Stromgebiet des zum Eismeer entwässernden Mackenzie von dem des ins Bering-Meer fließenden Yukon trennt. Wenige Meilen über die flache Trennung der Wasser brachten Lee, seine Männer und Rinder an den Swift. Der Swift River: er erschien den abgematteten Männern wie ein Versprechen. Denn der Swift fließt in den Teslin Lake, aus dem der Teslin River hervorgeht, der sich schnurstracks nach Norden auf den Weg zum Yukon macht.

Norman Lee und seine Herde erreichten den Teslin-See und standen zum erstenmal vor einer schlechterdings unüberwindlichen Barriere. Der lange, schmale, von Süden nach Norden über die Grenze von British Columbia ins Yukon-Gebiet greifende See verbirgt sich in einer unwegsamen Felsenrinne. Sich an diesen steilen Ufern entlang mit der Herde nach Norden vorzukämpfen, würde wiederum viele Tage und Wochen kosten (der See ist fast 150 Kilometer lang). Verhängnisvoller aber war, daß bereits der Oktober von den Bergen ins Land herabgestiegen kam. Die Espen und Birken hatten längst ihre goldenen und roten Herbstkleider angezogen. Die Nächte waren schon bitter kalt und brachten Frost. Bald würde der erste Schneesturm Rindern und Pferden die Weide entziehen. Nicht einmal Whitehorse würde mehr zu erreichen sein, wo man die Rinder sicherlich gegen gutes Geld hätte losschlagen können – wenn auch nicht so gutes, wie Lee es sich vom Klondike erwartete.

Lee faßte einen verzweifelten Entschluß. Auch jetzt, während der Winter schon sich ankündigte, wollte der hartgesottene Mann nicht aufgeben. Am Ufer des Teslin-Sees, dort, wo der Swift sich in den

See ergießt, schlachteten Lee und seine Männer die Rinder, die noch verblieben waren, eine immer noch stattliche Anzahl. Vorher hatten die Männer zwei schwere Barken gebaut, eigentlich Flöße nur, etwa zwölf Meter lang und fünf Meter breit. Es war eine fürchterliche und blutige Schufterei, die 180 oder 190 Rinder abzuhäuten, zu zerlegen und die Rindseiten auf die Barken zu packen. Tief lagen die Fahrzeuge schließlich im Wasser. Vielleicht gelang es, das nun zu *beef* gewordene Vieh den Teslin abwärts noch vor dem Frost zum Yukon zu bugsieren.

Inzwischen schrieb man schon den 17. Oktober 1898. Die beiden groben Prähme, hoch mit Fleisch bepackt, gondelten zwei Tage lang den See nordwärts, langsam zwar, aber ohne Aufenthalt. War erst der Fluß erreicht, so würde die Strömung für schnelleren Fortschritt sorgen.

Aber das war eine Rechnung ohne den Wirt, wie Lee und seine Männer schon am dritten Tag der seltsamen Reise erkennen mußten. Der Teslin Lake war damals schon und ist heute berüchtigt wegen der urplötzlich über ihn vom hohen Küstengebirge her einfallenden Stürme. Schon war diesen wie mit Keulen zuschlagenden Böen mehr als ein zum Klondike strebender Gold- und Glückssucher zum Opfer gefallen und in ein nasses, kaltes Grab gesunken.

Am dritten Tage der Wasserfahrt Lees, seiner Männer und Rinderhälften (die Pferde hatte man zurücklassen müssen) fiel einer der gefürchteten Teslin-Stürme über die kleine Flotte her. Die unhandlichen Flöße ließen sich natürlich nicht regieren oder gar steuern; sie trieben auf die Felsen und barsten beim ersten Anprall auseinander. Die Rinderleichname tanzten eine Weile auf den Wassern und verschwanden dann in den Wellen. Nichts war mehr zu retten als mit knapper Not gerade noch das nackte Leben der Männer, denen das Schicksal innerhalb weniger Minuten die Früchte monatelanger härtester Anstrengungen aus der Hand schlug.

Um die weitere Geschichte kurz zu machen: gegen Weihnachten erreichte Norman Lee wieder seine Ranch und seine Familie am Chilcotin River, ein hohlwangiger Mann, von dem sich die Gefährten des abenteuerlichen Rinder-Trecks längst getrennt hatten. Er brachte nichts weiter zurück von der großen Reise als die zerlumpten Kleider, die er auf dem Leibe trug, eine Schlafdecke, seinen Hund, der als einziges Lebewesen bei ihm ausgehalten hatte, und schließlich als allerletzten einen einzigen Dollar in der Tasche. Das kühne Unternehmen, die Ochsen am Klondike in Gold zu verwandeln, war ohne Glanz und Glorie buchstäblich in die Binsen gegangen.

Aber das Leben war gerettet, und Lee war um eine unschätzbare Erfahrung reicher. Die Mutterkühe brachten weiter Kälber auf die Welt, die Wälder lieferten Wild und die Flüsse und Seen Fische so groß wie im Märchen. In wenigen Jahren war der Verlust ausgeglichen. Lee ließ sich auf riskante Unternehmungen nicht mehr ein und ist als reicher Mann gestorben. Seine Nachkommen, wie gesagt, hausen immer noch an *Lee's Corner,* und das Andenken an den verrückten Treck der zweihundert Rinder in den hohen Norden, der doch über British Columbias Grenze nicht hinausgelangte, wird von Mund zu Mund und für die Fremden durch eine schön gemalte Holztafel an der Straße 20, bevor sie zu *Lee's Corner* hinabschwingt, wachgehalten.

Für junge Länder wie diese da am Chilcotin sind Geschichten, wie die eben berichtete, die Heldensagen der Frühzeit. In vergangenen Zeitaltern wäre daraus in der Phantasie der Sänger und Erzähler vielleicht so etwas wie ein Zug der Nibelungen oder der Argonauten geworden. Wir haben den Geschmack an Heldensagen verloren. Doch wenn man eine so phantastische Geschichte wie die des Norman Lee, seiner zähen Gefährten und zweihundert Rinder hört, dann regt sich auch noch in uns ein Gefühl der Achtung und Sympathie vor soviel romantischer Reiter-Courage.

Noch einen zweiten schwer zu vergessenden Eindruck bescherte mir der kleine Rastplatz an der Straße 20 über dem weiten Chilcotin-Tal. Da erhebt sich also, von der Provinzregierung von British Columbia sehr stabil errichtet, die Tafel mit goldener Schrift auf grünem Grund, dunkelblau umrahmt: *›Yukon Cattle Drive‹* und hält in vier knappen Sätzen das Andenken an den Pionier des Chilcotin-Landes lebendig. Gleich hinter dieser stolzen Tafel aber hängt an einer rauschenden Fichte, an der vorbei der Blick weit über Täler und Berge in blaue Fernen schweift, eine sehr viel bescheidenere Tafel, nur einfach viereckig und nicht geschnitzt, mit simpler, keineswegs kunstvoller schwarzer Schrift auf weißem, schon vergilbtem Grund. Darauf ist folgendes zu lesen (in wortgetreuer Übersetzung wiedergegeben):

> Willkommen!
> Du bist auf indianischem Land.
> Von diesem Punkt ist alles Land, das
> du sehen kannst, bis hin zu den Gebirgen,
> das Land der Chilcotin-Indianer, und so ist
> es von jeher gewesen. Wir haben unser Anrecht
> auf unser Land niemals aufgegeben. Komm
> und reise in Frieden durch unser Land. Aber
> vergiß nicht: du bist auf indianischem Gebiet.
>
> *Ah Thlades Neh*

Wer Ah Thlades Neh ist, wird nicht gesagt. Ich nehme an, er ist der Häuptling der athapaskischen Stämme, die in diesen Landstrichen beheimatet waren und sind. Die ernste, aber nicht unfreundliche Mahnung hat mich immer wieder bewegt, wenn ich an ihr vorüberfuhr oder vielmehr regelmäßig anhielt, um ein Foto der außerordentlichen Landschaft zu versuchen (was stets mißlang).
Ich bin nie das Gefühl losgeworden, daß sich die beiden Tafeln auf eine geheime Weise widersprachen, die prächtige der B. C.-Regierung mit den Goldbuchstaben und die einfache des indianischen Häuptlings, die der früheren Herren des Landes, die ihren Anspruch nicht aufgegeben haben und öffentlich kundtun. Die Tafel, die an Norman Lee erinnert, setzt mit beinahe naiver Selbstverständlichkeit voraus, daß Lee rechtens handelte, als er sich hier niederließ, Hunderte von Stücken Vieh weidete, Häuser baute und für seine Nachkommen wie für sich Rechtstitel in ein – natürlich von den Weißen – eröffnetes Landregister eintragen ließ. Lee hat sich ganz gewiß nicht einen Augenblick den Kopf darüber zerbrochen, ob nicht irgendwer – und das konnten nur die Indianer sein – viel ältere Eigentumsrechte geltend machen konnte.
Ebenso verfuhren all die andern ersten Landnehmer – und nicht viel anders die späteren wie etwa weiter im Westen Fred Hansen. Sie allerdings fanden bereits fertige Tatsachen vor: das Land war ›Kronland‹, gehörte also der Regierung und wurde von der Provinzverwaltung verkauft oder auch einfach gegen eine Ein-

schreibegebühr übereignet. Heute zählt man in der Umgebung von Williams Lake etwa 550 Ranches, von denen manche fünf- bis siebentausend Stück Vieh ihr eigen nennen.

Indianer

Nicht hier in der Nähe der beiden seltsam widersprüchlichen Tafeln, sondern bei einer anderen Gelegenheit achtzig Kilometer weiter nordwestlich an der Straße 20 bei dem Dörfchen Redstone der Chilcotin-Indianer bin ich mit einem jüngeren indianischen Mann ins Gespräch gekommen, der mir, vielleicht ohne es ausdrücklich zu beabsichtigen, einige wesentliche Einsichten vermittelte. Da fand ich dicht an der Straße einen christlichen Friedhof, den ich sofort als einen indianischen erkannte. Ich versuchte, das sonderbare Gräbergewirr auf den Film zu bringen, was nicht ganz einfach war, weil man sich nicht weit genug entfernen konnte, um eine Gesamtansicht zu gewinnen. Ich mußte mich mit Ausschnitten begnügen.

Ich hatte in meinem Eifer nicht bemerkt, daß zwischen hohen Büschen etwas abseits ein Mann mir wahrscheinlich von Anfang an zugesehen hatte.

Zunächst fühlte ich mich überrascht und unsicher. Der schwarzhaarige, schwarzäugige, beinahe grotesk breitschultrige und stämmige Mann mit dem dunkelbraunen breiten Gesicht mochte nicht damit einverstanden sein, daß ich rund um den Friedhof seiner Sippe stolperte, um ein paar Bilder festzuhalten. Aber meine Furcht war unbegründet. Er schien vielmehr irgendwie geehrt, daß ich dem Friedhof so viel Zeit und Mühe schenkte. Wir kamen ins Gespräch. Ich zögerte auch bei dieser Gelegenheit nicht, anzumerken, daß ich nicht Kanadier, sondern Deutscher, Europäer, wäre. Ich hatte schon oft die Erfahrung gemacht, daß sich die Leute viel aufgeschlossener zeigen und unbekümmerter aus sich herausgehen, wenn sie merken, daß sie mit einem Fremden von weit her sprechen.

Ich gab als Grund meines Interesses an, daß ich die Gräber ungewöhnlich eng neben- und auseinandergeschachtelt fände, wie ich es noch nie gesehen hätte. Er erwiderte, wie mir schien zögernd, hier läge seit alten Zeiten der Begräbnisplatz der Sippe des Dorfes, und wenn man auch längst Christ geworden wäre, so sollten die Toten doch in die gleiche Erde gesenkt werden wie die Vorfahren. Diese Hügelkuppe wäre inzwischen reichlich eng geworden, das sei wahr; aber die Toten von heute gehörten nun einmal zu den Toten der Vergangenheit.

Ganz offenbar vermischten sich hier alte heidnische Vorstellungen mit neu erworbenen. Ich wiederholte noch einmal verwundert mit einer weitausholenden Geste der Arme:

»Trotzdem: die Toten müssen sich drängen, dabei ist ringsum soviel Platz vorhanden. Wahrscheinlich wird die Straße auch noch ein Stück des Totenackers beansprucht haben; sonst würden sich ja wohl die Gräber nicht so dicht an sie heranpressen.«

»So ist es. Aber dazu ist nicht mehr viel zu sagen. Dies war alles unser Land, und nun gehört es anderen.«

Ich mochte das nicht hören; es war mir zu einfach.

»Kann man das so simpel behaupten? In der Anahim Reservation, vierzig Meilen östlich von hier, haben die dortigen Chilcotin-Indianer ihre Ländereien nach neuesten Methoden gut bewässert und weiden anderthalbtausend Stück Vieh auf guten Weiden. Sie sind reiche Leute geworden. Das hat es früher bei ihnen nicht gegeben. Sie haben ihre Unabhängigkeit von jeher energisch verteidigt, und keiner hat sie ihnen geschmälert. Im Gegenteil: die Regierung hat sie ihnen garantiert; sie regieren sich selbst unter einem Häuptling durch einen gewählten Stammesrat und haben sogar drei Polizisten aus ihrer Mitte bestimmt, die für Ordnung und Anstand sorgen. Früher haben die Indianer kein Vieh gekannt und Ackerbau mit moderner künstlicher Bewässerung der Felder erst recht nicht. Sie verfügten, gering an Zahl, über riesige Jagdgründe und nahmen es übel, wenn fremde Stämme dort jagten. Aber die Tatsache, daß sie hier oder dort jagten, begründet das ein Eigentum am Land? Jetzt leben sie von der Viehzucht auf verbrieft eigenem Land, wenn sie sich dazu entschlossen haben, viel besser als jemals früher, haben Autos und feste Häuser und überall Schulen für die Kinder. Die können werden und machen, was sie wollen, wenn sie sich die entsprechenden Kenntnisse erwerben, woran sie niemand hindert – ganz im Gegenteil. Ich finde, hier ist Platz genug für alle, für die Indianer und für die neuen Leute. Und man kommt ja auch ganz gut miteinander aus.«

Der Wind strich stark und duftend über die Höhe, auf der wir im hohen Gras standen, neben dem kleinen Hain aus hölzernen Kreuzen und Staketen. Widerstreitende Empfindungen wanderten über das dunkle Gesicht des Mannes, der einen Zaun für das Grab seines Bruders hatte zimmern wollen. Das Antlitz war keine flache, kaum bewegliche Maske, wie man es bei einem Indianer vielleicht erwartet hätte, sondern ein sehr menschliches, wenn auch in seinem Ausdruck gedämpftes Gesicht. Der Mann hatte wohl schon zu lange unter dem Einfluß ›weißer‹ Bildung, ›weißer‹ Auffassungen gestanden, um kompromißlos nur seine Seite des Verhältnisses von alten zu neuen Kanadiern zu sehen. Ich merkte beinahe körperlich, wie er sich einen inneren Ruck gab. Plötzlich kam ein ganz anderer Indianer zum Vorschein (er sprach übrigens ein müheloses Englisch):

»Am besten ist es, man sieht nach vorn und nicht nach hinten. Es ist ja alles so langsam entstanden. Du scheinst eine ganze Menge über dieses Land hier zu wissen. Aber vielleicht weißt du nicht, daß es in Williams Lake schon um 1800, vor etwa sechs Generationen also, einen festen Platz der Weißen gegeben hat. Die ›Pelz-Brigade‹ machte dort halt und tauschte ihre sehr begehrten Artikel gegen die von uns Indianern gelieferten Biber- und sonstigen Pelze ein. Uns war sehr daran gelegen. Wir gewöhnten uns schnell an Messer, Äxte und Stahl, an Gewehre, eiserne Fallen und auch Wolldecken und Schnaps. Und die großen Pelzhandelsgesellschaften, die *Hudson's Bay Company* und die *North West Company* waren immer unsere Freunde, und wir fühlten uns sehr geehrt, wenn wir von ihnen mit Freundlichkeiten und Aufmerksamkeiten bedacht wurden. Natürlich haben sie mit unseren Pelzen viel Geld verdient; wir erhielten nach heutigen Begriffen keinen gerechten Gegenwert für unsere Biberfelle. Wir fühlten uns jedoch nicht übervorteilt. Eine Axt aus Stahl war uns eben dreißig Biberfelle wert, weil wir auf keine andere Weise sonst eine Axt aus Stahl bekommen konnten. Und dann ging in den sechziger Jahren die Goldsuche in der Cariboo los. Williams Lake wurde eine wichtige Zwischenstation auf dem Wege zu den Goldfeldern. Tom Manifee baute eine Mühle und eine Branntweinbrennerei, und wieder war uns das sehr recht. Natürlich beunruhigten uns die vielen Männer, die durch William Lake zogen; aber die kümmerten sich kaum um uns und unser Land, zogen weiter und wühlten in den Bachbetten umher nach Gold, das man nicht essen kann. Wieder fiel für uns mancherlei ab, und wir waren ganz einverstanden mit den Goldsuchern. Damals erst hat Williams Lake seinen Namen bekommen.«

Ich fiel ein: »Ja, nach Wilhelm Dietz, einem deutschen Prospektor, 1861, der eine Zeitlang in der Gegend als großer Fachmann für Geologie die erste Geige spielte. Er hat dann nicht viel Glück gehabt wie die allermeisten andern; nur sein Vorname William hat sich erhalten.«

Der Indianer blickte mich halb verwundert und halb mißtrauisch an:

»Man sagt immer, daß die Deutschen alles wissen, und Sie sind auch einer. Nach Dietz und Manifee und den andern wilden Kerlen, die sich manchmal auf Dauer mit einem indianischen Mädchen zusammentaten, wie es schon die französischen Voyageurs von den ›Pelzbrigaden‹ getan hatten, nach diesen nicht sehr dauerhaften Goldsuchern kamen die Rancher. Die setzten sich irgendwo aufs beste Grasland, im Frasertal oder auf dem Plateau am Chilcotin, ließen ihre Rinder sich vermehren und wurden reich. Und wir lernten mit größtem Vergnügen, als Rinderhirten gutes Geld zu verdienen. Den ganzen Tag im Sattel zu sitzen, das lag uns – und wilde Pferde einzubrechen und wilde Stiere mit dem Lasso zu Boden zu bringen –, konnte es ein größeres Vergnügen geben! Und auf den alljährlichen Reiterfesten, den Stampedes in Williams Lake Ende Juni, ist die Hälfte der konkurrierenden Cowboys indianischen Bluts. Bei der Stampede in Anahim Lake im Juni sind die Cowboys alle entweder Nazko- oder Kluku- oder Chilcotin-Indianer. Weißt du, Mann aus Deutschland, ich bin gar nicht damit einverstanden, wenn sich manche unserer alten Leute beklagen, daß die Weißen sich überall eingedrängt hätten. Eigentlich kommen wir hier ganz gut miteinander aus. Wenn mich einer fragt, ob wir mehr gewonnen oder mehr verloren haben durch die Weißen, so sage ich: die Frage ist dumm; wir können ja ohne das, was von den Weißen kommt, gar nicht mehr existieren und wollen es auch gar nicht. Allerdings«, fügte er mit verschmitztem Lächeln hinzu, »vielleicht strengen wir doch noch einmal einen großen Prozeß an vor dem obersten Gericht in Victoria auf Herausgabe unseres Landes, das wir niemals formgerecht verkauft oder abgetreten haben. Dann nehmen wir uns eine tüchtige Public-Relations-Firma in Vancouver und liegen der Öffentlichkeit so lange in den Ohren mit dem großen Unrecht, das uns angetan worden ist, bis wir ein paar Millionen Entschädigung zugesprochen erhalten. Und dann kaufen wir uns jeder eine große Ranch, ein großes Auto und viele schöne Pferde und sind gemachte Leute.«

Er lachte über sein ganzes breites Gesicht, und es wurde noch wesentlich breiter dabei. Ich kam aus dem Staunen nicht heraus über die Wendung, die das Gespräch genommen hatte. Sie mögen manches nicht begreifen, die wackeren Indianer. Wahrscheinlich kann kein noch so intelligentes Wesen in wenigen Jahrzehnten aus der Steinzeit ins Zeitalter der Lufttaxis und der Corned-beef-Büchsen springen, ohne zu stolpern. Aber einiges aus der neuen Zeit scheinen die Indianer vorzüglich begriffen zu haben, besonders dies: die Nachkommen der weißen Landnehmer ins Unrecht zu setzen und daraus Kapital zu schlagen – meist allerdings nur sehr dürftiges.

Immerhin war nun mir nicht ganz wohl bei dem Gespräch; ich versuchte, einen leichten Gegenschlag anzubringen: »Gewiß, warum nicht! Man schlägt den Gegner am besten mit seinen eigenen Waffen, Schadensersatz und so! Wahrscheinlich liest du *Time* oder *Newsweek*. Ich auch. Kann man viel draus lernen, wovon sich die amerikanischen Redakteure nichts träumen lassen. Die Indianer machen ja kräftig mit, und manchmal meint man, wenn sie könnten, wie sie wollten, wären sie morgen weißer als die Weißen.«

»Warum auch nicht!« fiel der erstaunliche Grabverschönerer mir ins Wort. »Wir sind nur wenige, und die Weißen sind so viele wie die Bäume in den Wäldern. Wie wir Indianer unter uns waren, da hatten wir es einfacher; wir brachten uns um, wenn wir stärker waren als der Nachbar. Bist du schon im Bull Canyon gewesen, bei Alexis Creek? An die dreißig Meilen Ost von hier geht die Straße dicht daran vorbei. Da werden immer noch Skelette, Pfeilspitzen, Beile gefunden. Um 1880, so hat mir mein Großvater erzählt, haben wir Chilcotin dort eine Kriegsmacht der Bella Coola in einen Hinterhalt gelockt und große Felsen auf sie hinunterrollen lassen; alle wurden erschlagen. Die Bella Coola waren ins Land gezogen, um uns umzubringen und uns alles wegzunehmen, was wir hatten. Statt dessen haben lieber wir sie vernichtet. So war das noch zu meines Großvaters Zeiten. Jetzt herrscht Frieden im Lande weit und breit, und keiner braucht mehr zu fürchten, daß er am nächsten Morgen ohne Kopf aufwacht. Und wenn unsere jungen Leute sich austoben wollen, dann melden sie sich zu den Stampedes und nehmen es mit den wildesten Gäulen auf. Auch dabei kann man sich das Genick brechen. So ist es meinem Bruder ergangen.«

Wir waren wieder am Anfang angelangt und machten ein trübsinniges Gesicht. Aber dann brachte ich doch noch einen Gegenstich an:

»Ja, schlimm, sehr bedauerlich! Aber wer sich auf wilde Rösser setzt, riskiert seinen Hals, das ist eine alte Weisheit. Bei einem Fest in Williams Lake habe ich eine andere Sorte von Integration gesehen, die war weniger gefährlich und gefiel mir besser. Es gab natürlich schottische Tänze in schottischen Trachten. Die MacDonalds und die Kirkpatricks und MacMillans können es ja nicht lassen, sich auf altschottisch den Feiertag zu vertreiben. Aber ich wollte meinen Augen nicht trauen, als ich mir die ›echte‹ Dudelsack-Kapelle etwas genauer ansah. Sie quiekten und spielten und bliesen auf ihren verrückten Dudelsäcken so schottisch, daß man beim bloßen Zuhören schon kariert anlief. Es waren lauter Mädchen. Etwas breit geraten kamen sie mir vor in ihren Kilts und Tartans und Baretten. Die schottischen Dudelsack-Pfeiferinnen waren ohne Ausnahme Shuswap-Mädchen von dem Shuswap-Dorf bei Williams Lake. Und sie spielten die schottischen Tänze und Märsche, daß alle Campbells und Burnses es nicht besser hätten machen können. Und das schönste war, niemand fand etwas dabei, daß all diese Bläserinnen ›aus dem Hochland‹ reinblütige Indianerinnen waren, weder die Kanadier noch die Indianer, noch die Amerikaner, und bloß die Fremden so wie ich schüttelten mit dem Kopfe. Alles war ein Herz und eine Seele. Besser kann keine Integration gelingen! Und andersherum helfen jetzt die Provinzialämter den Küstenindianern, die alten Totemsäulen zu konservieren und wieder aufzurichten. Ohne die Weißen würden sie alle faulen, verwittern und stürzen. Mit vielen ist es schon so geschehen. Aber glücklicherweise ist es noch nicht für alle zu spät. Kommt mir eigentlich so vor, als ob es ganz gut geht, was das Verhältnis zwischen alten und neuen Einwohnern des Landes angeht – hier in British Columbia.«

»Geht es auch. Man muß sehen, wie man miteinander auskommt. Bei einigem guten Willen ist es zu machen.«

Ich verabschiedete mich mit Handschlag. Meine Hand war ein winziges Kinderhändchen in der seinen.

Nach allem: vielleicht enthalten die beiden Tafeln bei dem Ausguck über *Lee's Corner* doch nicht zwei einander so ausschließende Inhalte, wie es auf den ersten Blick den Anschein hat. Ich bin mir nicht ganz klar darüber geworden.

Aber nun weiter den Chilcotin aufwärts. Grün, kalt und durchsichtig strömte er mir entgegen, silbern schäumend, wo er über die großen Steine im Flußbett stolpert. Man wechselt zum Chilanko River hinüber und erreicht den langgestreckten, sich sanft gekräuselt in der Sonne badenden Tatla-See.

Hinter Tatla Lake, der letzten kleinen Siedlung an der Straße 20, die vielleicht noch die Bezeichnung »Dörfchen« verdient, wendet sich die Straße nach Norden und Nordwesten und ersteigt allmählich die Vorberge der Coast Range. Der Wald wird dichter. Die offenen Graslandschaften schrumpfen zu Lichtungen, zu Wildwiesen im starken Urwald, zusammen. Die Straße wird, wo man sie nicht gerade erneuert hat, schmaler, gröber; sie windet sich stets unbekümmerter, ersteigt eine lange Bodenwelle – und der Fahrer vergißt plötzlich die Weiterfahrt. Von der Kuppe des Bergzuges offenbart sich die in ewigem Schnee leuchtende Kette der Kaskaden, zart noch in den Horizont gehaucht, wie ein Traum fast, kaum wirklich!

Über die Wasserscheide hinweg und hinunter ins weite Tal des Klinaklini, der sich später zwischen dem gewaltigen Mount Silverthrone und Mount Waddington einen eigenen Weg zum Salzwasser bahnt.

Fred Hansens Poststation zieht vorüber, wo die Straße den Klinaklini zum erstenmal überquert. Ein Kaufladen, eine Autogarage, eine Benzinsäule, ein paar Schuppen und ein Wohnhaus, das ist alles und schreibt sich, um nicht mit dem Fluß Klinaklini verwechselt zu werden, Kleena Kleene, was beides bedeutet: »der zu sich wiederkehrt«, der Fluß nämlich; er beschreibt einen großen Bogen und kehrt fast zu seinem Oberlauf zurück.

Als ich zum letztenmal hier Benzin tankte, sagte mir der Mechaniker, ein Deutscher, wie viele in der Gegend:

»Wissen Sie, daß es hier die größten Grizzlies der Welt gibt?«
Ich hatte es schon gehört. Aber da ich nur zweimal in meinem Leben einen Grizzly-Bären gesichtet habe und nicht in dieser Gegend, kann ich mich für die Richtigkeit dieser Behauptung nicht verbürgen. Möchte überhaupt wissen, wer es wagen kann, mit Angaben solcher Art hausieren zu gehen. Oder hat irgendein Grizzly-Verehrer es je unternommen, sämtlichen Grizzlies – sehr unfreundlichen Zeitgenossen! – hier am Klinaklini, in Montana und in den Ominecas von der schwarzen feuchten Nasenspitze bis zum Ende des Stummelschwanzes Maß zu nehmen?

Hinter dem Dean River, der etwa 360 Kilometer westlich Williams Lake überschritten wird, erhebt sich auf einer Anhöhe ein Gedenkstein an das Gefecht, das Alexander MacDonald und sieben Gefährten 1864 gegen eine große Schar von Chilcotin-, Tatla- und Sitlecee-Indianer zu bestehen hatten. Der wackere Schotte und zwei seiner Gefährten fanden den Tod. Die Überlebenden konnten sich der Umzingelung entziehen und erreichten schließlich, wenn auch allesamt verwundet, das rettende Städtchen Bella Coola am Salzwasser. Von Polizei- oder Strafexpeditionen ist niemals die Rede gewesen. Wer sich nicht mit den Indianern zu einigen vermochte, setzte sein Leben aufs Spiel.

Aufs Ganze gesehen, haben die Indianer letzten Endes nachgegeben, sind in dem weiten, leeren Lande einfach ausgewichen, was bei ihrer sehr geringen Zahl auch ohne weiteres möglich war. Auf der anderen Seite hat die Zahl der weißen Einwanderer nur langsam zugenommen. Verträge oder Verzichterklärungen hat es nie gegeben. Also hat jener Häuptling recht, wenn er auf der Tafel bei Lees Corner erklärt, das Land sei indianisch, so weit das Auge reicht. Und die Tafel der Provinzregierung hat ebenfalls recht, wenn sie ausspricht, Leute wie Lee und andere hätten auf großartige Weise die Viehzucht in dem leeren Lande heimisch gemacht. Heute läßt sich in Ruhe studieren, läßt sich absehen und abhorchen, wie Indianisches und Weißes sich immer enger durchdringen, keine Seite der anderen mehr Widerstand entgegensetzt, sondern jeder bereit ist, den andern hinzunehmen und anzuerkennen.

Nimpo Lake und Anahim Lake ziehen vorbei – und die Straße 20 gibt den Geist auf. Die Wälder stehen nun dicht und immer feuchter an den stets enger zusammenrückenden Straßenrändern. Ich fange an, die Geschichte zu glauben, die man mir von dem westlichsten, dem schwierigsten Abschnitt der Straße erzählt hat – und jedesmal, wenn ich Anahim Lake wieder hinter mir und die letzten 150 Kilometer unter die vorsichtig über das Geröll stolpernden Räder genommen hatte, glaubte ich fester daran.

Die Straßenbauverwaltung der Provinz hatte entschieden, daß die Straße 20 in Anahim Lake zu enden habe; von dort aus führte nur ein alter Indianerpfad, der bestenfalls von Packpferden begangen werden konnte, über das unerhört schroffe, unwegsame und dazu dschungelhaft verwachsene Küstengebirge nach Bella Coola hinunter am North-Bentinck-Arm des Burke-Fjords. Das kleine Fischernest Bella Coola mit etwa 400 Einwohnern und das kleinere Hagensborg im Tal des Bella-Coola-Flusses, etwa 15 Kilometer stromauf von Bella Coola, waren nicht groß genug, die vielen Millionen Dollar zu rechtfertigen, die der Bau einer sicheren Autostraße von Anahim Lake über die Coast Range gekostet hätte.

Die Fischer und Siedler am Unterlauf des Bella-Coola-Flusses, dort wo er die Berge verlassen hat, in sein eigenes Schwemmland eintritt und etwas weniger ungebärdig dem Meere zueilt, diese Handvoll wenig einflußreicher Leute, deren Väter der lutherische Pastor Christian Saugstad 1894 als allererste Siedler ins Bella-Coola-Tal geführt hatte (sein bescheidenes Haus ist noch bei Hagensborg zu sehen) und die sich mit den schon dort und auch heute noch ansässigen Bella-Coola-Indianern, einem Zweig des großen Stammes der pazifischen Salish, schiedlich-friedlich über einen Anteil an dem üppig feuchten, überaus fruchtbaren Talboden geeinigt hatten, all diese braven, aber für eine demokratisch denkende Regierung in der Hauptstadt Victoria keineswegs genügend zahlreichen und an Wählerstimmenzahl nicht ins Gewicht fallenden Leute sollten nach dem Ratschluß der Provinzgewaltigen auf die Schiffsverbindung nach Vancouver angewiesen bleiben, die auch heute noch nur einmal in der Woche zuverlässig funktioniert und für die Reise nach Vancouver einen ganzen Tag beansprucht.

1930 wurde endgültig festgestellt, daß der Bau einer Straße nicht in Frage kommen könnte, da die technischen Schwierigkeiten außerordentlich groß wären und die Kosten ganz unverhältnismäßig hoch zu stehen kommen würden.

Die Leute von Bella Coola

Die kleine ›weiße‹ Stadt und die alte Siedlung mit den hohen Totem-Pfählen schienen für alle Zeit dazu verurteilt, am Ende eines endlosen Fjords zwischen himmelhohen Gebirgsmauern weit vom Schuß zu verkümmern wie auf einer weltabgelegenen Insel, obgleich ihre Wohnstatt doch unbezweifelbar auf dem Festland gelegen war.

Der Unwille rumorte lange unter den Leuten. Sie dachten nicht daran, ihr großartig schönes Tal und den tiefblauen Fjord zu verlassen, der ihnen immer wieder von neuem die Netze füllte. Andererseits vernahmen sie von den Söhnen und Töchtern, die auszogen und dann wiederkehrten, daß fremde Besucher aus dem östlichen Kanada, aus den Vereinigten Staaten und auch der übrigen Welt in immer größerer Zahl in die kanadischen Gebirge strömten, die Schönheiten des großen Landes zu genießen, in seinen Gewässern zu fischen und zu baden, in seinen Wäldern zu jagen – und alle diese Besucher, Touristen genannt, brächten Geld ins Land und verbreiteten später, ohne dafür einen Lohn zu beanspruchen, die Kunde von der Pracht des unvergleichlichen Berglandes in ihren Heimatländern weiter und lockten damit neue Besucher an.

Waren gerade Bella Coola und Hagensborg nicht als wahre Paradiese für großstadtmüde Wanderer mit vollem Rechte anzubieten? Das Klima war milde das ganze Jahr über, die Landschaft von einzigartiger Pracht, aber auch Anmut, die Luft kristallen rein, beladen bald mit süßen, bald mit herben Düften, und in den Flüssen sprangen die großen Fische ebenso wie in dem tiefen Wasser des Fjords; das Dasein verlief gemächlich und nervenschonend, kein häßlicher Laut störte die Stille.

Aber die Touristen brauchten eine Straße, auf der sie mit dem Wagen das üppige Tal erreichen konnten. Gewiß, sie konnten ihr Auto in Vancouver auf ein Schiff laden und nach Bella Coola spedieren lassen und auf dem gleichen Wege wieder Anschluß an das kanadische und amerikanische Straßennetz gewinnen; aber diese Schiffsreise kostete und kostet ein paar hundert Dollar! Ohne Straße, das war klar, würde Bella Coola niemals von der neuen Zeit profitieren.

 Ende der fünfziger Jahre muß diese Einsicht die vielleicht zwölf-

hundert Menschen des Bella-Coola-Tals langsam zum Sieden gebracht haben. Sie fühlten sich von der Regierung und von dem ganzen übrigen Land schmählich im Stich gelassen. Sie hätten resignieren können, aber es zeigte sich nun, daß die wohl zwei- oder dreihundert erwachsenen Männer, wenn es darauf ankam, sich von keinem der frühen Pioniere des Landes in den Schatten stellen ließen, und endlich sprach es einer aus:
»Wenn die verdammten Bürokraten in Victoria uns die Straße übers Gebirge nicht bauen wollen, by God, dann bauen wir sie uns eben selber – und wir wollen mal sehen, wer uns das verbieten will!«
Und – by God – sie haben die Straße gebaut! 1952 fingen sie an und Ende 1953 hatten sie den Anschluß an die Straße 20 bei Anahim Lake gewonnen, für so wenige Menschen mit so geringen Mitteln eine schier unglaublich klingende Leistung, denn die Straße hat ein kaum vorstellbar schwieriges Gelände zu überwinden. Nicht nur die Frauen – außer den Männern – legten mit Hand an, selbst die Kinder schufteten, schleppten, gruben und trugen mit.
Die Bella Coolaer sind also ganz offenbar Leute mit starken und zähen Nerven – und sie erwarten, daß auch die Fremden, die sie besuchen wollen, Leute mit starken Nerven sind. Westlich von Anahim Lake taucht die Straße bald in die dichten Urwälder des Tweedsmuir Park, dessen Südzipfel sie durchquert. Sie ist nun nicht mehr leidlich breit wie bisher, sondern schrumpft auf nur eine Bahn zusammen. Sie beginnt sich so abenteuerlich und hemmungslos durch allerdings höchst buckliges, verwachsenes, schwammiges, dann wieder fürchterlich felsiges Gelände zu winden, daß jede Riesenschlange vor so vielen Schlängelungen erblassen müßte.
Längst hat man auf den zweiten Gang heruntergeschaltet und überlegt sich schon, ob man nicht lieber den ersten nehmen sollte. Wenn erst der Abstieg beginnt, bleibt man im ersten, was sonst! Welch ein Abstieg! Blicke nicht rechts und blicke nicht links auf dem schmalen Autopfad; der Blick stürzt in gähnende Abgründe, gleitet an beinahe senkrechten Wänden aufwärts. Hefte die Augen auf die Straße; sie ist elend ausgewaschen von den häufigen Regen dieser milden Küste. Faust-, ja kinderkopfgroße Gesteinsbrocken geben sich für Kies aus. Mit einem normalen, niedrig liegenden Personenwagen von heute balanciert man auf den Kanten der oft genug tief eingeschnittenen Fahrspuren, um Vorderachse, Ölwanne

und Differential nicht gegen die harte Mittelrippe der Straße stoßen zu lassen und große Steine zu vermeiden. Trotzdem habe ich mehr als einmal anhalten müssen, um allzu große Brocken über den Rand des Weges in die Tiefe zu kollern. Die vielen Haarnadelkurven lassen sich ohne das vermaledeite Zurücksetzen, das nicht immer gelingt, nur dann, und zwar schneckenlangsam nehmen, wenn man sie in der richtigen Weise auf dem größten Kreis ansteuert.

Besonders problematisch wird die gefährliche Fahrt, wenn man einem bergauf keuchenden Vehikel begegnet, das natürlich nicht anhalten will und darf. Der Bergabfahrende sichtet den Bergaufkommenden meistens zuerst und kann sich irgendwo an die Felsen drücken, um zu warten und den anderen passieren zu lassen. In ihrem schwierigsten Teil senkt sich die Straße auf etwa 12 000 Meter um etwa 2000 Meter, was einer durchschnittlichen Steigung von über 16% entspricht. 16% sind natürlich mit einem guten Auto zu bewältigen. Aber die kühnen Bella Coolaer Straßenbauer vermochten diese Steigung nicht überall einzuhalten. Oft genug geht es viel flacher oder sogar eben zu und dann zum Ausgleich für eine Weile mit dreißig Prozent. Selbst dies wäre zu machen, wenn nicht die Oberfläche der einspurigen Straße so zerfurcht, zerwaschen und durch grobes Geröll behindert wäre, daß die Fahrerei zu einem Balanceakt wird. Vom Tweedsmuir Park an dürfen Anhänger nicht mehr mitgenommen werden – und wenn man aus der Tiefe in die Höhe steigen will, dann sind, wie eine große Tafel neben dem Weg oberhalb von Hagensborg vorschreibt, auch im Sommer Schneeketten oder Schneereifen vorgeschrieben. Die starken Steigungen sind in der Tat mit normalen Reifen kaum zu bewältigen.

Das klingt alles sehr bedrohlich. Und doch bin ich die Straße mit einem normalen, allerdings robusten Personenwagen mehr als einmal bergab und auch bergauf gefahren und habe mich keinen Augenblick lang in Gefahr gefühlt. Die alte Regel gilt auch hier: wenn's schlimm wird, nur langsam, immer sachte, aber immer zügig. Auf 30 Prozent Steigung bergauf wieder anfahren zu müssen ist ein Kunststück. Auch das läßt sich bewältigen, wenn man sich vor dem Anfahren zwei tüchtige Brocken unter die Hinterräder gepackt hat, damit der Wagen nicht zurückrollen kann. Mit der Handbremse allein kommt man da nicht weiter; die genügt nur auf Steigungen mit griffigem Asphalt.

Wo die Regenwolken vom Pazifischen Meere jeden zweiten Tag ihre Wasserschwälle abladen, da tritt die stolze, himmelhohe Douglasfichte ihre Herrschaft an. Die Bergwände gleißen in der Sonne, noch naß von der letzten Regenbö. Um die silbern vergletscherten Spitzen der Berge weht blendendes Wolkengewalle. In der Tiefe blitzt der schäumende Strom. Bergbäche gurgeln unter der Straße hin und lassen für die schmalen, primitiven Brücken fürchten. Eine ganz andere Luft weht ins Fenster: weich, warm und milde, feucht. Und wenn der Tag klar ist, dann schimmert in der Tiefe, in der Ferne der Fjord, das Meer, das hier wie eine breite Lanze ins Gebirge vorstößt.
Wenn endlich die Straße nicht mehr wie das ausgetrocknete Bett eines Sturzbaches aussieht, wenn sie sich flacher und breiter, schließlich sogar wieder bequem zweispurig und mit fester Decke dem Fahrenden anbietet – man hatte schon vergessen, daß es solche Annehmlichkeiten überhaupt gibt –, dann kann man dem Motor ein wenig die Zügel freigeben (der ganze Abstieg kann lediglich im Fünf- bis höchstens Zehn-Kilometer-Tempo bewältigt werden), kann vor allem unbesorgt Umschau halten. Wie in den Tropen so üppig, dicht und feucht drängt sich der Wald, voll von Farnen, Blumen und Büschen, von beiden Seiten an die Straße, schlägt über ihr zu einem grünen, rauschenden Gewölbe zusammen. Überall flüstert und murmelt es von Quellen und Bächen, die dem viele mächtige Felsen umtanzenden, sein Wasser prachtvoll meerwärts schleudernden Bella Coola River zuströmen.
Und oft genug öffnet sich die Galerie der gewaltigen Douglasfichten und gibt den Blick auf die beinahe senkrecht aufstrebenden Grate und Bergwände frei, die das Tal flankieren. Schaut man zurück, so glaubt man nicht, daß man soeben von jenen unerhört schroffen und steilen Höhen herniedergestiegen ist. Und weiß im gleichen Augenblick: Man wird es immer wieder und wieder wie in einem nüchternen Rausch probieren, diese unglaublich kühne und waghalsige, aber dem vorsichtigen und zugleich unerschrockenen Fahrer sich willig ergebende Straße zu bezwingen, hinunter und hinauf – ich vermag nicht zu entscheiden, was erregender ist.
Wobei ich mir jedesmal sagte: der Frachtfahrer von Williams Lake mit seinem Fünftonner bewältigt die Straße jede Woche das ganze Jahr hindurch, einmal west- und einmal ostwärts. Allerdings sorgt

er dafür, daß sich Motor und Fahrwerk seines starken Lastwagens allezeit in musterhafter Verfassung befinden. Ich habe den Mann kennengelernt! So wie er müssen Wildnisleute von heute beschaffen sein: hellwach, nüchtern, besonnen, genau und mit einer ruhigen, wie selbstverständlichen Kühnheit in den engen, graublauen Augen, um den schmallippigen Mund, um das eckige Kinn. Nebenbei war Ted dann noch einer der freundlichsten und hilfsbereitesten Zeitgenossen der Welt. Man konnte ihm zum Beispiel das in Kunststoff gehüllte Päckchen mit Briefen an einen vorher verabredeten Baum oder Pfahl an der Straße hängen; es entging ihm mit Sicherheit nie! Er hielt dann an, pflückte sich das Paketchen ab und nahm die Briefe nach Williams Lake aufs Postamt mit – ein sehr geschätzter Dienst, wenn sonst die Post nur einmal in der Woche abgeht, und das von einer weit entfernten Posthilfsstelle. Also lobe ich die Fischer und Bauern vom unteren Bella Coola River, die nicht auf die ewig bedenkliche und geizige Regierung warteten, sondern die sich selbst eine ebenso großartige, grobe wie atemberaubende Straße durch allerfeindlichstes Gelände gebaut und sich damit den Anschluß an die übrige Welt zu Lande verschafft haben. Das ist das ›junge Land‹, wo und wie es am besten ist, das ist British Columbia, und es gilt dies auch immer noch für ganz Kanada.

An der Mündung des Flusses in den grün umwallten Fjord scharen sich die Häuser des Städtchens, weiter außerhalb die bescheideneren Behausungen der hier seit jeher ansässigen Indianer, die wie in vergangenen Zeiten immer noch vom Fischfang leben, allerdings mit moderneren Methoden. Vom Hafen – eine Meile vor der Stadt – kann man sich und sein Auto einschiffen – einmal in der Woche – und gelangt nordwärts in 19 Stunden nach Kitimat, in 24 nach Prince Rupert und südwärts in 22 Stunden wunderbarer Wasserfahrt durch die Kanäle und Meerengen, zwischen stillen Wälderinseln der Inside Passage an der Pazifischen Küste Kanadas entlang nach Vancouver, eine der schönsten Seefahrten, die auf der ganzen Welt zu unternehmen sind.

Weiter stromauf von der Stadt Bella Coola öffnet sich das Tal zu überaus fruchtbaren, reich beregneten Wiesen, Weiden, Feldern, Obst-, Gemüse- und Blumengärten. Der gute Pastor Saugstad hat vor 75 Jahren seine lutherischen Schäflein in der Tat ›zu einer grünen Aue‹ geführt. Ihm zu Ehren heißt denn auch der jäh aus der engen Küstenebene in furchterregender Steilung auf weit über 3000 Meter aufragende Berg Mount Saugstad.

Gut zwei Dutzend Seiten habe ich jetzt meiner geliebten B. C. No. 20 gewidmet. Ich bekenne – einigermaßen schuldbewußt –, daß die No. 20 durchaus nicht zu den allerwichtigsten Straßen British Columbias zu rechnen ist, daß vor allem der Strecke No. 1, der Trans-Canada-Straße, weiter der südlichsten Ost-West-Verbindung durchs Gebirge, der erstaunlichen No. 3, dann etwa der Alaskastraße, No. 97, oder der großartigen No. 16, die in Prince Rupert den Stillen Ozean erreicht, viel größere Bedeutung zukommt. Erst recht ganz einmalig ist die Straße No. 93 zu nennen, die ostwärts des Kammes der Rocky Mountains im Gebiet der Provinz Alberta von Norden nach Süden führt. Auf dem grandiosen Abschnitt zwischen Jasper, Banff und Radium Hot Springs läßt sich der 93 keine andere Straße der Welt vergleichen – behaupte ich. Auch die nun nach langer Bauzeit fertig gewordene Straße im hohen Nordwesten von B. C., die Watson Lake auf der Yukon-Grenze an der Alaskastraße mit dem Städtchen Stewart am Ende des Portland Canal (in Wahrheit kein Kanal, sondern ein über hundert Kilometer langer Fjord) verbindet, erschließt allerentlegenste Einsamkeiten und ist abenteuerlicher und herrlicher als die Straße 20. Die Leute von Stewart haben es besser getroffen als die von Bella Coola. Die Regierung in Victoria hat die Lektion beherzigt, die ihr die Leute von Bella Coola erteilt haben; sie hat die Straße dort nicht nur bis an das Küstengebirge heran gebaut, sondern über das Küstengebirge hinweg bis hinunter ans Salzwasser.
Aber dies Buch ist ja kein Reiseführer, sondern nur ein beinahe persönlich zu nehmendes Bekenntnis zu der Schönheit und dem unwiderstehlichen Zauber der hohen kanadischen Gebirge in den Provinzen British Columbia und Alberta. Ich halte mich deshalb durchaus nicht zur Vollständigkeit verpflichtet. Ich werde wohl noch einige Straßen über diese Seiten wandern lassen, aber

Kanufahrt auf dem herrlichen Lake Louise, Alberta 64

keineswegs nach Wichtigkeit, nach kommerzieller oder ökonomischer Bedeutung geordnet, werde vielmehr auch einen abgelegenen Weg wie die nur etwa 190 Kilometer lange No. 4 auf Vancouver Island ansteuern und abrollen lassen.

Aber noch ist es nicht soweit. Ich wage es vielmehr, auf die Gefahr hin, den Leser zu langweilen, noch einmal zu der Straße No. 20 von Williams Lake nach Bella Coola zurückzukehren.

Nachdem die 20 in den Tweedsmuir Park eingetreten ist, bei Meile 236 ihren höchsten Punkt erreicht hat und erst langsam, dann immer abschüssiger zu fallen beginnt, wenn etwa bei der Meile 260 der Atnarko und der Talchako sich zum Bella Coola River vereinigt haben, so erreicht man schließlich an der Westgrenze der Tweedsmuir-Wildnis (hier sah ich die erste vom Meer her verflogene Möwe flattern) einen Punkt in der Nähe des Kahlyskt, der im wahrsten Sinne des Wortes den ›Anziehungs‹-Punkt dargestellt hatte, durch welchen ich vor Jahren zum erstenmal in diese abgelegene Gegend gelockt worden war.

Hier ist nämlich im Juli 1793 Alexander Mackenzie mit sieben weißen und zwei indianischen Gefährten vorbeigezogen, der allererste Weiße, der auf dem Landweg vom Atlantischen zum Pazifischen Ozean vorstieß und damit die Einheit des nordamerikanischen Kontinents bewies und schlüssig machte.

Mount Robson in British Columbia, der höchste Berg der kanadischen Rocky Mountains

Der erste am Stillen Ozean: Alexander Mackenzie

Einer der stärksten Reize, die von Ländern wie British Columbia oder Alberta ausstrahlen, vielleicht sogar der eigentliche Quell ihres Zaubers, ist sicherlich in dem Umstand zu suchen, daß hier die Zeit noch ganz nahe ist, in welcher dieser Teil der Erdoberfläche auf den Karten nur durch einen weißen Fleck bezeichnet werden konnte – allerdings nur dann, wenn die Kartenzeichner ehrlich und sachlich waren, wovon jedoch keineswegs immer die Rede sein konnte. Für ungezählte Jahrtausende regierten die Büffel und Bären, die Elche und Adler. Kleine Gruppen schweifender Indianer, von jeher ganz gering an Zahl, verlangten hier und da der ungebrochenen Wildnis ein wenig Zoll ab, ohne sie zu verändern, ganz und gar von ihr abhängig, sich mit einer sehr bescheidenen Rolle im großen Drama der ungezügelten Natur begnügend, im Grunde nur von den Brocken lebend, die von dem ständig reich gedeckten Tisch der Einöde fielen.

Erst der weiße Mann bewirkte jene entscheidende und – wie es uns heute dämmert – vielleicht verhängisvolle Wende, deren Auswirkungen, noch gar nicht absehbar, jeden Nachdenklichen heute vor Furcht und Besorgnis erschauern lassen. Es war – und ist noch – wie ein Rausch über der von Europa herstammenden Welt: das Unbekannte ist dazu da, in Bekanntes verwandelt zu werden; das Unverständliche hat nachzugeben und sich in Durchschaubares zu klären. Dies zu erwarten, zu fordern und sich unter dem Einsatz aller Kräfte darum zu mühen, ist zweifellos eines der Gesetze und vielleicht das strikteste, unter dem der weiße Mann, der abendländische Mensch, das Kind des Westens, oder wie immer man ihn nennen mag, angetreten ist.

Jeder von uns hier in Europa und besonders in seiner überfüllten Mitte hat irgendwann den brennenden Wunsch verspürt, die Erde irgendwo kennenzulernen, wo ›noch keines Menschen Fuß sie je betreten hat‹. Seit Auto, Flugzeug und verbesserte Privatfinanzen die Menschen des Westens mobiler gemacht haben als jemals zuvor in der Geschichte, hat sich die Reiselust, das heißt der Drang, das Unbekannte sich bekannt zu machen, wie eine Lawine ständig vergrößert und beschleunigt. Und mit der Kraft der Magie ziehen uns Länder an, in denen die Zeit der ›Ersten‹ noch ganz nahe ist, wir ihren Spuren noch auf Schritt und Tritt begegnen. Dies um so stärker, je abweisender und schwieriger die Länder sind, die von den ›Ersten‹ erkundet, aufgeschlossen wurden.

Die Prärien im mittleren Westen Kanadas boten der Erkundung kaum ein Hindernis, es sei denn die Feindschaft dort schweifender Indianer. Doch waren die Indianer gewöhnlich zur Verständigung bereit, wünschten sie sogar, da sie sich von der Beziehung zur Welt des weißen Mannes sehr hilfreiche und angenehme Güter versprachen und auch eintauschten.

Weiter im Norden, in den ungeheuren Gebieten um die Hudson Bay, denen des Großen Kanadischen, Laurentischen oder Kambrischen Schildes – man bezeichnet diese geologisch uralte Landschaft der Erde mit verschiedenen Namen –, war es eher noch leichter, die Ferne aufzuschließen als in der Prärie. Unzählige kleine und große Wasserläufe, eine Vielzahl von Seen, meeresgroß, mittleren Umfangs oder teichklein, verästelten sich hier zu einem weiten Netz von Kanu-Wegen, das den Indianern in Abschnitten längst bekannt war, aber erst von den Weißen als ein großes, zusammenhängendes System des Verkehrs über den ganzen nordamerikanischen Norden und Nordwesten hinweg begriffen und befahren wurde – von der Südgrenze der Arktis bis zu den großen amerikanischen Seen, vom Ostrand der westlichen Gebirgsmauern ostwärts, um die Hudson Bay herum, bis ins Tal des zum Atlantik führenden St.-Lorenz-Stroms.

Die wirklich große Aufgabe, die zu lösen blieb, war diese: über die Wälle des Felsengebirges hinweg, durch die unbekannten Berge und Wälder dahinter, über die noch schrofferen Barrikaden der Küstenkette schließlich das Salzwasser, die Küste des Stillen Ozeans, zu erreichen und damit die Landbrücke zwischen Atlantik und Pazifik abschließend zu bestätigen.

Mit anderen Worten: die Gebiete des heutigen British Columbia und der Südwesten des heutigen Alberta bildeten die letzte und gefährlichste Herausforderung jener Kühnsten der Kühnen, welche die Horch- und Handelsposten der Europäer stets weiter nach Westen vortrieben, die letzte, das heißt die späteste, diejenige also, die unserer Gegenwart noch am nächsten liegt. Deshalb hat mich schon früh die Straße 20 beschäftigt; sie zielt nach Bella Coola, passiert den Kahlyskt, Orte, die den ersten Überwinder des Gebirges, den Schotten Alexander Mackenzie, ans Ziel seiner mit unerhörter Energie angestrebten Wünsche, an den Ozean, brachten.

Mackenzie ist der erste, aber gewiß nicht der einzige, dessen Geschichte wert ist, auf diesen Seiten mitgeteilt zu werden. Es fehlt jedoch der Platz, außer ihm und dem zwar späteren, aber sicherlich ebenso kühnen und zähen Simon Fraser hier noch weitere Erforscher des unwegsamen Gebietes zwischen der hohen See und den Prärien auftreten zu lassen. Aber diesen beiden zum mindesten muß Ehre und Raum gewährt werden.

Um Mackenzie und Fraser zu verstehen, muß man sich ein wenig mit den Hintergründen vertraut machen, vor denen diese zähen Schotten agierten (Fraser war zwar in Vermont im amerikanischen Osten geboren, stammte aber von schottischen Eltern).

Die Engländer sind die letzten unter den europäischen Völkern gewesen, die sich aufmachten, die Erde zu erkunden und unter ihre Botmäßigkeit zu bringen – womit das wesentlich in sich selber ruhende Mittelalter ein Ende fand, aufgesprengt wurde. Die Portugiesen, Spanier, Holländer, Russen, Franzosen waren den Engländern vorausgegangen. Aber die Engländer wurden die erfolgreichsten, weil sie auf ihrer Insel vor dem europäischen Kontinent die sicherste und ungestörteste Basis für ihre überseeischen Unternehmungen besaßen.

›Rupert vom Rhein‹

Im Jahre 1670 gewährte der englische König Charles II. dem deutschen Prinzen Rupert (aus dem Hause der pfälzischen Kurfürsten, ›Rupert vom Rhein‹, wie er in England genannt wird) ein Privileg, eine *Charter,* nach welcher Rupert und seinen Partnern und Beauftragten in den Gebieten der in die Hudson Bay fließenden

Gewässer die Souveränität, vor allem ein Handelsmonopol, zugesprochen wurde. So entstand die älteste, bis in die Gegenwart quicklebendige *Company of Adventurers trading into Hudson's Bay (Gesellschaft von in die Hudson Bay Handel treibenden Abenteurern),* heute kürzer *Hudson's Bay Company* genannt, auf amerikanischem Boden. Sie war des unternehmungslustigen Rupert Idee gewesen; er hatte sich die Charter als Entgelt für seine dem königlichen England gewährten treuen Dienste als Soldat und kluger Berater erteilen lassen, angeregt durch den aus Paris stammenden Pierre Esprit Radisson, der eine riesige Pelzbeute aus der Gegend der Hudson Bay nach Montreal gebracht hatte; die Pelze, vor allem Biber, die den damals ungeheuren Wert von 1,2 Millionen Goldmark repräsentierten (60 000 £ Sterling), waren dem kühnen Trapper und Händler unter windigen Vorwänden von dem arroganten Gouverneur des französischen Québec, Baron d'Avaugour, ohne Entgelt beschlagnahmt worden. Erbittert hatte daraufhin Radisson seine Dienste den Engländern angeboten und war mit offenen Armen aufgenommen worden. Der kluge Rupert, der Kurpfälzer, hatte sofort erkannt, daß mit diesem wildniskundigen Franzosen (der aber mit einer Engländerin verheiratet war) viel Geld zu verdienen sein mußte. Daß bis zum heutigen Tage das riesige Gebiet zwischen der Hudson Bay und den Rocky Mountains Rupertsland genannt wird, erweist dem deutschen Soldaten und Unternehmer am Hofe Karls II. die gebührende Ehre.

Der Engländer Henry Hudson hatte schon 1610/11 auf der Suche nach der nordwestlichen Durchfahrt im hohen Norden des nordamerikanischen Kontinents die nach ihm benannte Hudson Bay entdeckt, war dort von seiner meuternden Mannschaft mit seinem Sohn und acht Gefährten in einem Boot ausgesetzt worden und verschollen. Ob es über die Hudson Bay einen Weg zum Pazifischen Ozean gab, blieb damals ungeklärt. Rupert der Pfälzer hatte indessen etwas anderes begriffen: Über die Hudson Bay konnte man von England und dem Atlantischen Meer her tief ins Innere des amerikanischen Kontinents vordringen – und so die Franzosen im Norden überrunden, die Franzosen, die sich im weiten Tal des St. Lorenz festgesetzt hatten, von hier aus mit den Indianern nördlich der Großen Seen Handel trieben und von ihnen die nicht nur in Europa von den Reichen und Mächtigen hochgeschätzten Pelze eintauschten. Über die Hudson Bay, so sagte sich Rupert, würde sich der Pelzreichtum des fernen Nordwestens jenseits des französischen Einflusses erschließen lassen.

Die Rechnung erwies sich als eine der lukrativsten, die je aufgestellt worden sind. Zunächst taten die Vertreter der stolzen *Company of Adventurers trading into Hudson's Bay* nichts weiter, als am öden Ufer der Bay, von der das Eis nur wenige Monate im Jahre verschwindet, einige befestigte Plätze anzulegen und dort die Kanuflotten der Indianer abzuwarten, welche die Pelze des vergangenen Winters heranbrachten, um sie gegen die Waren aus der Welt der Weißen auszutauschen.

Mit den Franzosen, deren kräftige Basis Montréal war, gerieten die Hudson-Bay-Leute – vorwiegend zähe und harte Hochland-Schotten – oft genug in Streit. Doch die trennenden Entfernungen waren riesengroß. Als aber Frankreich das große Spiel um Nordamerika verloren hatte (1759 hatten die Engländer auf den Abrahams-Ebenen vor der Stadt Québec die Franzosen zur Schlacht gestellt und entscheidend geschlagen), glitt auch der ehemals französische Pelzhandel mehr und mehr unter englischen Einfluß.

Die englischen, schottischen und auch die französischen Pelzhändler in Montréal schlossen sich 1783/84 zu einer der älteren *Hudson's Bay Co.* durchaus nicht wohlgesonnenen Partnerschaft, der *North West Company,* zusammen.

Die *Nor'West* bestritt der Hudson's Bay das 113 Jahre zuvor gewährte Monopol auf den Pelzhandel im Nordwesten. Es beschränkte sich ohnehin nur auf das Einzugsgebiet der Ströme, die ihre Wasser in die Hudson Bay ergossen. Jenseits dieses Gebiets galt das Monopol nicht mehr. Jenseits dieser Gebiete ragten irgendwo im Unbekannten mächtige Gebirge schattenhaft über den Horizont. Dorthin galt es vorzudringen. Dorthin reichte keine Gerechtsame, welche die ältere Gesellschaft beanspruchen konnte.

Jenseits der Flüsse, die in die Hudson Bay fließen, saß als einer der *Bourgeois,* wie die Partner in der North West Company hießen, am Lake Athabasca ein Schotte von ganz besonderer Art; sein Name war Alexander Mackenzie. Fort Chipewyan, wie der befestigte Handelsplatz Mackenzies genannt wurde, war an einem Ort sozusagen erster strategischer Ordnung errichtet worden. Nach Südosten führte die Kanustraße zunächst den Athabasca-River, dann den Clearwater aufwärts, trat dann in die weitverzweigte Seenkette hinüber, die der Churchill durchfließt, erreichte den Unterlauf des mächtigen Saskatchewan und damit den Lake Winnipeg und glitt über den Lake of the Woods schließlich zu den großen amerikanischen Seen und damit ins St.-Lorenz-Tal und zum Atlantik. Nach Norden verließ der mächtige Slave River den Lake Athabasca, ergoß sich in den Great Slave Lake, der weiter nach Nordwesten in einem gewaltigen Strom abfloß, der heute den Namen Mackenzie trägt. Von Westen führt ein anderer mächtiger Strom nie endende Wasser unweit des Lake Athabasca in den Slave, den die Indianer *Unchaga* nennen, was ›Frieden‹ bedeutet, weil an seinen Ufern die Cree- und die Biber-Indianer nach langen Kriegen die Friedenspfeife geraucht hatten. Der Name ging auch ins Englische über und wurde zum ›Peace River‹.

Alexander Mackenzie war, was man einen Inselschotten nennt. Er stammte aus Stornoway auf der Insel Lewis, westlich des Nordendes Schottlands gelegen, einer rauhen und windigen Gegend, die harte Männer hervorbringt; er ist dort 1755 geboren worden. Schon früh wanderte er nach New York aus. Man weiß nicht viel davon, wie es ihm dort ergangen ist, weiß nur, daß er vor 1778 schon in Montréal zu finden ist. Wir sagen das heute so leicht hin, weil jetzt die Reise von London oder Glasgow nach New York und von dort nach Montréal nur wenige Stunden beansprucht. Damals aber bedeutete eine Fahrt von New York nach Montréal eine weite, gefährliche und vor allem auch kostspielige Reise. Der junge Schotte muß also schon früh angefangen haben, Geld zu verdienen, nicht nur als kärglichen Tageslohn – der war damals sehr kärglich –, sondern als Unternehmer. Wahrscheinlich hat er sich schon früh mit dem Pelzhandel beschäftigt; der mochte ihn besonders reizen; mit den Pelzen war für einen wagemutigen und geschickten Händler besonders viel zu verdienen.

Pelze –! Pelze waren damals von einer Gloriole des Kostbaren, Vornehmen und Abenteuerlichen umgeben, fast wie Gold, Diamanten und Edelsteine. Nur Leute von Rang und Reichtum konnten sich Pelze leisten und sich damit den Aufenthalt in den winters nur sehr unvollkommen zu heizenden Häusern, Burgen und Schlössern Europas (ebenso übrigens auch Chinas, wo Pelze aufs höchste geschätzt wurden) erleichtern.

Pelze – das Gold des Nordens

Pelze – sie kamen in Nordamerika aus der unbekannten Ferne des Kontinents, wurden weit weg in den Wäldern auf abenteuerliche Weise von den Indianern eingetauscht, hatten schon eine lange Reise hinter sich, wenn sie endlich in streng und seltsam riechenden, mit Baumbast und Wurzelsträhnen verschnürten Ballen an der Küste eintrafen. Pelze waren für den jungen Schotten von der Insel Lewis wahrscheinlich noch mehr: das Gold der Ferne, der unerforschten Gebiete des fernen Westens und Nordens, ungeheurer grauer Weiten, verloren noch im Nebel des Ungewissen; ein leiser Ruf von jenseits der Wälder mochte den jungen Schotten erreicht haben, nur für ihn vernehmbar; eine Lockung, eine Herausforderung.

Alexander Mackenzie hat die Möglichkeiten, die sich ihm in Montréal boten, äußerst geschickt zu nutzen verstanden. Schon zehn Jahre nach seiner Ankunft, erst 32 Jahre alt, hatte er genug verdient, sich als vollgültiger Partner, als *Bourgeois,* in die *North West Company* einzukaufen. Bald weiß er es durchzusetzen, zum Vorsteher des Distriktes Athabasca der Pelzhandelsgesellschaft ernannt zu werden, dem damals entlegensten Bezirk der *North West Company.* Wahrscheinlich wird er nicht allzu viele Konkurrenten für den Posten am Athabasca gehabt haben, denn wer wollte schon das karge und gefährdete Leben am Ende der Welt auf sich nehmen.

Wir können uns heute kaum eine Vorstellung davon machen, wie weit Fort Chipewyan – nichts weiter als eine winzige Siedlung von niedrigen Blockhütten, umgeben von einem hohen Palisadenzaun mit einigen Wachttürmen an den Ecken, das Ganze von Wall und Graben umzirkt –, wie unendlich weit dieser weltverlorene und im Grund äußerst waghalsige Stützpunkt von dem europäischen Vorposten Montreal am St. Lorenz entfernt lag. Die North-Westers konnten sich ja den Weg in ihre Jagd- und Handelsgebiete nicht zu Schiff verkürzen, indem sie in die Hudson Bay einfuhren und den Churchill River aufwärts nach Westen reisten. Denn das war unbestrittenes Gebiet der *Hudson's Bay Company,* die sich 120 Jahre lang mit den Franzosen um diesen ältesten und wichtigsten Handelsposten im amerikanischen Nordwesten gerauft hatte.

Die North-Westers hatten den viel umständlicheren Routen zu

folgen, die von den kühnen französischen *Voyageurs* vorgezeichnet waren: den St. Lorenz, dann den Ottawa aufwärts, hinüber zum See der Huronen, genauer zur Georgian Bay des großen Sees, durch die Engen von Sault Ste-Marie zum riesigen und stürmischen Oberen See, an seinem Westufer wieder hinein in die Flüsse, den Tauben-Fluß aufwärts zum ›See der Wälder‹, dann hinüber zum Lake Winnipeg, vom Zedern-See den gewaltigen Saskatchewan aufwärts, hinüber zum Clearwater, über sehr gewundene und verwickelte Wasserwege. Der Clearwater fließt dann endlich in den Athabasca und der in den See gleichen Namens. Auf dieser rund 6000 Kilometer langen Reise waren in den keineswegs besonders stabilen Rindenkanus unzählige Portages, Tragestrecken, Stürme auf den Großen Seen, heftige Gegenströmungen, Regen und Gewitter zu bestehen. Und die Reisenden, die schottischen Bourgeois und ihre frankokanadischen Ruderer, die meisten von ihnen mit einem gehörigen Schuß indianischen Bluts in den Adern, schätzten sich glücklich, wenn die große Reise in fünf Monaten zu bestehen gewesen war. In der Tat: Athabasca, der klangvolle Name, bezeichnete damals das Ende der Welt.

Alexander Mackenzie war zu sehr Schotte, um nicht zunächst dem Pelzhandel die ihm gebührende Aufmerksamkeit zu schenken. Aber zugleich sammelte er von den im Fort auftauchenden Indianern alle Nachrichten über die Flüsse weiter im Westen und Norden. Er machte sich keine Illusionen: Seine Partner in der *North West Company* würden nicht viel Verständnis für Forschung um der Forschung willen aufbringen. Die *North West* hatte den einzigen Zweck, Pelze heranzuschaffen und damit Geld zu verdienen, möglichst viel Geld! Mackenzie gab sich also Mühe, seine Vorstöße ins Unbekannte als Versuche auszugeben, neue Pelzquellen zu erschließen.

Die erste Reise Mackenzies in die unbekannten Ödnisse des Nordwestens führte ins Leere; Mackenzie war dem großen Gewässer gefolgt, das den Großen Sklaven-See in nordwestlicher Richtung verläßt, war aber – statt nach Westen an den Stillen Ozean – nach Norden ans Arktische Meer geführt worden, wo nichts zu holen war außer ein paar Walroßzähnen und wenigen Eisbär- und Robbenfellen, mit denen nicht viel Staat zu machen war.

Mackenzie sagte sich, daß die Karten, über die er verfügte,

unmöglich stimmen konnten, sonst hätte er über den gewaltigen Fluß, den er bis zur Mündung verfolgt hatte (der Strom trägt heute seinen Namen), an den Stillen Ozean gelangen müssen. Wahrscheinlich, vermutete Mackenzie, lag Fort Chipewyan längst nicht so weit westlich, wie die Karten von damals – sehr phantasievoll zwar, aber sehr unzuverlässig – glauben machen wollten. (In der Tat verlegt z. B. die berühmte Karte von Peter Pond aus dem Jahre 1789 den Lake Athabasca auf 131 Grad westlicher Länge, während er in Wahrheit auf nur 111 Grad westlicher Länge zu suchen ist.)

Mackenzie hatte zwar einen großen Strom entdeckt, aber er fühlte sich genarrt. Es ist sehr bezeichnend für seine Persönlichkeit und seinen Charakter, daß er sich nicht mit Vermutungen und einem Achselzucken begnügte. Wenn er nicht wieder in die Irre gehen wollte, mußte er wissen, an welchem Punkt der Erde er sich in seinem Fort Chipewyan genau befand. Er war sich darüber klar, daß er nicht in der Lage war, exakt seinen geographischen Standort zu bestimmen. Aber gewiß ließ sich das erlernen. Die Kapitäne der Schiffe auf hoher See verstanden sich ja auch darauf. Allerdings: Am Athabasca gab es niemanden, der ihn hätte unterweisen können. Zuverlässig war dergleichen nur in London zu studieren. Also zurück nach London! Und mochte es auch sechs oder sieben anstrengende Monate kosten, von Fort Chipewyan nach England zu gelangen.

Im Winter 1791/92 machte sich Alexander Mackenzie in London genauestens mit der Kunst vertraut, die geographische Länge und Breite eines Ortes auf dieser Erde wissenschaftlich korrekt zu bestimmen. Im Oktober 1792 war Mackenzie wieder in seinem Bezirk im Rupertsland angekommen, brachte mit wenigen Handgriffen das Pelzgeschäft in Ordnung und machte sich so spät im Jahre noch auf, über den westlichsten Punkt hinaus, den die Pelzhändler bis dahin am Peace River erreicht hatten, vorzustoßen, um im nächsten Frühjahr schon unter den Wällen des Hochgebirges angekommen zu sein. Vielleicht strömte der Peace durch eine Lücke in der Kette der Felsengipfel, eine Lücke, die auch von den Menschen benutzt werden konnte, um westwärts zu gelangen.

Mackenzie überwinterte dort, wo von Süden her der Smoky River sich mit dem Peace vereint. Hier in Fort Fork, während das Einhandeln der Pelze seinen ruhigen und zeitraubenden Verlauf nahm, bereitete Mackenzie seine zweite große Forschungsexpedition, den Peace weiter aufwärts, vor, nachdem die erste ihn nur ans unwirtliche Eismeer geführt hatte. Jetzt konnte er seinen Ort bestimmen und hatte festgestellt, daß bis zur Küste des Großen Ozeans allein schon in der Luftlinie noch an die tausend Kilometer zurückzulegen waren. Wie viele Kilometer es in der Wirklichkeit sein würden, das war nicht einmal zu ahnen. Ein Mann jedoch, der, nur um die Bestimmung geographischer Orte zu erlernen, an Kilometern etwa den halben Erdumfang zurückgelegt hatte, der war durch tausend Kilometer Luftlinie nicht mehr zu schrecken.

Der Winter, hart und streng und voller Nordlicht wie stets in diesen Breiten, ließ seine zähen Monate abrollen. Die Indianer kamen, mußten bewirtet werden, handelten ausführlich und mit Leidenschaft, ließen doch alle schließlich ihre Pelze im Fort Fork gegenüber der Einmündung des Smoky und zogen wieder in ihre entlegenen Dörfchen – Gott allein wußte, wo die zu finden waren (Fort Fork hat etwa acht Kilometer den Peace aufwärts von dem heutigen hübschen Städtchen Peace River gestanden, das an der großen Straße 2 von Edmonton nach Dawson Creek gelegen ist, wo die Alaska-Straße beginnt).

Kaum war das Eis der Flüsse wie jedes Jahr mit donnerndem Getöse aufgegangen und erstaunlich schnell auf Nimmerwiedersehen davongetrieben, so belud Mackenzie nicht weniger als sechs Kanus mit der Pelzausbeute des vergangenen Winters und schickte sie auf die lange, aber einigermaßen gefahr- und mühelose Reise den Peace stromab nach Fort Chipewyan. Die Sendung würde jedoch Montréal kaum noch im gleichen Jahr erreichen, sondern erst im Herbst des folgenden dort eintreffen, nachdem sie in Grand Portage, an der Mündung des Tauben-Flusses (Pigeon River) in den Oberen See (Lake Superior), in die Fahrzeuge des Ostens umgeladen worden war. Mackenzie hatte seine Partnerpflicht in der *North West Company* für das Jahr 1793 erfüllt und war nun frei, den Sommer seiner Leidenschaft zu widmen, die unbekannte Ferne zu entschleiern.

Am 9. März 1793, nur einen Tag später, als er die Pelzkanus ostwärts auf den Weg gebracht hatte, schiffte sich der kühne und zugleich manchmal fast erheiternd nüchterne Mann mit neun sorgfältig ausgesuchten Gefährten den Peace aufwärts ein, wohl versehen mit Proviant, Tauschwaren, Geschenken, einem noch leeren Tagebuch und den Instrumenten zur geographischen Ortsbestimmung. Außer dem Anführer war noch der junge Schotte Alec McKay mit von der Partie, sechs frankokanadische *Voyageurs*, darunter Joseph Landry und Charles Ducette, die schon auf der Fahrt den Mackenzie hinunter zum Nordmeer mit dabeigewesen waren; auch François Beaulieux (wohl der gleiche wie jener François Barrieau, der auch schon zu den Begleitern Mackenzies auf der Nordreise gehört hatte) war wieder unter den Gefährten; die drei weiteren waren Baptiste Bisson, François Courtois und Jacques Beauchamp. Schließlich hatte Mackenzie noch zwei indianische Jäger aus dem Fort Chipewyan ausgewählt, ihm auf der Fahrt nach Westen Beistand zu leisten. Alle diese Männer haben sich auf der großen Reise in all den Mühen, die ihnen bevorstanden, großartig bewährt. Auch nahm Mackenzie seinen Hund *Dog* mit ins Boot, der ihn nicht nur auf dieser Fahrt, sondern später nach Montréal und schließlich nach England begleitete. Dog wußte es mit jämmerlichem Klagegeheul stets durchzusetzen, nie zurückgelassen, sondern überall mitgenommen zu werden, selbst dort, wo er nur im Wege war.

Sang- und klangloser ist wahrscheinlich niemals eine bedeutende Forschungsreise in Szene gesetzt worden. Mackenzie konnte weder eine königliche Order vorweisen, noch hatte ihn seine Pelzgesellschaft abgesandt; keine geographische Gesellschaft, keine feierliche Universität wie etwa Oxford oder Cambridge hatten ihm einen Forschungsauftrag erteilt, kein Zeitungsmagnat oder sonstiger wissenschaftsbeflissener Großmogul der Finanzen hatte ihn mit den nötigen Barmitteln versehen. Nein, es war dieser Alexander Mackenzie ganz allein und auf eigene Faust, der in einem recht gebrechlichen Kanu aus Birkenrinde mit neun sehr bescheiden entlohnten Gefährten auszog, um festzustellen, ob und wie den Peace aufwärts der große Ozean zu erreichen war, und dies zu einer besonders ungünstigen Zeit.

Der Strom ließ sein Frühlingshochwasser talab schwellen. Dagegen anzukämpfen, war schrecklich ermüdend und oft genug auch gefährlich. Die wilden Stromschnellen im Canyon des Peace, dort, wo er das Gebirge endgültig verläßt, konnten zu Wasser nicht bewältigt und mußten mühsam über die schroffen Uferhänge hinweg umgangen, das heißt, das Boot und seine gesamte Ladung auf den Schultern der Ruderer viele Meilen weit stromauf getragen werden. Die bärenstarken Frankokanadier bewährten sich ausgezeichnet.

Schließlich konnte man sich wieder dem Wasser anvertrauen. Es klingt fast unglaublich: Ende Mai bereits hatte die Expedition den Zusammenfluß von Finlay und Parsnip erreicht (von hier ostwärts erst führt das Gewässer den Namen Peace; damals trugen die Flüsse natürlich nur indianische Namen). Welchem der beiden Flüsse sollte man weiter stromauf folgen?

Mackenzie scheint ein besonders Geschick darin gehabt zu haben, das Vertrauen der Indianer zu gewinnen. Seine Erfahrung beim Einhandeln der Pelze kam ihm vorzüglich zustatten. Auch hier an diesem wichtigen Scheideweg (der Finlay hätte ihn, wie wir heute wissen, nordwärts in eine Sackgasse geführt) fand Mackenzie einen alten, wegekundigen Indianer, der ihm dringend anriet, dem von Süden kommenden Parsnip stromauf zu folgen. Das war mehr als mühsam. Aber schließlich erreichten Männer und Kanu das Quellgebiet des Flusses.

Mit der ihm eigenen Genauigkeit berichtet Mackenzie, daß die Breite der Wasserscheide, die nun zu überwinden war, mit nur 817 Schritten ausgemessen wurde. Ein See nahm das Boot dann erneut auf. Der See entließ einen Fluß, und dieser Fluß rauschte – westwärts!

Westwärts, also würde sein Wasser irgendwie, irgendwo den Stillen Ozean erreichen. Eine große Genugtuung erwachte in Mackenzies Brust; sie klingt in seinem Tagebuch ganz leise an: Er war der erste weiße Mann, der einen nach Westen fließenden Strom auf dem nordamerikanischen Erdteil von seinem Quellsee her befuhr – wie er der erste gewesen war, der den größten Strom des Nordens bis ins Eismeer erkundet hatte.

Aber Stolz und Freude vergingen bald. Der Fluß, dem sich die Männer anvertraut hatten, führt heute den Namen *Bad River.* Das bedeutet ›Übler Fluß‹ und ist nur eine Übersetzung der alten indianischen Bezeichnung. Die Wildheit des Gewässers spottete jeder bisherigen Erfahrung. Zunächst wurde das Heck zertrümmert und mußte repariert werden. Darauf verstanden sich die Männer; aber jede solche Reparatur mit Baumpech und Birkenbast erhöhte

das Gewicht des Bootes, machte es also weniger tragfähig und kostete vor allem Zeit.
Nur wenige Stunden, nachdem der Schaden behoben war, schloß der hohe Bug des Kanus mit einem Felsen allzu plötzlich Bekanntschaft und ging ebenfalls in die Brüche. Wieder war ein langer Aufenthalt erforderlich, den Bootsleib zu heilen.

Die ›grausamen Felsen‹

Bald darauf ereignete sich ein neues Unglück. Der Vormann der Ruderer hatte versucht, die allzu sausende Fahrt des Kanus zu hemmen, indem er nach einem weit über die Strömung hinaushängenden Baumast griff, eine gelegentlich geübte Methode, das Boot zu bremsen und wieder ins ruhigere Wasser am Ufer zu schwingen. Diesmal aber erwies sich der tückische Bad River als der stärkere. Der Vormann wurde aus dem Boot gerissen und von dem zurückschnellenden Ast in die saugenden Wirbel geschleudert. Das Boot raste – um den Vormann erleichtert – einer Strecke weißschäumender Stromschnellen entgegen, kaum noch zu steuern. Die *»cruel rocks«*, wie Mackenzie schreibt, spalteten hier den Boden des Kanus auf und brachten es zum Kentern. Männer und Ladung stürzten ins Wasser; ein Glück im Unglück war es zu nennen, daß sich die Katastrophe am Ende der Stromschnellen ereignete. So holten sich die Männer, auch der Vormann, zwar alle einige Püffe und Knuffe an den Felsen im Fluß, aber keiner brach sich Arm oder Bein. Es gelang, das kieloben treibende Boot in seichtes Wasser zu bugsieren und auch den größten Teil der Ladung zu retten.
Männer solcher Art, wie Alexander Mackenzie sie unter den besten und tapfersten seiner frankokanadischen Helfer ausgewählt hatte, waren nicht leicht zu entmutigen. Nach dieser Katastrophe aber verzweifelten die meisten daran, per Kanu den Ozean zu erreichen. Mackenzie hatte zum erstenmal – es sollte nicht das letzte Mal gewesen sein – an den Stolz und den Mut seiner Männer zu appellieren; er war genauso naß und verzweifelt wie seine Gefährten; aber er war um einige Grade härter.
Es blieb nichts anderes übrig, als sich eine längere Rast zu gönnen und das Boot mit aller Sorgfalt wieder in Ordnung zu bringen, die

gebrochenen Spanten durch passend gebogene Baumäste zu ersetzen, die zerschlitzte Außenhaut mit frischer Birkenrinde, Bast und Baumharz zu flicken.
Der Bad River machte auch im weiteren Verlauf der Fahrt seinem Namen alle Ehre. Die Männer waren vorsichtiger geworden. Wenn sich Stromschnellen ankündigten, steuerten sie dem Ufer zu, hoben Ladung und Boot ans Land, um beides manchmal meilenweit um die unpassierbaren Flußstrecken herumzutragen. Oft genug war es ebenso gefährlich und schwierig, die in der Strömung lauernde Katastrophe zu vermeiden, als sich ihr auszuliefern. Die Männer hatten Kanu und Gepäck durch knietiefen Morast, über so gut wie unpassierbares Geröll zu schleppen. Es gab mehr als einen verzerrten Muskel und verrenkten Knöchel, jedoch zum Glück keine ernsthaften Verletzungen. Die Frankokanadier und Mestizen der *North West Company* – nicht anders als die der *Hudson's Bay Company* – waren unglaublich zähe Männer, Meister des Paddels nicht minder als von sagenhafter Stärke beim Schleppen schwerer Lasten über Stock und Stein ohne Weg und Steg.
Was die Männer jedoch am schlimmsten quälte bei diesen den Körper aufs äußerste beanspruchenden *Portages,* den Tragestrekken, das waren nicht die schmerzenden Muskeln, die zerschrammten Stirnen (denn die Lasten wurden an einem breiten, um die Stirn gelegten Riemen getragen), sondern die dichten Schwärme von Moskitos, die auf jeder Tragestrecke am Fluß entlang über die Männer herfielen, ganze Wolken von sirrenden, blutgierigen Insekten.
Man war ja in den ersten Tagen des Juni, in jenen Wochen also, in denen die Mückenplage im kanadischen Wald und Buschland ihren juckenden Höhepunkt erreicht – und nirgendwo scheußlicher als in sumpfigem Gelände oder an buschbewachsenen feuchten Flußufern. Die in ihr Stirnband eingejochten Männer mit wohl einem Zentner als Last, auf einen Stecken sich stützend, um auf dem pfadlosen Grund nicht das Gleichgewicht zu verlieren, mit dem anderen Arm balancierend, hatten keine Hand frei, sich den Flaum von Moskitos von Gesicht und Nacken zu wischen. Zwar trugen diese Wildnisleute längst genug Gegengift gegen die Moskitostiche im Blut, aber die beständige Reizung ließ ihre Gesichter doch anschwellen zu bräunlich-roten Bällen. Erst wenn man sich wieder

eingeschifft hatte und eine schnelle Strömung das Boot davonführte, wurde man die Plagegeister wieder los. Sie halten sich nicht in Zug und Wind.

Am 17. Juni 1793 notiert Mackenzie in sein Tagebuch – und man merkt dem sonst so nüchternen, großen Worten durchaus abholden Mann die Erleichterung an, die das Herz der Männer hob, als der Bad River endlich hinter ihnen lag und sie in einen breiten, ruhigen Strom entlassen hatte:

»Endlich – nach all unserer Plage und ewigen Besorgnis – empfanden wir voller Freude die unaussprechliche Befriedigung, uns wieder an den Ufern eines wirklich befahrbaren Flusses zu finden – und zwar auf der Westseite der ersten großen Kette von Gebirgen!«

Ja, sie hatten die Rocky Mountains hinter sich, waren in die großen Hochebenen des heutigen zentralen British Columbia eingetreten, hatten auf ihrem Zuge den Fraser River erreicht (der damals natürlich noch nicht Fraser hieß; Simon Fraser, der dem Strom seinen Namen gab, war erst 16 Jahre alt, als Mackenzie diese Wasser als erster befuhr). Die eilige, aber gleichmäßige Strömung des Fraser-Nordarms trug das große Boot schnell dahin; nur ab und zu brauchte sein Kurs mit ein paar Paddelschlägen berichtigt zu werden.

Am 19. Juni schon müssen die Reisenden die Einmündung des großen Nechako, der von Westen heranströmt, passiert haben (er mündet bei dem heutigen Prince George in den Fraser), bemerkten aber den kaum zu übersehenden Zufluß nicht. Mackenzie, der sonst so aufmerksame Beobachter, erwähnt den Nechako in seinem Journal mit keinem Wort. Zogen die Männer am östlichen Ufer entlang, verhüllte ihnen ein Morgennebel das andere Ufer und den dort mündenden Strom? Glaubte Mackenzie, sich auf der ruhigen Strömung eine Stunde Extraschlaf gönnen zu dürfen, versäumten es seine Männer, ihn zu wecken, als die Einmündung des Nebenflusses in Sicht kam, vergaßen sie dann, dem Anführer davon zu erzählen, als er wieder erwacht war? Wir wissen es nicht. Aber spürbar wird

Das Columbia-Eisfeld an der Banff-Jasper-Straße mit dem einzigen Hotel weit und breit

uns Spätgeborenen, die wir nur noch einen Atlas unter der Schreibtischlampe im wohlgeheizten Studierzimmer aufzuschlagen haben, um Bescheid zu wissen, wie sehr die großen Erforscher der Erde von der unberechenbaren Tücke oder dem Wohlwollen des Geschicks abhingen:

Hätten Mackenzie, McKay oder seine Frankokanadier und Métis nicht geschlafen, so hätte sich der nach Westen, mit all seinem Willen und seiner Sehnsucht nach Westen strebende Mann vielleicht oder sogar wahrscheinlich diesem von Westen her mächtig heranströmenden Nechako anvertraut – und hätte sich seine Aufgabe unbeschreiblich erleichtert! Denn von den Quellgewässern des ›Großen Flusses‹ – das ist die Bedeutung des indianischen Namens *Nechako* – ist nur eine schmale Wasserscheide zu überwinden, um den Rose Lake und bald danach den Bulkley Lake zu erreichen, aus dem der starke Bulkley River hervorgeht. Dieser ergießt sich dann in den Skeena, und der Skeena strömt breit und unverwandt dem Stillen Ozean zu. Mackenzie jedoch, der erste unter den Weißen, der den Landweg vom Atlantik zum Pazifik bewältigte, ahnte noch nichts von dieser Möglichkeit. Der Nechako – die Straße, nach welcher er suchte –, der Nechako entging ihm.

Die Herrlichkeit, sich vom großen Fraser gemächlich und gleichmäßig tragen zu lassen, dauerte nicht lange. Drohender rückten die Ufer zusammen; ein Canyon kündete sich an, der den Fluß in enger Furche zusammenpressen würde. Die Wasser strömten mit stets reißender sich anlassender Eile dahin, immer ungebärdiger und holpriger. Wie lange noch – und die jagende Fahrt würde sich jedem Steuer und jedem Versuch, sie aufzuhalten, entziehen. Darauf durfte es Mackenzie nicht zum zweitenmal ankommen lassen. Gerade noch gelang es, das Kanu in einer etwas ruhigeren Bucht ans Ufer zu bringen, ehe es sich dem Willen der Ruderer völlig entzog. Wieder mußten Boot und Ladung aufs Trockene gehoben werden. Der Canyon konnte nur umgangen, nicht passiert werden. Das unwegsame Gelände schien den Männern die letzte Kraft und den letzten Mut rauben zu wollen. Das Kanu war durch die vielfachen

81 *Am Maligne-Lake im Jasper Nationalpark, Alberta*

Reparaturen schwer und nicht gerade stabiler geworden, mußte aber wegen seiner Gebrechlichkeit besonders vorsichtig über die Felsen und die steilen Uferhöhen geschleppt werden. Mackenzie notiert, daß seine Erschöpfung und die der anderen *»beggars all description«* (jeder Beschreibung spottet, wie wohl am besten zu übersetzen ist).

Auch diese Quälerei ging schließlich vorüber. Das Boot konnte wieder zu Wasser gelassen und bestiegen werden. Erleichtert überließen sich die Männer einer sanfteren Strömung.

Mackenzie aber war sich seiner Sache durchaus nicht mehr ganz sicher, denn der Fluß strömte mit großer Kraft nach Süden und dachte nicht daran, nach Westen abbiegen zu wollen. Ohnehin hatte Mackenzie schon seit Wochen die Richtung kontrolliert, in die sich die Reise gewendet hatte, und war von Tag zu Tag weniger damit einverstanden gewesen. Ihm stand ja der Sinn nicht nach Süden, sondern nach Westen. Jede Meile in falscher Richtung mußte die Rückreise verlängern. Wurde er aber mit seiner Mannschaft vom Winter überrascht, bevor er wieder Fort Fork oder besser noch Fort Chipewyan erreichte, so war ihrer aller Leben – ohne Proviant und völlig erschöpft, wie sie waren – keinen Pfifferling mehr wert. Darüber gab sich Mackenzie keinen Illusionen hin.

Als zwei Tage später endlich einmal wieder Menschen in der grenzenlosen Einöde auftauchten, ein Trupp von Indianern, versuchte Mackenzie sofort, sich mit ihnen in Verbindung zu setzen. Doch als das Boot sich dem Ufer nähern wollte, wurde es von den Indianern mit einem Schauer von Pfeilen überschüttet, die allerdings keinen Schaden anrichteten.

Mackenzie bewies nun, daß er bei der *Nor' West* gelernt hatte, mit den ›Wilden‹ umzugehen. Er drehte das Boot sofort ab, ohne mit einem Schuß oder sonstigem groben Gruß den unfreundlichen Empfang zu beantworten. Statt dessen legte er am jenseitigen Flußufer an, stieg allein und ohne Waffen an Land und spazierte weithin sichtbar auf der Uferbank auf und ab, wobei er in der Hand Spiegel funkeln ließ, mit Glasperlen-Ketten winkte und andere Herrlichkeiten am Boden ausbreitete, so seine friedlichen Absichten und seine Bitte um Freundschaft dartuend.

Das Vergnügen an glitzerndem Spielzeug und buntem Schmuck, dem die Indianer nur selten widerstehen konnten, war den

Pelzhändlern wohlbekannt und wurde weidlich von ihnen ausgenutzt. Das alte Lockspiel wirkte auch hier. Die eben noch feindselige Schar der Indianer kam vorsichtig über den Fluß gerudert. Die Kühnsten wagten sich heran, wurden beschenkt, freuten sich wie die Kinder über ihre Spiegelchen und zeigten sich schließlich gern bereit, ein langes Palaver über Richtungen und Wasserwege zu eröffnen. Die Verständigung war nicht ganz einfach, aber sie gelang. Einerseits waren die Indianer gewöhnt, mit fremden Indianern, deren Sprache sie nicht verstanden, durch Zeichen und Gesten einfache Mitteilungen auszutauschen. Andererseits verstanden die zwei Chipewyan und einige Mischlinge in Mackenzies Mannschaft indianische Dialekte.

Die Eingeborenen – es müssen Carrier-Indianer gewesen sein – begriffen nach einigem Hin und Her, daß die Reisenden das große Wasser im Westen erreichen wollten. Ob dieser Strom dorthin flösse, fragte Mackenzie. Die Indianer gaben keine klare Auskunft. Offenbar wußten sie es selbst nicht mit Sicherheit. Aber eins wußten sie: dieser Strom hier – er verengte sich weiter stromab über weite, weite Strecken, würde von himmelhohen Bergen eingeengt, verwandelte sich in wütende Stromschnellen über viele Tagereisen weit und werde selbst für die geschicktesten und mutigsten Kanufahrer unpassierbar. Aber wenn die Fremden an das große ›stinkende und schlechtschmeckende‹ Wasser wollten, dann würde sich eine andere, wesentlich kürzere Route viel eher empfehlen; diese wäre ihnen gut bekannt; verfolgten sie doch diesen Pfad, wenn sie mit den Leuten von der Küste Handel treiben wollten. Die Reisenden sollten den Strom, der sie herangebracht hatte, zurückverfolgen, bis sie an die Einmündung eines bedeutenden Gewässers von Westen her gelangten. In diese Wasserstraße sollten sie einbiegen und ihr stromauf bis in ihr Quellgebiet folgen. Dort würde ihnen der Beginn eines etwa nach Südwesten gerichteten, gut erkennbaren Pfades nicht entgehen. Diesem Pfad sollten sie folgen; er würde sie zu einem Fluß namens Atnarko bringen; der flösse in einen anderen, der nach dem Stammesnamen der dort ansässigen Indianer Bella Coola genannt würde. Der Pfad wäre schwierig und sie würden sich mühen müssen, aber er brächte sie ans Salzwasser.

Das war eine klare und hoffnungsvolle Auskunft. Mackenzie zögerte nicht, sich ihrer zu bedienen. Die Carrier-Indianer schieden reich beschenkt. Sie würden von diesem weißen Mann nur Gutes zu berichten haben und die Nachricht weitergeben, wie Mackenzie wohl wußte und worauf es ihm ankam. Vielleicht verringerte das seine Schwierigkeiten auf dem langen Landmarsch. Zwar hatten ihm die Carrier erklärt, daß er nur sechs Tage zu Fuß unterwegs sein würde. Aber das erschien ihm unglaubwürdig.

Ein neues Kanu!

Als die Männer ihr Kanu wieder stromauf wenden wollten, stellte sich zu ihrem großen Ärger und Mißbehagen heraus, daß das Boot nach den vielen Brüchen und Flickereien, die es über sich hatte ergehen lassen, zu schwer und unhandlich geworden war, als daß es stromauf gegen die starke Strömung des Fraser – der Strom führte immer noch Hochwasser – vorangetrieben werden konnte.
Neuer Aufenthalt! Es blieb keine andere Wahl, als ein neues Boot zu bauen. Alles Notwendige dazu lieferte der Wald. Nägel oder überhaupt metallisches Zubehör waren nicht erforderlich. Bald waren ein paar starke, geradegewachsene Birkenstämme gefunden und ihrer Rinde und ihres Bastes entkleidet. Die Spanten ließen sich mit der richtigen Krümmung unter den zähen und elastischen Zweigen der Eschen auswählen. Zur Verbindung der Spanten und dann der flachen Rindenstücke dienten besondere Wurzelfäden und Baumbast. Die Außenseite wurde entlang der Fugen und Nähte mit Baumpech abgedichtet, das vor dem Gebrauch erhitzt und erweicht, dann verschmiert wurde. Es löste sich nicht im Wasser auf und hielt das Innere des Bootes zuverlässig trocken. Das von den Frankokanadiern und Mestizen mit großer Sorgfalt ausgeführte Werk ergab ein außerordentlich leichtes und tüchtiges Fahrzeug, dem allerdings – das war sein Nachteil – kein grober Stoß, keine harte Grund- oder Uferberührung zugemutet werden durfte. Wer die Flüsse und Ströme des kanadischen Westens und Nordwestens kennt, und wer von heutigen Vorstellungen über Sicherheit zu Wasser und zu Lande ausgeht, für den wird es stets einigermaßen unglaubwürdig bleiben, daß das wilde Land ausschließlich mit Fahrzeugen wie diesen gebrechlichen und empfindlichen Kanus aus Birkenrinde erschlossen worden ist.

Endlich konnte das neue Boot in sein Element gehoben werden. Abermals wurde das stark zusammengeschmolzene Gepäck verladen, und die Reise begann von neuem. Nun bereitete auch die starke Gegenströmung keine allzu großen Mühen mehr. Die Einmündung des Stroms, von dem die Indianer gesprochen hatten, wurde erreicht; er kam von Westen, unbezweifelbar von Westen. Erleichtert wendeten die Männer den Bug ihres Bootes gegen die neue Strömung. Vielleicht stimmten auch die übrigen Angaben der Carrier-Indianer; dann war man also endlich auf dem richtigen Wege, war das Ziel nicht mehr in nebelhafter Ferne.

Wie sehr Mackenzie nach Westen drängte (und wie dankbar er wahrscheinlich gewesen wäre, hätte ihn ein anderer landeskundiger Eingeborener auf den großen Nechako hingewiesen, der, etwa hundert Meilen weiter den Fraser aufwärts, von Westen gezogen kommt), das geht aus dem Namen hervor, welchen er dem Fluß verlieh, nachdem die Fahrenden am 4. Juli den Fraser hinter sich gelassen hatten. Er nannte ihn Westroad River (Fluß der Straße nach Westen). Der Name wird heute nicht mehr sehr häufig gebraucht; man spricht statt dessen vom Blackwater River (dem Fluß des Schwarzen Wassers).

Wir können nicht mehr mit völliger Sicherheit rekonstruieren, wo die Expedition den Fluß verlassen hat, wo sich jeder seine neunzig oder hundert Pfund Gepäck um die Stirn hängte, um nun zu Fuß über Berg und Tal zum Atnarko, einem der Quellflüsse des Bella Coola, weiterzuziehen. Auch der Verlauf des Fußpfades ist nicht mehr mit Sicherheit festzustellen. Die sonst genauen Notizen Mackenzies werden für einige Zeit merkwürdig unscharf und mager. Wahrscheinlich – so können wir annehmen – bedeutete es eine so fürchterliche Plackerei, Proviant, Waffen, Lagerzeug, die schweren Instrumente zur geographischen Ortsbestimmung und was sonst noch zu transportieren war, durch die nun immer dichter werdenden Wälder die Osthänge des Küstengebirges hinauf zu schleppen, daß selbst der unglaublich zähe, von seiner Forscheraufgabe besessene Schotte abends nicht mehr die Kraft und Konzentration fand, die Beobachtungen und Wegzeichen des vergangenen Tages schwarz auf weiß festzuhalten.

Das Kanu und einen Teil der Ladung hatte man am Westroad-Fluß wie üblich auf hohen Pfählen – um es vor den Bären und anderem

Raubzeug in Sicherheit zu bringen – in dichtem Unterholz versteckt; man mußte für die Rückfahrt vorsorgen.
Ab und zu begegnete den Wandernden (wenn man die mühselige Kraxelei über Geröll und steile Felshänge, durch Wasserläufe und Sümpfe Wanderung nennen kann) ein Indianer oder auch eine kleine indianische Mannschaft auf der Jagd. Sie alle zeigten sich freundlich; gelegentlich trug dieser oder jener eine Kupfermünze um den Hals, prunkte sogar mit einem Messer oder Beil aus Stahl. Diese Dinge konnten nur von der Küste stammen, waren gegen Pelze von den Kapitänen fremder Segler eingehandelt. Ja, man sah, daß man auf dem richtigen Weg war.
Der Atnarko wurde erreicht; schon war die Wasserscheide überwunden. Der Atnarko verband sich mit dem Talchako und bildete den höchst ungebärdig von Felsen zu Felsen stürzenden Bella Coola. Immer steiler wandte sich der Pfad talab. Der Kahlyskt wurde passiert. Dieser Punkt wird heute von der Straße 20 an der Westgrenze des Tweedsmuir Park berührt. Die Eintragungen Mackenzies in sein Tagebuch werden wieder ausführlicher und genauer.
Die Luft, die den Männern weich und feucht aus der Tiefe entgegenwehte, war Meeresluft. Daran war bald kein Zweifel mehr möglich. Nichts konnte beflügelnder sein als diese Luft! Am 20. Juli stand die kleine Schar nach einem äußerst beschwerlichen Abstieg durch die dichten, nassen Regenwälder am Westhang der Coast Range endlich am Ziel, am Salzwasser. Die ansässigen Indianer erwiesen sich als gastfreie Leute, stärkten die halb verhungerten und abgerissenen Fremden und liehen ihnen sogar zwei Kanus, um den langen Fjord bis zur offenen See hinunterzuschiffen.
Denn von der Mündung des Bella-Coola-Flusses her, wo Mackenzies Schar, er selbst, alle seine Gefährten weißer oder halbweißer Hautfarbe und immer noch die zwei Indianer, die er von Fort Chipewyan mitgenommen hatte, angelangt waren, in der Gegend also, wo heute das Städtchen Bella Coola steht, hat man zwar ganz gewiß Salzwasser erreicht – man braucht das klare Naß nur zu schmecken; riechen kann man es auch –, aber vom Meer ist nichts zu erblicken. Hohe Bergrücken säumen den Fjord, den heutigen North-Bentinck-Arm, wie schon erwähnt, und lassen ihn eher wie einen breiten Strom denn eine Meeresstraße erscheinen.

Mackenzie aber mußte ans Meer, an die offene See, nicht so sehr, weil er dem Salz des Wassers bei dem Dorf der freundlichen Indianer, Vorfahren der heutigen Bella Coola, nicht traute, sondern weil er – schon ganz ein Geograph in heutigem wissenschaftlichen Sinne – seine genaue Position feststellen wollte. Dazu brauchte er wie jeder heutige Kapitän auf langer Reise einen ›Horizont‹, das heißt den Kreis, wo Himmel und Wasser zusammenzustoßen scheinen, und er brauchte den Sonnenstand. Schon waren einige britische Schiffe an dieser Küste gewesen, hatten damit begonnen, die Lage der vielen Inseln, der Kaps und breiten Wasserstraßen zu vermessen, ohne daß allerdings auch nur annähernd die vollständige Struktur dieser ungeheuer vielgestaltig aufgegliederten Insel- und Uferwelt aufgeklärt war. Um so mehr kam es darauf an, den Ort genauestens festzulegen, an welchem man selbst die offene See erreichte.

Die Männer paddelten den North-Bentinck-Arm hinunter, bogen dann in den Labouchère Channel nach Norden und dann wieder nach Westen in den Dean Fjord (oder Channel; dies alles natürlich sind Namen von heute); sie umfuhren also den Osten und Norden der King-Insel. Der Dean Fjord brachte sie immer noch nicht an die offene See. Stattdessen erhoben sich neue Inseln vor ihnen aus der schwarzblauen Flut. Außerdem waren sie nun in die Gebiete der Bella Bella eingedrungen, die ganz anders als die freundlichen Bella Coola in dem Rufe standen, bösartige Räuber und Piraten zu sein und jeden Vorteil rücksichtslos wahrzunehmen, wenn sie sich in der Überzahl wähnten.

Fast wäre zu guter Letzt die wichtige Positionsbestimmung an der Feindseligkeit der Indianer gescheitert. Aber Mackenzie ließ sich nicht beirren. Endlich hatte er an offener Küste meerwärts einen Platz entdeckt, der ihm ungehinderte Aussicht zum Horizont bot, ein kleines Felsplateau unter einer Bergwand unmittelbar über dem Ufer. Eine große Schar von höchst feindseligen Bella Bella hatte das Plateau vom Strand her schnell umringt. Von der Kante des Felsens drohten im Halbkreis die Gewehre der Gefährten Mackenzies herab und hielten die brüllenden Bella Bella am flachen Strand und in den Booten in Schach.

Mackenzie hatte in aller Ruhe seine Instrumente aufgebaut, tat so, als nähme er die Bedroher gar nicht wahr, und begann mit seinen

Messungen. Die Schar der Belagerer mochte inzwischen auf einige hundert Mann angewachsen sein. Mackenzies Leute, besonders auch die indianischen Führer, welche aus einem ›Großen Dorf‹ – weiter meerwärts gelegen als das ›Freundliche Dorf‹ – mitgekommen waren, drohten die Nerven zu verlieren und verlangten wütend und verängstigt den Ausbruch aus der Umzingelung. Mackenzie sagte sich und ihnen, daß der Versuch eines Ausbruchs ihnen allen das Leben kosten würde. Als die Männer sich damit nicht zufriedengeben wollten, donnerte er sie an. Das war so ungewöhnlich, daß jeder Widerspruch verstummte.
Quälend langsam nur zog die Wolkendecke, hinter der sich die Sonne bis dahin verborgen hatte, nach Süden ab. Es dauerte fast zwei Stunden, ehe das Gestirn sich zeigte. Fieberhaft maß und rechnete Mackenzie nun. Dann hatte er es:

> 52 Grad, 20 Minuten, 48 Sekunden nördlicher Breite und 128 Grad und 2 Minuten westlicher Länge.

In seinem Journal notierte Mackenzie am gleichen Abend:
»Ich hatte also meine Position bestimmt, und dies war die angenehmste Tat auf meiner langen, anstrengenden und gefahrvollen Reise. Hätten die Wolken den Himmel nicht freigegeben, so wäre es mir nicht möglich gewesen, die Längengrade festzustellen.«
Das große Werk war bis zum letzten Punkt vollbracht. Jetzt kam es darauf an, auch noch die Rückreise zu einem glücklichen Ende zu führen. Mackenzies Selbstbeherrschung zahlte sich nun aus. Er ließ das Gepäck in das neben dem Felsen auf den Sand gezogene Kanu schaffen. Die Bella Bella sahen verdutzt zu. Die Belagerten hatten nicht geschossen; niemandem war ein Leid geschehen; jetzt taten sie so, als wären sie nicht von vielen Dutzend Booten und vielen Kriegern umzingelt; sie schickten sich einfach an abzufahren. Außerdem rief ihnen einer der Führer aus dem ›Großen Dorf‹ zu, die Fremden hätten nicht die Absicht wiederzukehren. Das war alles sehr unverständlich. Vielleicht fühlten sich die Fremden nur deshalb so sicher, weil sie über geheime und höchst wirksame Waffen verfügten, die jeden Augenblick losgehen konnten.
Mackenzie hatte nicht die Nerven verloren in diesen kritischen Stunden; statt dessen verloren nun die Bella Bella die Nerven. Plötzlich wendete eines ihrer Boote und paddelte eiligst davon; ein zweites, drittes folgte. Und dann war keines mehr aufzuhalten. In

wenigen Minuten entschwand die ganze Flottille um das nächste Vorgebirge.
Jeder andere, der eben noch in Todesgefahr geschwebt hatte, hätte nun selbst sein Heil in schneller Flucht gesucht. Nicht so Mackenzie. Ihm lag daran, ein Zeichen zu hinterlassen. Er mischte rote Mennige mit Fett, suchte einen glatten Felsen und malte mit breitem Finger die Worte:

> Alexander Mackenzie from Canada by Land The Twenty-Second of July one Thousand Seven Hundred and Ninety-Three
>
> (Alexander Mackenzie von Kanada zu Lande am zweiundzwanzigsten Juli Siebzehnhundertdreiundneunzig).

Es hat nicht wenig Mühe gekostet, die genaue Stelle wiederzufinden, wo Mackenzie diese stolzen Worte – und zugleich die knappsten, die sich denken lassen – an den Stein schrieb. Man weiß heute, daß es am Eingang von Elcho Harbour, etwa drei Meilen westlich des Cascade Inlet, geschehen ist. Da die Farbe von Wind und Wetter längst verzehrt war, hat man des großen Schotten Zeichen in den Stein gehauen.
Es gab keinen Aufenthalt weiter. Mackenzie mußte vor dem Frost wieder in Fort Fork, möglichst sogar in Fort Chipewyan angekommen sein. Es klingt beinahe unglaublich, daß der Rückweg über die gleiche Route, die man gekommen war, in wenig mehr als einem Monat bewältigt wurde; allerdings ging es nun den Westroad abwärts, den Parsnip und Peace abwärts und nicht aufwärts. Glücklicherweise war das Kanu, war der an mehreren Etappen versteckte Proviant unversehrt aufgefunden worden. Aber die nackenkrümmenden, die an den Muskeln zerrenden Tragestrecken, auch Stromschnellen, Regen, Hunger, kalte Nächte, gefährliche Durchnässungen, quälende Insekten blieben den Männern auch auf der Rückreise nicht erspart. Nach dem richtigen Wege brauchten sie allerdings nicht mehr zu suchen.
Am 24. August 1793 tauchte das kleine befestigte Haus, Fort Fork, in der Ferne am linken Ufer des Peace aus den Wäldern.
Mackenzie schreibt:

»Wir entrollten unsere kleine Flagge; schossen alle unsere Gewehre ab und erhoben ein großes Freudengeschrei. Wir kamen so schnell näher, daß unsere beiden Gefährten, die im Fort zurückgeblieben waren, mit ihrer Überraschung noch längst nicht fertig geworden waren, als wir anlegten und ans Ufer sprangen. Wir waren am 28. August erneut dort eingetroffen, von wo wir am 9. Mai abgefahren waren. Dies ist das Ende meiner Entdeckungsfahrt. Ihre Beschwerden, Gefahren und Qualen habe ich sicherlich nicht über Gebühr hervorgehoben. Stattdessen mangelten mir oftmals die richtigen Worte, sie alle darzustellen. Aber schließlich blieb uns der Erfolg nicht versagt.«

Einfacher, kürzer und bescheidener läßt sich der Abschluß einer der großartigsten und erstaunlichsten Forschungsreisen, die je gemacht worden sind, nicht beschreiben. Und sicherlich ist niemals auf billigere Weise nicht nur eine wichtige geographische, sondern auch politische Entscheidung erzielt worden. Mackenzie hatte keinen offiziellen Auftrag vorzuweisen, war von keiner Seite offiziell unterstützt worden, weder von seiner Gesellschaft noch von der britischen Regierung. Er hatte als Einzelner gehandelt, als ein Europäer, der ›wissen wollte, was hinter den Bergen liegt‹.

Aber zugleich hatte er, als er mit roter Farbe den Termin seiner Ankunft über Land von Kanada her auf den Felsen schrieb (wobei man wissen muß, daß der Name Kanada damals nur für das Tal des St. Lorenz-Stroms im kanadischen Osten gebraucht wurde, so daß Mackenzies Aufschrift also besagen wollte, daß er den ganzen Kontinent als erster zu Lande von Meer zu Meer überquert hatte), als er angesichts des drohenden Todes am Marterpfahl für sich und seine Gefährten den geographischen Standort am Meer einwandfrei festlegte, damals hatte er zugleich den Anspruch Englands auf diese Küsten und ihr Hinterland begründet, hatte den von den Pelzhändlern der *Hudson's Bay Company* und seiner eigenen, der *North West Company,* bis an den Fuß der Gebirge vorgetriebenen Einfluß mit einem einzigen kühnen Sprung bis an den Ozean ausgedehnt, hatte, um es mit heutigen Begriffen auszudrücken, dafür gesorgt, daß jenes bergige Land Columbia jenseits des Rupertlandes heute die nähere Bezeichnung British in seinem Namen führen kann, auch heute noch nicht ohne Stolz, obgleich anderswo der Glanz Britanniens sehr verblaßt ist.

Nach den staatsrechtlichen Vorstellungen der damaligen Zeit genügte es nämlich, wenn der Bürger eines Landes an einer ›herrenlosen‹ Küste sein Zeichen oder eine Flagge aufgepflanzt hatte, um den Anspruch des Besitzes, der politischen Herrschaft daraus abzuleiten. Nicht wenige überseeische Länder sind auf diese Weise von europäischen Forschern, Kapitänen, Soldaten für ihre Könige in Besitz genommen worden, oftmals zunächst nur der hohlen Form nach; ebensooft jedoch wurde diese leere und unglaubwürdige Form später mit sehr massivem Inhalt erfüllt. Nach den Wünschen der Ureinwohner wurde nicht gefragt. Die ›Wilden‹ konnten froh sein, wenn sie am Leben bleiben durften; nicht überall durften sie es.

Die Krone von England hatte in den Jahren Mackenzies das englische Amerika weiter im Süden verloren. Die jungen Vereinigten Staaten von Amerika hatten die Herrschaft des englischen Königs nach langem harten Kampf abgeschüttelt und sich als eine Republik konstituiert. Eine große Anzahl der bis zum amerikanischen Freiheitskrieg englischen Untertanen hatte durchaus keinen Gefallen an der Vorstellung gefunden, Bürger der neuen Republik zu werden – eine Tatsache, die in den meisten geschichtlichen Darstellungen nur ganz am Rande vermerkt wird; sie stört ja auch das Bild des gegen seinen Tyrannen sich erhebenden amerikanischen Volkes. Diese Leute, die Wert darauf legten, englische Untertanen zu bleiben und deshalb *Loyalists* genannt wurden, waren zum großen Teil nach ›Ober-Kanada‹ ausgewandert, das sich an das französische ›Unter-Kanada‹ am unteren Sankt Lorenz weiter oberhalb am gleichen großen Strom, am Ottawa-Fluß und am Nordufer des Ontario-Sees anschloß. Von hier bis hinüber an den Atlantik, nach Neuschottland und Neufundland, war die englische Herrschaft unbestritten erhalten geblieben.

Seitdem feststand, daß Nordamerika politisch in zwei Teile aufgespalten war, einen republikanisch amerikanischen im Süden, einen königlich britischen im Norden, seit die Wunden des langen Krieges vernarbten, die Bevölkerung kräftig zunahm und immer neue Einwanderer-Scharen aus Mittel- und Nordeuropa ins Land strömten, richteten sich die Blicke der nachdenklichen und maßgeblichen Männer im kanadischen und amerikanischen Osten des Erdteils stets aufmerksamer und besorgter nach Westen über die große, noch unerforschte Landmasse hinweg. Wer als erster über Land am Pazifischen Meer ankommen würde, konnte die Küste und alles Land östlich davon für seine Nation mit Beschlag belegen. Von Alaska her, wo sich schon früh die Russen festgesetzt hatten, drängten die Beauftragten der russischen Pelzhandelsgesellschaft im Namen des Zaren an der pazifischen Küste nach Süden, hatten vereinzelte Stützpunkte schon bis fast in die Gegend des heutigen San Francisco angelegt, ohne sie allerdings sehr nachdrücklich zu behaupten.

Von Süden her schoben sich die Spanier schon lange vor dem Auftauchen englischer Schiffe an diesen fernen Küsten nordwärts, betrachteten den heutigen Südwesten der USA als ihr unbestreitbares Eigentum, als den nordöstlichen Bereich ihres Vizekönigtums Mexiko. Namen wie San Diego, Los Angeles, Santa Barbara, San Francisco, California legen noch heute dafür Zeugnis ab.

Wenn wir uns nicht beeilen, so mochten kluge Gehirne in Washington oder in Montréal, Halifax und London sich sagen, so schließen uns Spanier und Russen vom Pazifik ab und aus. Die Amerikaner reihten den beiden schon vorhandenen, nicht ganz ernst genommenen Bewerbern um die amerikanische Westküste als Hauptkonkurrenten die Engländer an – und die Engländer sahen besorgt auf die nach Westen drängenden Amerikaner.

Die Erforschung der Westküste

England schickte seine kühnsten und zielbewußtesten Kapitäne an die Westküste Nordamerikas: James Cook und George Vancouver. Auch die Spanier waren bis nach Alaska hinaufgesegelt, hatten aber nirgendwo recht Fuß fassen können, außer etwa in Nootka an der Westküste des heutigen Vancouver Island. In der Konvention von Nootka vom 28. Oktober 1790 haben sie schließlich ihren Alleinanspruch auf die pazifische Küste Nordamerikas aufgegeben, was für sie hier der Anfang vom Ende war, denn die Briten rückten schließlich überall nach, während die Spanier keine echten Pioniere und Neusiedler, Händler, Forscher und Soldaten mehr zu entsenden fähig waren.

Anders lag es mit den US-Amerikanern. Sie betrachteten den

Erdteil als ›ihren Kontinent‹ und schickten Schiffe um Cap Hoorn an die Westküste. Am 12. Mai 1792 fuhr der amerikanische Kapitän Gray vorsichtig über die Barre vor der Mündung des *Great River of the West*, des *Großen Stroms des Westens*, und segelte in den Strom hinein, so ein für allemal die Tatsache feststellend, daß hier ein gewaltiges Gewässer aus dem Innern des amerikanischen Westens sich mit dem Meere verband. Grays Schiff trug den Namen *Columbia*; ihm zu Ehren erhielt der neu entdeckte Strom ebenfalls den Namen Columbia. Dieser gewaltige Strom entspringt im Südosten des heutigen British Columbia, fließt zunächst weit nach Norden, wendet dann abrupt nach Westen und Süden, bildet die langgedehnten Arrow-Seen (dort ist der Strom heute verbaut, um elektrische Energie zu liefern) und tritt dann erst über die Grenze auf amerikanisches Gebiet. Nicht ganz die Hälfte seines Laufes liegt auf kanadischem, ein etwas größerer Teil auf amerikanischem Gebiet. Die kanadische, also britische Westprovinz trägt nach ihm den Namen British Columbia.

Die Mündung des Flusses war also ein Jahr, bevor Mackenzie an der Westküste erschien, von einem amerikanischen Kapitän in einem amerikanischen Schiff entdeckt und benannt worden, womit die Vereinigten Staaten später ihren Anspruch auf das sogenannte Oregon-Territorium begründeten, das die heutigen US-Staaten Washington, Oregon und den Norden Californias einschloß, im Norden aber unbestimmt ins heutige British Columbia hineinragte.

Nur etwa drei Wochen, bevor Gray die Columbia-Mündung feststellte, war der große Kapitän George Vancouver an der gleichen Küstengegend vorübergesegelt, hatte aber gemeint, die Mündung des Flusses nicht ansteuern zu dürfen, weil er fürchtete, mit seinen Schiffen *Discovery* und *Chatham* auf Grund zu laufen, und war weiter nach Norden gefahren. Hätte er diese allzu vorsichtige Entscheidung nicht getroffen, so läge heute vielleicht nicht nur der halbe, sondern der ganze Columbia-Strom in ›British‹ Columbia. So formten damals die Entscheidungen einzelner Männer, ohne daß es vorauszuahnen war, die Grenzen zukünftiger großer Staaten.

Vor der Geschichte allerdings hat George Vancouver sein Versäumnis an der Columbia-Mündung wieder ausgeglichen, indem er mit einem Fleiß und einer Genauigkeit sondergleichen die unbeschreiblich verwinkelten, zerbuchteten und aufgespaltenen Küsten vor dem Nordwesten des heutigen US-Staates Washington, vor B. C. und dem Südzipfel des heutigen Alaska in die Seekarten eintrug, was ihn 1792/93/94 beschäftigte. 1795 kehrte er mit seinen beiden Schiffen wieder nach London zurück.

Dem Urteil, das der mit reicher seemännischer Erfahrung ausgestattete englische Historiker und Kapitän John T. Walbran über die Leistung George Vancouvers abgegeben hat, ist heute nichts hinzuzufügen; er schreibt:

»Vancouver betrieb seine Forschungen mit einem über jedes Lob erhabenen Eifer. Die Beobachtungen, die er in sein Tagebuch eintrug, während er fortgesetzt die gebrochene und verzwickte Küstenlinie verfolgte, seine Anmerkungen über Uferformen, Felsen und Untiefen sind ganz vorzüglich. Die Namen, mit denen er die geographischen Erscheinungen im Verlauf der Küsten der heutigen Staaten Washington, British Columbia und Alaska versah, bilden ein beständiges Denkmal seiner treuen Arbeit.«

Ihn selbst ehren zwei bedeutende Städte: Vancouver, B. C., die größte Stadt Columbias; dann eine Stadt am Nordufer des unteren Columbia-Flusses, Vancouver/Washington; und schließlich ein hoher Gletscherberg in der äußersten Südwestecke des Yukon-Territoriums im St.-Elias-Gebirge auf der Grenze zum Alaska-›Pfannenstiel‹, Mt. Vancouver.

Wie hoch man aber auch immer Erkundung von See her bewerten mochte, entscheidend blieb schließlich doch, ob auch über Land der Anschluß an schon kontrolliertes Gebiet vollzogen werden konnte. Mackenzie hatte, sozusagen in einem blitzartigen Handstreich, im Norden die Verbindung von Meer zu Meer hergestellt. Der unvergleichliche Mann war damit auf eigene Faust der Zeit weit vorausgeeilt. Erst zwölf Jahre später versuchten auch die Amerikaner, zu Lande den Stillen Ozean zu erreichen, und zwar zielten sie auf die Columbia-Mündung, in der bereits ein amerikanisches Schiff ›die Flagge gezeigt‹ hatte.

Merriwether Lewis und William Clark

Anders als der Schotte aus Stornoway, der als einzelner mit wenigen Gefährten und bescheidenen Mitteln seine große, schnelle Reise unternommen hatte, verfuhren die Amerikaner. Präsident Jefferson, der genialste unter den ersten Präsidenten der USA, hatte selbst den Anstoß gegeben. Merriwether Lewis und William Clark, zwei hervorragende, bereits in der Wildnis bewährte Männer, zogen mit großem Aufwand und einer Schar von 51 Begleitern westwärts, genauer nordwärts. 1804 ging es den Missouri aufwärts; bei den Mandan im heutigen Norddakota wurde überwintert. Im Frühling darauf diente der Missouri weiter als Straße. Die Expedition überwand die Rockies, erreichte den großen Snake und fand auf ihm und an ihm zum Columbia, den sie bis zur Mündung verfolgte. Dort kam sie gegen Weihnachten 1805 an, an dem Ort also, wo ihr Landsmann, Captain Gray, Mitte Mai 1792 schon den amerikanischen Anspruch begründet hatte. Lewis und Clark überwinterten an der Columbia-Mündung. Sie trafen erst im September 1807 wieder in St. Louis am Mississippi ein, waren also zwei Jahre und vier Monate unterwegs gewesen. Sie hatten den Anspruch der USA auf das Oregon-Gebiet großartig gefestigt; er konnte später durchgesetzt werden.

Welch ein Unterschied, vergleicht man die Leistung der Lewis und Clark, ohne sie schmälern zu wollen, mit der Tat Mackenzies. Mackenzie war am 10. Oktober 1792 von Fort Chipewyan losgezogen, er kehrte am 30. September des nächsten Jahres dorthin zurück, war also mit einer Überwinterung in Fort Fork ein knappes Jahr unterwegs. Zählt man nur die Tage, die er wirklich in Bewegung war, so kommt man für die etwa fünf- bis sechstausend Kilometer (die genaue Entfernung läßt sich wegen der dutzendfach gewundenen Flußläufe nur schwer schätzen), die er von Fort Chipewyan und wieder zurück hinter sich brachte, auf nur rund 170 echte Reisetage, davon einige hundert Kilometer zu Fuß über allergröbstes Gelände, eine schier unfaßbare Leistung! Man glaubt gern, daß er danach zunächst gestützt werden mußte, weil er zu schwach war, sich auf den Beinen zu halten, daß seine Ruderer noch für Wochen zu jeder schweren Arbeit unfähig waren.

 Mackenzie erholte sich nur langsam; doch hatte er sich um die Pelze in Fort Fork zu kümmern, sie zu sortieren und zu registrieren; sie mochten später nach Fort Chipewyan weitergeschafft werden. Mackenzie fuhr der Sendung dorthin voraus; er merkte, daß er sich zuviel zugemutet hatte. Er brauchte den ganzen Winter, wieder zu sich zu kommen und seine alte Lebenslust wiederzugewinnen, wobei ihm sein Vetter Roderick hilfreich zur Seite stand.

Im Frühling 1794 fühlte sich Alexander Mackenzie genügend erstarkt, sich mit den im Winter eingehandelten Pelzen auf die lange Kanureise nach Grand Portage am Westufer des Lake Superior auf den Weg zu machen. Dort wurden die Pelze in die von Osten herangepaddelte Kanuflotte umgeladen; Mackenzie reiste mit ihr nach Montréal.

Inzwischen aber hatte seine Leistung große Anerkennung gefunden, wenn sie auch, woraus Mackenzie kein Hehl machte, für den Pelzhandel zunächst nicht genutzt werden konnte. Die *North West Company,* deren Partner hartgesottene Geschäftsleute waren, wußte es doch zu schätzen, daß einer der Ihren die seit zweihundert Jahren vergeblich gesuchte Passage vom Atlantischen zum Pazifischen Ozean erzwungen hatte. Denn dieser Schotte war nicht nur der erste Durchquerer Kanadas – er war überhaupt der erste, der den amerikanischen Kontinent von Osten nach Westen und zurück durchmessen hatte, und das auf einer der allerschwierigsten Routen, wovon die Straße 20 in British Columbia, wie ich selbst bezeugen kann, noch heute Zeugnis ablegt. Als Anerkennung seiner Leistung wurde sein Anteil an der *North West Company* auf 10 Prozent erhöht. Außerdem entschädigte ihn die Gesellschaft für alle Unkosten, welche die Expedition ihm bereitet hatte.

Alexander Mackenzie ist nie mehr in den fernen Westen zurückgekehrt. Er rückte bald zu einem der Leiter der Company auf, hatte allerdings so üblen Streit mit dem mächtigsten Mann in der Gesellschaft, Simon McTavish, zu bestehen, daß er für einige Zeit aus der *North West* ausschied und sich der *XY Company* anschloß. Nach dem Tode von McTavish vereinigte er die beiden Gesellschaften. Er kehrte wieder nach England zurück, wurde, nun ein reicher und einflußreicher Mann, hoch geehrt, hatte Zutritt bei Hofe, wurde geadelt und konnte sich zur besten englischen Gesellschaft rechnen.

Andere Männer haben den Pelzhandel im westlichen Gebirge nach

Mackenzies Anleitungen entwickelt, haben andere, leichtere Routen über die Gebirge erkundet. Die Pelzhändler der *North West* und der *Hudson's Bay Company* waren es, welche als allererste die späteren Straßen durch B. C. vorzeichneten.

1808 ließ sich Alexander Mackenzie, jetzt der hochgeachtete Sir Alexander Mackenzie, endgültig in London nieder, kaufte sich ein schönes Landgut in Schottland am Moray Firth in der Grafschaft Rosshire, und obendrein, als späte Krönung seines Lebens – er zählte schon weit über vierzig Jahre –, schenkte ihm das Schicksal mit dem Landgut zugleich eine reizende Frau, die Enkelin des Verkäufers des Besitzes, des Admirals George Mackenzie, also auch eine Mackenzie, eine Angehörige des gleichen schottischen Clans. Sie war nicht einmal halb so alt wie der berühmte North Wester, erfolgreiche Kaufmann und angesehene Forscher. Die junge Dame wurde Lady Geddes Mackenzie, hat ihren Mann sehr glücklich gemacht und ihm drei kleine Mackenzies geschenkt.

Sir Alexander Mackenzie starb am 11. März 1820 ganz plötzlich auf der Rückreise von einem Besuch in London, wo er ein schönes Stadtquartier unterhielt, nach Avoch, seinem Landsitz in Schottland, nicht älter als 57 Jahre. Lady Mackenzie hat ihren Gatten um vierzig Jahre überlebt.

In *Gentleman's Magazine* vom März 1820 wird sein Tod nur ganz kurz erwähnt. Dort heißt es:

»Gestorben: Sir Alexander Mackenzie von Avoch, Rosshire.«

Nichts weiter. Andere große Ereignisse hatten seine Leistung in den Hintergrund verdrängt. Man braucht nur die Namen Napoleon, Wellington, Waterloo zu nennen.

Mackenzies Ruhm jedoch lebt fort im Namen des größten Stroms, den der nordamerikanische Kontinent ins Eismeer schickt, und in dem riesigen *District of Mackenzie* in den heutigen *North West Territories* Kanadas.

Von dem Schicksal der Gefährten Mackenzies auf seiner großen Westreise – er hatte ihnen den Namen ›die Westmänner‹ gegeben – ist nicht allzuviel bekannt. Was aber überliefert worden ist, beweist einmal mehr, wie unberechenbar in jenen Tagen das wilde, große Land mit den Männern umsprang, die damit begonnen hatten, der Einöde ihre Schätze und ihre Geheimnisse zu entreißen.

Alec McKay, der junge Schotte, der sich auf der jagenden Fahrt besonders bewährt hatte, wurde von den Bella Bella erschlagen, denselben Bella Bella, die Mackenzie bedroht hatten, als er seine geographische Position am endlich erreichten Meer bestimmen wollte.

Jacques Beauchamp fand schon 1802 einen gewaltsamen Tod. An der Mündung des Mackenzie erschlugen ihn die Eskimos.

Von François Barrieau (oder Beaulieux) aber wird berichtet, daß er ein Alter von über hundert Jahren erreicht haben soll.

All die andern kühnen und zähen Recken, mit denen Mackenzie auszog, das Meer zu erreichen, haben keine Spuren hinterlassen.

Keine Spuren hinterlassen? Vielleicht! Wenn man die Frage sehr eng versteht. Tatsächlich aber hat die Nachricht von ihrer Leistung unwiderstehlich andere verlockt, es ihnen nachzutun oder andere Wege, bessere Wege zu erkunden. Nachdem erst einmal bewiesen war, daß tüchtige Männer über die Berge hinweg das Meer zu erreichen vermochten, nachdem bekanntgeworden war, daß große Wälder, mächtige Ströme, fischreiche Seen, daß unvergleichlich großartige Landschaften (sicherlich auch dies!) hinter den Bergen warteten, voll von Pelztieren, Bären, Luchsen, Hirschen, Elchen, zog bald hier, bald dort einer in die Wildnis am Fraser, am Finlay, am Nechako, baute eine Hütte, fing an, mit den Indianern zu handeln, rodete sich den Platz für einen Garten, ein Feld, zog sich Vieh heran, Pferde und fand vielleicht sogar eine Frau, die bereit war, das harte Dasein in der Wildnis mit einem Mann zu teilen. Mit einem Wort, die Wildnis ergab sich sachte dem weißen Mann, der anders als die Indianer darauf aus war, sie umzuwandeln in Nicht-mehr-Wildnis, sie ihrer Gefahren und Drohungen langsam zu entblößen, sie bewohnbar und dienstbar zu machen.

Von der Straße 20 habe ich zuerst gesprochen, weil sie von den drei großen Ost-West-Verbindungen zum Stillen Ozean quer durch British Columbia jene darstellt, die nach Bella Coola zielt, wo Alexander Mackenzie als erster über Land das Salzwasser erreichte – was dann wieder mich Spätgeborenen auf die gleiche Route verlockte.

Ich sprach schon davon, wieviel müheloser Mackenzie das Meer erreicht hätte, wenn er die Einmündung des Nechako in den Fraser

nicht verschlafen hätte: den Nechako aufwärts, den Bulkley und den Skeena abwärts – das wäre einfacher gewesen als die fürchterliche Plackerei zu Fuß über Berg und Tal auf kaum erkennbaren Indianerpfaden – und dann den Bella Coola hinunter über einen Abstieg, der selbst heute noch auf gebahnter Straße dem Autofahrer die Nackenhaare sträubt.
Nechako-Bulkley-Skeena, dieser Route zur hohen See folgt heute die Straße 16. Auch an ihr hat sich viel ereignet. Sie wird in immer steigendem Maße eine der Lebensadern British Columbias.

No. 16, die Straße der vier Ströme

Ich hatte mir gedacht: Wenn du so aus Jasper abfährst, daß du am zeitigen Nachmittag am Mount Robson ankommst, dann muß dieser höchste Berg in den kanadischen Rockies (er ist annähernd 4000 Meter hoch) gerade richtig zu fotografieren sein, wendet er doch seine Hauptfront nach Südwesten. Zweimal schon war ich die 16, die das riesige Massiv im Süden passiert, nur zu dem Zweck entlanggegondelt, um den Mt. Robson auf den Film zu bannen, und jedesmal vergeblich. Ehe ich seinen Fuß erreichte, hatte sich das Haupt des Berges bereits wieder in Wolken gehüllt, aus denen es triefte. Mochte ich auch in Prince George den schönsten Sonnenschein gehabt haben – von dieser etwas größeren Stadt mit ungefähr 20 000 Einwohnern gilt es, an die dreihundert Kilometer auf der 16 zurückzulegen, ehe man unter den Wänden des Mt.-Robson-Massivs angekommen ist. In diesen drei bis vier Stunden Fahrt hatte sich das Wetter jedesmal gründlich geändert. Selbst wenn der Himmel ringsherum ganz klar war, an den beinahe senkrechten Wänden des Robson verwandelte sich die in der Höhe von Westen heranwehende Feuchtigkeit in Wolken und packte den Berg in blendendweiße Watte.

Jetzt aber hatte ich in Jasper gewartet, auf dem Gebiet der Provinz Alberta, nur etwa neunzig Kilometer südöstlich des Berges, und der Tag hatte sich strahlend angelassen. Also: auf und fort, nachdem ich dem nicht sonderlich sympathischen oder eindrucksvollen Ort ohne Bedauern Lebewohl gesagt hatte.

Ich rollte nach etwa fünfundzwanzig Kilometern Fahrt, ohne es recht zu merken, über den Yellowhead-Paß, den ›Paß des Gelben Kopfes‹, hatte also den Kamm der Rockies hinter mir und war damit wieder in British Columbia.

Die Grenze zwischen British Columbia und der östlich anschließenden Prärieprovinz Alberta folgt von der US-amerikanischen Staatsgrenze nordwärts dem Gebirgskamm der Rocky Mountains.

Alle Pässe liegen also mit ihrem östlichen Anstieg auf Alberta-, mit ihrem westlichen auf British-Columbia-Gebiet. Von Süden nach Norden sind es folgende Pässe, die von West-Ost-Straßen benutzt werden: Crowsnest-Paß (Krähennest-Paß, Straße 3), Vermillion-Paß (Scharlachroter Paß, Straße 93), Kicking-Horse-Paß (Paß des Schlagenden Pferdes, Straße 1, Trans-Canada), Yellowhead-Paß und, ganz auf B. C.-Gebiet gelegen, der flachste der Pässe, der Pine-Paß (Föhren-Paß, nur etwa 869 Meter hoch, Straße 97).
Sobald aber der Kamm des Felsengebirges in seinem dutzendfach gezackten und geschlängelten Verlauf, im ganzen nach Nordwesten ziehend, den 120. Grad westlicher Länge erreicht hat, verläßt die Grenze zwischen den beiden westlichsten Provinzen Kanadas den Kamm des Hochgebirges und folgt schnurstracks diesem Längengrad nach Norden bis zum 60. Grad nördlicher Breite. Hier knickt die Grenze im rechten Winkel nach Westen ab und folgt nun dem Breitengrad bis fast an die hohe See.
Fast, denn keine fünf Meilen vor dem Salzwasser bricht sie auf dem Kamm des St.-Elias-Gebirges nach Süden und dann wieder landein ab, um dem südlichen Pfannenstiel des US-amerikanischen Alaska an der Küste Raum zu gewähren. Die Grenze zieht weiter hinunter zum Pearse und Portland Channel, an dessen oberem Ende das schon erwähnte Stewart gelegen ist, das ich vergeblich von Watson Lake an der Alaska-Straße zu erreichen versuchte. Die Straße nach Stewart ist inzwischen fertiggestellt – eine einigermaßen grobe und schwierige (auch sehr staubige) Straße; sie bildet nun die vierte Ost-West-Verbindung nur auf kanadischem Gebiet zum Großen Ozean, allerdings eine höchst entlegene.
Die jeden naiven Betrachter der Landkarte überraschende Tatsache, daß die Ostgrenze British Columbias von einem lediglich errechneten Punkt ab nicht mehr dem Kamm des Felsengebirges, sondern dem 120. Längengrad nach Norden folgt, hat die Provinz British Columbia außerordentlich bereichert – und die Provinz Alberta entsprechend ärmer gemacht.
In und mit dieser seiner Nordostecke, einem riesigen Dreieck, dessen Grundlinie über 600 Kilometer lang südwestwärts blickt, während der Nordsüdschenkel und der Ostwestschenkel etwa 500 Kilometer lang sind, hat British Columbia, das schon so vielgestaltige Land, auch noch einen beträchtlichen Anteil an den unabsehba-

ren Ebenen des kanadischen Innern gewonnen, jenen grenzenlosen Buschwäldern, in welche die amerikanisch-kanadischen Prärien nordwärts übergehen. Mit Recht bezeichnen die Karten British Columbias den Nordosten des Landes als Liard Plateau und weiter nach Süden als Interior Plains, die ›Ebenen des Innern‹.

Durch den Südwesten dieses mächtigen Dreiecks, ungefähr seiner Basislinie folgend, verläuft die Alaska-Straße. Von ihr aus dringen Stichstraßen in die noch unerschlossenen Weiten der Interior Plains vor. Siedler lassen sich nieder, wo sich in einem Flußtal oder im Becken eines verschwundenen Sees brauchbares Ackerland anbietet. Außerordentlich fruchtbar erweist sich hier der Boden. Trotz seiner harten Winter wird das Land nach und nach erschlossen. Es ist in seiner leuchtenden Weite, seiner besonnten Einsamkeit mit den farbenbuntesten aller Herbste ein seltsam berückendes Land. Und die Leute von British Columbia, soweit sie darüber nachdenken (und das sind erstaunlich viele), schätzen sich glücklich, daß der große rechte Winkel, den der 120. Längen- und der 60. Breitengrad miteinander bilden, zu B. C. gehört, womit die ungeheure Palette landschaftlicher Möglichkeiten, über welche das Land verfügt, großartig vervollständigt wird: Hochgebirge in unvorstellbarer Vielgestalt; Felsenküsten; Wälderinseln vor der Küste, von winzigen bis zu sehr großen, die fast schon wieder Festland sind; Mittelgebirge; Hochplateaus; steppen-, ja wüstenhafte Weiten am unteren Thompson etwa bis über Merritt hinaus, auch am Okanagan; Hochmoore und weite Wiesentäler im Kootenay-Tal, Wälderpracht und Silberbäche, gleißende Gletscher und ewiger Schnee, Rosen- und andere Blütenpracht an der warmen Meeresküste noch um die Weihnachtszeit und Skiparadiese dicht daneben, die sich mit öffentlichen Verkehrsmitteln erreichen lassen, die besten Äpfel der Welt und die schönsten Kirschen, Weizenfelder bis an den fernen Horizont auf den Interior Plains, Holz, Gold, Silber, Kupfer, Eisen, Zink, Zinn, Kadmium, Antimon, Blei, etc. und immer wieder Holz, Holz, Holz! Der Reichtum an Mineralien ist noch immer kaum überschaubar. Ich aber kann mir keinen kostbareren Reichtum denken als die nie sich wiederholende, wahrhaft unbeschreibliche Schönheit des großen Landes, an der *›to drink my fill‹*, wie man im Englischen sagt, mich ›ganz und gar satt zu trinken‹, ich niemals müde wurde.

Dreimal hundert Kilometer zu fahren, um eine schöne Aufnahme zu machen – in British Columbia ebenso wie im gebirgigen Südwesten von Alberta – ich habe nie etwas dabei gefunden. Viele tausend Ausblicke und Landschaften sind es wert, sich immer wieder an ihnen zu versuchen.

Nun war ich also zum drittenmal unterwegs zum Mount Robson – und diesmal war der Gott der Reisenden und der Fotografen mir günstig – oder wenigstens günstiger als bei den vorhergegangenen Versuchen. Über den Wäldern und *foothills,* den Hügeln am Fuß der Wände des Hochgebirges, erhob sich das fast barbarisch gewaltige Massiv der höchsten Erhebung auf kanadischem Boden, breit, schwer, massiv im wahrsten Sinne des Wortes, ungeheure Massen nackten Gesteins, senkrecht fast hochgetürmt, ein furchtbarer Brocken der Erdkruste auf die hohe Kante gestellt und dann, als sei es die Ausgeburt einer wilden Riesenphantasie, geborsten. Unnahbar, abweisend, über alle menschlichen Maße und Vorstellungen hinaus feindlich, von Kräften gespalten und zerstückt, die weit über all das hinausgehen, was der Mensch bisher an Kraft auf dieser Erde produziert hat, alle Atombomben eingeschlossen.

Trotz des leuchtenden Tages, trotz einiger höchst munter angesichts des Felsenungeheuers ihr Picknick genießender Touristen aus Saskatoon bin ich ein geheimes Grauen nicht losgeworden, als sich mir Mt. Robson zum erstenmal in kahler, grober Nacktheit präsentierte. Auch diesmal wogte ein Wolkenhut um die allerhöchste Zinne.

Ich versuchte meine Aufnahme, so gut es ging. Es war mir klar, daß es mir nicht gelingen würde, diese furchterweckende, durchaus surreale Ausgeburt der zornigen Phantasie des großen Baumeisters unseres Planeten angemessen aufs Bild zu bringen. Ich tat sozusagen nur meine Pflicht und fuhr merkwürdig erleichtert ab, ohne mich noch einmal umzuwenden.

Ich fuhr schon eine ganze Weile an einem herrlich grünen, silbern überschäumten breiten Bergbach entlang, hatte ihn schon mehr als einmal überquert. Wie das Gewässer sich seinen Weg durch die Wälderdickichte bahnte, die klobigen Felsen in seinem Bette gleißend übersprang, die steinernen Bastionen, die sich seinem Lauf entgegenstemmten, wogend und gischtend bestürmte, das war so hinreißend anzuschauen, daß ich mehr als einmal anhielt, den

Wagen am Wegrand abstellte, zum Ufer des Flusses hinunterkletterte und dann auf einem gestürzten Baum angesichts dieser schäumenden, rauschenden Frische die Zeit vergaß. Die Zeit vergaß, obgleich ich mir eben noch im Auto klargemacht hatte, daß ich noch nicht ahnte, wo ich für die Nacht mein müdes Haupt zur Ruhe betten würde. Noch dreihundert Kilometer nach Prince George bis tief in die Nacht unterwegs zu sein – ich verspürte wenig Lust dazu.

Wenn ich unterwegs bin, so krame ich nicht ewig in Landkarten oder Routenbeschreibungen. Mir gefällt eine Kette von Bergen auch dann, wenn ich nicht weiß, wie sie heißen; der brennende Eifer, mit dem viele Reisende den Namen eines jeden Flusses kennenlernen wollen – sonst sind sie unglücklich und fühlen sich betrogen –, diesen Eifer habe ich nie gespürt. Ich sagte mir immer: Berg und Strom waren schon hunderttausend Generationen lang da, ehe wir ihnen Namen anhängten, und sie werden noch dasein, wenn von der Menschheit vielleicht nur noch ein paar Ruinen künden. Die Menschheit dauert ja erst eine Erdsekunde und ist vielleicht in der nächsten schon vorbei und vergessen.

Der Fraser

Dieser schnelle, frische Urwaldstrom – das mußte der Fraser sein, der Fraser, dessen Name von jeher für mich mit einem dunkel glimmenden Strahlenkranz des Wilden, des völlig Ungezähmten, des gefährlich Großartigen umgeben ist.

1927 schloß ich die allererste Bekanntschaft mit ihm, als die Lokomotive des Zuges der *Canadian National* von Jasper nach Vancouver in noch dunkler Frühe eines eisigkalten und zugleich nassen Novembermorgens hinter einer der engen Kurven der eingleisigen Strecke in einen Erdrutsch donnerte. Lehm, Schlamm, grobes Geröll, Felsbrocken, entwurzelte Fichten hatten die Strecke verschüttet. Der Zugführer hatte in der Kurve und der Dunkelheit das Hindernis erst wahrgenommen, als es längst zu spät war, den Zug noch zum Halten zu bringen, und war in die Barrikade hineingebraust. Die Lokomotive, der Tender und die ersten zwei Wagen des Zuges hatten sich über den Geröllberg geschoben und waren dann den Hang abwärts gekippt, lagen aber noch auf dem Erdrutsch. Die Lokomotive allerdings ragte mit ihrem Vorderteil dort, wo der Hang fast senkrecht abbrach, weit ins Leere hinaus. Glücklicherweise hatten alle Kupplungen gehalten. Die nicht aus den Schienen gesprungenen Wagen des langen, im letzten Augenblick aufs härteste abgebremsten Zuges hielten das in den Abgrund zielende Vorderteil fest.

Ich hatte damals, um zu sparen, im hintersten Teil des Zuges gesessen – Schlafwagen war mir zu teuer gewesen; Day-Coach (Tages-Sitzwagen) schien für meine bescheidenen Verhältnisse feudal genug; die Day-Coach, die ›Tageskutsche‹, war hinten an den Expreß angehängt. Ich weiß es noch so genau, als hätte es sich erst gestern ereignet, daß ich die ganze Nacht ein Buch über die *Royal Canadian Mounted Police* gelesen hatte und daß ich mit dem Verlangen kämpfte, in diese berühmteste Polizei der Welt, die ›Königliche Kanadische Berittene Polizei‹, einzutreten. Damals wäre ich noch jung und munter genug dazu gewesen, trug noch keine Brille, hatte noch alle meine Haare auf dem Schädel und war jederzeit bereit, mich, wenn nötig, mit dem Teufel einzulassen.

Es hatte einen fürchterlichen Bums gegeben. Ich hatte einen Kniefall vor dem gegenüberliegenden Sitz gemacht, wobei das Buch aufgeschlagen auf dem Sitz vor mich zu liegen kam, als sollte ich auf der Stelle weiterlesen von all den Abenteuern und Heldentaten der wunderbaren Polizei-Sergeanten im scharlachroten Waffenrock und breitkrempigen Filz. Glas hatte irgendwo geklirrt, aber nicht in meiner Nähe; ein ekelhaftes metallisches Knirschen war zu hören gewesen, auch weit weg. Die Lampen waren plötzlich sehr schwach geworden, gaben aber noch genügend Licht, die Umgebung deutlich zu erkennen.

Ich hatte so gut wie allein in dem großen Wagenraum gesessen. Wer fuhr schon Day-Coach im Expreß des Nachts von Jasper nach Vancouver! Ein Mann, der die halbe Nacht über einsam und traurig einer großen Flasche zugesprochen und sich einen gewaltigen Rausch angegluckert hatte, war beleidigt weit vorn im Wagen zur Ruhe gekommen, als ich seine vielfachen Aufforderungen, an der Flasche zu partizipieren, standhaft abgelehnt hatte. Er war mein einziger Reisegenosse in der Day-Coach geblieben. Eine gute Stunde vor dem großen Bums war er schließlich vom Schlaf übermannt worden und hatte zusammengesunken in einer Ecke gehockt mit baumelndem Schädel. Der fürchterliche Ruck, mit dem der Zug zum Stehen gekommen war, hatte den Betrunkenen aus seiner Ecke auf den Fußboden rutschen lassen. Friedlich ruhte er, endlich lang ausgestreckt, zwischen zwei Bankreihen und schlief weiter.

Eine beängstigende Stille war eingetreten. Alle Fahrgeräusche waren verstummt. Ich versuchte, am Ende des Waggons die Tür zu öffnen. Sie war nicht verklemmt, wie ich gefürchtet hatte. Ich schlug die Tür auf und lehnte mich weit hinaus. Zu erkennen war nichts. Die lange Reihe der Waggons verlor sich vorwärts in der nassen Dunkelheit. Ab und zu klappte eine Tür; auch andere Passagiere, im Schlaf überrascht, wollten wissen, was es gegeben hatte. Unmittelbar zur Seite des Zuges ließ noch schwärzeres Schwarz eine tiefe Schlucht, einen, wie mir schien, bodenlosen Abgrund vermuten. Von weiter vorn war leises, bösartiges Zischen zu vernehmen. Dort taumelte ein halbes Dutzend von Laternenpünktchen durch die Finsternis, sehr ärmliche Glühwürmchen.

Ein eisiger Sprühregen geisterte aus dem lichtlosen Himmel. Die Wolken mußten sehr tief hängen. Trotzdem konnte ich nach einiger Zeit, als die Augen sich erst an die Dunkelheit gewöhnt hatten, den Schattenriß der Berge auf der jenseitigen Talseite erkennen; etwas schwärzer als das Schwarz des Himmels zeichnete sich ihre Silhouette ab.

Niemand schien sich um das Ende des langen Zuges, an dem ich mich befand, kümmern zu wollen. Draußen war es kalt und häßlich. Sicherlich mußte man warten, bis es hell wurde. Ich verfügte mich wieder auf meinen Platz und nahm die Geschichte der *RCMP* wieder auf. Wenn man sich Mühe gab, so reichte das Licht gerade aus. Der Betrunkene schnarchte mit Inbrunst.

Es wurde schnell kalt im Wagen; die Heizung hatte den Geist aufgegeben. Aber ich hatte meinen Pelzrock aus dem Norden bei mir. Der tat mir wieder einmal gute Dienste. Zwar fing ich mit der Zeit doch an zu frösteln. Auch die Geschichte des ›Mounty‹, der einen eskimoischen Mörder über die ganze Breite des hohen kanadischen Nordens von Westen nach Osten bis nach Labrador verfolgt, ihn schließlich einholt und verhaftet, aber dann von seinem Häftling vorsichtig nach Süden in die Bezirke der Weißen geschafft wird, weil er sich im allerletzten Akt der langen Menschenjagd das Gesicht und beide Füße erfroren hat, der dann schließlich zum überzeugten Anwalt des Mörders vor den Gerichten wird und ihn schließlich nach nomineller Bestrafung auch freibekommt, selbst diese aufregende und auch ein wenig rührselige Geschichte vermochte mich nicht mehr zu fesseln.

Gerade erhob ich mich, um trotz der Finsternis auf den Bahndamm hinunterzusteigen und zu erkunden, was vorne los war, als überraschend ein völlig mit Lehm verschmierter Schaffner aus den vorderen Wagen durch den – von meiner Day-Coach her versperrten – Durchgang erschien, sehr unwirsch und erschöpft erklärte, daß der Zug in einen Bergrutsch geprallt, daß sein Vorderende entgleist wäre und daß bei Tagesanbruch von der anderen Seite ein Hilfszug erscheinen und die Passagiere weiterbefördern würde, sobald ein Fußpfad über die Geröllhalde gebahnt wäre.

Kurz darauf ging das Licht vollständig aus. Ich saß frierend im Dunkeln. Nur das Schnarchen des Berauschten durchsägte die höchst widerwärtige Verlassenheit.

Dann quoll endlich zum Verzweifeln zögernd das erste blasse Dämmern durch die Scheiben. Als ich die Hand vor Augen schon deutlich erkennen konnte, sprang ich auf den Bahndamm und tastete mich bis zum Anfang des Zuges vor. Es erschien mir wie ein Wunder, daß die über den Abhang hinausragende Lokomotive nicht vollends abgestürzt war, daß die Kupplungen gehalten hatten und noch hielten. Das Zischen des abblasenden Dampfes war inzwischen verstummt, das Feuer im zur Seite geneigten Brennkasten gelöscht. Ein Mann saß auf einem Felsblock neben der Szene der Verwüstung und starrte auf die windschief verschobenen Gepäckwagen, den halb aufgebäumten Tender und die in den Abgrund blickende Maschine. Ich sagte zu ihm ein bißchen dumm:

»Well, this doesn't look so good!«

Er nickte, kratzte sich unter der Mütze im Nacken und knurrte:

»Yes, damned close shave this time, young man! In the Canyon of the Fraser, where else!«*

Im Canyon des Fraser – das also war der Fraser-Canyon, von dem

*) »Na, das sieht nicht schön aus!«
»Ja, verdammt scharf ausrasiert diesmal. Im Canyon des Fraser, wo sonst!«

ich schon viel gehört hatte. Auf halbem Weg zwischen Lytton und Yale waren wir ins Unheil gerannt. Es war nun hell genug geworden, um den fürchterlichen Abgrund zu erkennen, der von rechts bis an die Bahnstrecke herangriff, während zur Linken die steile Wand aufragte, von welcher die Erd- und Geröllawine herabgeschlittert war, die Geleise für mehr als hundert Meter unter sich begrabend. Der Mann, mit dem ich gesprochen hatte, war der Lokomotivführer gewesen. Er hatte sich bei der Katastrophe nur ein paar blaue Flecke eingehandelt. Der Heizer allerdings lag mit einer schweren Gehirnerschütterung und vielen Prellungen auf einem leeren Bett im vordersten Schlafwagen.

Es wurde hell. Der Regen hatte aufgehört. Wolkenheere, sich überstürzend und überquellend, wälzten sich über die Bergzüge der anderen Talseite. Und neben mir gähnte, nach Norden und Süden ins Unbestimmte verdämmernd, der tiefe, riesige Spalt, die ungeheure Schlucht, auf deren Grund der Fraser südwärts schäumen mußte, von den Regen des Herbstes geschwollen; zu erblicken war er nicht, dazu war der Engpaß viel zu schmal und tief, durch den der Strom sich wühlt, bevor er bei Hope endlich die Küstenkette durchsägt hat, ins Freie tritt, nach Westen wendet und beruhigter dem Meere zustrebt. Die Städte New Westminster und Vancouver bezeichnen das Ziel seiner langen Wanderung zum Salzwasser.

Alle Aufregung an dem Unglücksplatz war versiegt. Man konnte nichts anderes tun, als auf den Hilfszug zu warten, dessen Männer einen ersten Pfad über die Geröllhalde freischaufeln sollten.

Auch ich hatte mich schließlich etwas oberhalb der Geleise auf einen großen Stein gesetzt und erlebt, wie der Tag über der Zyklopen-Landschaft aufging. Der Fraser, das also waren die berüchtigten Schluchten des Fraser, an denen ihr erster weißer Bezwinger, eben Simon Fraser, um ein Haar gescheitert wäre. Sie hatten mich auf angemessene Weise empfangen.

Allerdings war ich auch damals schon bei aller Romantik und Sentimentalität nicht romantisch genug, zu vergessen, von dem Katastrophen-Ort ein paar Aufnahmen zu machen. Den Film habe ich noch am selben Abend, als uns der Einsatzzug endlich nach Vancouver spediert hatte, an die *Vancouver Sun* verkauft und auf diese Weise die ganze Fahrt von Giscome bei Prince George nach Vancouver über Red Pass (bei Jasper) bezahlt bekommen.

Einige Zeit später, Anfang der dreißiger Jahre, habe ich dann das Küstengebirge am Fraser entlang zum erstenmal im Auto passiert. Mir stehen heute noch die Haare zu Berge. Auch damals wieder war ich im späten Herbst unterwegs. Es regnete, was vom Himmel nur herunterwollte. Zwischen den heftigen Regenböen blitzte gelegentlich die Sonne über die triefenden Berge und Schluchten. Die nichtgepflasterte, einspurige Straße, die sich ängstlich in die steilen Hänge drängte und dann wieder in wilden Ausbrüchen von Verwegenheit um senkrechte Klippen und ragende Vorgebirge schwang, dieser zerfahrene und zerweichte Autopfad – mehr war es nicht –, er schwamm! Man fiel von einem Schlagloch ins nächste; sie standen alle voll Wasser; nie war zu ahnen, wie tief die Fallgruben unter dem Wasser sich öffneten; jedesmal überschütteten sie den Wagen bis über die Frontscheiben mit Schwällen von lehmiger Brühe, oft genug dem Fahrer völlig die Sicht raubend.

Oft auch hing der waghalsige Pfad zu Talseite. Erdrutsche, die nur unvollkommen beseitigt waren, hatten ihn verschmiert und die Straße zum Abgrund kippen lassen – und was für Abgründe! Manchmal tauchte in unglaubhafter, wirklich schreckenerregender Tiefe der Strom auf, der Fraser, von der Höhe her betrachtet nur ein schmales Rinnsal. Und doch war dies Rinnsal stark genug gewesen, sich immer tiefer durch die allerhärtesten Felsenberge zu wühlen, sich die schroffe Scharte durch die Coast Range offenzuhalten, als die Gesteinsmassen im Laufe der Jahrzehntausende höher und höher aufgepreßt wurden.

Mein gutes Auto, ein unverwüstlicher Ford, überstand allen Dreck, alle Wasserschwälle von unten und von oben und brachte mich schließlich in langem Abstieg in das weite, gefahrlose Tal des untersten Fraser, wo sich der ungebärdige Strom auf den letzten 150 Kilometern seines Laufes von all seinen wüsten und wilden Eskapaden ausruht, bevor er im Meer vergeht.

Nach allem wird man verstehen, wenn ich sage: Schon früh hat der Fraser mir beigebracht, daß es sich empfiehlt, seinen Namen mit Respekt auszusprechen. Er ist ja auch einer der wenigen großen Wasserläufe Nordamerikas, die bis heute nicht ins Joch der Kraftwerkerei gezwungen wurden, wie nun schon der mächtige Peace und längst der mächtigere Columbia. Der Fraser blieb frei und ungebändigt – und es sieht so aus, als ob er es auch in Zukunft bleiben wird. Hat man doch inzwischen erkannt, daß sich durch die gewaltsame Verbauung der großen Gewässer die Ökologie ihrer Umländer, die natürlichen Lebensbedingungen und Verhältnisse ihrer Großlandschaften, stets und häufig verhängnisvoll verändern, ohne daß man diese Veränderungen vorausberechnen und abfangen könnte.

Hatte ich also den erwachsenen, den alt und grimmig gewordenen Fraser auf seinem unerhört gewaltsamen Bruch durchs Küstengebirge sehr früh schon achten, ja fürchten – gewiß nicht liebengelernt, so stellte sich mir nun, nachdem ich den Mt. Robson hinter mir und den smaragdgrünen Emerald Lake und den kleinen Ort Red Pass passiert hatte, der blutjunge Fraser vor. Knapp fünfzig Kilometer jenseits und südwärts des Emerald-Sees entspringt er an den Hängen der Simon-Spitze, die 3793 Meter hoch aufragt, und wächst schnell zu einem schäumenden, glasklaren Flüßchen und Fluß heran, der seine Überlegenheit über die Gewässer, die ihm von rechts und links zuwachsen, von Anfang an zu behaupten weiß. Ich bin der starke Fraser, scheint er ausdrücken zu wollen; alle Fließe, Bäche und Flüsse meines Reviers sind mir untertan.
Ich sah den Fraser vor mir in den Canyons, wie ich ihn oft gesehen hatte, in den kahlen, gelben Schluchten westlich von Williams Lake, bei Pavillion und Lillooet: fahlgelb, gelbgrau, gefährlich aus sich herauswirbelnd, wallend und lehmfarbenen Schaum aufwerfend, nicht und nirgends bereit, ein Fahrzeug auf seinem Rücken zu dulden, ein urwildes, unbezwingliches Gewässer. Selbst heute noch, von der großartig gebahnten, breiten und herrlich zu befahrenden No. 1 aus betrachtet, dem Trans Canada Highway, blickt der Fraser aus seinem abgründigen Bett zu den Autofahrern hinauf, eine unheimlich lebendige, fahl blinkende Schlange in der Tiefe, als wollte er sie wortlos bedrohen und verhöhnen: Ich dränge euch ab in die höchsten Hänge; an meinen Ufern entlang ist kein Platz für euch Gewürm, in meinem Bett regiere ich allein und dulde niemand neben mir.
Der blutjunge Fraser jedoch springt freudig und mit fliegender Tropfenmähne neben dir her wie ein kräftiges Fohlen, und sein Anblick macht dir die gleiche Freude. Ich hatte mich, wie es mir häufig geht, ein wenig vertan an seinen buschiggrünen, duftenden

Ufern. Die Sonne neigte sich schon zum Untergang. Als einzigen Ort, wo ich vielleicht ein Unterkommen für die Nacht würde finden können, verriet mir die Karte die Siedlung Tête Jaune Cache an der No. 5, die südwestlich des Robson-Massivs in die 16 einmündet, von Süden, von Kamloops, kommend und zuletzt dem McLennan River folgend, der sich mit dem Fraser verbindet – oder aber etwas weiter südlich an der 5 das Städtchen Valemount.

Tête Jaune Cache – der Name allein schon klang verlockend. Ich bog also in die 5 und erreichte auf breiter, neuer Straße – ebenso breit und pompös und funkelnagelneu, wie die 16 sich erwiesen hatte, seit ich auf britisch-kolumbisches Gebiet getreten war – nach kurzer Fahrt den Ort mit dem erstaunlichen Namen.

Viele der Straßen waren funkelnagelneu, als ich sie zuletzt, das heißt 1975, befuhr. Erstaunliche Länder, dies British Columbia, dies Alberta! B. C. zählt ja nur zwei Millionen Einwohner auf ca. 950 000 Quadratkilometern (zum Vergleich: die Bundesrepublik Deutschland trägt auf ca. nur 250 000 Quadratkilometern etwa sechzig Millionen Einwohner). Diese wenigen Menschen in einem so riesigen Land haben Straßen von außerordentlicher Kühnheit, Länge und Vorzüglichkeit gebaut und bauen sie weiter, weil sie wissen, daß nur von guten Straßen her die Wildnis zu bezwingen und der Reichtum des Landes zu erschließen ist. British Columbia wird heute etwa 50 000 Kilometer mit dem Personenwagen befahrbare Straßen haben, von denen etwa ein Drittel asphaltiert oder zementiert sind; die teuersten Kilometer haben über zwanzig Millionen Mark gekostet – natürlich sind sie am Fraser zu suchen. Die weit über dreitausend Brücken würden sich zusammen auf über achtzig Kilometer erstrecken. Das alles wurde und wird von etwa siebenhunderttausend Steuerzahlern finanziert. Fast ist es nicht zu glauben! Ein reiches Land also, dies B. C., in dem viel verdient wird, also auch viel Steuern eingenommen werden.

Ähnliches gilt auch für Alberta weiter im Osten, das allerdings, wie schon gesagt, nur mit seiner äußersten Südwest-Kante ins kanadische Hochgebirge hineinreicht. (Es läßt sich sogar mit guten Gründen behaupten, daß heute [1976] Alberta und nicht mehr British Columbia die reichste und zukunftsträchtigste Provinz Kanadas darstellt.) Der weitaus größere Teil Albertas wird von weithin wallenden flachen Hochebenen, von Prärien, von bald mehr, bald weniger dichten Wäldern eingenommen. Doch zurück zu Tête Jaune Cache und Valemount.

Die neuen Hotels und Motels, die da an der neuen Straße entstanden, machten der Unternehmungslust und dem Zukunftsglauben der Bewohner alle Ehre. Ich kam in einem noch nicht ganz fertigen Motel zwischen hohen, rauschenden Fichten für wenig Geld sehr angenehm unter und machte mich dann noch einmal auf, um in dem sehr langgestreckten Ort zwischen der neuen Straße 5
und der alten Bahnlinie der *Canadian National* irgendwo jemand aufzutreiben, der mir etwas über den merkwürdigen Ortsnamen Tête Jaune Cache erzählen konnte. Das war nicht allzu schwierig. *Cache* bedeutet im amerikanischen Westen ein Versteck für Nahrungsmittel, Pelze, Waffen oder sonstige Dinge, die für einen Waldläufer wichtig sind. Das deutsche Lehnwort ›kaschieren‹ stammt aus der gleichen französischen Wurzel. *Tête jaune* ist ebenfalls französisch und bedeutet ›Gelbkopf‹. *Tête Jaune Cache* wäre also etwa ›Gelbkopfs Versteck‹.

Immer, wenn in Kanada etwas Französisches auftaucht, muß man, und meistens mit Recht, an die Frankokanadier denken, die ursprünglich von einer nicht zu bändigenden Abenteuerlust und der Freude am Schweifen besessen gewesen zu sein scheinen. Je mehr wir uns der Gegenwart nähern, desto stärker zogen sich die Frankokanadier in ihr heimatliches Québec zurück, verzichteten mehr und mehr darauf, ganz Kanada, vor allem auch den fernen Westen, als ihre größere Heimat zu betrachten, obwohl ihre Vorfahren dort überall deutliche Spuren ihres frühen Wirkens hinterlassen haben, wie an unzähligen französischen Orts- und Landschaftsbezeichnungen abzulesen ist. Heute verlangen die radikalsten Frankokanadier, daß ihr Québec sich völlig vom übrigen Kanada loslöst. Sie vertreten also einen der unvernünftigsten Radikalismen unserer an irrsinnigen Alles-oder-Nichts-Propheten so reichen Tage.

Téte Jaune Cache: Im Jahre 1814 hatte sich hier in der Nähe der Mündung des McLennan in den Fraser ein Frankokanadier namens

Kleine Ruhepause für Pferd und Reiter am Peace River, British Columbia

François Decoigne ein Blockhaus in den Wäldern gebaut, hatte mit den Indianern Freundschaft geschlossen – was den Franzosen von jeher leichtgefallen ist – und hatte angefangen, Pelze von den Rothäuten der Gegend einzutauschen. Die Indianer mochten ihn gern, denn Decoigne erwies sich als ein lustiger und stets hilfreicher Mann, der den Einheimischen willkommen war. Natürlich konnten die ›Wilden‹ seinen Namen nicht aussprechen. Decoigne zeichnete sich jedoch durch einen mächtigen Schopf blonden Haars aus, der in diesem Lande der schwarzhaarigen Leute in der Tat etwas sehr Ungewöhnliches darstellte. Und schon hatte er seinen Spitznamen weg – auf indianisch natürlich. Decoigne übersetzte sich das und nannte sich Tête Jaune – und als die Leute der *North West* und der *Hudson's Bay Company,* die englisch sprachen, in der Gegend zahlreicher wurden, übersetzten sie Tête Jaune ins Englische, und das ergab Yellowhead. Als man dann den Paß zu benennen hatte, der oberhalb des heutigen Tête Jaune Cache über die Rockies führt, da verstand es sich beinahe von selbst, daß man die wichtige Straße nach dem Manne benannte, der hier als erster weißer Mann sich ansässig gemacht hatte, nach François Decoigne, alias Tête Jaune, alias Yellow Head.

Vielleicht, so dachte ich mir, ehe ich einschlief, hatte der tüchtige Pelzhändler sich das Versteck, das Cache, für seine Pelze und seinen Winterproviant gerade an der Stelle eingerichtet, wo ich nun für diese eine Nacht unter dem dunklen Sausen der Fichtenwipfel auf schöner, neuer Edelmatratze mein komfortables Nachtlager gefunden hatte.

Am nächsten Morgen war ich schon sehr früh wieder unterwegs, wollte zeitig in Prince George sein. Der Fraser begegnete mir noch einige Male – und zwar jedesmal breiter und behäbiger. Er strahlte und blitzte nicht mehr wie am Tage zuvor. Die Wolken hingen tief. Die Gründe lagen voll Nebel. Die Columbia- und Cariboo-Gebirge im Westen hatten ihre Häupter verhüllt.

113 *Totempfähle mitten in Victoria, der Hauptstadt British Columbias*

Wildnis als »Park«

Ich wußte, daß da im Westen zwei der Wildnisgebiete British Columbias zu finden sind, die von der Regierung jeder Nutzung für alle Zeiten entzogen wurden: Wells Gray Park und Bowron Lake Park. Diese beiden Schutzgebiete werden nicht von Straßen durchschnitten. Lediglich bis an die Grenze des Bowron Lake Park führt von Westen eine ziemlich grobe Straße, die 26, die bei Quesnel von der großen 97 abzweigt. Der Wells Gray Park kann nur von Süden her über eine Abzweigung der 5 längs des Clearwater River erreicht werden, der wirklich *clear water* aufzuweisen hat. Im übrigen sind diese strahlenden Einöden mit ihren Wäldern, Schneebergen, schnellen Flüssen und blitzenden Seen nur mit dem Kanu zu erkunden oder von kleinen Wasserflugzeugen aus, die irgendwo auf einem der vielen Seen niedergehen und dort ihre Passagiere in die Wildnis entlassen. Fischen und Jagen ist in Wells Gray – mit Einschränkungen – erlaubt, gibt es doch in den grenzenlosen Weiten British Columbias so viel Wild, daß die Jagdgesetze hier nicht so strikt zu sein brauchen wie in anderen kanadischen Provinzen. Im Bowron Lake Park ist nur das Fischen erlaubt; es darf nicht geschossen werden.

Der Bowron Lake Park verlockt viele Wasserwanderer; er umspannt ein System von Seen, die in einem etwas schief geratenen Viereck angeordnet sind; es ist hier möglich, mit dem Kanu wieder an seinen Ausgangsort zurückzukehren, ohne umwenden zu müssen. Zwischendurch kann man ein wenig nachkosten, was in der alten Zeit die *Voyageurs* der *North West* oder der *Hudson's Bay Company* zu verrichten hatten, wenn sie ihre Rindenkanus und ihre Lasten über die *Portages* zu schleppen hatten. Auf der Rundreise über den Bowron, den Spectacle, Sandy, Lanezi, Isaac und Indianpoint Lake sind mehr als hundert Kilometer zurückzulegen, wunderbare hundert Kilometer durch eine grüne Stille über kristallklare Gewässer, in denen jeder Stein am Grund noch in zehn Metern Tiefe zu erkennen ist; die Lüfte sind erfüllt vom Duft der ewigen Wälder, die hier kein Holzfäller mit kreischender Motorsäge stört; die Berge umwallen den Horizont, tiefdunkelblaue oder auch veilchenfarbene Silhouetten gegen das leuchtende Lichtblau des Himmels. Immer bot sich mir in solcher Landschaft der

Eindruck an: Alles ist so unbeschreiblich rein hier, so sauber, so klar; es gibt keinen Lärm, keinen Schmutz, keinen Qualm, keinen üblen Geruch. Hier ist die Welt noch so, so strahlend und ungekränkt, wie sie von ihrem Schöpfer gedacht war.

Auch der Landfremde freut sich daran, daß in der reichen Provinz British Columbia eine kluge Regierung es sich leisten konnte, Gebiete von vielen Millionen Hektar für alle Zeiten jeder ›Nutzung‹ durch Menschen zu entziehen und in sogenannte ›Parks‹ zu verwandeln, gewaltige Flächen königlicher Einöde – aus ihr dort herausgeschnitten, wo sie am königlichsten und freiesten ist. Um einige Namen solcher Parks zu nennen:

Tweedsmuir, Garibaldi, Strathcona, Mt. Robson, Wells Gray, Bowron, Glacier, Mt. Assiniboine, Yoho, Kootenay, Golden Ears, Manning und andere.

Östlich der großen kontinentalen Wasserscheide, dem Kamm der Rocky Mountains, also schon auf dem Gebiet der Provinz Alberta sind zwei der großartigsten National-Parks zu finden, die überhaupt in ganz Nordamerika zu nennen sind, der Banff-National Park und der nordwärts anschließende Jasper National Park. Beide sind durch die wahrhaft einzigartige Straße No. 93 erschlossen. Ich behaupte, daß es auf der ganzen Welt nur sehr wenige Autostraßen gibt, die sich an Schönheit und Großartigkeit mit der 93 zwischen Radium Hot Springs und Mt. Robson über Lake Louise und Jasper vergleichen ließen – 270 Meilen, also etwa 430 unvergeßliche, atemberaubende Kilometer!

Noch weiter nördlich schließt sich an den Jasper Park auf Alberta-Gebiet der Willmore Wilderness Park an. Diesen jedoch erschließt keine Autostraße. Er ist nur zu Fuß, oder besser zu Pferde, nach tagelanger Wanderung über Stock und Stein auf sehr schlechten Pfaden zu erreichen. Auch das ist nur möglich, wenn man sich einem orts- und wildniskundigen Führer – und erfahrenen Pferden – anvertraut.

Es hat mich albernerweise immer ein wenig gestört, daß die Parks ›Park‹ genannt werden, da wir uns im Deutschen genau das Gegenteil von dem vorstellen, was etwa der Tweedsmuir in Wahrheit darstellt, nämlich gerade nichts ›Parkartiges‹, das heißt Gepflegtes, Geplantes, Geschütztes, sondern das vollkommen

Unberührte, Ungezähmte, Unerschlossene, was schon daraus hervorgeht, daß eben nur wenige dieser ›Parks‹ von wenigstens einer guten Autostraße gequert oder berührt werden, wie etwa Kootenay oder Glacier. So kann die alte Schwierigkeit, daß sich gleiche Worte in verschiedenen Sprachen wie hier im Englischen und Deutschen begrifflich meistens nicht oder nur halb decken, zu schwer überwindbaren Verklemmungen des Verständnisses führen. Dergleichen bedachte ich, während ich der No. 16 durch den trüben Tag von Tête Jaune Cache nordwestwärts nach Prince George folgte, kaum einem anderen Auto oder sonst einem menschlichen Wesen begegnend. Denn die winzigen Siedlungen, wie etwa Raush-Tal (welcher deutsche Rausch hat hier eine Spur hinterlassen?) oder Ziegen-Fluß oder Halbmond-Sporn, sind alle mit und durch die Eisenbahn entstanden. Die Straße 16 folgt zwar dem Fraser genau wie die Strecke der *Canadian National,* aber gewöhnlich im Abstand von einigen Meilen, sie auf der ganzen langen Strecke von Jasper nach Prince George nur dreimal kreuzend (wenn ich mich nicht verzählt habe).

Trotz der Leere der Straße, die auf weite Strecken so gut wie schnurstracks durch die grauverhangene Einsamkeit führte, überschritt ich die erlaubte Geschwindigkeit von 60 Meilen in der Stunde (gleich 96 Kilometern) nicht oder um höchstens zwei oder drei Meilen, was manchmal nicht zu vermeiden ist. Ich habe die Erfahrung gemacht, daß die *Royal Canadian Mounted Police* meistens dort auftaucht, wo man sie am wenigsten erwartet. Diese sehr höflichen, aber sehr strengen Leute pflegen ohne jedes Lächeln um die Mundwinkel sehr unangenehm zu werden, wenn sie den Fahrer bei 70 oder gar 80 Meilen erwischen. Nachdem mich zweimal vor Strafe und viel Ärger nur gerettet hatte, daß ich mich bei einigem guten Willen als ›ausländischer Tourist‹ ausgeben konnte, hielt ich mich fürderhin an das gemächliche und nervenschonende Tempo 60 (oder 55; jede kanadische Provinz setzt ihre eigene Höchstgeschwindigkeit fest).

Ich konnte also die Gedanken wandern lassen, und sie kreisten wie eigentlich stets auf dieser mehrfach von mir befahrenen, wenig aufregenden Strecke um alte Geschichten, z. B. die von den halb unbeschreiblich leichtsinnigen, halb sagenhaft tapferen *Overlanders,* ein paar hundert an der Zahl, die 1862 mit Ochsenwagen,

Pferden, sogar mit einer schwangeren Frau und Kindern, vom Red River in Manitoba aufgebrochen waren, um über Land, das heißt über die Prärien, den Yellowhead-Paß hinweg, dann den Fraser abwärts die wilde Cariboo zu erreichen, wo Gold – wie es hieß – in unwahrscheinlichen Mengen aus den Bachbetten gegraben wurde.

Den Fraser abwärts – so lautet es von Anfang an. Mackenzie war klug genug gewesen, rechtzeitig umzudrehen, bevor der Strom immer enger zusammengepreßt wird und seinen ohnehin nur allzuleicht erregbaren Zorn in mörderische Wut verwandelt. Man wußte es damals noch nicht, wo das wilde Wasser den Ozean erreichte. Am wahrscheinlichsten war, daß die schon entdeckte Columbia-Mündung das Ende des Fraser darstellte. Wer den Strom als erster der Länge nach bis zur Mündung befuhr, der würde ihn für sein Land reklamieren können.
Der Ruhm, dies gewagt zu haben, steht dem Manne zu, dessen Name mich immer irgendwo im Hintergrund begleitet, wenn ich in British Columbia unterwegs bin, dem Manne, der dem einzigen wirklich großen Strom, der in B. C. entspringt und in B. C. sich mit dem Meer vereint, seinen Namen gegeben hat – er ist schon oft genannt worden: Simon Fraser.

Simon Fraser

Den Peace und Parsnip aufwärts, den Fraser abwärts bis zu der Mündung des Flusses, der nach dem ersten Schiff, das in ihn eingefahren war, Columbia genannt aurde – wer das zustande brachte, der hatte seinem Land das ganze von diesem Strom durchflossene Hinterland gesichert.

1805 erreichten Lewis und Clark den Unterlauf des Columbia. Ob dieser Strom der gleiche war, dessen Oberlauf Mackenzie befahren hatte, das erkundeten sie nicht. In der Luftlinie schon betrug die Entfernung zwischen der Mündung des Bella Coola und der des Columbia etwa 750 Kilometer. Dazwischen lag ein weites Land, unerhört reich an Pelztieren und sicher auch an edlen Hölzern aller Art, an Fischen, Wild und beackerbarem Boden. Das wollten sich die Briten, insbesondere die klugen und geschäftstüchtigen Schotten der *North West Company*, nicht entgehen lassen. Es mußte vor den Yankees gesichert werden.

Ich habe vor dem Bilde Simon Frasers im Parlamentsgebäude in Victoria, der heutigen Hauptstadt von B. C., gestanden und mir den Kopf des Mannes, ohne den es British Columbia in seinen jetzigen Grenzen gar nicht gäbe, lange angeschaut: einen runden Schädel mit ernsten, wenig ansprechenden Zügen, das Gesicht eines Mannes nüchterner Praxis ohne romantische Schwächen, mit dichten Brauen, viel wirrem Haar auf dem Kopf und einem soliden Kinn wie aus Metall. Für hochfliegende Ideale, für Gedichte und ähnlichen Schnickschnack hatte Simon Fraser gewiß nichts übrig. Sich aber wie eine Dogge in eine Aufgabe zu verbeißen und sie so oder so zu lösen, koste es, was es wolle, dazu war dieser Mann unvermischten schottischen, also keltischen Blutes durchaus fähig. Seine Eltern waren von Culbochie in Schottland nach Bennington in Vermont (östlich der Nordhälfte des Staates New York) ausgewandert, für damalige Verhältnisse ziemlich ans Ende der Welt. Simon Frasers Vater war Soldat geworden und hatte als

Hauptmann in der Armee des Generals Burgoyne gekämpft. Burgoyne hatte sich den von Washington geführten Truppen, die der preußische General Steuben gedrillt hatte, schmählich ergeben müssen, womit die aufrührerischen amerikanischen Kolonien endgültig ihre Freiheit errangen. Der Hauptmann Fraser ist nicht wieder zu den Seinen nach Vermont heimgekehrt, sondern nach der Kapitulation des Heeres in der Gefangenschaft gestorben, man weiß nicht mit Bestimmtheit, wo.

Die Witwe mit vier Söhnen und fünf Töchtern floh mit anderen königstreuen Untertanen, die sich nichts davon versprachen, Republikaner zu werden, nach Norden ins Kanadische und ließ sich im heutigen St. André am Ottawa-Fluß, nicht allzuweit von Montréal entfernt, nieder.

Mit sechzehn Jahren schon trat Simon Fraser als bescheidener, mittelloser Angestellter in die Dienste der *North West Company*, im selben Jahr, in dem sich Mackenzie auf die gefährliche Reise begab, welche ihn zum mittleren Fraser und weiter nach Bella Coola führen sollte. Wenn also der junge Simon Fraser damals schon davon geträumt haben sollte, in den fernen Westen zu entschwinden, um die vielen Fragezeichen aufzulösen, mit denen dort jeder Horizont reichlich bestückt war, so mußte er sich sagen, daß er auf alle Fälle niemals mehr ein Erster werden, sondern immer ein Zweiter bleiben würde. Aber es ist nicht anzunehmen, daß er solche Gedanken gehegt hat. Er neigte nicht zu bunten Träumen. Statt dessen arbeitete er mit nie ermüdendem Fleiß fünfzehn, sechzehn Stunden am Tag, schärfte seinen Geschäftssinn, hielt Augen und Ohren offen und vergaß auch nicht, aus seinen kargen Einkünften die Mutter in St. Andrews zu unterstützen. Seine Oberen wurden auf ihn aufmerksam.

Schon 1802 wird er als vollberechtigter Partner, als *Bourgeois,* in die *North West Company* aufgenommen. Und als man einen Mann für den allerfernsten Westen braucht, um das von Alexander Mackenzie begonnene Werk fortzusetzen und zu entwickeln, wird Simon Fraser ausgewählt und auf die weite Reise an den Peace River geschickt. In der Nähe des heutigen Hudson's Hope am Peace errichtete er einen festen Posten. Dort waren die gefährlichen Schnellen des Peace zu umgehen, die Mackenzie Schwierigkeiten bereitet hatten. Fraser nannte den neuen Posten Rocky Mountain

Portage, die erste weiße Ansiedlung im Innern des heutigen British Columbia.
Im späten Herbst desselben Jahres 1805 zog Fraser weiter den Peace und dann den Parsnip aufwärts bis zu einem schönen See, dem er den Namen eines guten Freundes, Archibald Norman McLeod, verlieh. Der See heißt heute noch so. Auch an diesem See errichtete Fraser ein festes Blockhaus in der Hoffnung, daß die umwohnenden Indianer sich daran gewöhnen würden, dort ihre Pelze anzubieten. Fraser machte sich wieder auf den Rückweg zum Peace, um im kommenden Frühling Proviant und vor allem Tauschwaren heranzuschaffen. In dem neugebauten festen Urwaldposten ließ er einen jungen Helfer zurück, auch einen Schotten selbstverständlich, namens James McDougall.
Dieser James McDougall, allein in unendlicher, langsam im Winter erstarrender Einöde mit drei, vier halbindianischen frankokanadischen *Voyageurs* und vielleicht einigen Chipewyans, muß ein unternehmungslustiger und furchtloser Bursche gewesen sein. Kaum war Fraser Parsnip-abwärts davongezogen, so machte sich McDougall ohne jeden Respekt vor dem unweigerlich hereinbrechenden Winter auf den Weg, Mackenzies Route weiter abzufahren. Der Bad River schreckte ihn nicht; er brachte ihn schnell hinter sich – vielleicht über das Eis am Flußrand, wir wissen es nicht. Er erreichte den Fraser, von dem er mit Bestimmtheit annahm, daß es sich um den oberen Columbia handelte – und paddelte ihn abwärts. Ihm nun entging der Nechako nicht, den Mackenzie unverständlicherweise verschlafen oder sonstwie versäumt hatte – und sofort bog er in diesen neuentdeckten Strom ein, seine erste echte Entdeckung, und fuhr ihn aufwärts. Er wird bis zum heutigen Fraser Lake, wahrscheinlich sogar bis zum Stuart Lake gekommen sein; genau wissen wir es nicht; McDougall hielt nichts von Schreibereien. Auf alle Fälle hatte er die Kenntnis des großen Landes über Mackenzies Mitteilungen hinaus wesentlich erweitert. Danach erst kehrte er zum McLeod Lake zurück und machte sich ans Einsammeln der Pelze - mit prächtigem Erfolge, obgleich er die Indianer, was die volle Bezahlung anlangte, auf den kommenden Frühling vertrösten mußte; er hatte noch keinen genügenden Vorrat an Tauschwaren in seinem kleinen Urwaldposten.
Sobald im Frühjahr 1806 die Flüsse wieder eisfrei waren, erschien

Fraser mit gefüllten Kanus wieder am McLeod Lake. McDougall berichtete unverzüglich von dem ›Großen Strom‹ und dem ausgedehnten Seengebiet, das er im Westen gefunden hatte. Fraser zögerte nicht. Sofort wurden Anstalten getroffen, die von McDougall sozusagen im Eiltempo abgefahrene Route nochmals zu erkunden, und zwar wesentlich gründlicher.

Aus Frasers Tagebuch, das bis zum 18. Juli 1806 reicht, geht beinahe erheiternd hervor, wie sehr Fraser im tiefsten Hintergrund seines nüchternen, aber zugleich auf eine kalte Weise ehrgeizigen Gemüts Mackenzie beneidete, weil der Ältere ihm zuvorgekommen war. Überall da, wo Mackenzie von fürchterlichen Strapazen und großen Gefahren berichtet hatte, will Fraser nichts Außergewöhnliches entdeckt oder erlebt haben, so als ob Mackenzie stark übertrieben oder ganz einfach vor harten Prüfungen kapituliert hätte. Außerdem weist er Mackenzie sehr ironisch eine Reihe von fehlerhaften Beobachtungen nach oder auch, daß Mackenzie manches nicht gesehen hat, was ihm nicht hätte entgehen dürfen. So schreibt er zum Beispiel:

»Dieser große und zu allen Jahreszeiten schiffbare Fluß scheint von Sir A. M. K. (Mackenzie) nicht bemerkt worden zu sein; er pflegte sich ja von Zeit zu Zeit ein kleines Schläfchen zu gönnen. Wahrscheinlich hat er den Fluß verpaßt; auch für viele andere Versäumnisse kann ich mir keine andere Erklärung denken, als daß er zu Zeiten, in denen er genaue Beobachtungen angestellt haben will, einfach geschlafen hat. Wenn ich selbst mich für geeignet halte, Beobachtungen zu machen, und geneigt bin, ihm Fehler nachzuweisen, so muß ich beweisen können – und das kann ich –, daß er selten oder nie die Aufmerksamkeit angewendet hat, die er vorgibt, aufgebracht zu haben. Viele seiner Feststellungen wurden gar nicht von ihm selbst gemacht, sondern ihm lediglich von seinen Leuten mitgeteilt.«

Simon Fraser war offenbar kein sehr freundlicher Mann, und hier diktierte ihm auch noch der Neid die Feder. Als McDougall seinem Vorgesetzten dann die Mündung des ›Großen Flusses‹, des Nechako, vorstellt und die Kanus in dieses mächtige Gewässer hineinfahren, kann sich Fraser nicht enthalten, dem Diarium blanken Hohn anzuvertrauen:

»Sir A. M. K. scheint sehr ungenau bei seinen Routenbeschreibungen gewesen zu sein – oder es muß ein mächtiger Unterschied zwischen dem Kompaß, den er benutzte, und dem, den wir in Gebrauch hatten, bestanden haben. Es kann ja sein, daß der unsere nicht viel wert ist . . .«

Ende Juli erreichten die beiden großen Boote aus Birkenrinde, in denen Fraser mit seinen Leuten unterwegs war, über den Nechako den Stuart Lake – das heißt, diesen Namen erhielt der riesige, lang hingedehnte See erst jetzt; diesmal verewigte Fraser einen seiner jungen Begleiter. Fraser, in höherem Maße als Mackenzie stets auf die Interessen seiner *North West Company* bedacht, begann sofort mit dem Bau einer kleinen Urwaldfestung aus Baumstämmen, welcher er den Namen Fort St. James verlieh. Die Indianer der Gegend hatten noch keine Bekanntschaft mit dem weißen Mann geschlossen; der laute Knall der Musketen, die Fraser und John Stuart, ihre Würde und Macht zu betonen, abgeschossen hatten, machte einen großen Eindruck. Mit den Geschenken, die Fraser ihnen überreichte, wußten sie nichts anzufangen. Tabak hatten sie noch nie erlebt. Als die beiden Schotten ihnen etwas vorpafften, glaubten die staunenden ›Wilden‹, daß in dem Rauch, der aus den Nasen und dem Mund der Fremden strömte, die Geister ihrer Vorfahren ein wenig an die frische Luft entwichen. Als John Stuart den Frauen Seife verehrte, hielten die Weiber das Stück harter, ein wenig fettiger Substanz in ihrer Hand für etwas Eßbares, kauten es, augenscheinlich mit Genuß, und wunderten sich nicht wenig, als ihnen der Schaum vor den Mund trat.

Fraser mochte sich sagen, daß mit diesem neuen Fort St. James die Pelzhandels-Möglichkeiten wieder um ein gehöriges Gebiet weiter nach Westen vergrößert worden waren. Außerdem gefiel den beiden Schotten das Land um den blitzenden Stuart Lake ausnehmend. So beschlossen sie, den ganzen riesigen Bezirken westlich der Rocky Mountains am Peace, Parsnip, Fraser, Nechako einen zusammenfassenden Namen zu verleihen, nämlich New Caledonia.

New Caledonia

Neu-Kaledonien, das heißt Neu-Schottland, wurde von den beiden jungen Schotten zu Ehren ihres Heimatlandes auf der geduldigen, noch recht leeren Landkarte eingezeichnet. Offenbar muß es den beiden Spaß gemacht haben, unterwegs zu sein; die ganze grüne Welt schien nur darauf zu warten, von ihnen mit den schönsten Namen beschenkt zu werden.

Stuart gondelte von Fort St. James aus eifrig umher, fand einen anderen wunderschönen großen See (das ist in jener mit klaren Seen reich gesegneten Landschaft nicht schwer) und verlieh ihm – wie konnte er anders – den Namen seines Gönners und Vorgesetzten, nannte ihn Fraser Lake.

Fraser sah sich ›seinen‹ See bald danach persönlich an und gab sofort Befehl, auch hier eine Pelzhandels-Festung zu errichten.

Tief im Innern des heutigen British Columbia hat es also schon vier Stützpunkte der North West Company gegeben, ehe an der pazifischen Küste auch nur eine einzige gesicherte, für die Dauer bestimmte Siedlung entstand. Alle vier befestigten Plätze sind Simon Fraser zu verdanken.

Fraser hätte sich damit zufriedengeben und sich dem hier höchst einträglichen Pelzeinkauf widmen können. Die Indianer hatten noch keine Ahnung davon, wieviel ihre Felle in Wahrheit wert waren. Für ein Stück Seife (um gewaltig damit vor dem Munde zu schäumen) gaben sie drei Biberfelle – ein Profit von 1000 %, wie McDougall befriedigt im schottischen Herzen feststellte.

In Frasers Hirn hat es wohl nie einen Zweifel daran gegeben, daß all diese schönen und wertvollen Entdeckungen seiner schottischen Helfer nur ein Vorspiel zu seiner eigentlichen Aufgabe darstellten, der nämlich, das zu vollenden, was Mackenzie auf halbem Wege im Stich gelassen hatte. Es mußte erkundet werden, ob der große Strom, der in der Gegend der Nechako-Mündung sich nach Süden wendet, der gleiche Strom wäre, der sich an der schon festgestellten Columbia-Mündung ins Meer ergießt. Fraser zweifelte nicht daran, daß es der Columbia war, mit dem sich der Nechako vereinigte; er nennt ihn auch so in seinen Briefen und Berichten.

Fraser schrieb deshalb im Sommer 1806 nach Montréal, bat darum, ihn zu beauftragen, den ›Columbia‹ bis zu seiner Mündung zu verfolgen und ihm die nötige Ausrüstung, Tauschwaren, Waffen und was sonst er auf seinem entlegenen Außenposten nicht selbst beschaffen konnte, mit der nächsten Kanuflotte in den fernen Westen zu schicken – und keinen Tag länger zu zögern.

Wer weiß, ob Frasers kostspieliger Antrag bei den Geldsäcken in Montréal nicht auf taube Ohren gestoßen wäre, wenn nicht inzwischen die Zentrale der *North West* die höchst beunruhigende Nachricht empfangen hätte, daß die beiden Amerikaner Lewis und Clark im Auftrag ihres Präsidenten Jefferson den unteren Columbia erreicht und bis zu seiner Mündung verfolgt hatten. Dort hatten die beiden überwintert und waren dann auf dem Wege, den sie für die Westreise benutzt hatten, ostwärts über Land wieder zurückgekehrt.

Die Briten in Montreal erkannten mit Schrecken, daß die Amerikaner drauf und dran waren, den fernen Nordwesten des Kontinents mit Beschlag zu belegen. Mackenzie hatte den Ozean in Bella Coola viel zu weit im Norden erreicht. Glücklicherweise saß die *North West* schon am Oberlauf des ›Columbia‹ (in Wahrheit des Fraser). Es kam also entscheidend darauf an, den Anspruch auf den langen Mittellauf des Flusses vor den Amerikanern zu erheben, den Fluß zu erkunden und vielleicht auch seine Mündung doch noch zu beschlagnahmen.

Frasers Vorschlag, ihn die ganze Länge des ›Columbia‹ bis zum Meer erforschen zu lassen, traf also im psychologisch richtigen Moment in Montréal ein. Alles, was Fraser sich gewünscht hatte, wurde schleunigst zusammengepackt und noch ergänzt. Die kleine Kanuflottille machte sich im Frühling 1807 von Montréal aus auf den langen Weg nach Westen. Zu ihrem Anführer war Jules Quesnel ernannt worden, ein wildniserfahrener Frankokanadier, dessen Namen sich in dem eines Flusses und einer beträchtlichen Stadt zwischen Williams Lake und Prince George erhalten hat.

Erst im Herbst 1807 trafen die Kanus unter Quesnel in Fort St. James am Stuart Lake ein, zu spät, um es noch im selben Jahr mit dem ›Columbia‹ aufzunehmen. In einem Schreiben der *North West* aus Montréal, das Quesnel mitbrachte, wurde Fraser aufgefordert, mit aller Energie und ohne Verzug den großen Strom, vor dessen Wildheit Mackenzie die Waffen gestreckt hatte, anzugehen und, koste es, was es wolle, seinen Verlauf bis zur Mündung zu erkunden.

Fraser wäre wahrscheinlich am liebsten sofort aufgebrochen. Das wäre indessen so spät im Jahr Wahnsinn gewesen. Doch langte die Zeit noch, das entlegene Gebiet der vielen Seen zu verlassen, den

Nechako abwärts zu schiffen und an seiner Mündung in den Strom, der zu erforschen war, abermals einen befestigten Handelsposten zu errichten. Fraser wollte sich im kommenden Jahr ohne Umwege auf die Reise machen. Dem neuen Posten wurde der Name Fort George verliehen. Dieses Fort bildete den Kern, aus dem sich die heute das zentrale British Columbia immer eindeutiger zusammenfassende Stadt Prince George entwickelt hat. Auch die vorher von Fraser gegründeten drei Forts haben sich in den folgenden 150 Jahren in größere Ansiedlungen verwandelt; aber nur Prince George erlangte eine wirklich zukunftsträchtige Bedeutung.

Am 22. Mai 1808, einem Sonnabend, nachdem das Eis von den Flüssen gewichen und das schlimmste Hochwasser abgeschwollen war, glitten frühmorgens gegen fünf Uhr vier große Kanus vor Fort George in den ›Columbia‹ hinaus. Außer Fraser war wieder John Stuart mit von der Partie, dann der im Herbst zuvor aus dem Osten eingetroffene Jules Quesnel; weiter neunzehn frankokanadische *Voyageurs,* Meister des Paddels und der Kanus, und zwei Indianer, von denen sich Fraser vor allem Dolmetscherdienste erhoffte. Wenn Fraser und seine 23 Gefährten vorausgesehen hätten, was ihnen bevorstand, wären sie wahrscheinlich gar nicht abgefahren – oder Fraser hätte sich allein auf den Weg machen müssen, ein unmögliches Beginnen. Die *Voyageurs* wußten nur allzu genau, was Rindenkanus zugemutet werden konnte und was nicht.

Die verrückte Reise Frasers und seiner dreiundzwanzig Gefährten auf einem der allerwildesten und sich über weite Strecken jeder Schiffahrt überhaupt verweigernden Ströme dieser Erde in allen Einzelheiten mit ihren Gefahren und Katastrophen zu schildern würde viel mehr an Seiten erfordern, als in diesem Buch erlaubt sind. Ich beschränke mich daher im wesentlichen auf einige Auszüge aus Frasers Journal. Wenn selbst dieser hölzern-nüchterne und trocken-sachliche Mann sich zu Ausrufungszeichen und gefühlsgeladenen Worten in seinen Tagebüchern hinreißen läßt, dann muß in Wirklichkeit tatsächlich der Teufel losgewesen sein.

Zunächst zeigte sich der Strom von seiner braven Seite, und Fraser fand Gelegenheit, seinem großen Vorgänger Mackenzie abermals nachzusagen, er hätte seine Strapazen und Schwierigkeiten übertrieben. Es kann auch sein, daß Fraser einfach mehr Glück hatte als

Mackenzie, der Fluß nicht so viel Wasser führte wie damals und deshalb seine Fluten nicht so heftig südwärts trieben.
Natürlich war es so gut wie unvermeidbar, daß der erste größere Nebenfluß, der von Osten her dem Fraser zustrebte, den Namen des neuen Gefährten erhielt, der dem Führer der Expedition im Herbst zuvor die erwünschte Nachricht aus Montréal überbracht hatte; so haben wir also bis zum heutigen Tage einen Quesnel River.
Die Reisenden gewannen den Eindruck, daß die Zahl der entlang des Flusses wohnenden Indianer beträchtlich war. Immer wieder tauchten Dörfer an den Ufern auf. Manchmal waren große Menschenmengen am Strom versammelt und bestaunten die hellfarbigen Fremdlinge. Die kleine Expedition fand die Indianer im allgemeinen friedfertig und hilfsbereit, besonders wenn ihnen die Weißen ihre schrecklichen Donnerbüchsen vorgeführt hatten, mit denen man auf weite Entfernungen tiefe Löcher in die härtesten Bäume ballern konnte.
Die Eingeborenen warnten den weißen Anführer mit dem runden Schädel und dem eckigen Kinn stets von neuem, die Reise zu Wasser fortzusetzen. Der Fluß fräße alle, die sich ihm anvertrauten. Fraser dachte nicht daran, die Boote im Stich zu lassen. Bis etwa zu dem heutigen Soda Creek (etwa 15 Kilometer stromauf von Williams Lake) ging auch alles leidlich vonstatten. Bis Soda Creek trauten sich später auch die Heckraddampfer der Weißen, als den Quesnel-Fluß aufwärts Gold gefunden worden war und sich Heerscharen von Glückssuchern von Süden her auf den Weg zu schnellem Reichtum machten.
Stromab von Soda Creek beginnt die erste Serie von Stromschnellen. Fraser berichtet unter dem 1. Juni 1808 in seinem Tagebuch:
»An diesem Morgen waren wir alle zu früher Stunde schon fahrbereit. Die Eingeborenen stellten sich in großer Eile aus allen Himmelsrichtungen ein. Mr. Stuart, ich selbst und sechs weitere meiner Leute machten sich auf den Weg am Ufer entlang, um zu sehen, was es mit den Stromschnellen auf sich hätte. Wir fanden sie etwa zwei Meilen* lang mit hohen und steilen Uferbänken, die den Flußlauf an vielen Stellen auf vierzig bis 50 Yards** zusammen-

*) Zwei Meilen gleich etwa 3,2 Kilometer.
**) 1 Yard etwa um ein Zehntel kürzer als ein Meter.

drückten. Die ungeheure Wassermenge drängte sich durch diese Enge auf eine turbulente Weise, wobei sich viele Strudel und Kaskaden bildeten und ein mächtiger Lärm entstand, was einen höchst abstoßenden Eindruck vermittelte.«
Ganz offenbar will Fraser an dieser Stelle etwas dramatisch werden, was ihm aber nicht besonders gut gelingt. Dieser Fluß entzieht sich jedem trockenen Sachbericht. Fraser fährt fort:
»Da wir es jedoch für schlechterdings unmöglich hielten, die Kanus über Land zu schaffen – die Uferberge waren viel zu hoch und steil dazu –, so wurde beschlossen, die Boote durch den gefährlichen Engpaß zu schicken.«
»Ich beließ Mr. Stuart und zwei weitere meiner Leute am unteren Auslauf der Stromschnellen. Sie sollten die Eingeborenen im Auge behalten. Ich selbst kehrte mit den andern vier ins Lager zurück. Gleich nach meiner Ankunft gab ich den Befehl, eines der Kanus – nur leicht beladen – mit fünf der besten Leute zu bemannen. Im Nu waren die fünf unterwegs. Das Boot passierte die erste Schnelle, kam vom beabsichtigten Kurse ab, wurde in einen Strudel gesogen und für beträchtliche Zeit umhergewirbelt, halb schon versinkend, dann wieder schwimmend; die Männer hatten es nicht mehr unter Kontrolle. Doch wendete sich die Sache zum Guten. Nach und nach wurde das Boot aus dem Wasserwirbel hinausgedrückt und gelangte wieder in die Strömung. So fuhr das Boot fort, von einer Gefahr zur nächsten zu fliegen. In der vorletzten Kaskade indessen warfen die Wirbel das Boot trotz aller Bemühung gegen einen nur wenig aus dem Wasser hervorragenden Felsen. Daraufhin stiegen die Männer aus, retteten ihr Leben, auch das Boot und brachten es sogar fertig, die Güter zu retten, die das Boot getragen hatte. Aber die größte Schwierigkeit stand noch bevor. Die Fahrt zu Wasser fortzusetzen wäre der Weg in die sichere Zerstörung gewesen.«
Die Männer »stiegen aus« (das englische Wort, des Fraser benutzt, ist *debarked*!) – ein understatement, wie es im Buche steht, eine Untertreibung, die beinahe komisch wirkt. Aber Fraser bewies sogleich, daß er, wenn vielleicht auch arm an Worten, so doch an Taten schwer zu übertreffen war. Kaum hatte er die verzweifelte Lage erkannt, in der sich seine Leute in der Tiefe befanden, so ließ er sich ohne Rücksicht auf seine Haut und seine Knochen über die steilen Uferbänke abwärts gleiten, um die Schiffbrüchigen zu

retten. Auch das beschreibt er, ohne sich auch nur im geringsten auf rhetorischen Schmuck einzulassen:

»Wir beeilten uns, ihnen zu Hilfe zu kommen. Aber ihre Lage machte es für uns schwierig und gefährlich, uns ihnen zu nähern. Die Uferbank war außerordentlich hoch und steil. Wir hatten immer wieder unsere Jagdmesser in die Erde zu rammen, um nicht ins Rutschen zu kommen und in den Fluß abzustürzen. Wir hackten Stufen in den Steilhang, banden eine Leine an den Bug des Kanus, mit der einige Männer aufwärts kletterten, um das Boot aufwärts zu zerren, während die andern es von unten her mit ihren Armen stützten. Dabei war unsere Lage äußerst mißlich. Unsere Leben hingen buchstäblich an einem dünnen Faden. Wäre die Leine gerissen, hätte einer meiner Leute auch nur einen falschen Schritt getan, so wären wir alle in die Ewigkeit geworfen worden. Glücklicherweise jedoch überwanden wir die Uferbank, bevor es dunkel wurde.«

Wieder rieten ihm die Eingeborenen dringend ab, die Reise zu Wasser fortzusetzen. Fraser sollte sich mit seinen Leuten dem Weg zu Lande anvertrauen. Weiter stromab fänden dann die fürchterlichen Schluchten ein Ende. Danach wäre es wieder möglich, zu Boot voranzukommen. Aber Fraser schreibt:

»Die hohe See auf indirektem Wege zu erreichen war nicht Gegenstand meines Unternehmens. Ich ließ mich daher nicht umstimmen, sondern beharrte bei unserer ursprünglich vorgesehenen Reiseroute.«

Drei Tage kostete es, ehe alle Boote und die Ladung um die Schnellen herumgetragen waren. Doch kaum hatten sich die Männer wieder den Kanus anvertraut, rückten die Wände an den Flußufern abermals enger und enger zusammen, die Wasser zu immer wilderer Eile zwingend.

Den Männern schmerzten noch Arme, Stirn und Rücken von den vorhergegangenen drei Tagen übelster Plackerei. Wieder anhalten, ausladen und die Boote zu Fuß über die Uferberge schleppen? Nein, die *Voyageurs* riskierten es, wie sie es tausendmal schon

Auf dem Wege zum Mount Assiniboine, dem »Matterhorn« der kanadischen Rockies

riskiert hatten, und schossen durch die ersten Engen. Die Boote schlugen halb voll Wasser, waren am Sinken; jede Weiterfahrt hätte die Katastrophe bedeutet. An der ersten etwas ruhigeren Strecke mußten die Kanus ans Land gebracht werden. Fraser machte sich zu Fuß auf, mit einigen Gefährten dem Strom abwärts zu folgen, um festzustellen, ob und wie die Boote zu Lande weitergebracht werden konnten.

Sie konnten es nicht – die Wasserfahrt zu versuchen mußte für alle Boote und sicherlich die meisten Insassen den Untergang bedeuten. Sollte man umkehren? Fraser war keineswegs der Mann, der aufgab, solange nicht das Unmögliche versucht war.

Das erste Kanu passierte die Schnellen wie durch ein Wunder unversehrt. Die anderen folgten, die Männer ruderten wie wahnsinnig, den Strudeln hier, den Felsen dort zu entgehen, nicht in die Wirbel gezogen zu werden, ihre Boote nicht unter sich zerschmettern zu lassen. Fraser schreibt:

»Es war eine verzweiflungsvolle Unternehmung!«

Das war es in der Tat – und sie war nicht lange durchzuhalten. Der Strom hat sich ja seitdem nicht verändert. Ich habe manchmal von hoher Uferbank auf ihn hinuntergeschaut und mir vorgestellt, daß ich ihn in einem gebrechlichen Rindenkanu befahren müßte – eine lächerlich anmutende Vorstellung, daß überhaupt jemand versucht haben sollte, durch den brüllenden Aufruhr um sich schlagender Wasserschwälle ein Fahrzeug zu bugsieren.

Zwischen dem heutigen Lillooet und Lytton blieb selbst den verbissen vorwärts strebenden Schotten und ihren unverwüstlichen *Voyageurs* nichts anderes übrig, als die Kanus aufzugeben. Man versteckte sie und möglichst viel des mitgeführten Proviants, der Tauschgüter und der Ausrüstung zwischen den Felsen des Ufers – Felsen und Winkel fanden sich genug –, hängte sich die zudiktierte Ladung um die Stirn, die Schultern und kletterte in die Uferwände. Zu Kanu war kein Weiterkommen möglich – war es zu Fuß?

Die heutige Straße am Fraser entlang von Lytton nordwärts, die No. 12 (die Hauptstraße, No. 1, von Vancouver kommend, verläßt

129 *Der Transcanada Highway unweit des Rogers Paß*

in Lytton den Fraser Canyon und biegt nach Nordosten in das offenere, wüstenkahle Thompson-Tal), diese dem Fluß in respektvollem Abstand hoch in den Uferbergen folgende Straße No. 12 ist auch jetzt noch atemberaubend. An manchen Stellen mußte die Trasse aus dem nackten, senkrechten Fels gesprengt werden. Anderswo tastet sie sich vorsichtig über unsichere, scheußlich steile Halden aus grobem, steinigen Erdreich, über abgerutschte Berghänge, übersät mit teils kleinen, teils auch riesigen Gesteinsbrocken. Der Autofahrer darf sich vorkommen wie ein Seiltänzer auf himmelhohem dünnem Strang, einem indessen nicht geradeaus gestreckten, sondern sich in verwirrenden Schlängelungen um viele Dutzende von Schroffen, Schluchten, Vorgebirgen ringelnden Pfad für schwindelfreie Eichhörnchen. Der Strom wühlt sich so abgrundtief durch die zerschrundete Rinde der Erde, daß er nur selten und stets ganz unerwartet in den Schluchten sichtbar wird, heraufgleißend in der Sonne, die ihn in der Tiefe nur für wenige Stunden am Tag erreicht – oder, wenn der Himmel verhangen ist, stumpf wie aus sich selber glimmend – weißliches Geschäum auf der graugelben Flut.

Fraser konnte sich nicht entschließen, den Fluß im Stich zu lassen. Der Strom sollte ihm nicht entwischen; sein Verlauf war festzustellen, nicht der irgendeines Indianerpfades, der doch nur wieder zu irgendeinem gleichgültigen Indianerdorf geführt hätte. So quälten sich die vierundzwanzig Mann mit ihren schweren Traglasten über die uns Heutigen völlig unpassierbar erscheinenden Uferberge. Es ereignete sich, daß einer der *Voyageurs* sich mit dem Packen, den er schleppte, so unglückselig zwischen den Felsen verklemmte, daß er sich weder vorwärts noch rückwärts bewegen konnte. Fraser schreibt:

»Als ich den armen Burschen in seiner abscheulichen und gefährlichen Mißlichkeit erblickte, kroch ich, was sehr riskant war, zu ihm hin zu seinem Beistand. Ich rettete sein Leben, indem ich ihm die Last von den Schultern schnitt und über die Felskante in den Abgrund, in den Fluß stürzen ließ. Diese Tragestrecke von etwa zwei Meilen Länge zerfetzte unser Schuhwerk; unsere Füße bedeckten sich mit Blasen und Wunden.«

Am 19. Juni erreichten die Männer den Zusammenfluß von Thompson und Fraser, den Ort also, wo heute auf einer steil sich über den beiden Flüssen erhebenden Uferbank das Städtchen Lytton gemächlich seinen Auftrag wahrnimmt, eine wichtige Wegegabel zu bezeichnen wie von jeher. Damals erhob sich an der gleichen Stelle, wo jetzt die vielen Eisenbahner der *CNR* und der *CPR* ihre Häuschen pflegen, die Hauptsiedlung der Thompson-Indianer; Fraser gibt die alten Namen an; er nennt die Stadt *Camchin* und den Fluß *Hacamaugh,* wobei es natürlich zweifelhaft bleibt, wieweit der Klang der indianischen Worte sich in der englischen Umschrift wiedergeben ließ.

Nach den schrecklichen Mühen, welche die Männer hinter sich hatten, erschien ihnen hier ein Strahl der Hoffnung, als sie entdeckten, daß die Leute von Camchin Schmuck und Werkzeuge besaßen, die nur von weißen Händlern und Schiffen an der Küste eingehandelt worden sein konnten, um dann, von Stamm zu Stamm weiter wandernd, schließlich in das weite, wüstengelbe Tal des Thompson zu gelangen. (Die große amerikanische Wüste zwischen den Ketten des pazifischen Küstengebirges im Westen und dem Felsengebirge im Osten, die tief im Süden in Zentralmexiko beginnt, reicht nach Norden hoch ins Kanadische, bis fast in das Herz British Columbias hinein. Die weithin wogenden, gelb-kahlen Berge um den unteren Thompson mit ihren Salbeibüschen, eine großräumige, bizarre, zugleich melancholische Landschaft, erwacht nur da zum Leben, dann aber strahlendem, wo sie künstlich bewässert wird.)

Fraser sagte sich, daß er nicht mehr allzuweit von der Küste entfernt sein konnte, daß er nur den Weg zurückzuverfolgen brauchte, den die Messer aus Sheffield hierher nach Camchin genommen hatten. Aber tatsächlich stand ihm und seinen Leuten die fürchterlichste Strecke des Fraser-Flusses erst bevor. Der Strom bahnt sich von der Einmündung des Thompson an die letzte und schwierigste Bresche durch die Coast Range, um sich erst danach befriedigt und beruhigt zu erweitern, nach Westen zu wenden und dem Meere zuzustreben. Zwischen dem heutigen Lytton und Hope (*Hope* heißt Hoffnung, Hoffnung darauf, daß die Plackerei und Gefahr des wilden Fraser nun ein Ende hat, und von Hope an hat sie ein Ende), hier wo der Canyon des Fraser tiefer die Berge spaltet als irgendwo sonst, kann niemand mehr daran denken, in den Meile für Meile kochenden,

 wüst umhergeschleuderten Wassermassen eine befahrbare Straße

zu sehen. Hier kommt es vor, daß selbst so meisterhafte Schwimmer wie die großen stromauf strebenden Lachse von den wütenden Launen der Strömung aus dem Wasser geschleudert werden und sich das Genick an den Felsen brechen. Hier ist in den unerhört wilden Gebirgen keine Regel, keine Richtung mehr zu erkennen. Sinnlos durcheinandergewuchtete Gigantenblöcke, so türmen sich die Berge neben-, über- und untereinander, eine über alle menschlichen Maße hinausreichende Barrikade.
Meilentief unter den wirr und kraß aufgerichteten Gipfeln donnert in seiner schmalen Furche der Fraser talab, von senkrechten Wänden erbarmungslos eingeengt und doch sich seit ungezählten Jahrtausenden gegen sie behauptend.
Selbst die in diesen Wildnissen geborenen Indianer wagten nicht, die schäumende, gischtende Straße zu befahren. Und doch waren sie im Laufe der Zeit mit dem bösartigen Hindernis fertig geworden.
Jede schmale Felsenkante ausnutzend, von einem Felsband zum nächsten einfach Steigleitern aus schlanken Fichtenstämmen und Weidenruten befestigend, Strickleitern aus der Höhe baumeln lassend, wo es ging, Bröckellücken im Gestein zu Treppenstufen erweiternd, hatten sie die Canyon-Wände entlang einen Pfad angelegt, manchmal nur einen Fuß breit über schwindelndem Abgrund, über schieren Abstürzen in den tobenden Strom. Und dieser Pfad, so waghalsig er war und so sehr man von Jugend an mit ihm vertraut sein mußte, er wurde regelmäßig begangen und nach jedem Winter erneut instand gesetzt.
Fraser und seinen Leuten blieb gar keine Wahl: Wenn sie nicht umkehren oder bei den Indianern bleiben wollten (sie waren dazu aufgefordert worden), dann mußten sie es den ansässigen Indianern gleichtun und sich als Gemsen versuchen. Fraser schreibt:
»Hier also hatten wir unsere Lasten zu schleppen zwischen losem Gestein über die Flanken steiler Hügel, zwischen doppelten Abgründen. Wir mußten schwindelnd hoch hinaufsteigen; zur höchsten Höhe hin war ein völlig senkrechter Anstieg zu überwinden. Einer der Indianer kletterte nach oben, warf uns ein langes Seil zu und zog uns einen nach dem andern hinauf. Das nahm drei Stunden in Anspruch. Dann ging es weiter die Berge hinauf und hinunter, an steilen Hängen entlang, wo überhängende Felsen und

weit vorstoßende Klippen, immer über dem Abgrund zum Fluß hinunter, zuweilen nur so schmalen Durchlaß gewährten, daß eine einzelne Person kaum sich vorbeidrücken konnte. Viele der Eingeborenen, die uns von unserem letzten Nachtlager her begleiteten, machten sich in dieser äußerst schwierigen Situation sehr nützlich. Sie bewegten sich mit schweren Lasten selbst dort noch unverzagt vorwärts, wo wir es für ratsam hielten, sogar unsere Gewehre von Mann zu Mann weiterzureichen, und wo wir uns äußerster Vorsicht zu befleißigen hatten, um auch nur unbeschwert und einzeln voranzukommen.«

Bruce Hutchison, ein hervorragender kanadischer, genauer, britisch-kolumbischer Journalist, hat vor fünfundzwanzig Jahren ein Buch über den Fraser geschrieben, den großen, bis zum heutigen Tage noch nirgendwo in ein Joch gezwungenen Strom, des Landes British Columbia ureigensten, der auf dem Boden der großen Provinz entspringt, diesen Boden nicht verläßt, bis er neben der größten Stadt B. C.s die salzige See erreicht. Weder vorher noch nachher ist ein besseres Buch über den Fraser geschrieben worden. Hutchison beschreibt den Canyon des Fraser mit Worten, die ich durchaus nicht zu verbessern vermag – wenn sie auch im Deutschen etwas anders klingen als im Englischen. Er nennt jene Landschaft, die Dante zum Vorbild für seine Hölle in der *Divina Commedia* gedient haben könnte:

»Ein Alptraum-Land – schwarz von wandernden Schatten, verhangen von Nebeln, durchdonnert vom ständigen Pulsen der Wasser.«

So ist es. In diesen wenigen Worten ist eine Ahnung vom Wesen des Fraser Canyon eingefangen.

Keiner der Männer ging auf dieser fürchterlichen Strecke verloren. Alle erreichten den Ausgang der Schluchten, zerschrammt, zerkratzt, zerbeult, aber lebendig. Man konnte sich wieder Boote beschaffen und erreichte in schneller Reise das große Indianerdorf Musquiam, den Vorläufer der heutigen Stadt Vancouver am Nordarm der Fraser-Mündung. Da sich die Eingeborenen am untersten Fraser keineswegs so freundlich zeigten wie noch die Indianer am Thompson, blieb Fraser, der seinen Proviant zur Neige gehen sah, nichts weiter übrig, als schleunigst den Rückmarsch ins Innere anzutreten. Den offenen Ozean bekam er nicht zu Gesicht. Ebbe und Flut jedoch und der Salzgeschmack des Wassers ließen

keinen Zweifel mehr daran aufkommen, daß man das Meer erreicht hatte.
Fraser fühlte sich nach all den unsäglichen Mühen wie getäuscht, ja wie geschlagen. Fast noch bis zuletzt war er überzeugt gewesen, daß es der Columbia war, den die Büge seiner Kanus durchschnitten. Jetzt wurde ihm klar, daß ›sein‹ Strom nichts mit dem Columbia gemein haben konnte. (Der obere Columbia wurde in Wahrheit um etwa die gleiche Zeit von einem anderen Partner der *North West Company* erkundet, von David Thompson. Ihm zu Ehren hatte Fraser dem großen, bei Camchin-Lytton grün in den gelben Fraser mündenden Fluß den Namen Thompson River verliehen, weil er den Mitgesellschafter der *North West,* David Thompson, im Quellgebiet dieses Flusses vermutete. Thompson hat den Columbia, der ja in seinem Oberlauf auf einem inneren Bogen der großen Schleife des Fraser ungefähr parallel verläuft, bis zur Mündung verfolgt; dort war er aber nicht mehr der erste. Amerikanische Bürger waren ihm zuvorgekommen.)
Fraser bestimmte seinen Standort an der Fraser-Mündung. Er konnte messen, soviel er wollte: Er befand sich ungefähr auf 49 Grad nördlicher Breite. Die Columbia-Mündung aber lag, wie er wohl wußte, auf 46 Grad und 20 Minuten. Er schreibt – und seine tiefe Enttäuschung klingt durch:
»Dieser Fluß ist also nicht der Columbia. Wenn ich davon schon überzeugt gewesen wäre, als wir unsere Kanus aufgaben, wären wir sicherlich umgekehrt.«
Der außerordentlichen Leistung, einen neuen Riesenstrom entdeckt zu haben, scheint sich Simon Fraser vor lauter Enttäuschung und Ärger gar nicht bewußt geworden zu sein.
Man mußte den Rückweg antreten, stromauf diesmal, über die gleichen halsbrecherischen Klippenpfade, die man gekommen war, die nun wenigstens keine Überraschung mehr bedeuteten.
Es mangelte aber keineswegs an neuen Widerwärtigkeiten. Vielleicht hatten die Eingeborenen in den Schluchten zuvor den vierundzwanzig Männern nur geholfen, weil man sie loswerden wollte, hatten erwartet, sie würden von den Strudeln des Flusses verschlungen oder von den kriegerischen Stämmen an der Küste erschlagen werden. Weder das eine noch das andere war eingetreten. Die anscheinend unüberwindlichen Kerle kamen statt dessen

zurück, verlangten Träger, Proviant, Obdach. – Aber gerade weil sie so unzerstörbar schienen, traute sich keiner recht an sie heran. Man konnte sie aus der Ferne mit Pfeilen überschütten – aber ihre Gewehre reichten weiter als jeder Pfeil. Man konnte ihnen schwere Felsbrocken auf die Köpfe rollen. Aber diese Männer verstanden den Fall der Steine abzuschätzen, hörten sie kommen und wußten sie zu vermeiden.

Angst und Sorge werden Frasers Mannschaft wie mit Peitschen angetrieben haben. Schließlich gingen den *Voyageurs* die Nerven durch. Feindselige Eingeborene waren sie nicht gewohnt. Sie meuterten und erklärten dem Anführer: Wir wollen fort von diesem verfluchten, irrsinnigen Strom. Wir wollen ihm nicht durch all die schon bekannten Schrecken nach Norden folgen. Wir werden stracks nach Osten ziehen, können diesen Wasserlauf nicht mehr ertragen. Im Osten liegen die Prärien. Wir werden sie erreichen. Dort kennen wir uns aus. Dort werden wir nicht umkommen.

Fraser erkannte sofort, daß solcher Aufruhr ihm und den anderen, gerade auch den Meuterern, gefährlicher werden konnte als alle wilden Ströme des Landes zusammen. Es gab keinen Pfad nach Osten. Es gab keine Karten. In den Rockies hätte der Winter die Männer eingeholt und vernichtet. Ob Fraser, Stuart, Quesnel und vielleicht noch die zwei Indianer die Rückkehr nach Fort George allein bewältigen konnten, wer wollte das voraussagen! Die Furcht vor dem Fraser war es, welche die sonst so standhaften *Voyageurs* aller Vernunft beraubte. Fraser schreibt später in sein Tagebuch:

»Da ich diesen Plan für nichts anderes hielt als eine Ausgeburt ihrer Verzweiflung, ließ ich anhalten, aussteigen und versuchte, den Rädelsführern ihren Irrsinn auszureden. Doch erklärten zwei im eigenen Namen und in dem der anderen, daß ihr Entschluß feststünde und daß sie glaubten, sich auf keine andere Weise vor dem sofortigen Untergang retten zu können, als eben den (am Fraser) drohenden Gefahren aus dem Wege zu gehen. Denn – so redeten sie – die Reise zu Wasser fortzusetzen, umzingelt von feindseligen Völkern, die jede Gelegenheit wahrnahmen, anzugreifen und sie qualvoll zu bedrohen, das hätte ihnen das Vertrauen auf ihr weiteres Glück völlig zerstört, und das sei schlimmer als der Tod. Ich versuchte, vernünftig mit ihnen zu reden, und drohte ihnen Strafe an, abwechselnd. Die beiden anderen Herren (Stuart und Quesnel) standen mir in meinen Bemühungen bei, ihnen den Unsinn ihres Plans klarzumachen und ihnen die Vorteile darzustellen, die uns allen zugute kommen würden, wenn wir nur in völliger Einigkeit wie bisher zu unser aller Sicherheit zusammenbleiben würden. Nach vielem Hinundhergerede auf beiden Seiten gaben sie schließlich nach. Wir schüttelten uns die Hände, entschlossen, uns für den Rest der Reise nicht voneinander zu trennen.«

Auf einem Felsen über dem tosenden Strom standen vierundzwanzig von Gott und der Welt verlassene, vollkommen auf sich allein gestellte Männer, die, wohl ohne es zu begreifen, Britanniens Anspruch auf ein großes Land begründet hatten, das heute British Columbia genannt wird. Weder ihr König noch ihre Gesellschaft, noch ihre Freunde und Kameraden konnten ihnen helfen, ahnten auch nur, wo sie steckten. Dort hoben sie die Hand zum Schwur und bekräftigten, was Fraser ihnen vorsprach:

»Ich schwöre feierlich vor Gott dem Allmächtigen, daß ich lieber umkommen will, als irgendeinen von uns auf dieser Reise in der Not im Stich zu lassen.«

Sie haben den Schwur gehalten! In der unglaubhaft kurzen Zeit von vierunddreißig Tagen, einen Tag weniger, als die Stromabreise gedauert hatte, zogen sie auf ihrer eigenen Spur nach Norden. Die Thompson-Indianer zeigten sich, im Gegensatz zu den Rothäuten weiter stromab, keineswegs feindlich. Noch einmal über die schrecklichen Uferberge! Es war, als hätte der Schwur, der die Krise ihrer Kameradschaft beendet hatte, ihnen doppelte Kraft verliehen.

Sie fanden den Proviant und ihre Kanus, die sie oberhalb von Camchin versteckt hatten, unversehrt vor. Die unpassierbaren Stellen waren nun bekannt. Man wußte, wo die Boote aus dem Wasser gehoben und getragen werden mußten.

Am 5. August trafen Fraser und seine Getreuen wieder in Fort George ein. Fraser hatte wie Mackenzie auf der fürchterlich schwierigen und gefährlichen Reise keinen Mann verloren. Auch die Kanus kehrten zurück, geflickt zwar, aber durchaus wassertüchtig. Hut ab vor dem knochennüchternen Simon Fraser, seinen Frankokanadiern und zwei Indianern!

Der gewaltige Strom des kanadischen Nordens trägt den Namen eines Mannes, der gar nicht ihn, sondern eigentlich den Fraser erkunden wollte: Mackenzie.
Mit gutem Recht trägt der große Strom des kanadischen fernen Westens den Namen eines Mannes, der gar nicht ihn, sondern eigentlich den Columbia erkunden wollte: Fraser!

Heute zieht hoch über den senkrechten Wänden des Canyon, die Simon Fraser und seine Männer durchstiegen, an das Spinnengewebe der Indianerleitern und Stricke geklammert, die prachtvolle Autostraße des Trans Canada Highway (No. 1) dahin, nicht minder kühn, wenn man es recht bedenkt und mit offenen Augen erlebt, als Fraser und seine dreiundzwanzig Voyageurs kühn gewesen sind.

Die Straße No. 16 am Nechako, Bulkley und Skeena

Als ich Prince George an der Mündung des Nechako in den Fraser nach dem 2. Weltkrieg zum erstenmal wiedersah, wollte ich meinen Augen nicht trauen, so sehr hatte es sich verändert. Und als ich 1970 und 1975 einige Male für längere Zeit dort verweilen mußte und mein schönes Zimmer im 7. Stock des *Inn of the North* genoß mit seinem weiten Blick über die Stadt hinweg zu den grenzenlosen Wäldern, von denen die Stadt ringsum eingezingelt wird, als livrierte Kellner und Kellnerinnen mir in durchaus großstädtisch anmutenden Restaurants nach einer langen Speisekarte mit vielen Spezialitäten formvollendet mein Essen servierten (dessen Preis allerdings auch großstädtisch anmutete), da mußte ich mich manchmal heimlich in den Oberschenkel kneifen, wenn es mir plötzlich wieder aufstieß, daß sich all dies in der gleichen Stadt abspielte, die ich im Herbst und Winter 1927 als junger Sonderberichterstatter der ehrwürdigen, unter Hitler unsanft entschlafenen *Vossischen Zeitung,* Berlin, zum erstenmal erlebt habe.

Damals habe ich Prince George als ein ziemlich trostloses und mißmutiges Drecknest kennengelernt; seine Bewohner schienen samt und sonders von grauer Hoffnungslosigkeit befallen. Die großen Erwartungen, die an die 1914 vollendete Bahnstrecke der *Canadian National* vom Yellowhead-Paß und Edmonton her (der Hauptstadt der Provinz Alberta) nach Prince Rupert am Stillen Ozean geknüpft worden waren, hatten sich nicht erfüllt. Die großen Straßen, die sich heute in Prince George kreuzen, die 97 nach Norden zum Yukon und nach Alaska, die 16 nach Westen und zum Meer, waren noch nicht gebaut.

Außer der *Canadian National,* welche die Verbindung von Osten nach Westen herstellte, war eine Nord-Süd-Verbindung von Vancouver über Prince George ins Gebiet des oberen Peace River geplant und auf dem Südabschnitt zum Teil auch schon gebaut; etwa siebzig Kilometer südlich von Prince George jedoch war der

Bahnbau der *Pacific Great Eastern* steckengeblieben und hatte die Stadt nicht erreicht. Seit 1921 mußte vom Ende der Bahn ab eine zweimal in der Woche verkehrende Pferdekutsche benutzt werden, sehr romantisch, aber sehr unkomfortabel.
Auch an ihrem Südende vor Vancouver war die Strecke nicht fertig geworden. Der Zug konnte erst in Squamish bestiegen werden, etwa fünfzig Kilometer nördlich von Vancouver. Die *PGE* stellte sich also viele Jahre lang als eine Bahnlinie ohne rechten Anfang und ohne rechtes Ende dar, erfüllte den Zweck, für den sie gedacht war, nur ganz unvollkommen. 1927 hatten die Schulden der *Pacific Great Eastern Railway* die für ein so jämmerliches Unternehmen phantastische Summe von 78 Millionen Dollar erreicht; die Gesellschaft stand vor dem Bankrott. In Prince George gab kein Mensch auch nur einen Pfifferling für die *PGE.* Zudem gingen viele Geschichten um, die wissen wollten, daß jeder zweite Zug aus den Schienen spränge, ein Fahrplan überhaupt nicht mehr eingehalten würde. Die riesig hohen Brücken aus Baumstämmen schwankten wie Rohr im Winde, wenn ein Zug mit drei Meilen Geschwindigkeit darüber hinkroch. Wer also nicht besonders abenteuerlustig veranlagt war, der machte vor und hinter der *PGE* drei Kreuze.
Die hölzernen Bürgersteige in Prince George waren auf niedrige Pfähle gestellt, damit sie – und die Fußgänger – bei Regen nicht im grundlosen Morast versanken. Am erbarmungswürdigsten aber fand ich das sogenannte Hotel, in dem ich damals mehrfach übernachtet habe. Wie allen anderen Einrichtungen der Stadt war auch diesem sonderbaren Gasthaus – ich habe seinen Namen vergessen – oder vielmehr seinem Erbauer und Besitzer vorzeitig der finanzielle Atem ausgegangen. Die Geschosse waren zwar fertig geworden, aber die Trennmauern zwischen den Hotelzimmern nicht; nur Bretterwände bis etwa über Mannshöhe waren aufgerichtet. Diese nach oben offenen Verschläge dienten als Zimmer.
Die Bewohner der Stadt, soweit sie nicht Eisenbahner der *Canadian National Railway* waren, lebten alle direkt oder indirekt vom Holz der unabsehbaren Wälder, in welche Prince George gebettet ist. (Mit gutem Grund nennt sich Prince George auch heute noch und heute erst recht *White Pine Capital of the West,* was etwa ›Weißföhren-Hauptstadt des Westens‹ bedeutet. Die White Pine herrscht in den Wäldern am großen Knie des Fraser vor.)

Die Logger oder Lumberjacks, die Holzfäller und Waldarbeiter, führten in den Logging-Camps, den Waldlagern der Holzfäller, ein sehr abstinentes Leben. Wein, Weib und Gesang waren strikt untersagt; es dachte sowieso kein Mensch daran, bei der schweren und gefährlichen Arbeit in den Wäldern zu singen. Um so mehr wurde an Wein und Weib gedacht – es konnte auch Whisky sein oder Gin. Wenn die Logger gelegentlich in die Stadt kamen, die einzige weit und breit, die bei gehörigem guten Willen diesen Namen verdiente, so hatten sie sich ihre Ehefrauen schon lange vorher ins Hotel bestellt. Es kann natürlich auch sein, daß es nicht immer waschechte Ehefrauen gewesen sind, die dort aufkreuzten. Ich glaube kaum, daß der griesgrämige Mann im nie geplätteten Anzug, der den Empfang bewachte und darauf sah, daß jedermann seinen oder einen Namen in das riesige, abgewetzte Gästebuch eintrug – der mürrische Stanislaw Gresinsky, genannt Greasy –, sich kaum nach den Trauscheinen seiner verheirateten Gäste erkundigt haben wird. Dazu waren die Zeiten in Prince George damals viel zu schlecht.
So passierte es mir dann, daß sich im – oben offenen – ›Zimmer‹ links von mir ein zäher Ehezank über die Runden schleppte, während rechts von mir leidenschaftliches Liebesgeflüster die dünne Holzwand erbeben ließ. Ich armseliger Junggeselle mitten dazwischen – eine aufregende und den Schlaf raubende Situation!
Inzwischen hat der 2. Weltkrieg – was übrigens auch an vielen anderen Stellen in B. C. festzustellen ist – der Stadt einen außerordentlichen Auftrieb gegeben. Prince George wurde zu einem wichtigen Stützpunkt für die Flugverbindung nach Alaska und verfügt heute über einen sehr großen und gut ausgerüsteten Flugplatz. Die Straßen nach Westen, Osten, Norden, Süden sind gebaut. Auch die sieche *Pacific Great Eastern* hat sich kräftig erholt, nachdem der Staat die bankrotte Gesellschaft schließlich übernehmen und dem System der *Canadian National* angliedern mußte.

Die *PGE* beginnt nun ihre Strecke, wie es sich gehört, in Vancouver, zwar nicht am Hauptbahnhof, sondern in Nord-Vancouver, wohin die Reisenden vom Zentrum der Stadt mit Omnibussen befördert werden. Die Trasse für den Schienenstrang am Howe-Sund entlang in die schroffen und völlig unwegsamen

Uferberge zu sprengen war außerordentlich schwierig und hat hohe Kosten verursacht. Jetzt aber ist endlich geglückt, was so viele Jahre aufgeschoben, ja für unmöglich gehalten worden war.

Wer sich auf die denkbar bequemste Weise ein Erlebnis grandioser Landschaften, herrlicher Fernblicke über Meeresbuchten, schäumende Flüsse und Gletscherberge zubilligen will, der reise mit dem Zug der *Pacific Great Eastern* einmal von North Vancouver nach Lillooet und wieder zurück; er wird es nicht bereuen – und kann sich obendrein sagen, daß ihm in dieser Gegend kein Autofahrer die Reise nachmachen kann, denn die Straße nach Lillooet über Squamish ist erst zur Hälfte fertig, und es wird noch lange dauern, ehe dies schwierige Stück Hochgebirgsstraße mühelos befahrbar sein wird. (Allerdings läßt sich auch offziellen Karten entnehmen, daß die letzten hundert Meilen der Verbindung No. 99 von Vancouver nach Lillooet – östlich von Pemberton – zu befahren ist, sogar über drei verschiedene Routen. Doch heißt es bei der nördlichsten dieser Routen »Summer Travel only«, also: »Nur im Sommer zu befahren« – bei der mittleren Route steht angemerkt »No Winter Maintenance« – also etwa »Im Winter wird die Straße nicht offengehalten« – und neben der Südroute verkündet auf der Karte dünngedruckter Text wiederum »Summer Travel only« und außerdem »Restricted«, also: »Nur Sommer-Verkehr« und auch der noch restricted, d. h. »eingeschränkt«. – Wer große, kaum gezähmte Länder wie den kanadischen fernen Westen kennt, der schließt aus solchen Kartenangaben völlig eindeutig folgendes: Die Verbindung Vancouver – Lillooet ist auf ihrem letzten nordöstlichsten Abschnitt gefahrlos nur im Sommer mit einem vierrad-angetriebenen Fahrzeug zu bewältigen – und auch das nur, wenn der Fahrt mindestens drei Tage trockenen, sonnigen Wetters vorausgegangen sind. Genau dies sollte sich jeder vorhalten, der kühn – oder vorwitzig – genug ist, die Strecke Vancouver-Lillooet auf direktem Wege über die 99 unter die Räder zu nehmen.)

Von Prince George aus nach Norden und Nordosten ist die *PGE* ebenfalls fertiggestellt, hat über die Rockies – wo sie den niedrigen Pine-Paß benutzt – das Peace-River-Gebiet erreicht und dort Anschluß an das Netz der *Canadian National* in Alberta und damit ganz Kanada gewonnen.

 Prince George ist nun wirklich das große Wegekreuz im Herzen

British Columbias geworden, von dem die ersten Grundstücksspekulanten in den Jahren um den 1. Weltkrieg, allerdings noch verfrüht, geträumt haben. Wer sich damals engagiert und später trotz aller Rückschläge, Enttäuschungen und Widrigkeiten an seinen Grundstücken oder seinen Geschäften festgehalten hat, der konnte unter gar keinen Umständen verhindern, ein wohlhabender Mann zu werden.

Man kann in Prince George ganz unmittelbar – weit besser als in den großen Städten – studieren, daß der Reichtum und das Wohlleben in Kanada und den USA nicht auf eine besonders hohe Intelligenz oder auf eine überzeugende Leistungsüberlegenheit (mit Europa verglichen) zurückzuführen ist, sondern ganz einfach auf die Tatsache, daß in Nordamerika auch heute noch sich eine größere Fülle von Möglichkeiten des Verdienstes, der Spekulation, der gewinnbringenden Arbeit auf unzähligen verschiedenen, noch nie beackerten Feldern dem Aufmerksamen und Entschlossenen anbietet. Gelegentlich kommt das auch noch in Europa vor, wenn zum Beispiel in einem Lande ein verlorener Krieg wirtschaftlich und gesellschaftlich *tabula rasa* gemacht hat, alten Besitz und Einfluß, alte Mächte und Traditionen hinweggefegt hat. Im allgemeinen aber sind in Europa die Positionen vergeben; es gelingt fast nie im Verlauf eines Menschenlebens, ganz unten anzufangen und ganz oben zu enden, die gesellschaftliche Schicht zu verlassen, aus der man hervorgegangen ist. Was tun, spricht Zeus, die Welt ist weggegeben –! Das gilt in Europa für die allermeisten Menschen.

Es gilt heute in großem Umfang auch für die riesigen verstädterten Gebiete der USA, besonders im atlantischen Nordosten und im pazifischen Westen; es gilt schon, wenn auch in verringertem Maße, für den kanadischen Osten zwischen Québec City und Windsor/Ontario. Aber es gilt ganz sicherlich nicht für den kanadischen pazifischen Westen.

Es ist eine ganz wesentliche Facette des großen Zaubers, den British Columbia und Alberta auch auf den beruflich oder geschäftlich dort gar nicht interessierten Fremden ausstrahlen, daß er in der wie elektrisierten Luft spürt: Hier ist die Welt noch jung und das Leben neu. Hier sollte es doch mit dem Teufel zugehen, wenn ich hier nicht etwas Besonderes auf die Beine bringe. Hier sind noch tausend Wälder nicht durchstreift, tausend Berge noch nicht auf ihre

Reichtümer abgeklopft, abertausend stille Täler noch nicht auf ihre Fruchtbarkeit erprobt. Hier wohnen in einem königlich weiten Lande von einmaliger Pracht nur zwei Millionen Menschen. Hier ist noch Platz, Raum, Leere, unendliche Freiheit und Weite im Überfluß vorhanden. Hier stoße ich nicht – materiell wie ideell genommen – auf Schritt und Tritt mit anderen zusammen, die schon früher da waren. Und keiner, der hier einen neuen Anfang, eine neue Unternehmung versucht, wird scheel angesehen, weil er anderen Platz wegnimmt. Er ist vielmehr willkommen, weil er die große und manchmal erdrückende Leere verringern hilft.

So habe ich stets in Städten wie Prince George oder Vernon, Prince Rupert oder Kamloops, Dawson Creek oder Burns Lake, Banff oder Hinton oder Grande Cache eine ganz selbstverständliche und hilfsbereite Freundlichkeit, überall eine vorurteilslose Kameradschaftlichkeit erlebt, die das Dasein außerordentlich erleichtert und Spannungen gar nicht erst aufkommen läßt. Hier wird man zunächst und vor allen Dingen danach beurteilt, wes Geistes Kind man selber ist. Bemüht man sich, als ein *nice guy*, ein *good fellow*, ein ›anständiger Kerl‹ mit jedermann umzugehen, so kann man sicher sein, auf die gleiche Weise angenommen und behandelt zu werden. Hier wird man als ein Mann von Anstand, Ehre und Sauberkeit angesehen, solange man nicht das Gegenteil bewiesen hat. In Europa hockt einer auf dem andern, und keiner traut dem andern.

Prince George mag seinem Stadtbild nach keinen besonders großartigen Eindruck machen, wenn man die alten, schönen Stadtbilder Europas nicht vergessen kann. Die Stadt mit ihren riesigen Fabriken für Holzverarbeitung zerfließt einigermaßen formlos nach allen Seiten. Die Straßen im Zentrum sind breit zwar und luftig, aber ein bewußt komponiertes Gesamtbild ergeben sie nirgends. Der Zweck allein, das vorhandene Geld – und der Zufall! – bestimmen die Fassaden. Produktionsstätten, Schuppen, Warenhäuser, Eßläden und Gaststätten jeder Preislage, Banken, Büros, Ämter – alles drängt sich kunterbunt ohne irgendeine zusammenfassende architektonische Vorstellung, ohne erkennbaren Plan an den Hauptstraßen entlang. Die Zentren der Klein- und Mittelstädte sehen sich überall so zum Verwechseln ähnlich, daß man sie in der Erinnerung kaum auseinanderhalten kann.

All das sei zugegeben und ist unbezweifelbar! Es verführt viele Besucher aus dem alten Europa mit seinen alten Städten voller ›Charme und Atmosphäre‹ zu abschätzigen und mitleidigen Urteilen. Sie wissen nicht, diese heimlich oder auch öffentlich hochmütigen Besucher, daß es sich in diesen scheinbar so reizlosen Städten und Städtchen, in denen sich das wahre kanadische (und amerikanische) Leben abspielt, ausgezeichnet leben läßt, daß man hier im Privaten sehr großzügig und komfortabel wohnt, daß man Platz hat, daß man ebensowohl sehr zurückgezogen für sich selber zu bleiben und seinen Liebhabereien in der Stille nachzugehen vermag, wie es andererseits nicht schwierig ist, viele und vielfältige gesellschaftliche und freundschaftliche Beziehungen zu entfalten. In den stillen und freundlichen Straßen der Wohnviertel, welche allerdings der Außenseiter nur selten zu sehen bekommt, da er in den Hotels im Zentrum oder in den Motels an den Durchgangsstraßen sein Unterkommen findet, in diesen ruhigen und gepflegten Wohnvierteln reiht sich ein hübsches Heim ans andere, sie alle in Gärten, Blumen und Bäume gebettet. Die Ärmeren und die Reicheren unterscheiden sich nur dadurch, daß die Grundstücke größer oder kleiner sind, die Zahl der Zimmer höher oder niedriger ist, aber kaum in Stil und Aussehen. Es baut sich niemand einen Zaun um sein Grundstück und Haus wie bei uns, so daß man meinen kann, man führe durch einen großen bunten Park, in den hübsche Bungalows gestellt wurden.
Prince George, die ‹Weißföhren-Hauptstadt des Westens‹, wird weiter wachsen und gedeihen. Wenn irgendeine Stadt in British Columbia eine vielversprechende Zukunft vor sich hat, dann ist es Prince George, das wichtige Straßen-, Bahnen- und Luftverkehrskreuz im Herzen der Provinz.

Eine schöne Straße, die 16 von Prince George nach Prince Rupert, besonders dann, wenn man sich gelegentlich von den Seitenwegen verlocken läßt, die von der Hauptader nach Norden oder Süden abzweigen!
Von Vanderhoof macht sich die Straße 27 auf, um den Stuart Lake und Fort St. James zu erreichen. Die Namen wirken wie ein Magnet, denn Fort St. James wurde ja von Simon Fraser gegründet und der Stuart Lake nach Simon Frasers jungem Fahrtgenossen

John Stuart benannt. Noch stehen inmitten von Fort St. James, einem sehr weitläufig angelegten Städtchen am blitzenden, klaren Stuart Lake, die alten Blockhäuser der *North West* und später der *Hudson's Bay Company*.

1821 fand die alte und bittere Rivalität der beiden Pelzhandelsgesellschaften, die sich um die Erschließung des kanadischen Westens und Nordens höchst verdient gemacht haben, endlich ihr einzig sinnvolles Ende: Die zwei Konkurrenten schlossen sich unter dem Namen der älteren von beiden, der *Hudson's Bay Co.*, zu einer einzigen Gesellschaft zusammen.

Mit Respekt und einer unbestimmten Wehmut stolperte ich durch das hohe Gras, um die wie für die Ewigkeit gefügten festen Blockhäuser, in denen früher die Tauschwaren für die Indianer und die eingehandelten Pelze gestapelt wurden, wo die Schotten der *North West* oder der *Hudson's Bay* sicherlich nicht übermäßig komfortabel gehaust haben, wohl aber streng getrennt von allem übrigen weißen und erst recht allem farbigen, in diesem Falle rothäutigen Volke. Die Schotten, Partner oder Angestellte der Gesellschaft, sie waren hier allesamt *Gentlemen;* sie wurden respektvoll mit Mister Macsoandso angeredet und zitiert, niemals allein mit ihrem bloßen Namen. Die ganz unentbehrlichen Frankokanadier dagegen waren nur *Men* und wurden mit ihren Vornamen gerufen, waren Jacques, François oder Pierre. Und die Indianer waren weder *gentlemen* noch *men*, sondern eben Indianer, was sonst!

Die Hauptstadt von New Caledonia

Schade, daß die alten Gebäude des ursprünglichen Fort St. James mit der Zeit vom Moder aufgefressen werden; sie werden ja nicht mehr benutzt. Vielleicht findet sich rechtzeitig eine historische Gesellschaft oder ein Department der Regierung mit genügend Geld, diese vorläufig noch stabilen Zeugen der Vergangenheit vor dem Verfall zu retten.

Fort St. James ist bis 1858 die Hauptstadt von New Caledonia gewesen, wie Simon Fraser das Land weit ringsum genannt hatte.

 Der Ort hat alle Aussicht gehabt, zum Zentrum des heutigen

mittleren British Columbia zu werden. Das kurz nach Fort St. James gegründete Fort George war dagegen in den zehn ersten Jahrzehnten seines Daseins ein kleiner Pelzhandelsposten geblieben.

Aber dann kam kurz vor dem 1. Weltkrieg die Eisenbahn von Osten heran. Fort George, das in dem späteren Prince George aufging, verwandelte sich in ein lautes, wildes, ungeheuer geschäftiges Lager der Bauarbeiter und Schienenleger, wurde Sitz von Ämtern und Handelshäusern und fing an zu wachsen wie ein Pilz beim ersten Regen. Dieser *Boom* hielt zwar nicht an; doch war Prince George ein für allemal seiner beschaulichen Vergangenheit entrissen.

An Fort St. James glitt die Eisenbahn in weitem Abstand vorbei. 65 Kilometer trennen den Ort von dem Schienenstrang der *CNR*. War es schon geschädigt worden, als in der Mitte des vorigen Jahrhunderts die Provinz British Columbia Gestalt annahm, New Caledonia unzeitgemäß wurde und das Schwergewicht der Verwaltung in die südwestliche Ecke des großen Gebiets an die Küste rutschte, so sah sich der einstmals wichtige Ort endgültig in die hinteren Ränge gedrängt, als die Eisenbahn sich nicht bis zum Stuart Lake hinauf bemühte, was im Rückblick merkwürdig anmutet, denn Schwierigkeiten des Geländes bestehen in jenen Gebieten nicht.

Heute allerdings ist Fort St. James wieder zu bescheidenem Leben erwacht. Auch hier hieß das Zauberwort ›Tourismus‹. Die große Schönheit, der Friede und Zauber dieser Landschaft, welcher schon die ersten Europäer, die sie sahen, erlagen, so daß sie dem Land den Namen ihrer fernen Heimat verliehen, New Caledonia, Neu-Schottland, dieser Glanz und diese stille Herrlichkeit bestehen bis zum heutigen Tage unverändert fort.

Gewiß, es gibt ein paar Sägemühlen in der Gegend; noch immer wird von den Indianern ringsum ein wenig Pelztierfang betrieben. Die Indianer gehen zur Kirche und sind stolz auf ihr hübsches weißes Gotteshaus. 1842 schon hat der Bischof Demers hier eine Gemeinde gegründet. Die Einwohner der Reservation Nescolsie in der Nähe von Fort St. James, etwa 400 an der Zahl, die dem Stamm der Takulli (oder Carrier) angehören, sind längst allesamt eifrige, wenn auch nicht besonders musterhafte Christen. Niemand bestreitet ihnen ihr Heimatrecht. Sie arbeiten im Holz oder dienen als

Wildnisführer für gutes Geld den Touristen, die hierherkommen, um zu fischen und zu jagen oder auch einfach nur ihr Kanu mit leise pochendem Außenbordmotor über den blau leuchtenden Stuart Lake gleiten zu lassen – er ist gut achtzig Kilometer lang – und in die verstohlenen Flüsse einzufahren, die aus den unendlichen Wäldern dem See zustreben. Die Stille ist groß hier und der Frieden noch größer. Die Unruhe der modernen Welt liegt so weit, als gäbe sie es gar nicht.

Es ist ein alter Traum von mir, mich einmal in Fort St. James in ein gutes Boot zu setzen, wohlversehen mit einem warmen Schlafsack, einer festen Plane gegen den Regen – aber im August und September kann man fast immer auf schönes Wetter rechnen, blaues, helles, selig-heiteres Wetter von einer seidenen Zärtlichkeit: warm, aber nicht heiß, kühl und frisch, aber nicht kalt – am Stuart Lake habe ich immer gemeint, noch gar nicht erfahren zu haben, was schönes Wetter in der Wildnis bedeuten kann, so schön und anschmiegsam wehten dort die Lüfte! – ja, also, mich dort in Fort St. James mit einem guten, erprobten Gefährten zusammenzutun, etwa mit Harry oder mit Tex oder auch mit beiden, und dann jene wunderbare Kanuroute auszuprobieren, die über den langgestreckten Stuart Lake und verschwiegene Wasserläufe zum Trembleur Lake führt, von dort über den Middle River zum endlos sich dehnenden Takla Lake – und wieder zurück nach Fort St. James, wenn man es nicht auch noch mit dem kräftigen Driftwood River aufnehmen und noch weiter nach Norden bis zum Bear Lake vorstoßen will.

Man muß gut mit Proviant versehen sein für diese lange Wasserfahrt ein wenig im Stil der alten *Voyageurs,* auch mit Benzin, das es unterwegs nur zwei- oder dreimal gibt – wenn man Glück hat, ein sehr teures Glück. Etwa 250 Kilometer nach Norden wären zu bewältigen und noch einmal die gleichen zurück. Da ließe sich das große Land, die wunderbare Wildnis, in welcher der Mensch noch nicht einmal an einem halben Dutzend Punkten, besser Pünktchen, nur Nadelstichen, Fuß gefaßt hat, dort also ließe sich die königliche Einöde noch ganz und gar so ›erfahren‹, wie in längst vergangenen Zeiten die *Voyageurs* das große Land gesehen haben – *Long et large est la Rivière du Loup* sangen sie –. Aber der alte Traum, noch einmal die Trembleur-Route unter dem Kiel des Bootes zu wissen, wird wohl immer ein ›alter Traum‹ bleiben und in den Aktenordner abgelegt werden müssen, wo schon andere alte Träume ruhen. Einfacher ist es zu verwirklichen, sich der schlechten, am besten mit einem vierradangetriebenen Fahrzeug zu bewältigenden Straße anzuvertrauen, welche die No. 27 (die in Vanderhoof an der großen No. 16 beginnt) über Fort St. James hinaus nach Norden fortsetzt und die dann erst nach etwa 200 Kilometern in einen endgültig nicht mehr befahrbaren Pfad übergeht, der selbst für einen Jeep zu schwierig wird. Unterwegs trifft man in Manson Lake lediglich Larry und Margaret Owen, die dort einen Handelsposten, einen Kaufladen für alles und jedes unterhalten, was die Indianer, die wenigen Trapper und Prospektoren und die wenigen Neugierigen aus der Ferne wie z. B. meine Wenigkeit, die Fischer und Jäger aus den Gebieten weiter im Süden unter Umständen nötig haben könnten. Außerdem haben die Owens natürlich Benzin anzubieten und fungieren gleichzeitig als die Postmeister der Gegend. Aber die Post findet nur einmal im Monat in diese Einsamkeit hinauf. Die meisten Leute hier sind der Meinung, das genüge vollauf.

»Germansen Landing«

25 Kilometer weiter auf bockig schlechter Straße rumpelt man dann durch Germansen Landing, das heißt, viel hindurchzurumpeln ist nicht da: Auch in Germansen Landing lebt nur eine einzige Familie, Mann, Frau und drei Kinder, ein Mädchen und zwei Buben, Westfall heißen sie. Der große Omineca River fließt vor der Tür vorbei; man kann auf ihm mit kleinen Wasserflugzeugen niedergehen. Wenn man allerdings mit dem Auto viele Stunden lang unterwegs ist, keinem anderen Wagen, keinem Menschen, keinem lebenden Wesen überhaupt bis auf einen lässig abtrabenden Elch begegnet ist, dann hat man die außerordentliche Einsamkeit, in der die Owens oder die Westfalls leben, viel unmittelbarer erlebt, als wenn man in wenigen Stunden aus der Großstadt angeflogen kam. Die Westfalls gehören zu einer besonderen Art von Leuten, die in den Hinterwäldern von British Columbia gar nicht allzu selten anzutreffen sind.

Ich habe ausführlich von Tex Hansen und Ingeborg Hansen

berichtet, die am Clearwater Lake im Klinaklini-Gebiet eine kleine Oase der Menschlichkeit und Behaglichkeit geschaffen haben – für sich und gelegentlich auch für andere Leute, die an ihrem wunderbaren Frieden teilhaben wollen. Ich kann die Geschichte der Westfalls von Germansen Landing nicht ebenso in allen Einzelheiten berichten, sondern muß mich kurz fassen.

Westfall ist seiner Ausbildung und seinem Studium nach – wir würden wohl sagen: Diplomingenieur. Er hat eine vorzügliche und nach einigen neuen Konstruktionen, die ihm gelangen, auch sehr aussichtsreiche Stellung im Flugzeugbau bei *Douglas Aircraft* in Kalifornien innegehabt. Ganz plötzlich hat er ›alles hingeworfen‹, hat zum ungläubigen Erstaunen seiner Vorgesetzten und Kollegen auf eine weitere Karriere bei einer der besten Gesellschaften der amerikanischen Industrie verzichtet, hat alles verkauft, was er besaß, hat seine Frau und seine Kinder ins Auto gepackt und ist nach Norden gefahren. Wenn er gefragt wurde, warum er alle Brücken hinter sich abbräche, so hat er etwa geantwortet:

»Mir paßt es nicht und meiner Frau paßt es auch nicht, daß unsere Kinder den ganzen Tag lang, vom Morgen und Abend abgesehen, Einflüssen in der Schule und in der Nachbarschaft ausgesetzt sind, die verderblich wirken müssen, so sehr wir uns auch Mühe geben, ihnen entgegenzuarbeiten. Wir glauben nicht, daß Beatmusik, verrückte Kleider, konfektionierte Anti-Ansichten über die Eltern und die vorhandenen Einrichtungen in Staat und Gesellschaft, daß uferlose sogenannte Liberalität auf sexuellem und moralischem Gebiet den Kindern ohne unsere Zustimmung und ohne jede Möglichkeit einer Kontrolle aufgedrängt werden sollten. Außerdem bin ich zwar gern bereit zu arbeiten, und das schwer; aber ich bin nicht bereit, mich in dem Gezerre von Spannungen in einem der heutigen Riesenbetriebe durch die Mühle drehen und verschleißen zu lassen. Wir wollen uns einen Platz suchen, wo wir auf anständige Weise einen bescheidenen Lebensunterhalt verdienen und unsere drei Kinder zu anständigen, selbstbewußten und lebenstüchtigen Menschen erziehen können; einen Platz, wo die Luft noch sauber, das Wasser in den Flüssen zum Trinken rein und die Welt noch jung ist. Und das rechtzeitig, solange meine Frau und ich noch stark genug sind, neu anzufangen, und solange unsere Kinder noch ihren natürlichen Empfindungen folgen, sich die Eltern zum Vorbild nehmen und nicht einen Reklameonkel oder halbseidenen Star aus dem Fernsehprogramm.«

Sie sind weit gefahren, die Westfalls, fanden, was sie suchten, erst im innersten Herzen des nördlichen British Columbia an den Ufern des Omineca-Flusses, wo es in vergangenen Jahren einmal einen – keinen Gold-, – sondern Silberrausch gegeben hat. Dort stand ein alter Urwald-Kaufladen zum Verkauf. Der war weit genug entfernt ›von allem‹.

Seit dem Anfang der sechziger Jahre haben die Westfalls die schon halb zerfallenen Blockhäuser großartig wieder hergerichtet und ein paar kleinere *cabins,* einräumige Wohnhütten aus schweren Fichtenstämmen, dazugebaut. Der Laden ist reich gefüllt. Westfall ist längst zum Postmeister für den entlegenen Distrikt ernannt, genauer: seine Frau Maggie ist *postmistress.* Er führt das Register für Schürfrechte und vergibt *claims,* das heißt Ansprüche auf bestimmte Parzellen, die Mineralien versprechen. Er ist der Standesbeamte für weit und breit, registriert Eheschließungen, Geburten, Todesfälle. Auch die Indianer schätzen ihn sehr.

Außerdem sind die Westfalls Mitarbeiter der Wetterbehörde von B. C. Maggie hat jeden Tag die Wetterbeobachtungen, Luftdruck, Temperatur, Bewölkung, Luftfeuchtigkeit und dergleichen an die Wetterdienststelle in Prince George zu funken.

Und längst hat es sich bei den Inspektoren der Forstbehörde, den Direktoren der Holzgesellschaften, den Geologen und Prospektoren, aber auch bei Fischern und Jägern aus Passion, bei zivilisationsmüden Leuten in den fernen Großstädten als Geheimtip herumgesprochen, daß man bei Westfalls in Germansen Landing am Omineca vorzüglich aufgehoben ist, sauber und angenehm bei gebildeten Leuten wohnen und auf ein gutes Essen rechnen kann. Westfalls haben also ihre Gäste-Cabins reichlich belegt und – wie sie behaupten – fast ausschließlich mit netten Leuten. »In eine Wildnis wie diese hier trauen sich nur nette Leute«, sagt Maggie und hat wahrscheinlich recht, obgleich das Wort ›nett‹ mir in diesem Falle nicht ganz auszureichen scheint.

Und die Kinder sind eine Pracht; sie arbeiten längst mit; ohne ihre Mithilfe wäre die Arbeit gar nicht zu schaffen, dort an der einzigen schmalen Brücke über den glasklar vorbeiwallenden Omineca. Der Schulunterricht ging und geht ganz ausgezeichnet per Post vor sich.

Das *Department of Education* der Provinz British Columbia richtet eine Schule erst ein, wo und wenn mindestens acht Kinder zusammengefaßt werden können. Für Außenposten wie Germansen Landing mit nur drei Kindern gibt es *correspondence courses* – Korrespondenz-Lehrgänge. Jeden Monat bringt die Post die neuen Belehrungen und Aufgaben und nimmt die fertigen Schularbeiten des vergangenen Monats nach Victoria, der Hauptstadt von B. C., zu den Korrespondenz-Lehrern wieder mit. Mir wurde versichert, daß die Kurse ausgezeichnete Erfolge erzielten, wenn wie im Falle Westfall die Eltern gebildet genug sind und sich verantwortlich und aufgerufen fühlen, die Arbeiten der Kinder anzuleiten und zu überwachen.

Ich kann es nur wiederholen: Die Kinder waren eine wahre Pracht, hell, frisch, vergnügt und sprudelnd lebendig, dabei sehr wohlerzogen, zugleich jedoch in vielen Wildnissätteln gerecht. Sie werden ihrer Wildnisheimat sicherlich treu bleiben. Langsam wird aus dem gewagten Experiment der beiden Westfalls, von Maggie und Wes, eine kleine Siedlung entstehen. Andere werden hinzukommen. Die Straße wird verbessert, die gebrechliche Brücke verstärkt und verbreitert werden. Ein paar Menschen haben eine neue Heimstatt geschaffen in der uferlosen Wildnis. Ist dies nicht das uralte Ziel, die uralte Aufgabe der Menschen auf dieser Erde, die einzige wahrhaft befriedigende Aufgabe überhaupt?

Die Westfalls am Omineca haben für sich die Konsequenzen gezogen, haben sich ihre ferne Insel erobert, ohne doch die Brücken vollkommen hinter sich abzubrechen. Immerhin sind sie noch über eine Straße zu erreichen, und kleine Wasserflugzeuge gehen gelegentlich vor ihrer Tür auf dem Omineca nieder.

Sie sind bei weitem nicht die einzigen, die sich mehr oder weniger entschieden von der heutigen Zivilisation getrennt haben. Ich kenne andere, die noch viel radikaler die Einsamkeit gesucht, schließlich gefunden und bewältigt haben. Sie wohnen weit weg von jedem Verkehr, nur über beschwerliche Fußpfade erreichbar. Ich kenne Männer über achtzig, die ganz allein im tiefen Busch hausen, ihr Blockhaus vorzüglich in Ordnung halten und offenbar entschlossen sind, hundert Jahre alt zu werden. Auf die Jagd gehen sie nicht mehr, fürchten sich allerdings auch jetzt noch nicht vor einem Grizzly. Aber der Fluß hundert Schritte weiter in der Schlucht liefert große Lachse und Forellen; eine kleine Rente reicht aus, all das zu beschaffen, was auch in der Wildnis nur gegen Geld zu haben ist, wenn man sich zwei- oder dreimal im Jahre aufmacht, um in Anahim Lake oder in Germansen Landing oder in Beatton River ›einzukaufen‹ und festzustellen, ob sich noch irgendwer des Verschollenen erinnert und einen Brief geschrieben hat, oder ein paar schöne Pelze loszuschlagen, die einem vor die Tür gelaufen sind, oder sich einem wildnislüsternen Großstädter anzubieten, der einen Bären schießen will – das kann er gerne haben; Bären gibt's genug.

Ich kenne auch Fälle, in denen die Einsamkeit und die Wildnis den Leuten gar nicht gut bekommen ist. Schwache Charaktere, die sich vielleicht nur zurückgezogen haben, weil sie mit der Zeit und der Welt nicht fertig werden, versagen auch in der Wildnis, verschlampen und verkommen auf schier unsagbare Weise und werden von allen Nachbarn gemieden. Nachbar ist man hier noch, wenn man im Umkreis von fünfzig Meilen zu finden ist. Es gilt die alte Regel heute genauso wie früher: Die Wildnis macht die Starken stärker, den Schwachen saugt sie das letzte Mark aus den Knochen und bringt sie um.

Der schöne Omineca River

Er stammt aus den Omineca-Bergen, einem mächtigen, noch von keiner Straße, nur einigen Trapperpfaden erschlossenen Gebirgszug, der schöne Fluß gleichen Namens, der in einem Abstand von etwa hundert Meilen Luftlinie westlich der Rocky Mountains von Südosten nach Nordwesten zieht. Das ungeheure Innere des britisch-kolumbischen Nordens wird vorläufig von der Alaskastraße im Osten und Norden, von der eben fertiggestellten Straße von Watson Lake nach Stewart im Norden und Westen nur umzingelt. In einem Gebiet von der Größe der Bundesrepublik Deutschland leben außer den wenigen Indianern, die schon immer hier sehr leise und unauffällig durch die Wälder schweiften, nur ein paar Dutzend Weiße.

Zwischen den Omineca Mountains und den Rocky Mountains zieht sich schnurgerade ein tiefes Tal dahin, von Nordwesten etwa nach Südosten, das den Geographen von jeher Rätsel aufgegeben hat. Ich habe 1970 Gelegenheit gehabt, von Hudson's Hope am Peace River einen Bekannten, seines Zeichens Forstmann und angestellt bei einem der größten holzverarbeitenden Konzerne des amerikanischen Westens, auf einem Fluge den Peace aufwärts bis zum Zusammenfluß seiner beiden Hauptquellflüsse, des Finlay und des Parsnip, und dann den Finlay aufwärts zu begleiten und mir die unendlich weite Landschaft aus der Vogelschau anzusehen.

Ich muß mich gleich berichtigen, den Peace gibt es neuerdings zehn Meilen oberhalb von Hudson's Hope gar nicht mehr. Dort hat man in den letzten Jahren den tiefen Canyon des Peace mit einer gewaltigen Staumauer verbaut, die den Namen des langjährigen und hochverdienten Premierministers der Provinz trägt und W. A. C. Bennett-Damm heißt.

Der Williston-See

Langsam ist nun hinter dem Damm die menschenleere Landschaft voll Wasser gelaufen. Ein langgestreckter riesiger See ist entstanden, auf dessen Sohle einst der Peace dahinströmte. Die Wasser stauen so weit zurück, daß nicht nur das Tal des Peace, sondern auch noch die Täler der beiden Quellflüsse Finlay (nach Norden) und Parsnip (nach Süden) in ihren unteren Hälften vollgelaufen sind und lange Seen bilden. Der neue See ist schon mit einem Namen beglückt worden. Er heißt Williston Lake. Der Finlay und der Parsnip River vereinigen sich nun nicht mehr wie seit Urzeiten, um den Peace zu bilden, sondern sie münden von Norden und Süden in den Nord- und Südzipfel des Williston Lake. Und den Peace gibt es nun nicht mehr vom Zusammenfluß des Parsnip und Finlay ab, sondern erst von dort ab, wo die aufgestauten Wasser, nachdem sie in den Riesenturbinen des Kraftwerks unterhalb des Bennett-Damms elektrische Energie produziert haben, schäumend und tosend in den alten Canyon des Peace entlassen werden.

2,3 Millionen Kilowatt produziert der Bennett-Damm. Das sind über 300 000 Kilowatt mehr, als der riesenhafte Grand Coulee Damm im US-Staat Washington aus dem aufgestauten Columbia herauswirtschaftet. Der Damm, über dessen Krone eine Autostraße führt, ist zwei Kilometer lang und an die dreihundert Meter hoch. Wenn man die neueste Straßenkarte der Provinz zugrunde legt, erstreckt sich der Williston-Stausee in seiner größten Längenausdehnung über 250 Kilometer, was etwa der Entfernung Berlin-Hannover entspricht (Luftlinie).

Die Energie stelzt über eine 500 000-Volt-Leitung auf scheinbar spinnwebdünnen Stahlbeinen viele hundert Meilen weit nach Süden, um dort Fabriken zu betreiben und Häuser zu beleuchten. Sie wandert natürlich auch in näher gelegene Gebiete, zum Beispiel nordostwärts über Fort St. John an der Alaskastraße hinaus auf die Interior Plains, wo außer weiten, noch ungenutzten Gebieten fruchtbarer Schwarzerde unter der Erde unvorstellbar riesige Vorkommen an Erdgas und Erdöl entdeckt worden sind, die nun die vom Peace River gelieferte Energie zu gewinnen hilft.

Wenn sich auch dies Buch nicht mit den wirtschaftlichen und industriellen Möglichkeiten British Columbias und erst recht nicht Albertas beschäftigen kann, so sehr diese auch zur Entwicklung aller Herrlichkeit der Provinzen sonst beitragen mögen, wird es doch interessieren, wenn kurz angemerkt wird, daß schon bei einer allgemeinen Bestandsaufnahme 1966 die sicher festgestellten Reserven an Erdgas im Peace-River-Gebiet auf sieben Trillionen Kubikfuß, die potentiellen Reserven jedoch auf 90 Trillionen geschätzt wurden. Die festgestellten Vorräte an Erdöl betrugen 500 Millionen Barrels; die potentiellen Reserven waren noch nicht einmal geschätzt (1 Kubikfuß = 0,028 Kubikmeter; 1 Barrel = 1,43 Hektoliter). Einige hundert Gas- und Ölbrunnen befinden sich bereits in voller Produktion. Die Provinzen sind Eigentümer aller Gas- und Ölvorräte. Die Abgaben der Gesellschaften, denen die Ausbeutung dieser unterirdischen Reichtümer übertragen ist, machen einen beträchtlichen Teil der Provinzeinnahmen aus und lassen es verständlich erscheinen, daß die zwei Millionen Menschen British Columbias, die nicht ganz zwei Millionen Albertas so ungeheure Projekte wie den Bennett-Damm, besonders auch die großartigen Straßennetze der Provinz zu tragen imstande sind. Vertreter der Gas- und Ölindustrie haben mir versichert, daß keine andere Rohstoffindustrie so hohe Abgaben – auf den Kopf der Bevölkerung gerechnet – an die Provinzregierungen abführt wie die Gas- und Ölproduzenten.

So kommt der Berichterstatter von der Straße 16, der dies Kapitel eigentlich gewidmet ist, auf die Nebenstraße 27 nach Fort St. James und von dort weiter auf der gleichen schmaler und schlechter werdenden Straße nach Germansen Landing am Omineca-Fluß, dem schönen, klaren; und von ihm auf das Gebirge gleichen Namens, das den Rockies parallel verläuft – beide trennt ein tiefer Graben, in welchem einst Finlay und Parsnip flossen und zum Peace sich vereinigten. Denn jetzt laufen die Täler voll Wasser, wie ich großartig erkennen konnte, als ich mich von Hudson's Hope aus in einer kleinen Maschine in die Lüfte schwang, um den funkelnagelneuen, riesigen Williston-Stausee zu erleben.

So ist es in der Tat: Die eine Erscheinung in der großen Provinz leitet den Nachdenklichen zu vielen anderen fort. Man wird nicht müde, die einzelnen Fäden aufzugreifen und sie in ihrer Verflechtung mit anderen zu verfolgen. Der große Reiz – im Gegensatz zu europäischen Verhältnissen – besteht in B. C. wie in Alberta für den aufmerksamen Beobachter darin, daß in so blutjungen Ländern die Zusammenhänge noch offenliegen und zu entwirren sind, so daß man wirklich glauben kann, sie begriffen zu haben, während in den betagten, überfüllten Ländern Europas so viele alte und neue, uralte und kraßjunge Kraftlinien, Restbestände, Fehlentwicklungen, Neuwüchse und Neuanfänge durcheinanderschießen, daß eine Richtung nicht zu erkennen, erst recht nicht vorauszusagen ist. Um es einfacher zu sagen: Unsere Welt ist allzu kompliziert geworden; eine junge Welt wie die der kanadischen Westprovinzen ist noch überschaubar in ihrem Zusammenhang und Zusammenwirken und wird deshalb als so viel menschlicher, menschlichem Verständnis angemessener empfunden als die undurchsichtigen und verhangenen europäischen (und US-amerikanischen) Zustände.

In diesem Tatbestand ist wahrscheinlich die Lösung des Geheimnisses zu suchen, warum im Grunde die allermeisten Bewohner dieser Provinzen ihrer Zukunft und der ihres Landes so sicher sind, warum die versteckte Angst vor dem, was kommt, die zum Beispiel in beinahe jedem Deutschen verborgen ist, in B. C. etwas völlig Unbekanntes und total Unbegreifbares darstellt, und auch bei jenen nicht vorhanden war, die 1975 keine Arbeit hatten; das war etwa jeder zwölfte der arbeitsfähigen Menschen. Man kann sich hier sagen: So wenige Menschen auf so viel Land und mit so viel natürlichem Reichtum – was kann uns auf die Dauer schon passieren! Es mögen Rückschläge kommen, wenn wir zu heftig und zu gierig vorgeprellt sind – wir werden schließlich in unserem königlich großartigen, nirgendwo beengten, von niemandem bedrohten Lande stets ein Auskommen finden.

Ein grandioses Land – ja, insbesondere deshalb, weil hier von europäischer Enge und Bedrohung nichts zu spüren ist, weil diese weiten Gebiete wie eine große, glückliche Insel im Zeitgeschehen schwimmen mit vorläufig noch gar nicht ausmeßbaren Möglichkeiten für Menschen mit Phantasie, Intelligenz und Energie!

Rocky Mountain Trench

Bevor ich aber auf der 16 weiter meerwärts rolle, kehre ich noch einmal nach Hudson's Hope zurück und zu meinem Flug in einer zierlichen Cessna zum Williston-Stausee. Wir erreichten den Punkt, wo der Zusammenfluß von Finlay und Parsnip zum Peace unter der aufgestauten Flut versunken war, bogen hier nach Nordwesten ab, um dorthin zu gelangen, wo der Finlay noch nicht ertrunken, sondern wie seit alters als klarer, schneller Urwaldstrom sein altes Bett behauptet.

Schnurgerade dehnte sich der Stausee in etwa fünf Meilen Breite nach Nordwesten, wurde schmaler, bis dann deutlich die feine Silberlinie des Flusses unter uns auftauchte, auch sie von Nordwesten heranziehend.

Nur aus der Höhe, glaube ich, läßt sich die wohl erstaunlichste geographische Erscheinung British Columbias ganz unmittelbar erleben, und ich erlebte sie nun, sah den Rocky Mountain Trench, den ›Felsengebirgs-Graben‹, aus dem nordwestlichen Horizont heranziehen, so schnurgerade, als hätte ein Gigantenpflug ihn ausgeworfen, um zu beweisen, daß er pfeilgerade eine Furche ziehen könne. Im Norden beginnt dieser Graben fast an der Grenze zum Yukon Territory; zunächst folgt ihm nach Nordwesten der Kechika, ein Nebenfluß des Liard. Dann geht es über eine kaum wahrnehmbare Wasserscheide hinweg. Jenseits davon fließt der Finlay ebenso gerade in dem tiefen, etwa 20 Meilen breiten ›Felsengebirgsgraben‹ nach Südosten, wie weiter oberhalb der

Kechika nach Nordwesten. Dann beginnt der Williston-Stausee den Graben zu füllen, geht dann weiter nach Südosten in jene Furche über, in welcher vor dem Bau des Bennett-Staudamms der Parsnip entlangfloß. Der Parsnip ist nur in seinem Mittel- und Unterlauf ertrunken wie der Peace in seinem Oberlauf. Weiter nach Südosten blieb der Parsnip als Fluß erhalten.

Bis zum Quellgebiet des Parsnip ist der Felsengebirgsgraben, die klare westliche Begrenzung der Rocky-Mountains-Kette, aufs schärfste ausgeprägt. Dann wird er ein wenig verwirrt am großen Knie des Fraser, folgt dann aber wieder eindeutig dem oberen Fraser, der auf seinem Grunde hinzieht. In der Gegend von Tête Jaune Cache zweigt der Graben vom Fraser-Oberlauf ab und nimmt nun auf seinem Grunde den Canoe River auf, der zum Columbia strömt. Der Oberlauf des Columbia benutzt dann den Graben, um aus seinem Quellsee, dem Columbia Lake, zunächst nach Nordwesten zu fließen. Jenseits einer wieder ganz flachen Wasserscheide (bei dem heutigen Ort Canal Flats) verwandelt sich der Graben in das Tal des Kootenay River, dem er bis an die USA-Grenze den Weg vorzeichnet. In seinem südlichen Verlauf zeichnet sich der Graben nicht mehr so präzise ab wie in seinem nördlichen. Im Süden folgen ihm wichtige Straßen und natürlich auch die Kette der Siedlungen. Die Länge dieser erstaunlichen Formation kann man auf etwa 1400 Kilometer ansetzen. Die Theorien der Geographen über seine Entstehung sind noch nicht auf einen Nenner gebracht. Wahrscheinlich stellt er eine Rißspalte der Erdrinde dar, die entstand, als die Kette des Felsengebirges hochgepreßt wurde. Der Graben verläuft ja getreu parallel den Kämmen des Felsengebirges und auch parallel der allgemeinen Linie der Küste – was vermuten läßt, daß die geologischen Kräfte, die das Küstengebirge ebenso wie das Felsengebirge aufgetrieben haben, auch für die Entstehung dieser längsten, die ganze Provinz durchziehenden schnurgeraden Erdfurche verantwortlich zu machen sind.

Wir flogen noch ein Stück den Finlay aufwärts, zur Rechten in der Ferne die Kette der Rockies, zur Linken die der Ominecas. Unter uns der Strom, ein grausilbernes Geschlängel in der Tiefe, manchmal zu uns heraufblitzend, wenn die Sonnenstrahlen es im richtigen Winkel trafen. So weit das Auge reichte: kein Zeichen menschlichen Lebens, keine Straße, keine Bahn, keine Siedlung, wäre sie auch noch so klein, kein Wölkchen Rauch aus einer Hütte; nichts als unermeßliche Wälder-Einsamkeit. Fast war es ein wenig beängstigend: Wenn wir hier niedergehen müßten, wer sollte uns finden?

Aber die kleine Cessna hielt sich wacker und dachte nicht daran zu mucksen. Wir wendeten schließlich, wo der Kwadacha von Nordosten in den Finlay fließt. Dort gibt es sogar eine winzige Ansiedlung, Ware geheißen. Wir waren gut anderthalb Stunden später wieder in Hudson's Hope gelandet. Zwei Tage später rollte ich auf dem John Hart Highway über den Pine-Paß und Prince George wieder auf die No. 16 nach Westen. Dabei wanderten meine Gedanken noch oft zu dem riesigen Williston-Stausee zurück. Eine so ungeheure, sozusagen von heute auf morgen künstlich geschaffene Wassermasse wird in ihrem Gebiet das Klima und wer weiß, was noch, wesentlich verändern, hoffentlich nicht verhängnisvoll, sondern auf erfreuliche Weise. Es bleibt ein Vabanquespiel, das war mir klargeworden. Der Eingriff des Menschen in die Natur hat sich allzu gewaltsam vollzogen. – –

An einem wunderbar strahlenden Tage fuhr ich von Fort St. James ab. Kein Wind ging. Der große Stuart Lake dehnte sich als ein blauer Spiegel bis zum westlichen Horizont. Die Sägemühle unweit der hübschen schneeweißen Holzkirche der Indianermission – Gotik aus Holz – sang ihr melancholisches Lied. Einige Indianer sorgten dafür, daß die schimmernd auf und ab zuckenden Stahlzähne stets neue Nahrung fanden, und bugsierten die Stämme ins Gatter. Die untersetzten Männer mit den breiten rotbraunen Gesichtern hatten offenbar die Arbeit nicht erfunden. Aber wer wollte sich an diesem friedlich klaren, herrlich leuchtenden Tage schon die gute Laune durch Hast und Schweiß verderben lassen! Auch ich war dem allgemeinen Bummeltempo anheimgefallen und schlenderte am See entlang, obgleich ich an diesem Tage noch nach Prince Rupert wollte, also noch eine beträchtliche Strecke zurückzulegen hatte. Der blaue Rauch aus dem rostbraunen Rundturm, in welchem die Abfälle der Sägerei verqualmten, stieg kerzengerade in den blauen Himmel, den noch keine Wolke trübte, nicht einmal ein allererstes, freundlich weißes Schönwetterflöckchen.

Ich nahm Abschied von dem alten Fort, das weiter von vergangener Pelzhandelsherrlichkeit, von Simon Fraser und vergnügten frankokanadischen *Voyageurs* träumen würde, bis der Holzwurm und der Moder es vollends zerstört haben mochten oder bis ein plötzlicher Goldregen in irgendeinem Regierungsamt zu Victoria die Mittel liefern würde, dieses ehrwürdige Zeugnis einer nicht unstolzen Vergangenheit in den Rang eines Museums oder gar in den eines *National Monument* zu erheben.

Aber schließlich saß ich dann doch im Auto, wie es sich gehört, und nahm die groben Kiesel und den Staub der Straße nach Vanderhoof unter meine Räder, stieg noch einmal aus an der Brücke über den Stuart River zu einem letzten Blick über den fernhin leuchtenden See – so blau und blank der makellose Spiegel! Der Abschied machte mir das Herz schwer. Noch ein paar Tage mehr wäre ich gern geblieben, gerade hier, wo mich keiner kannte, keiner mich erwartet hatte, keine Verabredung oder Voranmeldung einzuhalten war – wo ich weiter nichts zu tun gehabt hätte, als dem Herrgott den goldenen Tag zu stehlen; sicherlich eine der angenehmsten Beschäftigungen auf der Erde.

Aber ich hatte mir die verführerischen Flausen aus dem Kopf zu schlagen. Ich war in Prince Rupert angesagt und auch in Kitimat; ich mußte zurück zur schnellen No. 16. Ich trat entschlossen auf den Gashebel, und der dicke graue Staub der nächsten beiden mir entgegenpreschenden Lastwagen belehrte mich darüber – man prallt hinein und kann für ein paar Sekunden in der dichten Wolke nichts mehr erkennen –, belehrte mich energisch darüber, daß der Ernst des Lebens abermals begonnen hatte.

Nach einer knappen Stunde hatte ich Vanderhoof, die Eisenbahn und die No. 16 mit ihrem guten Pflaster wieder erreicht und konnte wehmütige Betrachtungen darüber anstellen, daß dieser gesichtslose Ort, der 1911 von einem reichen Verleger aus Chicago namens Herbert Vanderhoof gegründet worden ist – warum, weiß kein Mensch, aber bei Verlegern ist alles möglich; vielleicht wollte der Gute hier auf billigem Gelände eine riesige Hühnerzucht anlegen, die Eier millionenweise über die zu erwartende Eisenbahn auf den Weltmarkt werfen und den Welteierpreis mit Vanderhoof-Eiern in die Luft sprengen – ja, wehmütige Betrachtungen stellte ich darüber an, daß der Schienenstrang Vanderhoof zu beträchtlicher Größe für diese nur sparsam bevölkerten Gegenden hat anwachsen lassen, während Fort St. James – von der Eisenbahn unverständlicherweise gemieden – einem Dornröschenschicksal anheimfiel, aus dem es nun bald von jenem Prinzen der Moderne wieder erweckt werden wird, der schon manche schlafende Schönheit wiedererweckt hat, wenn auch manchmal unsanft. Sein Name: Tourismus.

Fort Fraser zieht vorüber, 1807 schon gegründet, heute der Mittelpunkt eines fruchtbaren und sich langsam ausbreitenden Farmdistrikts – wie überhaupt der Eisenbahn und der Straße 16 sich nach und nach ineinander übergehende Farmregionen ankristallisieren, wenn erst einmal die Wälder, soweit sie gut verwertbares Holz enthalten, ihrer brauchbaren Stämme beraubt sind.

In Stellako, einem Dorf der Takulli- oder Carrier-Indianer, taucht der erste Totempfahl auf, obgleich die Takulli ein Stamm aus dem Innern von British Columbia sind und mit den großen Stämmen der pazifischen Küste, bei denen die Totempfähle eigentlich zu Hause sind, nichts zu tun haben. Vielleicht wäre die Sitte, die Sippe durch geschnitzte, aus dem gewachsenen Baumstamm herausgebildete Totemzeichen darzustellen und diese Clanszeichen großen Verstorbenen aufs Grab zu stellen, von Stamm zu Stamm weiter nach Osten gewandert, wenn der weiße Mann nicht dazwischengekommen wäre. Erst am Ostrand der Rocky Mountains hätte solche Sitte haltmachen müssen. In den Prärien hätte sie sich nicht durchsetzen können. Dort gibt es keine geeigneten Bäume.

Fünfzig Kilometer weiter westwärts gleitet der Weiler Tintagel vorüber, in grüne Hügel gebettet, klare kleine Seen hier und da, flüsternde Bäche, eine verstohlen romantische Landschaft, in der man sich alte Sagen – von Tristan und Isolde etwa – vorstellen könnte, wenn man nicht wüßte, daß man sich im fernen kanadischen Westen befindet.

Der erste Siedler (oder war es der erste Pelzjäger oder der erste Landvermesser für die Eisenbahn?) muß ähnliche literarhistorische Gefühle im Busen gehegt haben, als er dem schönen Platz den Namen Tintagel verlieh, denn Tintagel ist der Name jenes Dorfes in

Herbst am Miette River zwischen Hinton und Jaspers in Alberta

der Landschaft Cornwall in England, wo die Ruinen von König Arthurs Schloß gestanden haben. King Arthur und seine Tafelrunde spielen in der fernen Frühzeit Englands eine ähnlich wichtige Rolle wie in der deutschen die Nibelungen.
Hinter Tintagel hebt sich die vorzügliche, wenn auch nicht besonders breite Straße hoch in die Berge und gibt überraschend den Blick auf den Burns Lake frei, gleichsam eine Fanfare für die Augen. Von Burns Lake aus – der Stadt an dem gleich allen anderen Seen dieser Gegend sehr langgestreckten See – öffnet sich der Zugang zu jenem Gebiet im Norden des ›Inneren Plateau‹ (Interior Plateau), das den speziellen Namen Nechako Plateau trägt – nach dem wichtigsten Strom, der dieses Gebiet zum Fraser entwässert. Unzählige kleine und riesengroße Seen drängen sich hier hinter- und nebeneinander, im Osten hinüber bis etwa zum Parsnip River, also dem Rocky-Mountain-Graben, im Westen bis unter die Wälle der Küstenkette, im Süden bis an die Wasserscheide zum Chilcotin-Gebiet, im Norden bis an die Omineca-Berge. Nach Norden führt eine Straße zum mächtigen Babine Lake, der Heimat des gleichnamigen Indianerstammes.
Nach Süden führen Straßen zum Tchesinkut, François und Ootsa Lake. 220 Kilometer lang ist der Ootsa Lake mit seinen heute in ihn übergehenden Tochterseen, den Knewstubb, Natalkuzz, Intata, dem Whitesail und Tahtsa Lake, ein gewaltiges Gewässer, das im Süden auch noch in den mächtigen Eutsuk und Tetachuk Lake übergeht. Wer will, kann hier 600 oder 700 Kilometer mit dem Kanu oder dem Motorboot unterwegs sein, ohne jemals auf der eigenen Spur zurückdrehen zu müssen.

Der Kenney-Damm

Um an dieser Stelle den Grund gleich zu sagen: Der *Nechako,* der ›Große Fluß‹ der Carrier-Indianer, ist nämlich bei seinem Ausfluß aus dem Lake Knewstubb durch eine hundert Meter hohe riesige

Mauer, den Kenney-Damm, verbaut, hat im Laufe der vergangenen Jahre ungeheure Wassermassen zurückgestaut, so daß die vielen Seen des Nechako Plateau alle über ihre Ufer traten – entwässerten sie doch alle zum Nechako –, schließlich sich berührten, ineinander übergingen und am Ende ein außerordentlich umfangreiches, geschlossenes Wasserreservoir bildeten. Viele Flüsse, kleinere Seen und unendlicher Wald an den Ufern ertranken langsam in den bis auf die Höhe der Dammkrone steigenden Fluten.

Es entstand also auf dem Nechako Plateau ein vielarmiges, weitverzweigtes Netz von Wasserbecken mit nur unmerklicher Strömung, in welchem alle Stromschnellen, Wasserfälle, See- und Landgrenzen der Vergangenheit ausgelöscht sind. Dies durfte hier riskiert werden, da die Gebiete vollkommen menschenleer waren und sind. Die Elche und Bären, Biber und Hirsche konnten sich auf höheres Land zurückziehen, das sich ja noch immer überreichlich anbot.

Den am weitesten nach Westen, das heißt bis unmittelbar an den Fuß der Küstenkette vorstoßenden Zipfel dieses hundertfach verzweigten, aber eng in sich zusammenhängenden Systems von großen Seen stellt der Tahtsa Lake dar. Die Wassserbau-Ingenieure British Columbias hatten einen phantastisch kühnen Plan entwikkelt: Man konnte die Richtung der Entwässerung des Nechako Plateau sozusagen umdrehen. Anstatt das Wasser über den Nechako und den Fraser im Innern British Columbias nach Süden abfließen zu lassen, konnte man einen langen Tunnel durch den hier recht schmalen Wall des Küstengebirges sprengen und einen Teil der riesigen, im Innern aufgestauten Wassermassen direkt zur Meeresküste ableiten, wobei nur eine Distanz von etwa 16 Kilometer Luftlinie zu überwinden war. Der Spiegel des Tahtsa Lake aber lag etwa 800 Meter über dem Meeresspiegel. Ein mächtiges Gefälle also würde entstehen mit dem Druck der Wassermassen des ganzen Nechako Plateau dahinter. Der Gesamtabfluß über den Tunnel hinunter zum Kemano-Fluß, der sich in den Gardner-Fjord (Gardner Canal) ergießt, würde, wie man errechnete, dem Fraser-System nur etwa 10% seiner Wassermenge entziehen. Das ließ sich vertreten.

Der Tunnel ist gebaut. Das Kraftwerk in Kemano erzeugt in gewaltigen Mengen elektrischen Strom, den eine Fernleitung über

die Berge zum nächsten Fjord, dem Kitimat-Arm des Douglas Channel, transportiert. Dort ist an dem vor allen Stürmen des pazifischen Meeres geschützten, aber tiefen Salzwasser eine der größten Aluminium-Schmelzen der Welt entstanden, die ihren Rohstoff, das Bauxit, aus dem Karibischen Meer durch den Panama-Kanal bezieht. Es lohnt sich, das Bauxit von Jamaika auf die weite Reise nach British Columbia zu schicken, weil da in Kitimat die Elektrizität aus Kemano, von den Wassern des Nechako Plateaus erzeugt, außerordentlich billig angeboten werden kann.
In der grenzenlosen Einsamkeit und Leere des Nechako Plateau merkt man nichts davon, daß all die großen Seen ins Geschirr gelegt worden sind, um unerhörte Mengen von Kraft zu produzieren. Der Whitesail und der Ootsa Lake, nun zu einem See geworden, begrenzen im Norden das größte der Naturschutzgebiete British Columbias, den schon erwähnten Tweedsmuir Park; er umfaßt etwa 3,3 Millionen Morgen völlig unerschlossener wildester Wildnis; nur sein Südende wird von einer groben Straße durchquert, der schon beschriebenen No. 20 von Williams Lake nach Bella Coola; der sehr viel riesigere Norden des ›Parks‹ ist ohne jede Straße geblieben und nur im Boot oder mit dem Flugzeug zu erreichen. Wer diese ungezähmte menschenlose Einöde erleben will, der rüstet sich am besten in Burns Lake aus. Von dort aus lassen sich die Seen und Wälder im Norden wie die des Tweedsmuir Park im Süden noch verhältnismäßig am leichtesten erreichen.
Burns Lake ist wie die meisten Siedlungen an der 16 aus einem Bauarbeiterlager entstanden, als 1911 mit dem Bau der Eisenbahn zur Küste begonnen wurde. Ursprünglich hieß der Ort Burnt Lake (Verbrannter See), weil hier vor vielen Jahren (1869) ein furchtbares Forstfeuer unabsehbare Gebiete vernichtet hatte. Als die Eisenbahner kamen, war der Wald schon wieder so weit nachgewachsen, daß der alte Name nicht mehr verstanden wurde. Schottische Namen liegen in dieser Gegend, die von den Schotten der *North West* und *Hudson's Bay Company* erschlossen und mit Namen ausgestattet wurden, stets nahe; so wurde aus Burnt Lake Burns Lake.
Die Namen der Orte in B. C. haben alle ihre Geschichte. In diesem jungen Lande läßt sich im Gegensatz zum alten Europa fast immer feststellen, wie und wann die Namen entstanden sind, wen und was sie verewigen.

Am Rosen-See (Rose Lake) wandert die Straße 16 über die – kaum merkliche – Wasserscheide zwischen dem Stromgebiet des Fraser im Osten und des Skeena River im Westen. Hier endet das Stammesgebiet der Takulli-Indianer, die ins Inland gehören, und beginnt das Gebiet der Skeena-Indianer, die schon zu den indianischen Kulturen der Pazifischen Küste zu rechnen sind. Der Bulkley Lake zieht vorbei; ihm entspringt der schöne und wilde Bulkley River, der zum Skeena strebt.

Oberst Charles Bulkley war ein Offizier der amerikanischen Armee, der hier 1865/66 eifrig tätig war, eine Telegrafenlinie von Amerika nach Europa zu legen, und zwar über Alaska und Sibirien. Man hielt es damals noch für unmöglich, das Kabel einfach im Atlantischen Ozean zu versenken. Einige Dutzend Millionen Dollar waren schon verpulvert, die Route für den Draht bis weit in den Norden abgesteckt, als überraschend dann doch das Transatlantische Kabel gelang. Die phantastische Idee, Amerika und Europa über Sibirien zu verbinden, fiel urplötzlich in sich zusammen wie ein geplatzter Luftballon, und die schon verausgabten Millionen kehrten niemals zurück. Der Bulkley Lake und River und weit im Norden der Name Telegraph Creek halten ein wenig die Erinnerung an dies Abenteuer der frühen Moderne wach. Moricetown zieht vorbei, wo die Indianer oberhalb eines Canyon, den der Bulkley River schäumend und tosend durchjagt, auf den Felsen im gischtenden Wasser stehen und mit langen Lanzen die Lachse stechen, die sich hier mühsam gegen die rasende Strömung stromauf kämpfen, um in irgendeinem Gebirgsbach weiter oberhalb, wo sie als winzige Fischbrut einst das Licht der Welt erblickten, ihren Laich abzulegen und dann zu sterben.

Es sieht gefährlich aus, wie die Indianer auf den nassen, rundgeschliffenen Felsen, die durchaus kein Geländer haben, umhertanzen und plötzlich mit ihren Speeren zustoßen. Sie tun es an dieser Stelle schon seit Jahrhunderten oder noch viel länger, solange hier die schweren Lachse stromauf streben und den Feinden am Ufer keine Aufmerksamkeit schenken können, weil der scharfe Sog des Wassers all ihre Kraft und Geschicklichkeit in Anspruch nimmt. Natürlich hieß diese alte und weitbekannte Indianersiedlung nicht immer Moricetown. So heißt sie erst, seit Pater Morice hier wirkte, die Indianer zum Christentum bekehrte – in der besten Tradition der französischen Ordensbrüder – und ihnen darüber hinaus die Anfangsgründe eines geregelten Ackerbaus, des Hausbaus, der Sauberkeit und vernünftiger Ernährung beibrachte.

Die Frankokanadier im fernsten Westen

Hier wie auch an vielen anderen Stellen im fernen Westen Kanadas stößt man auf Frankokanadier als Pioniere, als unübertreffliche Bewältiger der Wildnis, als verständnisvolle Vermittler zwischen der alten indianischen Welt und der mit Übermacht hereinbrechenden Welt des weißen Mannes. Dabei liegen Alberta und das ganz dem Gebirge zugehörige B. C. so weit wie irgend möglich vom Kerngebiet der Frankokanadier, der Provinz Québec, entfernt. Ich fragte mich hier in Moricetown, und ich frage mich immer wieder, warum nach so bedeutenden Anfangsleistungen die Frankokanadier heute aus dem Gesamtbild, diesem so äußerst anziehenden und bunten Menschenbild des kanadischen Westens praktisch vollständig verschwunden sind.

Weder die *North West Company* noch die *Hudson's Bay Company* ist ohne ihre frankokanadischen *Voyageurs* auch nur denkbar, sosehr auch die Leitung dieser Gesellschaften in schottischen Händen gelegen haben mag. Vor den Pelzhändlern dieser Gesellschaften waren die Frankokanadier als erste in den fernen Westen vorgedrungen; allerdings sollte man für jene fernen Tage gar nicht von Frankokanadiern reden, denn es verstand sich damals von selbst, daß »Kanadier« nur französische Kanadier sein konnten. Selbst hier im allerfernsten Westen, in B. C. und Alberta, bezeugen noch heute französische Ortsnamen die Pionierleistungen französisch sprechender Kanadier. Um nur einige Beispiele zu nennen: Quesnel River, Lac la Hache, Quintette Mtn., Tremblay Creek, Pouce Coupe River, Tête Jaune und andere in British Columbia, Grande Prairie, Lac la Biche, Grande Cache, Pouce Coupe, Brazeau und andere in Alberta beweisen, daß da Franzosen unterwegs gewesen sein müssen.

Die schwerwiegenden Differenzen, die zur Zeit zwischen den Frankokanadiern Québecs und dem übrigen englisch sprechenden Kanada ausgefochten werden, drängen sich immer wieder auf die

Frontseiten der Zeitungen in der ganzen Welt. Die Frankokanadier wollen insbesondere ihr Französisch neben Englisch in ganz Kanada als zweite Staatssprache durchsetzen, obgleich es bereits seit langem gegenüber den Sprachen anderer im gesamtkanadischen Volk aufgegangener Gruppen eine bevorzugte Rolle gespielt hat, verglichen etwa mit dem Deutschen, Ukrainischen, Schwedischen, Italienischen usw. Für British Columbia allerdings hat sein streitbarer Premierminister W. A. C. Bennett mit Recht darauf hingewiesen, daß in B. C. die Zahl der Chinesischkanadier zum Beispiel wesentlich größer ist als die der Frankokanadier und die der Deutschkanadier erst recht. Wenn also die Frankokanadier verlangen, daß alle Kinder in B. C. Französisch lernen, dann könnten die vielen sehr geachteten und wohl eingeordneten Bürger British Columbias chinesischer Abstammung, die zumeist schon in der dritten oder vierten Generation Kanadier sind, ebenso beanspruchen, daß alle englisch sprechenden Kinder auch Chinesisch lernen – von Deutsch, Ukrainisch, Italienisch, Schwedisch gar nicht zu reden!

Diese Argumentation leuchtet zwar zunächst ein, trifft allerdings nicht unbedingt ins Schwarze. Denn es läßt sich immerhin mit guten Gründen behaupten, daß die Frankokanadier die besondere Rolle, die sie nach ihren großen Anfangsleistungen auch im Westen hätten spielen können, eben nicht gespielt haben. Sie blieben an Zahl zu schwach; sie brachten nicht ihre Frauen mit; sie siedelten dort nicht, sie zogen sich stets wieder in ihr fernes heimatliches Québec zurück, anstatt sich für den Alltag, für Beruf und Geschäft dem englisch-kanadischen Stil anzugleichen, das französische Wesen aber im Privaten weiterzupflegen, so wie es die vielen anderen Volksgruppen machten, aus denen die kanadische Nation zusammenfloß und fließt. Die Frankokanadier hielten sich für etwas Besonderes in Kanada, verwiesen sich selbst in ihr Québec und sind nun böse darüber, daß das übrige Kanada, besonders die kanadischen Gebirge im Westen, nicht plötzlich bereit sind, wegen Québec Französisch zu lernen.

Sollte Québec in den nächsten Jahren wider alle Vernunft sich von seinem höchst unzeitgemäßen frankokanadischen Chauvinismus verführen lassen, aus dem kanadischen Staatsverband auszuscheren und sich als ein selbständiger Staat zu etablieren, so wäre

wahrscheinlich das Ende Kanadas überhaupt gekommen. Québec schiebt sich nämlich als breiter Block zwischen die atlantischen Provinzen Kanadas einerseits, die Provinz Ontario, die Prärieprovinzen und British Columbia im fernen Westen andererseits.
Es liegt nahe anzunehmen, daß dann die vier deutlich abgegrenzten und in sich geschlossenen Teile des englischsprachigen Kanada sich ebenfalls als selbständige Staaten konstituieren würden, also die atlantischen Provinzen, zweitens Ontario, drittens die drei Prärieprovinzen und viertens British Columbia, wobei neuerdings die Gebirgsprovinz B. C. und die drei Prärieprovinzen Alberta, Saskatchewan und Manitoba sich als einen geschlossenen Block zu betrachten lernen. Groß, reich und entwickelt genug dazu wären diese drei oder vier Länder durchaus, wären es mindestens ebenso, wenn nicht mehr als Québec. Oder die vier erliegen der starken Anziehung, die von den benachbarten Staatengruppen der USA weiter im Süden ausgeht, schließen sich den Vereinigten Staaten an, die dadurch von 50 auf 59 Staaten englischer Sprache anwachsen würden. Die Zukunft des französischen Québec sähe dann auf einem großen Kontinent, der Französisch weder sprechen kann noch will, erst recht nicht sehr rosig aus.
British Columbia würde sich der Reihe der pazifischen Staaten der USA – California, Oregon, Washington in seinem Süden und Alaska in seinem Norden – sinnvoll und mühelos einordnen, wenn es so wollte. Dieser Wille ist allerdings durchaus nicht vorhanden. British Columbia empfindet sich gegenüber den US-Staaten an seiner Südgrenze, Washington, Idaho und Montana, durchaus als eine eigenständige Wesenheit, hat sich von seinem Anfang an um das *British* in seinem Namen bemüht und begreift den *American Way of Life* keineswegs als ein Ideal, soweit es sich auch im praktischen Alltag ihm angenähert haben mag.
So kommt man von Moricetown, das eigentlich Moriceville hätte heißen müssen, denn es ist nach Père Morice so genannt, auf die große Existenzfrage des heutigen Kanada.

Die Indianer im fernen Westen

Nur 33 Meilen weiter nach Westen, dort wo die 16 ihren nördlichsten Abschnitt erreicht, stößt der aufmerksame Reisende auf eine andere Frage, die für B. C. von wesentlich größerer Bedeutung ist als die frankokanadische Problematik, nämlich auf die indianische.

Die Landschaft hat sich inzwischen sehr belebt. Die freundlichen, friedlichen Fluren des Nechako Plateau sind weiter ostwärts zurückgeblieben. Die Berge sind keine sanften Rücken und Hügel mehr, sondern türmen sich wieder zu Gebirgen hoch. Die Wälder werden üppiger und unwegsamer, die Bäche und Flüsse schaumiger und ungebärdiger, die Kurven der Straße enger und kühner. Man ahnt, daß man sich wieder Hochgebirgen nähert. Ich rollte in guter Stimmung nach New Hazelton hinein, einem Dörfchen mit 250 Einwohnern und ohne rechtes Gesicht wie alle diese jungen Siedlungen. Von Hazelton, der ›Haselstadt‹, gibt es gleich drei Ausgaben: South Hazelton und New Hazelton, unmittelbar an der 16 gelegen, und das eigentliche Hazelton, etwas abseits an der Straße nach Kispiox und ins Kispiox-Tal. Jedes Hazelton ist vom andern einige Kilometer entfernt; jedes hat erwartet, ›das‹ Hazelton zu werden, und keines hat es bisher geschafft. Das einzig interessante Hazelton ist das alte Hazelton ohne Zusatz, das weder an der Eisenbahn noch an der Straße liegt, aber erstaunlicherweise trotzdem Aussicht hat, ›das‹ Hazelton zu bleiben, das es seit 1866 etwa gewesen ist.

Das Städtchen liegt in einem breiten, fruchtbaren Talkessel dort, wo der Bulkley River in den mächtigen, weit von Norden her aus den Skeena-Bergen heranziehenden Skeena River einmündet, eine wie im Traum schöne Landschaft zwischen steilen Wälderbergen, ringsumher voll von Wild, mit rauschenden Flüssen voller Fische. Kein Wunder, daß sich auch die Indianer auf der schönen Schwemmlandebene am Zusammenfluß der beiden Ströme schon seit alten Zeiten niedergelassen haben. Hagwilget hieß das weit nach Westen vorgeschobene Dorf der Takulli- oder Carrier-Indianer aus dem Innern; es lag in den Haselnuß-Niederungen unter den ragenden Wänden des Stegawdoun, der heute Rocher Déboule heißt (sicher von einem Franzosen der *Hudson's Bay Company* so geheißen, der erlebt hatte wie sich Geröllawinen an der tiefgefurchten Flanke des Berges lösten und in gewaltigen Staubwolken abrutschten; das hat sich bis zum heutigen Tage nicht geändert, und der Name Rocher Déboule – etwa Zerbröckel-Fels – besteht weiter zu Recht). Der Watsonquah, der heutige Bulkley, windet sich um den Fuß des Berges in einem engen Canyon.

Das andere Indianerdorf, Gitenmaks, lag am Skeena, zwei, drei Kilometer oberhalb des Zusammenflusses. Es bildete die am weitesten östlich vorgeschobene Siedlung der Gitksan (oder Gitekshan), die bereits zu den Küstenindianern zu rechnen sind. Die Gitksan gehören zu dem bedeutenden Volk der Tsimshian als einer seiner drei Unterstämme. Sie waren und sind berühmt für den großen Schatz an Sagen, Sitten und Überlieferungen, den sie ihr eigen nannten. Sie waren ihrer Umwelt großartig angepaßt und hatten eine eindrucksvolle Kultur entwickelt. Ich war in diese Gegend gekommen, um zu sehen, was von dieser Welt noch übriggeblieben ist, hielt mich daher in Hazelton nicht auf, sondern fuhr gleich nach Kispiox weiter, einem großen und alten Dorf der Gitksan.

Die schmale Schotterstraße folgt dem Skeena zwischen dichten, feuchten Wäldern. Wo dann der Kispiox von Nordwesten den von Norden kommenden Skeena erreicht, lagert sich in ein weitläufiges Tal das Dorf; es ist durch seine Totempfähle berühmt, die hier zu einer Gruppe vereint zusammenstehen.

Um es gleich vorweg zu sagen: Schon nach der ersten Viertelstunde, die ich in Kispiox verbrachte, bemächtigte sich meiner eine große und bitter schmeckende Enttäuschung, ein leise schneidendes Unbehagen. Ich schien der einzige Fremde weit und breit zu sein, obgleich die Reise- und Ferienzeit noch längst nicht vorüber war, als ich das geliebte Land am Skeena zum vorläufig letztenmal besuchte. Strahlend und schön standen die hohen Berge der Babine- und Kispiox-Ketten um den Horizont. Aber inmitten all dieser landschaftlichen Herrlichkeit lag das alte Dorf der Indianer mutlos, ohne Leben, halb verfallen, um nicht zu sagen halb tot. Kaum ein Mensch auf der schlecht gehaltenen und tief zerlöcherten Hauptstraße; die hölzernen Häuser ungepflegt; Abfall und Gerümpel davor und dahinter; viele Scheiben zerbrochen, manche mit Pappstücken unzulänglich geflickt; viele Fenster mit Brettern

vernagelt; viele Häuser verkommen und unbewohnt – so schien es oft genug, bis man dann merkte, daß hinter der windschiefen Veranda, der halb zerbrochenen Treppe doch noch jemand hauste – wohnte konnte man kaum sagen. Das Ganze ein Bild des Verfalls und der Hoffnungslosigkeit.
Ein kleines Kind hockte auf der obersten Stufe einer Verandatreppe vor einem Haus, von dem die Farbe längst abgeblättert war; ein paar zerrissene Fetzen hinter blinden Scheiben, allesamt gesprungen, erinnerten von ferne an Gardinen. Neben der Treppe steckte die rostige Ruine eines Autos bis über die Achsen im Lehm. Das Kind blickte mich aus großen schwarzen Augen an, vollkommen bewegungslos, wie versteinert vor Angst oder Mißtrauen. Die Augen hielten mich fest. Ich blieb stehen, erwiderte den Blick und versuchte zu lächeln. Doch regte sich nichts in der braunen Maske über dem Kinderkörper. Das kleine Mädchen steckte in einem schmutzigen, grellbunten Kleidchen aus dem Kaufladen.
Während ich noch stand und versuchte, ein Antwortlächeln aus dem wie erstarrten, ungewaschenen Gesichtchen zu locken, trat plötzlich aus der Dämmerung der Tür hinter der Veranda eine riesige, dicke Frau, watschelte bis an die wacklige Brüstung der Veranda – das ganze morsche Gebälk bebte dabei – und bellte zu mir hinunter:
»You want anything?«*
Nein, ich wollte nichts Besonderes, hatte nur dem Kinde meine guten Absichten und völlige Harmlosigkeit andeuten wollen. Ich erwiderte also einigermaßen betreten:
»No, no, thank you! I just had a look at your nice little child«,** und machte, daß ich davonkam. Die gewaltige Dame mit einem dunkelroten, leider sehr fleckigen Tuch um die Schultern blieb unbeweglich stehen und sah mir nach, eine überfette Rachegöttin. So sah ich sie noch, als ich dreißig Schritte weiter wieder in mein wartendes Auto stieg.
Ich suchte die berühmten Totempfähle von Kispiox. Ich fand sie etwas außerhalb des Dorfes hinter einer vernagelten Riesenscheune,

*) »Wollen Sie was?«

**) »Nein, nein, vielen Dank! Ich habe mir nur Ihr hübsches kleines Kind angesehen.«

die wohl einmal als Versammlungshaus oder als Tanzboden gedient haben mag. Manche von den hohen Pfählen mit den in die Stämme eingeschnittenen Masken, Figuren, Ornamenten standen schon schief im Grund. Andere hielten sich an den Stützen fest, die neben ihnen eingerammt waren – nicht von den Indianern eingerammt, sondern von irgendeiner ›weißen‹ Behörde oder Kommission, die den Auftrag hatte, diese ›Zeugnisse indianischer Kunstfertigkeit‹ der Nachwelt zu erhalten. Ich hatte den Eindruck, daß dies nicht gelingen würde.

Diejenigen, die sich eigentlich um diese Monumente vergangener Herrlichkeit kümmern müßten, hatten offenbar jedes Interesse daran verloren. Kaum war noch Farbe an den hohen Säulen zu erkennen. Das Schnitzwerk verwitterte. Die Ahnenvögel an der Spitze der Pfähle waren nicht mehr vollständig. Ringsum wucherte Unkraut und Wildgras, von keinem irgendwie gepflegten und vorgezeichneten Pfad gequert. Andere Häuptlingsgräber jenseits der zerlöcherten Nebenstraße zeigten sich beschädigt und entstellt. Nein, nichts Feierliches oder Ehrwürdiges ging noch von diesem alten kultischen Orte aus. Er war – so läßt es sich am besten kennzeichnen – völlig auf den Hund gekommen. Das gleiche schien mir für das ganze Dorf Kispiox zu gelten.

Die Flut der weißen Menschen hat die nach unseren Vorstellungen wenig zahlreichen Siedlungen der Indianer einfach überrollt und ertränkt. Am Anfang, als die Zahl der hellfarbigen Neuankömmlinge noch ganz klein war und die Indianer die Fremden leicht hätten vernichten können, haben die Häuplinge der Tsimshian, der Haida, der Kwakiutl, der Bella Coola – und wie die Stämme alle hießen – die ihren Völkern drohenden Gefahren überhaupt nicht erkannt. Vielmehr haben sie sich alle von den Werkzeugen, dem Schmuck, dem Schnickschnack, dem Feuerwasser der Eindringlinge mit Vergnügen, ja mit großer Gier verlocken lassen und haben ihr Erstgeburtsrecht in diesem Lande zwar nicht für ein Linsengericht, aber für Glasperlen, Wolldecken, Rum und Stahlnadeln aufgegeben, freuten sich, wenn sie während des Goldrauschs in den Omineca-Bergen weiter im Osten (1871/72) für zehn Cents das Pfund die Lasten der Goldgräber von Gitenmaks oder Hazelton, der ›Stadt in den Haselnüssen‹, die langsam Gestalt annahm, über die Babine-Berge zum Babine-See schleppen und sich für ihr schwer erschwitztes Geld hinterher sinnlos besaufen konnten. Nach den Pelzhändlern und Goldsuchern kamen die Siedler, dann die Bautrüpps der Telegraphenlinie, weitere Siedler, Holzfäller, schließlich die Eisenbahner und immer mehr Siedler, Geologen, Förster, Straßenbauer, Sägemüller. Stets fiel für die Indianer vom reichen Tisch der Fremden so viel ab, daß der Appetit auf mehr nie versiegte. Und plötzlich waren sie hoffnungslos auf allen Seiten überflügelt.

Die Zahl der Indianer vor der Ankunft des weißen Mannes in British Columbia wie anderswo ist sicherlich niemals mit der Zahl der heutigen weißen Einwohnerschaft der Provinz zu vergleichen gewesen. Zuverlässige Angaben darüber bestehen naturgemäß nicht. Die Stämme selbst besaßen über ihre Zahl nur sehr ungenaue Vorstellungen. Die Schätzungen der Wissenschaft über die Zahl der indianischen Bevölkerung vor den Zeiten des weißen Mannes schwanken zwischen 80 000 und 150 000. Man neigt jedoch heute dazu, die untere Grenze (80 000) für viel wahrscheinlicher zu halten als darüber hinausgehende Schätzungen.

Zunächst bewirkten die ›weißen‹ Einflüsse eine rapide Abnahme der Zahl der Indianer; sie setzte etwa um 1835 ein. Damals war zu erkennen, daß die Indianer endgültig nicht mehr Herren im eigenen Lande waren und von den zwar noch nicht sehr zahlreich, aber ständig nachsickernden Weißen überflügelt wurden.

1821 hatte sich die *Hudson's Bay Company* mit der *North West Company* zu einer einzigen Gesellschaft unter ihrem so viel älteren Namen zusammengeschlossen, wie schon erwähnt. Damit war eine lähmende Konkurrenz beseitigt. Das ganze riesige Gebiet des nördlichen und westlichen Alberta und das von British Columbia konnte nun nach einem umfassenden Plan zunächst vollends erkundet, mit befestigten Handelsstationen durchsetzt und auf seine Sicherheit im Sinne des weißen Mannes kontrolliert werden.

Die Abgrenzung gegen den Süden

Noch war es in den ersten Jahrzehnten des vorigen Jahrhunderts nicht entschieden, wie das weite Land westlich der Rocky

Mountains zwischen Großbritannien und den Vereinigten Staaten aufgeteilt werden sollte. *Hudson's-Bay-Agenten* saßen bis zur Columbia-Mündung hinunter. Amerikanische Staatsbürger schwärmten von Süden an den oberen Columbia und noch viel weiter nach Norden, alles Land, das sie dabei berührten, selbstverständlich für amerikanisch haltend. Endlich wurde dann im Jahre 1846 der 49. Breitengrad als Grenze zwischen dem amerikanischen Gebiet im Süden und dem Territorium des werdenden British Columbia festgesetzt, und zwar bis zu dem Punkt, an welchem dieser Breitengrad im Westen auf Salzwasser, auf das Gestade des Stillen Ozeans, stößt. Von dort aber weiter nach Westen sollte die Mitte der Meerenge, die Vancouver Island in seinem Süden vom Festland trennt, als die internationale Grenze angesehen werden.

Vancouver Island, die riesige Insel vor der Südwestküste British Columbias, die England damals näher lag als das Land jenseits der Küstenberge, weil es zu Schiff erreicht werden konnte, Vancouver Island erhielt früher als das Festland gesicherten staatsrechtlichen Status; die Insel wurde 1849 zur Kronkolonie erhoben – schon um eindeutig festzustellen, daß amerikanische Ansprüche ein für allemal ausgeschaltet waren.

Nach den doch vielleicht anzunehmenden Rechten der indianischen Ureinwohner auf Heimat und Land fragten weder die Briten im Norden noch die Amerikaner im Süden. So entsprach es noch den bis in dieses Jahrhundert hinein geltenden Vorstellungen von der imperialen Vormacht der europäischen Staaten und ihrer überseeischen Ableger, vor allem der USA. Über die naive Selbstverständlichkeit, mit welcher damals die ganze Welt als eine Domäne des weißen Mannes angesehen wurde, können wir vom heutigen Standpunkt aus nur den Kopf schütteln.

1853 wurde das Gebiet der Kronkolonie Vancouver Island mit der Hauptstadt Victoria um die nördlich in einigem Abstand anschließenden Queen Charlotte Islands vergrößert. Dort war Gold gefunden worden; viele amerikanische Schatzgräber durchwühlten in dem regen- und nebelreichen Lande jedes Bachbett. Die Briten hatten deutlich zu machen, daß sie auch hier die volle Souveränität beanspruchten.

Daß die Queen-Charlotte-Inseln von jeher bewohnt waren von dem besonders kunstfertigen und intelligenten Stamm der Haida und diese Ureinwohner nicht einfach beiseite gedrängt werden konnten, beschäftigte die weiße Regierung nicht einen Augenblick. Die Indianer begriffen natürlich überhaupt nicht, daß sie mit einem Federzug in eine völlig fremde Oberherrschaft einbezogen worden waren.

Auch auf dem Festland hinter den hohen Bergen der Kaskaden wurde das Gold der Erwecker der weiten, menschenleeren oder menschenarmen Einöden, wie es schon im Süden, in California, den Zündfunken der Entwicklung geliefert hatte.

In den Sandbänken des unteren Fraser war Gold gefunden worden. In den Sommermonaten des Jahres 1858 strömten nicht weniger als 20 000 Glücksritter ins Land, vor allem aus California, wo mit ergiebigen neuen Funden nicht mehr gerechnet werden konnte. Wenn die Briten nicht die gleichen rechtlosen Zustände erlauben wollten, wie sie Kaliforniens frühe Geschichte verdunkeln, so mußten sie die Macht des Staates sichtbar zur Geltung bringen. Am 19. November 1858 wurde in Fort Langley (etwa 25 Kilometer südöstlich vom heutigen Vancouver-Stadt) in aller Form eine neue englische Kronkolonie aus der Taufe gehoben.

Die Kronkolonie British Columbia

Die Goldgräber begnügten sich nicht mit dem unteren Fraser. Die Goldgier stieß mit Riesensprüngen nach Norden vor, schwoll zu neuen Höhepunkten in der Cariboo, wanderte zum oberen Fraser, zum Skeena, zu den Ominecas und überschritt schon 1862 die Grenze des Gebiets B. C. nach Norden in die Gebiete am Yukon, wo dann die Funde am Bonanza Creek 1896 den größten ›Goldrausch‹ unserer Zeit einleiteten. Der Norden war zu weit von den Gebieten am unteren Fraser entfernt, die ursprünglich als British Columbia Kronkolonie geworden waren, um als ein Teil des Südens verwaltet zu werden. So wurde im Norden zunächst das *Territorium Stikeen* eingerichtet (nach dem großen Stikine so genannt, dem Strom des B. C.-Nordwestens). Aber schon ein Jahr später wurde dies Territorium doch der Kronkolonie British Columbia, die sich damals noch auf das Festland beschränkte, angegliedert.

Einige Jahre bestanden die beiden Kronkolonien Vancouver Island und auf dem Festland British Columbia nebeneinander. Erst als das Goldfieber langsam abflaute, weil in ganz B. C. kein einigermaßen goldverdächtiges Bachbett undurchwühlt geblieben war, stellte sich heraus, daß es keinen politischen oder administrativen Sinn hatte, zwei Kolonien so dicht beieinander bestehen zu lassen. 1866 wurden die beiden Kolonien unter dem Namen *British Columbia* vereinigt. New Westminster, die Schwesterstadt Vancouvers im Süden, wurde zur Hauptstadt erklärt. Vancouver selbst steckte noch in den Anfängen und erlebte seinen beispiellosen Aufschwung erst, als es zur pazifischen Endstation der transkontinentalen Eisenbahn, der *Canadian Pacific,* erkoren wurde. New Westminster blieb nicht lange Hauptstadt. Das ältere und angesehenere Victoria auf Vancouver Island setzte sich bald durch. Seit dem 25. Mai 1868 ist Victoria Sitz der Regierung und des Parlaments von British Columbia, und ist es noch heute.

Am 1. Juli 1867 wurde fern im Osten des Landes das britische Dominion Canada gegründet, von British Columbia durch den wilden Westen Ontarios und die unabsehbare Leere der kanadischen Prärien getrennt. Die Kolonie British Columbia war vollkommen unabhängig vom östlichen Kanada als ein ganz und gar auf den Pazifischen Ozean bezogenes Gebiet entstanden. Wenn der kanadische Wappenspruch *A mari usque ad mare* (›Von Meer zu Meer‹) nicht bloßes Papier bleiben sollte, dann mußte das ferne pazifische British Columbia als ein gleichberechtigter Partner in das neue Dominion aufgenommen werden, dann mußte es vor allen Dingen auch über Land nicht nur im lautlos gleitenden Kanu oder im noch langsameren Ochsenwagen über die noch weglose Prärie zu erreichen sein.

Vier Jahre nach der Gründung des Dominios Canada im Osten, am 20. Juli 1871, trat British Columbia dem Kanadischen Bunde bei unter der Bedingung, daß eine Eisenbahn vom Osten über die Prärien bis zur pazifischen Küste gebaut würde, um so dem Zusammenhang des ganzen riesigen britischen Nordamerika auch in der Wirklichkeit Ausdruck und Gestalt zu verleihen. Im Jahre 1971 feierte also British Columbia sein hundertjähriges Jubiläum als ein wesentlicher Bestandteil des Landes Kanada, des zweitgrößten auf dieser Erde (nach der Sowjetunion). British Columbia stellt fast

genau ein Zehntel ganz Kanadas dar, beherbergt auch etwa ein Zehntel der Bewohner Kanadas.
1887 ist die transkanadische Eisenbahn, die *Canadian Pacific*, fertiggebaut. Der erste Zug aus Montréal trifft in Vancouver ein.
1931 verwandelt das ›Statut von Westminster‹ das »Dominion Canada« in eine freie und unabhängige Nation im ›Gemeinbund *(Commonwealth)* der Nationen‹, der nur noch durch die britische Krone zusammengehalten wird. Kanada ist also ein Königreich. Jedoch sind seit 1946 die Bürger Kanadas nicht ›britische‹, sondern ›kanadische‹ Bürger und Untertanen. Britisch Columbia aber behält sein *British*, das noch aus der Zeit der Kronkolonie stammt, in seinem Namen bei und ist stolz darauf.

Nirgendwo im Verlauf dieser glanzvollen und im ganzen erstaunlich geradlinigen, beneidenswert friedlichen und erfolgreichen Entwicklung treten die indianischen Ureinwohner, die gerade auf dem Boden British Columbias verhältnismäßig dichter versammelt saßen als sonstwo in Kanada, als eine irgendwie in den Gang der Ereignisse eingreifende Gruppe auf. Einige Stämme verschwanden vollkommen von der Bildfläche, indem sich ihre geringen Reste mit den Nachbarn zusammentaten, so etwa die Tsetsaut im mittleren Nordwesten der Provinz am Iskut-, Unuk- und oberen Nass-Fluß, und die Nicola am Oberen Nicola- und Similkameen-Fluß ganz im Süden.
Innerhalb von fünfzig Jahren, von 1835 bis 1885, verminderte sich die Zahl der Indianer British Columbias um 60 bis 70 Prozent auf etwa 23 000 Menschen. Die Indianer hatten also einen schrecklichen Zoll für die Berührung mit der sogenannten Zivilisation zu zahlen. Für den Europäer wenig gefährliche oder ungefährliche Krankheiten, wie etwa die Masern oder die Röteln, dezimierten viele Stämme auf fürchterliche Weise. Die Indianer verfügten nicht wie die Weißen über die Gegenstoffe in ihrem Blut, die z. B. die Windpocken für uns verhältnismäßig harmlos machen. Natürlich trugen auch andere von den Weißen eingeschleppte und bei uns für

Die Fälle des Athabasca River im Jasper Nationalpark, Alberta

ungefährlich geltende Seuchen dazu bei, die Indianer umzubringen, so der Keuchhusten und die Influenza. Erst recht galt dies für so gefährliche Krankheiten wie Tuberkulose, Pocken und Geschlechtskrankheiten. Die Prostitution war bei den Küstenindianern nicht mit einem besonderen Makel behaftet. Venerische Krankheiten konnten sich also leicht ausbreiten. Natürlich bewies auch der Alkohol seine verheerende Wirkung und tat ein übriges, ihre Widerstandskraft gegen Seuchen zu untergraben.

Eine wesentliche Ursache für den schnellen Rückgang der indianischen Bevölkerung Britisch Columbias (sie stellte 40% der gesamten indianischen Einwohnerschaft ganz Kanadas dar!) ist in einem Umstand zu suchen, der allzugern und oft unerwähnt bleibt, aber gerade auf dem Boden von B. C. besonders deutlich zu beobachten war. Die Indianer sind nicht nur an den Krankheiten der Weißen gestorben, sie haben sich auch nach besten Kräften selber umgebracht. Während es ›Indianerkriege‹ zwischen Rot und Weiß wie in den USA in Kanada überhaupt nicht gegeben hat, während sich in der Regel die Weißen hier vernünftig und maßvoll mit den Indianern zu stellen wußten, was ja schon in den Traditionen des alten Pelzhandels begründet lag, während die Regierung von Anfang an darauf bedacht war, das Lebensrecht der Stämme nicht in böser Absicht beeinträchtigen zu lassen, setzten die Indianer selbst nach der Ankunft des weißen Mannes ihre blutigen Zwistigkeiten mit gesteigerter Wut und grausam fort. Es hatte ja nie Frieden unter ihnen geherrscht; sie hatten sich von jeher bekriegt; die Kette von Rache und Aberrache war niemals abgerissen. Und nun hatte ihnen der weiße Mann viel wirksamere Waffen in die Hand gegeben, als sie sie jemals zuvor besessen hatten: Pulver und Blei, Musketen, stählerne Messer und stählerne Beile, dem Gegner den Schädel zu spalten. Stämme, die früher als ihre Nachbarn in den Besitz solcher Waffen gelangten und sie zu benutzen lernten, zögerten nicht, die neugewonnene Überlegenheit bedenkenlos auszunutzen, über die alten Erbgegner herzufallen und sie allesamt, Mann, Weib und Kind, in die ewigen Jagdgründe zu schicken. Wie großen Anteil

Eigenartige Stimmung in den »Kootenays« mit Blick auf die Selkirks, British Columbia

diese Selbstvernichtung der indianischen Bevölkerung am Gesamtrückgang gehabt hat, ist kaum zu schätzen. Daß es ein sehr großer Anteil gewesen ist, daran besteht kein Zweifel.

In den ersten Jahrzehnten dieses Jahrhunderts kam der Rückgang der indianischen Bevölkerung allmählich zum Stehen. Was nach den Verwüstungen des vergangenen Jahrhunderts an indianischen Menschen noch übriggeblieben war, hatte langsam gelernt, sich den neuen Verhältnissen schlecht und recht anzupassen. Die Propheten, die das Aussterben der Indianer als ein unabwendbares Schicksal vorausgesagt hatten, mußten zugeben, daß sie sich geirrt hatten. Die Zahl der Indianer begann zuerst langsam, dann bald schneller wieder zuzunehmen.

1964 wurden bereits wieder über 40 000 Indianer in B. C. gezählt, und für 1985 wird vorausberechnet, daß die Zahl der Indianer, wie sie für die Zeit der Ankunft des weißen Mannes anzunehmen ist, nicht nur wieder erreicht, sondern schnell überschritten werden wird. Für den Anfang der siebziger Jahre gilt, daß die natürliche Zunahme der indianischen Bevölkerung British Columbias sich in einem Tempo vollzieht, das etwa dreimal so schnell ist wie das der Zunahme der nicht-indianischen Einwohnerschaft der Provinz. An der Tatsache, daß die Indianer nur 2,3% der Einwohnerschaft British Columbias bilden, wird sich dennoch in absehbarer Zeit wenig ändern.

British Columbia ist weißen Mannes Land geworden. Die Weißen erst haben das Land in seinen schier unbegrenzten Möglichkeiten erkannt, erforscht, erkundet, erschlossen, entwickelt, haben es in seiner unerhörten Schönheit und seiner Zukunftsträchtigkeit begriffen. Ich bleibe daher bei den Europäern, die B. C. zu dem machten, was es heute darstellt. Ich widerstehe der Versuchung, einige der aufregenden Indianergeschichten zu erzählen, die zwischen Kispiox, Hazelton und Kitwancool im Schwange sind.

Lob des Skeena

Es ist höchste Zeit, das Lob des Skeena zu verkünden, sicherlich eines der herrlichsten und schönsten, wenn nicht des schönsten aller Ströme des Landes British Columbia. Auch der Bulkley ist schön, besonders, wenn er sich anschickt, durch die Berge zum Skeena durchzubrechen. Weiter oberhalb wird sein Tal sehr weit und breit und zeigt sich gut besetzt mit Farmen und Ranches, welche die schweren Pionierzeiten des Anfangs längst hinter sich gelassen haben. Aber mit dem Skeena ist sein kleinerer Bruder, der Bulkley, nicht zu vergleichen.

Es ist schon beinahe vierzig Jahre her, da bin ich den unteren Skeena in einem Kanu stromab gepaddelt. Sehr spät im Jahr geschah das. Es war um die rotgoldene Zeit des ›Indianersommers‹. Da ich kein geübter und erst recht kein erfahrener Kanufahrer war, bin ich dabei einige Male nur um Haaresbreite dem Schiffbruch entgangen.

Aber andererseits hatte ich in jenem Herbst viel Zeit. Wenn das Fahrwasser mir nicht geheuer schien, so konnte ich anhalten und mich nach der leichtesten Passage umschauen. Der Fluß führt im Herbst nur wenig Wasser, und sein sonstiger Übermut ist sehr gedämpft. Je mehr ich mich dem Meere näherte, desto gemächlicher trug mich die sanfter werdende Strömung dahin. Ich hatte keine Eile. Die Fahrt auf dem großen Strom zwischen den Gebirgen mit ihren Wäldern nahm mich ganz gefangen, der seidenblaue Herbsthimmel, die schon kalten Nächte mit dem Geflimmer ihrer abertausend Sterne, die gelegentlichen Begegnungen mit den Tieren der Wildnis am Ufer, einem Braunbären, einem Elch, der des lautlos herangleitenden Kanus nicht gewahr wurde und vor Überraschung wie versteinert stand, sein mächtiges Geweih, in vielen spitzen Enden starrend, mir entgegenreckte, um dann plötzlich, wie von einem elektrischen Schlag getroffen, seitwärts ins Unterholz davonzubrechen. Um mich her die glasklaren Wasser des gewaltigen Stroms, durch viele Sandbänke, aber auch Felsenklötze in zahlreiche Arme aufgeteilt. Die große Stille über Berg und Strom und dunklem Ufergrün, das die Birken, Espen, Ahorn mit purpurner und goldener Farbenpracht durchleuchteten; die besonnte Einsamkeit – ach, ich hatte Zeit! Ich mochte keinen Tag früher an der Mündung ankommen als nötig, das heißt, solange mir nicht Regen oder Schnee die Nächte ungemütlich machten.

Ich hielt mich meist an das südliche Ufer, denn auf dem rechten führten die Eisenbahn und auch die Straße entlang, die damals noch längst nicht die Nummer 16 trug; sie existierte nur als Stichstraße von der Küste aus – und daß sie einmal wie heute durch das weite

Innere der Provinz den Bulkley aufwärts und vom Nechako her den Fraser aufwärts über den Yellowhead-Paß nach Alberta und seiner Hauptstadt Edmonton führen würde, davon war damals noch keine Rede.

Im Sommer 1970 habe ich die No. 16 am Skeena entlang dreimal befahren – und dreimal in strömendem Regen: Und habe keinen Grund gehabt, mich über das schlechte Wetter zu ärgern. Dies ist eine regenreiche Küste. Die Wolken ziehen tief ins Land hinein, ehe sie all ihren feuchten Ballast verschüttet haben. Die Wälder werden zu kaum durchdringlichen Dschungeln, die Bäume zu Riesen und wachsen dicht an dicht. Die Gegend von Hazelton war berühmt dafür, daß sie die besten Zedern der Welt für die Masten der Schiffe lieferte.

Es regnete; die Nebel und Wolken hingen tief über den Bergen zu beiden Ufern des Stromes. Naß glänzte vor mir die Straße, und ein jedes der seltenen Autos, auch das meinige, schleppte eine Wolke von silbergrauem Gischt hinter sich her. Die unruhig quellenden und wallenden Wasser des Stroms glitten an mir vorbei, von ewiger Rastlosigkeit vorangetrieben, der nicht allzu fernen Mutter aller Gewässer, dem Meere, entgegen wie schon seit Jahrtausenden. Die dunklen Inseln schwammen im Strom gleich verankerten Flotten. Von Westen her wälzten sich die Heere der Wolken heran, gefüllt mit der schwebenden Nässe des größten aller Ozeane, verschütteten ihren triefenden Segen über das Land.

Zuweilen jedoch, ehe ein neuer Heerhaufen des Gebausches am Himmel sich noch voll entfaltet und sein wäßriges Trommelfeuer eröffnet hatte, brach für einige kostbare Minuten die Sonne durch und überschüttete das Land mit Wogen von Licht. Der Strom blitzte auf, als sei ein ungeheures silbernes Feuer in seiner Tiefe entfacht und dränge mit nicht zu zähmender Gewalt an die Oberfläche. Und das Blau des gewaschenen Himmels zwischen den Wolken leuchtete mit solcher Kraft und so wunderbarer Reinheit, daß ich meinte, jetzt erst zu erfahren, was Blau eigentlich bedeutet. Dies aus sich selber schimmernde Blau – kein Pinsel vermag es wiederzugeben! Tausend Wassertropfen funkelten in den Zweigen. Die Wälderwände des anderen Ufers standen beinahe schwarz in all der Pracht. Die nassen Felsen im Strom spiegelten das Licht in seiner Überfülle; die Augen wandten sich geblendet ab.

Manchmal war die Sonne noch gar nicht vergangen, wenn schon der nächste Regenschauer aufs Dach klopfte. Dann schwangen sich plötzlich in all ihrer bunten Pracht Regenbogen, doppelte manchmal – und sogar einen dreifachen glaube ich gesehen zu haben – hoch als makellose Kurven über den breit und mächtig dahinziehenden Strom, diese Triumphbögen aller Herrlickeit der Natur.

Stadt, auf dem Reißbrett entworfen

Zuvor war ich einige Tage im schon erwähnten Kitimat gewesen, und ich muß bekennen, daß die Stadt einen höchst angenehmen und zugleich nachhaltigen Eindruck bei mir hinterlassen hat.
Wir haben in Deutschland ein ähnliches Beispiel für eine mit und durch ein großes Industriewerk entstandene Stadt, Wolfsburg, das seine Existenz dem VW-Werk verdankt. Wolfsburg ist doppelt so alt wie Kitimat und mag heute 90 000 Einwohner zählen. Kitimat fängt erst an und zählt erst annähernd 15 000 Einwohner. Ursache seiner Existenz ist die gewaltige Aluminiumschmelze der *Aluminium Company of Canada.* Das riesige Werk ist jedoch anders als in Wolfsburg so weit entfernt von der Stadt angelegt worden, daß der Besucher es überhaupt nicht gewahr wird. Auch verqualmt es nicht die Luft, da ihm die mächtigen Mengen von Energie, die es benötigt, als Elektrizität zugeführt werden. Der elektrische Strom wiederum stelzt auf hohen Masten über die steilen Küstengebirge aus dem Südosten, von Kemano am unwahrscheinlich malerischen Kemano River heran, der sich in den endlosen Gardner Canal ergießt.
Und das gigantische Kraftwerk in Kemano bezieht sein durch große Tunnels aus der Höhe herniederstürzendes und die Turbinen treibendes Wasser aus dem Quell-Plateau des Nechako, den man dort, wo er seine Wassermenge sammelt, durch den Kenney-Damm aufgestaut und durch die Berge zum Meere hin ›umgedreht‹ hat, wie schon berichtet.
Das Bauxit aber, das in der Schmelze von Kitimat in höllisch heißen elektrischen Flammenbögen zu Aluminium umgeschmolzen wird, kommt den Kitimat-Arm des Douglas Channel herauf in großen Erzfrachtern aus Jamaika oder sonstwo her aus der Karibischen See.
 Das alles ist ein imponierendes, wohl errechnetes System der

Großindustrie mit vielen Rädern und Rädchen, die, wohl geölt und gewartet, reibungslos ineinandergreifen müssen.
Als ich im Sommer 1970 in Kitimat war, standen sämtliche Räder und Rädchen schon seit mehr als zwei Monaten still, und ein Ende des Streiks war noch nicht abzusehen. Die Arbeiter aus der Schmelze, mit denen ich zusammentraf, rechneten sich bereits aus, wie viele Jahre sie würden arbeiten müssen, um mit der zu erwartenden oder erhofften Lohnerhöhung den Lohnausfall der Streikzeit nur erst einmal zurückzuverdienen.
»Und was haben wir dann von der ganzen Sch ... Lohnerhöhung, wenn wir erst zwei oder drei Jahre wieder arbeiten müssen, um mit den zehn oder fünfzehn Prozent Erhöhung die während des Streiks entgangenen bisherigen Löhne wieder einzuholen? Sage mir einer, was das für einen verdammten Sinn haben soll. Die Gesellschaft verliert einen Haufen Geld, und wir verlieren einen Haufen Geld. Bloß ein paar Bonzen, die keiner von uns kennt, haben auf unserem Rücken ihren Kopf durchgesetzt. Wenn mich einer fragt: Ich finde es zum Kotzen! Aber mich fragt ja keiner.«
So Paul Jendrischinsky, der Schwiegersohn eines Bekannten aus Lübeck, der 1958 nach Kanada ausgewandert ist und in Kitimat mit den Söhnen und Töchtern vieler anderer europäischer Nationen (geborene Kanadier und Amerikaner sind natürlich auch dabei) ein vorzügliches Auskommen gefunden, ein hübsches Haus gebaut und eine sehr behagliche neue Heimat für sich und die Seinen eingerichtet hat. Er schimpfte nicht schlecht, der Paul mit dem polnischen Namen, der kein Wort Polnisch mehr sprach – ich war noch kaum bei ihm ins Haus gefallen, um Grüße aus Lübeck zu bestellen und mich an Ort und Stelle zu überzeugen, wie es ihm, der Tochter und den Enkeln wirklich erging.
Vom Streik abgesehen ging es ihnen, wie den Kitimatern allen, vorzüglich. Gestreikt wird leider in British Columbia – und in ganz Kanada – reichlich. Als ich 1975 abermals in B. C. unterwegs war, stand die gesamte Holzindustrie, die wichtigste des Landes, still. Auch hier grassiert die Krankheit des Westens, die Inflation der Ansprüche. Kitimat ist mit großem Geschick und viel Geschmack über einige schöne Wälderhügel gebreitet, mit breiten Straßen, prächtigen Schulen, Sport-, Golf- und Spielplätzen. Die Fülle der hübschen und vielgestaltigen Bungalows ist ebenso überwältigend

wie ihr Komfort. Ämter, Büros, Einkaufszentren, Restaurants, Kinos sind sehr bequem in einer flachen Niederung zusammengefaßt. Von allen Seiten sehen die dunklen Wälderberge auf die Stadt hernieder. Der ungebärdige helle Kitimat River rauscht quer hindurch. Die unberührte Einsamkeit und Wälderherrlichkeit, die Urwaldbäche und Einöd-Seen laden gleich vor den Toren zum Fischen und Jagen ein. Die weite Wasserfläche des Fjords lockt den Ruderer oder Segler – und auch die Faulpelze, die sich gern von einem Außenbordmotor dahinschnurren lassen.

Und wer sich einen besonderen Genuß verschaffen will, der fährt auf der No. 25, welche die Verbindung nach Terrace an der No. 16 herstellt, 25 Meilen weit nach Norden und badet den müden Rheumatismusleib in den warmen, heilkräftigen Quellen von Lakelse, wo man auch in einem großen Gasthaus mitten im Wald wohnen kann. Ich fand die Unterkunft jedoch nur wenig ansprechend, so herrlich es auch war, an einem kalten Regentag das große, dampfende Badebecken mit dem sachte sprudelnden warmen Wasser zu genießen. Aber auf der Handelskammer in Kitimat wurde mir versichert, daß der *Lakelse Hot Springs Resort* sich seines anspruchsvollen Namens sehr bald würdiger erweisen würde als bisher, was hoffentlich inzwischen geschehen ist.

Und wem das alles noch nicht genügt, der kann mit dem Motorboot oder über eine leidliche Straße mit dem Auto auf die der Stadt gegenüberliegende Seite der Minette-Bucht fahren und das alte Dorf der Haisla-Indianer besuchen, das natürlich auch Kitimat heißt und etwa siebenhundert Einwohner zählt – ein sehr großes Dorf für indianische Verhältnisse. Die Haisla gehören zu dem bedeutenden, für seine großartigen Holzbildnereien bekannten Stamm der Kwakiutl. Die Männer des Dorfes leben wie seit je vom – längst modernisierten – Fischfang, wenn sie nicht auch von den guten Löhnen der *Aluminium Co. of Canada* an die andere Seite der Bay verlockt werden.

Der Streik hatte die schöne und erfreuliche Stadt nicht ganz so hart getroffen, wie es zu befürchten gewesen war, weil zwischen Stadt und Schmelze eine gewaltige Papierfabrik im Bau begriffen ist, die mit ihren schon reichlich fließenden Löhnen und Gehältern dafür sorgte, daß den vielen schönen Geschäften im Zentrum nicht ganz und gar der Atem ausging.

Die Stadt Kitimat ist dazu bestimmt, sicherlich nicht nur das Herz eines neuen Industriegebiets zu werden, sondern sich auch zu einem einzigartigen Kurort zu entwickeln, in dem alle Annehmlichkeiten der Moderne unbeschränkt zu haben sind, während andererseits ringsum die Wildnis, rauschende Ströme, ein mächtiger, mehr als hundert Kilometer langer geschützter Meeresarm und schließlich zu allem Überfluß noch ein heilkräftiges Wildbad, das schon die Indianer zu schätzen wußten, sich großstadtmüden Urlaubern und Pensionären angelegentlich und ehrlich empfehlen.
Paul Jendrischinsky hat keinen schlechten Tausch getan, als er das Flüchtlingsdasein in Lübeck gegen die stolze Zukunft von Kitimat einwechselte. Und wenn er den nach seiner Meinung viel zu ausgedehnten Streik lediglich als eine durchaus überflüssige Holperstrecke auf seinem Wege ansah, so brauchte ich mir nicht viel Mühe zu geben, ihn zu verstehen.

Die angenehme Stadt Prince Rupert

Kurz vor Haysport löst sich die No. 16 vom Ufer des hier schon wie ein Meeresarm breiten Skeena, während die Bahn, die *C. N. R.*, dem Ufer weiter folgt. Die Straße klettert in weitgeschwungenen Serpentinen über eine breite gebirgige Halbinsel, weil an der felsigen und steilen Küste neben der Eisenbahn kein Durchlaß mehr für die Straßentrasse gefunden werden konnte. Dieser Weg durch das Innere der Küstenwälder und Berge macht den Reisenden, ohne daß er sich besonders zu bemühen braucht, mit der unbeschreiblichen Üppigkeit dieser regenreichen, auch im Winter sehr milden Gebiete an den Westhängen der Coast Range aus nächster Nähe vertraut. Im Sommer 1970 wurde dieser westlichste Abschnitt der No. 16 mit sicherlich beträchtlichen Kosten noch wesentlich verbreitert und begradigt, in dem höchst unwegsamen, tief zerklüfteten und von ungeheuren Baumriesen dichtbestandenen Gelände eine besonders schwierige Aufgabe, Dutzende von schweren Baggern, Räumern, Rammen, Grabern wühlten im felsigen Erdreich, in der schwarzen Humuserde der Hänge. Die sperrigen Ungetüme der Wurzelstöcke, die aus der Tiefe gezerrt oder gesprengt wurden, flankierten die neue Trasse wie eine Reihe erschlagener Kobolde aus einer Welt schwärzlicher Riesen. Man mußte sich vorsehen, nicht im Schlamm einer allzu tief zerwühlten Spur zu versinken (denn es regnete, regnete!) oder von einem überlebensgroßen Bulldozer oder den mannshohen Mammutreifen eines Erdbewegers gerammt und zermalmt zu werden.

Doch die fürchterlichen Straßenbau-Giganten werden von den mageren Burschen – lächerlich klein hocken sie in den Führerkabinen über ihrem dichten Blumenstrauß von Hebeln, Schaltern, Knöpfen –, ja, die elefantenhaften Maschinen werden so auf den Zentimeter genau dirigiert, daß so gut wie niemals etwas passiert.

Ich fand in all dem lehmnassen Wirrwarr doch noch Zeit, hier und da einen Blick in die triefende Landschaft zu werfen, und fühlte mich in der Tat in den Regenwald am Kilimandscharo versetzt. Die Fülle der Pflanzen im dichtverfilzten Unterholz, das enge Gedränge riesiger, säulengerader Stämme mit mächtigen Kronen in großer Höhe – es ließ mich vergessen, daß ich mich auf etwa 54 Grad nördlicher Breite oder noch darüber befand. In den Tropen konnte die Vegetation nicht reicher sein, die Luft nicht weicher und milder, die warme Feuchtigkeit nicht durchdringender. Inzwischen ist dieser Abschnitt der Straße fertig umgebaut und längst mühelos befahrbar. In diesem dicht verwucherten Gebirge ist damit eine der erstaunlichsten und großartigsten Straßen des ganzen kanadischen Westens entstanden.

Damals aber war ich, wenn ich diese sich endlos dehnende Umbaustrecke zu passieren hatte, jedesmal froh, sobald ich – zwar bis über das Dach in braunen Lehm gehüllt, aber im übrigen unversehrt – wieder auf der guten Straße am Skeena entlang ostwärts rollen konnte oder mich endlich die guten, breiten Straßen in der angenehmen Stadt Prince Rupert aufgenommen hatten.

Auch Prince Rupert ist ein Kind der Eisenbahn, die hier an einem Naturhafen, wie er nicht besser und geschützter zu wünschen ist, einen sehr geeigneten Endpunkt fand. Im Innern der Stadt hat sich noch ein wenig von dem *Rough-and-Ready*-Anblick des Eisenbahnerlagers erhalten, nicht mehr viel – und auch dies wenige wird durch immer großartigere und stolzere Gebäude mehr und mehr eingeengt und ersetzt. Die großen Hoffnungen aus der Anfangszeit der Stadt zwischen den beiden Weltkriegen wollten sich zunächst nicht erfüllen. Die hier im Norden zum Meer vorstoßende

Eisenbahn vermochte sich gegen die älteren, das Salzwasser in Vancouver erreichenden Strecken nicht durchzusetzen.
Den großen Umschwung brachte dann der 2. Weltkrieg, als die Amerikaner entdeckten, daß Prince Rupert einen geradezu idealen Zwischenhafen für die Versorgung Alaskas abgab. Große Kaianlagen, Lagerhallen, Reparaturwerkstätten wurden aus dem felsigen Boden gestampft. Die Stadt dehnte sich mächtig aus. Nach dem Kriege gab es zunächst einen Rückschlag, aber dann setzte der Aufschwung von neuem ein – und er hält bis heute an.
Die Wohnviertel der Stadt klettern über viele Küstenhügel. Überall schweift das Auge auf die Meeresbucht hinaus und zu den waldigen Ufern jenseits davon. Fischerboote gleiten vom Meer herein. Große Frachter mit fremden Flaggen am Heck, viele Japaner darunter, laden Schnittholz, Furniere, Getreide, Fischkonserven. Sehr stolze Hotels und Motels, die bevorzugten Gästen atemberaubende Fernsichten aus den Gastzimmern bieten, warten auf Besucher von weit her. Denn ebenso wie Kitimat entwickelt sich auch das einladende und liebenswürdige Prince Rupert zu einem Touristenort.
Wie es das Geschick in solchen Ländern häufig will: Das ursprünglich aus sehr nüchternen Erwägungen an dieser Stelle begründete Prince Rupert hat ältere und eigentlich viel interessantere Hafenplätze, von denen viel mehr zu erzählen wäre, zum Verdorren und Absterben gebracht, so Port Essington auf der Südseite der Skeena-Mündung (also von der Eisenbahn nicht berührt) und Port Simpson, 25 Kilometer weiter im Norden am Eingang des weit über hundert Kilometer ins Festland hineinstoßenden Portland Canals. Port, früher Fort Simpson, ist schon 1834 von den Agenten der *Hudson's Bay Company* gegründet worden und bildete für viele Jahrzehnte den weitaus bedeutendsten Handelsposten an der ganzen nordpazifischen Küste. Davon ist heute nicht mehr viel zu bemerken. Weder die Eisenbahn noch eine Straße erreichen Port Simpson. Seine Bedeutung verging, seit die großen, seetüchtigen Einbäume der Indianer von der Küste und die kleineren Kanus auf den Flüssen des Inneren zu Museumsstücken geworden sind und als Mittel des Verkehrs keine Rolle mehr spielen.
Gewiß, Prince Rupert ist eine der allerhübschesten und freundlich-

sten Kleinstädte British Columbias (mit etwa 20 000 Einwohnern), und ich könnte mir vorstellen, daß ich dort mit Vergnügen meine alten Tage beschlösse. Jede Woche mindestens einmal würde ich durch den kleinen Park um das *North British Columbia Museum* schlendern und nicht müde werden, die grandiosen Totempfähle zu bewundern, die dort aufgestellt sind. Der größte ist von dem Häuptling Charles Dudoward geschnitzt, einem Niska-Indianer aus Port Simpson; der Pfahl stellt eine getreue Nachbildung des berühmten Bildwerks von Gitlakadamix im Gebiet des oberen Nass River dar und verdient es, daß man Prince Rupert nur besucht, um ihn zu sehen. Die beiden anderen Totempfähle stammen aus Tanoo, einem Dorf der Haida auf den Queen-Charlotte-Inseln, das heute verlassen ist.

Es gibt noch mehr Totempfähle in Prince Rupert, war doch diese Küste in indianischen Zeiten verhältnismäßig dicht besiedelt. Ich verweilte am liebsten bei dem bunten Pfahl auf dem höchsten Hügel der Stadt neben einem kleinen Rast- und Aussichtsplatz. Von dort oben bot sich ein weiter Blick über die Buchten und Inseln, die Küsten und Vorgebirge – und ich konnte nie umhin, mir ein wenig vorzustellen, wie hier auf dieser das ganze Land ringsum beherrschenden Hügelkuppe in vergangenen Zeiten vielleicht die Stammesältesten der Tsimshian getagt haben, ein paar Federn im schwarzen Haar, in weite Decken gehüllt.

Doch jedesmal, wenn ich an Prince Rupert denke, mischt sich in die angenehmen Erinnerungen das Gefühl der Enttäuschung. Seit vielen Jahren schon schwebt es mir vor, an dieser fernen Küste zwei Punkte anzusteuern, die sich eigentlich nur von Prince Rupert aus ohne allzuviel Zeitverlust erreichen lassen, einmal die Queen-Charlotte-Inseln, zum andern Metlakatla. Aber beides steht immer noch unerfüllt auf meinem Programm: die Inseln als die Heimat des wohl vorzüglichsten Stammes der pazifischen Küstenindianer, der Haida, und gleichzeitig ein Land unerhört großartiger Wälder –; und Metlakatla als das wesentlichste – und ganz und gar gelungene – Experiment, unter der Leitung von klugen und vor allem energischen Missionaren die Indianer den schlimmen Folgen des abendländischen Einflusses zu entziehen und sie gleichzeitig pfleglich und unter Wahrung des Besten aus ihrer alten Welt in die neuen, von den Weißen bestimmten Ordnungen einzuführen.

Ein halb dutzendmal bin ich nur zu dem Zweck nach Prince Rupert gereist, um endlich die Queen Charlottes oder Metlakatla oder beides für mich zu gewinnen, ihre Luft zu atmen, ihre Menschen zu sprechen, vielleicht ein paar Freunde oder gute Bekannte zu finden – und wieder ein wenig genauer zu wissen, was es mit dem fernen kanadischen Westen auf sich hat. Stets vergeblich! Entweder war das Wetter so schlecht, daß die kleinen Maschinen den Flug über die offene See nach Massett im Nordosten der Nordinsel nicht wagen mochten. Oder das Schiff, mit dem ich gerechnet hatte, war irgendwo hängengeblieben und verspätete sich unbestimmt. Stets fehlte mir die Zeit, ein paar Tage auf besseres Wetter oder ein anderes Schiff zu warten. Stets mußte ich unverrichtetersache wieder abreisen, wenn ich meine weiteren Verabredungen nicht völlig durcheinanderbringen wollte.

Metlakatla

Über die Queen-Charlotte-Inseln will ich nicht berichten, da ich sie nie selbst gesehen habe. Über Metlakatla jedoch ist einiges anzumerken, da es sich um eine aufschlußreiche Geschichte aus der Frühzeit British Columbias handelt.

Ich erwähnte schon, daß das 1834 gegründete Fort Simpson bis in dieses Jahrhundert hinein bei weitem der wichtigste und betriebsamste Ort an der pazifischen Nordküste gewesen ist. Die *Hudson's Bay Company* unterhielt in ihrem weitläufigen Laden ein reiches Lager all der Dinge, die ein Indianerherz begehren mochte, und lockte damit Scharen von Rothäuten an, die von weit her herbeipaddelten, um ihre Pelze gegen Wolldecken, Waffen, Munition, bunte Bänder, Tabak, Süßigkeiten, vor allem aber auch gegen Rum, Gin und Whisky umzutauschen. Meistens warteten die wackeren Söhne Manitus nicht, bis sie wieder zu Hause angelangt waren, sondern sprachen dem Feuerwasser gleich an Ort und Stelle mit Begeisterung zu, verbrüderten sich, tranken, grölten und übergaben sich, gerieten sich heftig in die schwarzen Haare und setzten die gewaltigen Saufereien, Schlägereien und Liebesfeste so lange fort, bis auch der letzte Dollar, den sie für ihre Pelze erlöst hatten, wieder in die Kasse der *Hudson's Bay* zurückgekehrt war.

Um Fort Simpson war also ständig der Teufel los. Der Ort stand küstenauf und küstenab in denkbar schlechtem Ruf.
Unter den vielen Schiffen, die den guten Hafen aufsuchten, befanden sich auch von Zeit zu Zeit Schiffe Ihrer Britannischen Majestät Kriegsmarine. Die Küste mußte laufend kontrolliert und die englische Flagge, der damals noch sehr stolze Union Jack, gezeigt werden. Der Kapitän eines dieser Kriegsschiffe, *H. M. S. Virago,* Prevost mit Namen, war von dem Lotter- und Lasterleben in und um Fort Simpson so entsetzt, begriff auch, wie die Indianer sich hier vollends zugrunde richteten, daß er bei seiner Ankunft in England nicht nur seine vorgesetzte Dienststelle, sondern auch die bekannte und verdiente *Church Missionary Society* auf die unmöglichen Zustände an der fernen Küste des Pazifischen Ozeans sehr dringlich aufmerksam machte. Sie müssen schon sehr unmöglich gewesen sein, denn Kapitäne von englischen Kriegsschiffen der damaligen Zeit sind sicherlich keine sehr zart besaiteten Wesen gewesen, selbst wenn ihr stolzer Viermaster *Virago,* das heißt *Jungfrau,* als Namen am Bug trug.
Ob die betreßten Herren von der Kriegsmarine auf den Hinweis des Herrn Kapitäns Prevost reagiert haben, ist nicht bekannt. Die Missionsgesellschaft reagierte sofort und wählte einen jungen Mann namens William Duncan aus, der gerade seine theologischen Studien beendet, aber seine Examina noch nicht abgeschlossen hatte. Er konnte daher vor seiner Ausreise, die auf der Stelle und offenbar mit großer Hast betrieben wurde, nicht mehr zum Priester ordiniert werden. Doch galt es als abgemacht, daß er ordiniert werden würde, wenn er erst die Sprache der Indianer gelernt und seine Gesundheit sich dem mildfeuchten Klima der nordpazifischen Küste gewachsen gezeigt hätte.
Inzwischen hatte Kapitän Prevost ein neues Schiff bekommen, diesmal keine *Jungfrau,* sondern Ihrer Majestät Schiff *Satellite.* Es ist verständlich, daß der *Church Missionary Society* daran lag, Duncan die Ausreise gerade mit Prevost antreten zu lassen. Der Kapitän konnte den jungen Mann, dessen Namen zu einem der großen Namen an der Nordküste werden sollte, schon im voraus mit den Umständen vertraut machen, denen er entgegenfuhr. Das war eine endlos weite Reise damals: den ganzen Atlantik hinunter bis zur Südspitze Südamerikas, um Kap Hoorn herum in den

Pazifischen Ozean und wieder nordwärts der Westküste der beiden Amerikas folgend, wiederum den Äquator kreuzend, bis man im Norden in die Westwindzone gelangte, die der Küste British Columbias die reichen Regen spendet und an den Westhängen der Küstengebirge und auf den vielen vorgelagerten Inseln Wälder entstehen läßt mit Bäumen, so stark, prachtvoll und gigantenhaft, daß man auf der Erde ihresgleichen suchen muß.
William Duncan ging in Victoria an Land. Der junge Mann sah sich in eine völlig fremde Welt versetzt, scheint aber von Anfang an von seiner Aufgabe so besessen gewesen zu sein, daß er nicht rechts noch links sah, sich in dem Indianerlager vor den Toren der Stadt einen Tsimshian aus dem Nordland suchte und ohne Verzug damit begann, die Sprache seiner zukünftigen Schützlinge zu studieren.
Duncan hatte ursprünglich eine kaufmännische Lehre durchgemacht und war dann Verkaufsvertreter für eine Gerberei geworden. Das hatte den tief religiösen Mann nicht befriedigt. Er hatte mit bescheidensten Mitteln in Oxford das Studium der Theologie aufgenommen. In erstaunlich kurzer Frist hatte er sich das Handwerkszeug des Theologen angeeignet und war abgeordnet worden, um mit 25 Jahren am fernen Skeena einen Haufen in der Tat sehr wilder, zuchtloser und betrunkener Heiden zum Christentum zu bekehren und ihnen in der Furcht des Herrn Anstand und gute Sitten beizubringen.
Fort Simpson stand in Victoria in so schlechtem Ruf, daß der damalige Gouverneur der Kronkolonie und andere erfahrene und einflußreiche Leute dem angehenden Missionar dringend abrieten, in dem wüsten Außenposten sein geistliches Glück zu versuchen. Die Vertreter der *Hudson's Bay Company* da oben wären nur aufs Geldverdienen aus. Je gründlicher die Indianer ihre Pelze versoffen, desto bessere Geschäfte machte die allgewaltige Company. Er, Duncan, würde hoffnungslos auf sich ganz allein gestellt sein.
Aber Schotten haben einen sehr harten Schädel, und wenn man wissen will, wie hart diese Schädel sind, dann braucht man nur einen Streifzug durch die Geschichte des kanadischen Westens zu unternehmen. Man wird danach den Namen Schottland nur noch mit Respekt und Sympathie aussprechen.
Duncan traf am 1. Oktober 1857 in Fort Simpson ein und erhielt im Fort Unterkunft – wenn auch sonst keine Unterstützung. Gouver-

neur Douglas, ein mächtiger und angesehener Mann, hatte ihm einen Empfehlungsbrief mitgegeben.
Den ganzen Winter über beschäftigte sich Duncan damit, sich in der Sprache der Tsimshian zu vervollkommnen, wobei ihm ein junger Indianer namens Clah, den Duncan als allerersten für seine Botschaft gewonnen hatte, als Lehrer diente.
Die Kunde von dem Verrückten, der nichts zu verkaufen hatte und nichts einkaufen wollte, hatte sich schnell unter den vielen Hunderten und Tausenden von Eingeborenen verbreitet, die ständig durch den Handelsposten flossen oder sich in seinem Bannkreis niedergelassen hatten. Hier war für die Rothäute zum erstenmal ein Weißer aufgetaucht, der nichts von ihnen wollte und der obendrein vorgab, ihnen etwas sehr Kostbares bringen zu können, einen Glauben nämlich, der ihnen das ewige Leben schenken würde.
Die Häuptlinge und Medizinmänner witterten bald, daß dieser junge und furchtlose, wenn auch sehr bescheiden auftretende Mann eine viel größere Gefahr für ihren Einfluß und für ihre Autorität bedeutete, als alle Faktoreien und Agenten der *Hudson's Bay Company* zusammengenommen.
Mehr als einmal hing Duncans Leben an einem seidenen Faden. Die Großen der Indianer bedrohten ihn oft genug. Trotzdem wuchs ihm ganz langsam die Frucht seiner Bemühungen zu, wobei ihm vor allem zustatten kam, daß er die Sprache der Tsimshian bald ebenso beherrschte, als wäre sie seine eigene. Die anderen Weißen dachten nicht daran, sich um die Sprachen der ›Wilden‹ zu bemühen; die sollten ihre Pelze anbieten und sich von den Erlösen betrinken; dann war die Welt in Ordnung.
Es kam verschiedentlich vor, daß Häuptlinge, die den jungen Verkünder des Worts mit dem Messer oder dem Beil angegriffen hatten, von seiner waffenlosen Furchtlosigkeit so beeindruckt waren, daß aus ärgsten Feinden beinahe im Handumdrehen Bekehrte und Mitstreiter wurden. Mut und Verachtung des Todes standen bei den Indianern hoch im Kurs. Zögernd zunächst, dann immer häufiger bekannten sich nach zwei, drei Jahren eine Anzahl von Familien zu der neuen Lehre und zu Duncan als ihrem neuen Berater, Führer, Lehrer.
 Duncan war als Schotte zu nüchtern und praktisch veranlagt, als

daß er sich mit der geistlichen Umwandlung seiner langsam wachsenden Anhängerschar begnügt hätte. Er begann mit einer kleinen Schule für die Kinder, kümmerte sich um jede Einzelheit im täglichen Dasein seiner Gemeindeglieder. Er mußte schließlich erkennen, daß in dem gefährlichen und verderbten Dunstkreis des Handelspostens, in dem ständig wechselnden Durcheinander und unter den stets wirksamen Versuchungen von Fort Simpson seiner Gemeinde eine ruhige und stetige Entwicklung nicht vorausgesagt werden konnte.

1862 schon zog Duncan mit fünfzig Männern, Frauen und Kindern aus der Umgebung Fort Simpsons etwa zwanzig Meilen weiter nach Süden an einen Platz an der Venn-Passage, gar nicht sehr weit vom heutigen Prince Rupert entfernt – und begründete hier eine neue, ausschließlich von Christen bewohnte Siedlung. *Metlakatla* hieß der Ort, was im Indianischen das Zusammenfließen zweier Meeresarme bedeutet. Der Ort war früher schon von den Tsimshian bewohnt gewesen, lag geschützt gegen alle Stürme der offenen See in einer traumhaft schönen Küstenlandschaft und bot alle Vorbedingungen für einen guten Anfang, weil ja die Gegend schon einmal aufgeschlossen gewesen, die schwerste Arbeit der Erschließung also bereits getan war.

In kurzer Zeit gliederten sich Hunderte von weiteren Indianern dem neuen Unternehmen an, obgleich Duncan von jedem, der hinzukam, die förmliche Anerkennung sehr strenger Verhaltens- und Lebensregeln forderte; er verlangte von den Indianern in der Tat eine vollständige und allumfassende Umänderung ihrer bisherigen Lebensweise. Die ›Regulationen‹ wurden von Duncan und seinen indianischen Mitarbeitern mit unerbittlicher Strenge, sogar mit schweren körperlichen Strafen, durchgesetzt. Doch brauchte niemand auch nur einen Tag länger in Metlakatla zu bleiben, als es ihm paßte. Jedermann kam freiwillig und blieb freiwillig. Wer aber blieb, hatte sich dem neuen großen Häuptling Duncan und seinen Gesetzen fraglos unterzuordnen. Trotzdem wuchs die Siedlung ständig durch neue Zuwanderer und wurde schnell zu einem überzeugenden Muster dafür, daß diese begabten Stämme auch in der Welt des weißen Mannes ihren Mann zu stehen imstande waren. Duncan gewann bald so hohes Ansehen, daß Gouverneur Douglas ihn zum Friedensrichter für die ganze Nordküste ernannte. Nach

kurzer Zeit schon wurde ›Richter Duncan‹ zum Schrecken der Rumhändler und weißen Schnapsverkäufer. Er stellte diesen Zerstörern der indianischen Völker mit unerbittlicher Strenge nach und verurteilte sie, wenn er oder seine Beauftragten sie überführen konnten, stets zu den höchstmöglichen Strafen.
Noch immer war Duncan nicht zum Priester ordiniert. Da er sich nicht nur um das geistliche, sondern ebenso um das materielle Wohlergehen seiner Indianer kümmerte, Sägemühlen baute, Holz verkaufte, Fischerei im großen einrichtete, um den Leuten von Metlakatla Ansehen und Wohlstand zu verschaffen, hätte ihn der Priesterrock nur behindert. Mehrfach reiste er nach England, erlernte das Schmiedehandwerk, das Ziegelbacken, das Seifekochen, lernte weben und tischlern, um dann, wenn er wieder nach Metlakatla zurückgekehrt war, seinen Leuten diese Künste beizubringen. Längst betrieben die Indianer unter Duncans Anleitung ihren eigenen Handelsposten und verdienten nun das Geld selbst, das früher die *Hudson's Bay Company* an ihnen verdient hatte. Eine erste kleine Fabrik für Lachskonserven wurde gebaut. Metlakatla hatte alle anderen Orte an der Küste nördlich von Victoria weit hinter sich zurückgelassen. Wenn irgendwann und wo im Sinne eines Leitprojekts betrieben worden ist, was wir heute Entwicklungshilfe nennen, dann war es in Duncans Metlakatla.
Trotzdem entging dieser erstaunliche und erfolgreiche Versuch einer Missionierung im weitesten Sinne knapp dem Untergang. Die Oberen der *Church Missionary Society* in London, die meisten davon Studierstuben-Theologen, kamen mit der Zeit zu der Überzeugung, daß es so wie bisher mit Duncan, mit Metlakatla, diesem vorzüglich florierenden christlichen Unternehmen, nicht weiterginge. Duncan war immer noch nicht ordiniert, hielt zwar in seinem sich stetig erweiternden Einflußbereich auf musterhafte christliche Ordnung, legte aber keinen Wert darauf, nun auch unter den Indianern das kirchliche Leben Englands in allen Einzelheiten zu kopieren; er hatte vielmehr nichts dagegen, daß seine Gemeinden allmählich ihre eigenen gottesdienstlichen Formen ausbildeten. Das durfte nicht geduldet werden. Wo käme die Kirche da hin ...!
Also wurde über Duncans Kopf hinweg von London aus ein Bischof für Metlakatla ernannt. Duncan hatte nie auf Titel Wert gelegt. Der Bischof William Ridley erschien im November 1879 in

Metlakatla und beanspruchte vom ersten Tag an kraft seines bis zum letzten Buchstaben bestätigten Amtes die oberste geistliche und auch weltliche Leitung der blühenden Siedlungen.
Wo Frieden und Freundschaft von Anfang an geherrscht hatten, gab es nun Zank und bittere Rivalität, die in das Dasein der Menschen tiefe Unruhe brachte.
Duncan dachte nicht daran, sich sein Werk aus der Hand nehmen zu lassen. Er bat die amerikanische Regierung, sich für seine Leute auf amerikanischem Boden einen neuen Ort aussuchen zu dürfen. Metlakatla lag ja nur ein paar Meilen von der Südspitze des amerikanischen Alaska entfernt. Die amerikanische Regierung war nur zu gern bereit, den vorzüglichen Mann mit seiner Mustersiedlung auf US-Boden willkommen zu heißen.
Es klingt fast unglaublich, aber es ist doch wahr: Duncan hat mit dem größten Teil seiner Leute die Leistung von Metlakatla in Neu-Metlakatla auf der Annette-Insel, etwa hundert Kilometer nördlich vom heutigen Prince Rupert, wiederholt. Bischof Ridleys Alt-Metlakatla ging 1901 in Flammen auf und sank zu einem Schatten seines früheren Selbst herab. Neu-Metlakatla jedoch ist über den Tod Duncans hinaus ständig gewachsen, hat sich großartig weiterentwickelt, wirtschaftlich sowohl wie kulturell. Längst beziehen junge Männer aus Metlakatla die Universitäten. Der Chor und das Orchester von Metlakatla hat sich in Kanada und den Staaten großes Ansehen erworben. Die Stadt und ihre Umgebung kann sich heute mit jeder anderen ›weißen‹ Stadt der Gegend an Modernität und guter Verwaltung messen. Hier haben die Tsimshian bewiesen, daß sie durchaus fähig sind, auch die neue Zeit zu meistern. Das ist William Duncans Werk, ein exemplarisches Werk, das von Entwicklungspolitikern gründlich studiert werden sollte.

No. 1, der stolze Trans Canada Highway

Ich weiß wohl, daß *Highway* im Englischen lediglich Straße, bestenfalls Hauptstraße bedeutet. Aber wenn ich an den *Trans Canada Highway* denke, dann drängt sich mir für diesen besonderen Fall stets die wörtliche Übersetzung ›Hochweg‹ in den Vordergrund: der Transkanadische Hochweg. Man könnte sie im Deutschen schon so nennen, diese unerhörte Straße, die fern im Osten bei der Hauptstadt der großen Inselprovinz Newfoundland, der City of St. John's, beginnt und 8000 Kilometer weiter im Westen in der Hauptstadt der Provinz British Columbia, in Victoria B. C., wiederum auf einer Insel endet, dem großen Vancouver Island. Der Transkanadische Hochweg stellt die längste, innerhalb eines einzigen Staates verlaufende Autostraße dar, die es auf der Welt gibt. Weder Rußland noch China, noch die USA haben Vergleichbares aufzuweisen. Der Trans Canada quert den nordamerikanischen Erdt il von Osten nach Westen dort, wo er ›am breitesten‹ ist, und schafft eine durchgehende Verbindung zwischen den beiden größten Weltmeeren, dem Atlantischen und dem Pazifischen Ozean.

Es ist ein ›Hochweg‹ in der Tat! Wenn das Wort irgendwo paßt, dann hier. Die vorzüglich gepflegte, selbst im härtesten Winter stets offen gehaltene Straße durchquert in weiten Schwüngen, jedoch unbeirrt westwärts strebend, alle die verschiedenen Landschaften Kanadas. Wer nichts weiter in Kanada unternimmt, als sein Auto auf dieser einmaligen Straße westwärts bis zum Endpunkt in Victoria und dann wieder zurückrollen zu lassen, der hat sich ein Erlebnis beschert, das sich in ähnlicher Geschlossenheit und Großartigkeit kaum irgendwo sonst wiederholen läßt.

Ich kam wieder einmal von Osten, von Toronto diesmal, hatte die Fels-, Wald- und Wasserwildnisse des südlichen Kambrischen Schildes im Westen der Provinz Ontario durchquert, hatte den Blick über die Meeresweiten des Lake Superior schweifen lassen, dessen zerklüftetes Nordufer der Trans Canada für ein paar hundert Kilometer mit kühner Zähigkeit begleitet, und war schließlich kurz vor Winnipeg, der Hauptstadt der Provinz Manitoba, in die grenzenlos flachen Weiten der kanadischen Prärie eingetreten.

Die Prärie: Der Wagen rollt und rollt auf schnurgerader Bahn durch unendliche, zuweilen sanft gewellte Ebenen. Der Horizont sinkt sachte vor dir fort und steigt ebenso unmerklich hinter dir wieder hoch. Wenn nicht gelegentlich eine Stadt mit ihrem Namensschild dem Fahrenden bewiese, daß er tatsächlich wiederum einige hundert Meilen weiter westwärts vorgedrungen ist, er könnte meinen, nicht er wäre über die Straße nach Westen vorangerollt, sondern nur der Trans-Canada-Highway unter ihm nach Osten davongeglitten, so sehr gleicht sich die große, himmelweite Landschaft Stunde für Stunde.

Wenn man sehr genau achtgibt, so bleibt es indessen nicht verborgen, daß die gewaltigen Ebenen leise nach Westen ansteigen. Man fährt unmerklich geneigte Flächen immer etwas länger hinauf, als man die weitgeschwungenen Bodenwellen wieder hinuntergleitet. Ganz sachte, dem Motor des Autos schwerlich spürbar, steigt das Gelände an, seit man die Ödnisse des Großen Kambrischen Schildes nördlich der Großen Seen und des ›Sees der Wälder‹ hinter sich gelassen hat.

Die luftig heitere Stadt Calgary zieht vorüber, die zweitgrößte und zweitwichtigste Stadt der Provinz Alberta. Ich habe mich nie von ihr aufhalten lassen. Sie bildete mir immer nur das Zeichen, daß ich dem kanadischen Hochgebirge, der für mich schönsten und herrlichsten Landschaft der Erde überhaupt, schon ganz nahe war. Stets kam ich auf der tagelangen Reise von Osten nach Westen so aus, daß ich vor der vollen Nacht gerade noch den Westrand von Calgary oder noch darüber hinaus das Städtchen Cochrane erreichte und dort mich in irgendeinem kleinen Motel für die Nacht einquartierte.

Gewöhnlich noch vor Sonnenaufgang ließ ich den Motor wieder anspringen, mit möglichst wenig Lärm, um nicht den Zorn noch tief schlummernder Gäste zu erregen, und fuhr bald wieder auf der No. 1 oder der 1 A nach Westen, nach Westen, nach Westen!

Während dann in meinem Rücken das Morgenlicht sich lautlos verstärkte, stiegen sie vor mir auf – ganz blaß zuerst und noch kaum recht zu glauben –, die Umrisse des Hochgebirges, die gezackte Wand der Rocky Mountains, wuchsen unmerklich höher vor dem Graublau des westlichen Horizonts, hinter dem die Nacht unweigerlich versank, und standen schließlich, nicht mehr anzuzweifeln, da, der grandiose Wall des Felsengebirges. Fast ohne Übergang türmen sich die ungeheuren Schollen der Erdrinde aus den flachen Wellen der Prärie in eine stets überwältigender aufragende Höhe. Hatte schließlich der volle Tag die Herrschaft angetreten, so rollte ich längst zwischen felsigen Wänden am Bow-River sachte bergauf. Die unendlichen Ebenen der Prärie waren dann so völlig vergessen, beinahe unvorstellbar geworden, als hätte es sie nie gegeben, als hätte ich sie nicht gestern noch durchjagt. Dieser sich in einer Stunde vollziehende Übergang aus unabsehbarer Ebene in eine der großartigsten Hochgebirgslandschaften der Welt bildet – meine ich – eines der wahrhaft unvergeßlichen Erlebnisse, die unsere schöne alte Erde dem Reisenden zu bescheren vermag.

Banff und Lake Louise

Gut 150 Kilometer westlich der in kahles, sanft gewelltes Flachland gebetteten Stadt Calgary, der zweitgrößten Albertas (bekannt durch die Calgary Stampede, große Reiterspiele und Konkurrenzen) gleitet der Trans-Canada an zwei hoch-, ja weltberühmten Orten vorüber, an Banff und dann, ehe noch die Straße über den Kicking-Horse-Paß die Kette der Rocky Mountains überquert und aus der Provinz Alberta nach British Columbia vordringt, an dem Louisen-See, dem Lake Louise, der von vielen für das kostbarste Juwel des ganzen amerikanischen Felsengebirges gehalten wird. Ich für meine Person vermag mich einem solchen Urteil nicht unbedingt anzuschließen. Gewiß, der Lake Louise ist unvergleichlich schön und herrlich; aber seinen großen Ruhm erlangte er sicherlich und wesentlich deshalb, weil er früh schon durch Eisenbahn und Straße erschlossen, weil dort mitten in einsamster Landschaft ein großes feudales Hotel errichtet wurde (ohne übrigens dem Einklang von Bergen, Gletschern, Wäldern und Wasser Gewalt anzutun), weil er, nur wenige Meilen abseits der Verkehrswege, von vielen Menschen verhältnismäßig leicht erreicht werden kann. Außerdem: an welchem Maßstab wäre landschaftliche Schönheit zu messen, wäre also »das Schönste« zuverlässig festzustellen? Solche Maßstäbe gibt es nicht. Ich kenne entlegenere Seen und Landschaften im Felsengebirge, die sich an Großartigkeit und Schönheit mit dem Lake Louise durchaus messen können. Um nur zwei Beispiele zu nennen, die nicht allzu schwer zu erreichen sind: der wie ein Traum so schöne Lake O'Hara im Yoho-Park, B. C., und der grandiose Maligne-Lake im Japser-Park, Alberta.

Banff bildet, vielleicht noch neben Radium Hot Springs, den einzigen Platz im kanadischen Gebirge, der sich mit einem europäischen ›Kurort‹ vergleichen läßt. Das eigentliche ›Kurhotel‹, der Höhepunkt des im Laufe der Zeit auf etwa 5000 Bewohner angewachsenen Städtchens, ist das vornehm abseits gelegene ›Banff Springs Hotel‹, das ›Quellenhotel‹ mit seinen Türmen, Terrassen, grünen Dächern und sechshundert Zimmern. Wohl kein Hotel auf der ganzen Welt vermag seinen Gästen von jedem Zimmer aus eine so hinreißende Aussicht anzubieten, ganz abgesehen von dem ebenfalls auf der ganzen Welt seinesgleichen suchenden Golfplatz, den Schwimmbädern im Freien und in der Halle, den Cocktail-Salons, den beinahe unerträglich distinguierten Speisesälen, Aufgängen, den Portiers in irisch grünem Kilt – damit ist die Reihe der feierlichen Herrlichkeiten noch längst nicht am Ende. Hier haben sich einmal die Großen oder auch nur die Reichen aus aller, vornehmlich der englischen Welt getroffen und sich gegenseitig in ihrer echten oder vermeintlichen Wichtigkeit und Würde gesteigert. Denn das Banff-Springs-Hotel galt und gilt als eines der teuersten Hotels der Erde. Manche Kanadier behaupten sogar – und nicht ohne sanft erheiternden Stolz – es wäre das teuerste der Welt (was ich angesichts z. B. deutscher oder japanischer Hotelpreise bezweifle).

Doch längst sind fernste Vergangenheit die Tage, in denen etwa der König von Siam für zehntausend Dollar pro Nacht eine weite Flucht von Räumen mietete, und an jedem Abend die Herrschaften der englischen, kanadischen, auch der US-amerikanischen Geld- und Geburtsaristokratie (soweit diese noch über genügend Geld verfügte) in voller Gala und großer Toilette ihr Dinner zelebrierten. Das Hotel zwar hat seine Vornehmheit bewahrt. Die Kofferträger am Eingang tragen immer noch den grünen Kilt. Die Aussicht von den Zimmern blieb atemberaubend wie eh und je. Der Service dieses einmaligen Hotels sucht auch heute noch ebenso seinesgleichen wie die Preise und Trinkgelder. Aber die großmächtigen Lords und ihre beklemmend hochmütigen Ladies sind abhanden geraten. Die Könige von Siam, die Maharajas von Gwalior oder Mysore oder Baroda haben bescheidenere Manieren angenommen und legen Wert darauf, nicht mehr aufzufallen. Das Hotel ist trotzdem ständig ausgebucht. Früher hielt es ebenso wie das »Château Lake Louise« im Winter einen langen Schlaf. Aber seit die Amerikaner und besonders die Kanadier das Skilaufen entdeckt haben, herrscht sowohl in Banff wie in Lake Louise eigentlich das ganze Jahr über ›Saison‹.

Aber die Gäste verweilen heute im Durchschnitt nur noch zwei bis drei Tage im ›palatial‹, im ›schloßgleichen‹ Banff Springs Hotel. Es scheint so reiche Leute wie früher doch nicht mehr zu geben. Doch jeder, der etwas auf sich hält, will behaupten können, auch er habe einmal in dem berühmten Hotel am Lake Louise oder in Banff gewohnt, gespeist, getanzt, habe die unvergleichliche Aussicht genossen – und für dies Vergnügen ein paar hundert Dollar springen lassen.

Man hat Banff mit Zermatt verglichen. Aber über Zermatt steht nur, wenn auch mit himmelstürmender Bravour, das Matterhorn. Um Banff aber ist ein ganzer Chor von Hörnern und Gebirgen versammelt. Ersteigt man hinter dem Hotel den ›Schwefelberg‹ – man kann auch hinauf schweben –, so stehen sie gewaltig in weitem Rund Parade wie die Zähne eines ungeheuren Drachenschlundes, die Berge Assiniboine, Fatigue, Brett, Eisenhower, Oliver, Aylmer, Temple. Die Sawback und Palliser-Ketten drängen sich vor die Rockies, unerhört schroffe und gewaltsame Faltungen der Erdkruste, geborstene Schollen aus dem steinernen Mantel unseres Planeten – man meint es noch grollen und knirschen zu hören.

Dicht hinter dem Hotel, wo die Seilbahn auf den Sulphur-Berg abfährt, liegen die warmen Quellen, die Upper Hot Springs, denen Banff verdankt, daß es so sehr in den Mund aller reiselustigen Leute auf der ganzen Welt gekommen ist. (Um es an dieser Stelle zu sagen: die teuren Luxus-Hotels brauchen niemand zu ängstigen, der mit seinem Geldbeutel pfleglich umzugehen hat. Es gibt in Lake Louise und erst recht in Banff vorzügliche Unterkünfte in vielen Preislagen, unter denen sich auch ein weniger begüterter Zeitgenosse das Passende aussuchen kann.)

1858/59 entdeckte Sir Jas Hector nordwestwärts den Kicking-Horse-Paß, den heute außer der Eisenbahn auch die Trans-Canada-Straße benutzt, um die Rockies zu überwinden. Sir Jas nannte den Paß ›Schlagendes Pferd‹, weil an dieser Stelle eines seiner Pferde im unrechten Augenblick bockte und beinahe Unheil angerichtet hatte. Der Ort war der *Hudson's Bay Company* – wem sonst? – schon zuvor bekannt gewesen. Der großen Pelzhandels-Gesellschaft blieb nichts verborgen. Allerdings ist der hier ostwärts vorbeischäumende Bow-River noch keineswegs mit dem Kanu zu befahren. Die ›Bay‹ nahm sich also des Ortes nicht weiter an. Aber die Indianer berichteten, daß in den warmen Quellen die Bären im Frühling gerne badeten, um das Rheuma aus ihren Schultern und Schinken zu vertreiben, das sich während ihres Winterschlafs in irgendeiner kalten Schneehöhle darin eingenistet hatte. Die Indianer hatten es längst den Bären nachgetan und gingen gern dem Winterfrost in ihren klammen Gliedern zu Leibe, indem sie sich in die oberen oder die unteren warmen Quellen am Mt. Sulphur legten und sich wohlig warm umfluten ließen.

Als Anfang der achtziger Jahre des vorigen Jahrhunderts die *Canadian-Pacific-Railway* nach einem geeigneten Paß über die Rockies suchte und sich dann für das Tal des Bow- und weiter das des Kicking-Horse-River entschied, folgten die Landmesser und Bahnbauer dem Beispiel der Bären und Indianer und genossen die warmen Quellen. Schließlich hörte auch die Regierung von dem bemerkenswerten Ort und tat das einzig richtige: sie stellte zehn Quadratmeilen um die heilkräftigen Quellen von jeder gewerblichen oder geschäftlichen Nutzung frei. Damit war schon 1885 der erste kanadische National-Park geschaffen; er ist später riesenhaft vergrößert worden, heißt aber immer noch Banff-National-Park. Die Canadian-Pacific, die als einzige im ganzen kanadischen Westen besondere Vorrechte beanspruchen konnte, setzte dann neben die Quellen – wie 36 Meilen am Bow-Fluß weiter stromauf neben den wunderbaren Lake Louise – jene mächtigen Hotels, von denen heute, wenn auch mit Vorsicht, zu sagen ist, daß sie einst bessere Tage gesehen haben, so sehr sie sich auch nach wie vor um das Prädikat ›First Class‹ bemühen. – –

Umgeben die Gebirge und Gipfel das weite Banffer Tal im Stil einer mächtigen Arena oder eines Amphitheaters, so zeigt die überwältigende Landschaft am Lake Louise einen ganz anderen Charakter. Hier sind die Berge und Gletscher gerafft, die steilen, waldigen Hänge, die sich blau und tiefer blauend hintereinander staffelnden Ketten, sie sind gebunden und als stolze Einfassung auf das eine Juwel bezogen, das sie in ihrer Tiefe für alle Zeiten bergen: den durchaus überschaubaren, nicht allzu großen Louisen-See.

Jadegrün leuchtet der See, so intensiv in seiner Farbe bei Sonnenschein, daß man glauben möchte, der große Zauberer habe an dieser Stelle beinahe des Guten zuviel getan. Man kann ein Kanu mieten und sich treiben lassen über den nur selten von sanftem Gekräusel überflirrten Spiegel. Denn hierher in die Tiefe zwischen den steilen Wälderbergen reicht der große Wind nicht hinab, der in der Höhe über dem breiten, das Tal wie eine Silberwand beschließenden Viktoria-Gletscher den Pulverschnee wie eine helle Fahne davontreibt. Nicht weniger als sechs mächtige Gletscher entlassen ihre Schmelzwässer in den Lake Louise, verleihen ihm seine leuchtend grüne Farbe – und seine eisige Kälte.

Dies weiß ich: Wer einmal hier den Herbst erlebt hat, wenn die Espen ringsum als goldene Pinselstriche die dunklen Wände der Fichtenwälder wie aus sich selbst leuchtend aufhellen, oder den Frühling, wenn der Hauch von den Bergen mit allen Düften der grünenden Matten und Wälder beladen ist – oder wer emporstieg zu den sich in größerer Höhe in die Berge schmiegenden weiteren zwei Zauberseen, dem Spiegel-See und dem ›See in den Wolken‹ – der wird ewig eine Sehnsucht nach diesem Wunder von grünem See zwischen Wäldern, Bergen und Gletschern in seinem Herzen bohren fühlen. Das unvergleichliche Gewässer wird in seinen Träumen auftauchen wie ein verlorenes Glück. Er wird seine Zuhörer langweilen, denn der Zauber des Lake Louise läßt sich stets nur sehr unvollkommen in Worten einfangen. Er wird – wie es mir mehr als einmal ergangen ist – befremdetes Kopfschütteln zur Antwort erhalten: soviel Wesens um jenen See mit dem hausbackenen Namen da in den Rockies –, als ob wir nicht in den Alpen den Königssee und den Thuner See . . .?

Nun ja, vielleicht bin ich voreingenommen. Ich habe am Lake Louise mancherlei erlebt, was ich nicht vergessen kann.

Eine kaum überbietbare Hochgebirgsstraße: Banff-Jasper

Wenn man dem Trans-Canada über Banff und Lake Louise hinaus westwärts folgt, so biegt nach rechts, also nach Norden, genauer nach Nordwesten, eine gut gehaltene Straße ab, welche die Nummer 93 trägt, und zwar, noch ehe der Trans-Canada über den Kicking-Horse-Paß nach Westen wendet. Die 93 führt also nicht nach British Columbia hinüber, sondern verbleibt auf dem Gebiet der Provinz Alberta, bis sie in dem Städtchen Jasper ihr Ende findet. Dort mündet die 93 in die – von Süden her gezählt – dritte der großen Ost-West-Verbindungen, in die No. 16, die von Osten her über Edmonton, Albertas Hauptstadt, die Rockies im Yellowhead-Paß überwindet und weit über tausend Kilometer weiter westlich die Küste des Stillen Ozeans bei Prince Rupert erreicht.

Wie schon angedeutet, reicht die Provinz Alberta nur mit ihrer Südwest-Kante ins kanadische Gebirge hinauf. Lediglich die östlichen Abhänge der Rockies gehören zu Alberta; jäh senken sie sich zu den grenzenlosen Ebenen der Prärie hinab. Im Grunde sind es nur diese etwa dreihundert Kilometer der 93, der Länge nach in den Ostabhängen der Rockies verlaufend, die Alberta als Hochgebirgsstraße aufzuweisen hat. Aber diese dreihundert grandiosen Kilometer verdienen den Ruhm, den sie unter Kundigen genießen. Kaum irgendwo unter der Sonne, vielleicht nicht einmal im Himalaja, ist ähnlich Großartiges zu erleben.

Letzthin bin ich – es war im September 1975 – wieder auf dieser einmaligen Straße unterwegs gewesen. Ich kam von Süden, von der amerikanischen Grenze, und wollte über Radium Hot Springs am Südende des Kootenay-National-Parks Jasper ansteuern. Dieser Park und der nordwestlich ihn fortsetzende Yoho-National-Park lehnen sich auf B. C.-Gebiet in breiter Flanke an den Süden des Banff-Nat.-Park an, wie weiter im Norden der Mt. Robson-Provinzial-Park an den Jasper-Nat.-Park, der wie der Banff-Park auf Alberta-Gebiet liegt; so wurde über die Grenze zwischen den Provinzen und über die Kontinentale Wasserscheide, den Kamm der Rocky Mountains, hinweg (mit dem Willmore-Wilderness-Park ganz im Norden des Jasper) ein riesiges, fast über 500 Kilometer von Südost nach Nordwest reichendes Wildnis-Schutzgebiet geschaffen, dessen Großartigkeit auf Erden seinesgleichen sucht. Was damit geleistet wurde, begreift man erst recht, wenn man sich zum Vergleich vorstellt, daß in Europa die Alpen von Genf bis vor die Tore von Wien für alle Zeiten jeder Nutzung entzogen würden, daß in der Schweiz und im ganzen Westen Österreichs kein Baum mehr geschlagen, kein Tier getötet, keine Fabrik, keine Stadt, kein Dorf gebaut werden dürfte außer ein paar kleinen Siedlungen, um den Besuchern Unterkunft zu gewähren und die Wildnishüter, Forstbeamten und Hilfskräfte zu beherbergen. Nur die Straße 93 allein wandert der Länge nach, also nord-südlich, durch dies mächtige Hochgebirgsland. Durchquert wird das Schutzgebiet ost-westlich nur über zwei Routen, den Trans-Canada, die Straße No. 1, im Süden und die Yellowhead-Straße, No. 16, im Norden.

Ich hatte in einem abgelegenen Motel bei Lake Louise übernachtet. Im Château Lake Louise, dem einzigen Hotel, von welchem aus der See zu überblicken ist und wo ich mir eigentlich einen oder zwei Ausruhe-Tage hatte gewähren wollen, hatte ich kein Unterkommen mehr gefunden. Schon von weitem hatte mir, als ich auf den Parkplatz unterhalb des Sees rollte – dahinter ist kein Auto mehr gestattet –, das erleuchtete Zeichen neben der Hotel-Einfahrt ›No Vacancy‹ (Nichts mehr frei) entgegengeblinkt. Ich hatte gerade noch einen Blick auf den schon umdunkelten See und die schattenhafte Kulisse des Viktoria-Gletschers im Hintergrund werfen können und war dann wieder, müde und auch verärgert, die zwei, drei Meilen zur Bahnstation ins Tal hinuntergerollt, wo einige weitere Gasthäuser Zimmer und Mahlzeiten anbieten.

In der Nacht war nichts weiter zu vernehmen gewesen als das eintönige Rauschen des Bow-River irgendwo im Wald dicht hinter meinem Motel und dann drei- oder viermal für kurze Zeit das stählerne Klirren und Rollen einiger offenbar endloser Güterzüge der Canadian-Pacific, die über diesen frühesten, das Hochgebirge querenden Schienenstrang dem Kicking-Horse-Paß zustrebten oder von ihm mit dumpfem Bremsen herabstampften. Das dunkelgebändigte Pochen der drei, vier Diesellokomotiven vor den rumpelnden Wagenreihen ließ die Nacht unheimlich vibrieren und weckte mich jedesmal, wenn mich nicht die seltsam tief gestimmten, wie klagend heulenden Warnschreie der Lokomotiven schon vorher aus dem Schlaf gerissen hatten.

 Es war die erste wirklich kalte Nacht des Jahres. Die Lache vom

Regensturz des Tages zuvor neben dem Auto vor meinem Motelzimmer war zu hartem, glattem Eis erstarrt. Fast wäre ich darauf ausgeglitten und gestürzt, als ich die Wagentür aufschließen wollte. Ich fing mich gerade noch und war gründlich aufgerüttelt; der letzte Hauch von Schlaf war aus meinem Hirn vertrieben. Erst jetzt nahm ich wahr, daß hinter den Fichtenwipfeln – reglos und schwarz wie Schattenrisse – ein voller Mond aus klarem Himmel blickte. Nichts regte sich weit und breit. Verhielt ich mich ein paar Herzschläge lang ruhig, so hob sich sofort rings um mich her die vollkommene Stille wie eine gläserne Wand. Bis dann doch das Geraune des Flusses in seiner Felsenfurche hörbar wurde und mich aufatmen ließ, seltsam erleichtert, daß noch irgendwo Leben war in der kalten, reglosen, silberhellen Nacht. Gegen halb fünf rollte ich über leise knirschenden Kies zur Straße hinunter, der No. 1, nahm Kurs nach Westen und tastete mich sachte über die etwas verschlungene Abzweigung auf die 93 nach Norden. Dort konnte ich dann mein Gefährt munterer anrollen lassen, denn zwischen Lake Louise und Jasper ist die Straße für schwere Lastwagen und Transporter gesperrt –, und Privatwagen würde ich ohnehin vor vollem Tag nicht treffen. Amerikaner und Kanadier sind keine Frühaufsteher, besonders dann nicht, wenn sie wie vorwiegend in diesen Gebieten um die schönste Reisezeit des Jahres – im Herbst – ihre Urlaube genießen. Ich war mit der großen Nacht und ihrem silberweißen Gestirn, den Sternen, der dunkel und reglos ruhenden Wildnis allein. Die Reifen sangen ihr sanftes Lied.

Und dann erlebte ich ein Wunder, das mir diese Fahrt durch den frühen, frostigen Morgen unvergeßlich gemacht hat. Die Straße folgt einem tief eingeschnittenen Längstal. Zur Linken erhob sich die Hauptkette der Rockies, zur Rechten, also gegen Osten, ragten in gleicher Richtung verlaufende, nur wenig mindere Gebirgszüge empor. Unten im Tal des Bow-Flusses, dem die Straße in gebührendem Abstand folgt, lagerte noch die schwarzsamtene Nacht, durch welche die Scheinwerfer meines Autos eine schmale Schlucht aus Licht bahnten.

Aber in der Höhe erblaßten die Sterne schon. Über den Bergzügen im Osten hob sich, zuerst noch kaum geglaubt, grauseiden ein wenig Dämmerung und zeichnete die zerzackten Kämme von Viertelstunde zu Viertelstunde deutlicher nach.

Und schließlich war irgendwo fern im Osten, für mich ganz unsichtbar – ich rollte noch durch die scheinbar nur dichter gewordene Dunkelheit des tief beschatteten Tals –, im Osten war über dem Horizont der Prärien die Sonne aufgeschwebt und hatte damit begonnen, die Umrisse der ostwärts an mir entlang ziehenden Ketten mit einem ganz schmalen Saum von Gold zu kränzen, als bräche aus den Kämmen ein zartes Elmsfeuer hervor.

Die Massen der Rockies links von mir standen immer noch als schwarze ungestalte Schemen über meinem Wege. Und dann – es mag der Mount Gordon oder der Mt. Freshfield gewesen sein – wurden die allerhöchsten Spitzen der Hauptkette der Rockies von den über die Vorketten hinübersteigenden Strahlen der Sonne voll erreicht und schwebten nun –, nein, nur ihre roterglühenden Gletscherkuppen schwebten als gleißende Erscheinungen über dem noch immer von der vergehenden Nacht verdunkelten Tal.

Ich vermochte meine Aufmerksamkeit nicht mehr zwischen diesem unerhörten Farbenspiel in der Höhe und der Straße vor mir im Licht meiner Scheinwerfer zu teilen. Wenn ich nicht im Graben oder schlimmer enden wollte, so mußte ich anhalten und aussteigen. Ich tat es und erschrak: es war bitter kalt. Der Bow-Paß, den ich wohl gerade passiert hatte, erhebt sich auf etwa 2200 Meter über Meereshöhe.

Noch nie hatte ich so unmittelbar erlebt, wie ›der Tag die Nacht besiegt‹. Das grandiose Drama spielte sich in nur wenigen Minuten ab, unaufhaltsam. Ich konnte verfolgen, wie die über die östlichen Ketten dringenden Strahlen der Sonne sich an den steilen, ja senkrechten Felshängen im Westen abwärts tasteten, immer deutlicher die Schründe und Schroffen, die Rippen und Halden enthüllend.

Als ich schließlich, frierend bis ins Mark, wieder ins Auto stieg, brauchte ich die Scheinwerfer nicht mehr aufzublenden; der Morgen hatte sich durchgesetzt.

Die Straße zieht sich von der Höhe des Bow-Passes in ein neues Tal hinüber, passiert den Peyto- und Mistaya-Lake und überquert schließlich im Talgrund ein verhalten rauschendes größeres Gewässer. Es ist der North-Saskatchewan-River, der von den Eishalden auf der Höhe der Rockies herabrauscht – ein Strom, nicht nur ein Fluß, von Anfang an.

Unweit hinter der Brücke mündet aus Osten eine Seitenstraße, die No. 11, in die 93.
Es sei ein Geheimnis verraten: diese No. 11, die 1975/76 ihrer ganzen Länge nach bis nach Red Deer (das auf halbem Wege zwischen Edmonton und Calgary gelegen ist) mit einer festen Straßendecke versehen worden ist, die bisher kaum befahren wurde, weil sie sich in das übliche Programm der Touristen nur schwer einordnen läßt, bildet etwa von Rocky Mountain House westwärts, von dort also, wo sie dem Lauf des North-Saskatchewan ungefähr folgend, vielmehr ihm entgegen ins Gebirge vordringt, eine Route, über die sich dem Reisenden von Osten das kanadische Hochgebirge auf grandiose Weise öffnet. Einsam und leer schwingt sich die wunderbare Straße durch das vom Strom vorgezeichnete Tal in die Berge. Der mächtige Abraham Lake zieht der Länge nach vorbei, scheint vom Schöpfer nur hingebreitet zu sein, damit die leeren, stolzen Berge sich in seinem Spiegel nochmals in ihrer kahlen Gewalt darzubieten vermögen. Immer höher und schroffer wachsen dem Fahrenden die Kuppen und Grate entgegen, aber das von dem gewaltigen Strom gegrabene Tal – mit seinem Zwillingsbruder im Süden der eigentliche Schicksalsstrom des kanadischen Westens, der Prärien – das Tal bleibt weit und königlich und gibt schließlich wie nirgendwo sonst den Blick auf die gewaltige Kette der Rocky Mountains frei.
Sicherlich wird diese Straße 11 irgendwann westwärts verlängert werden, wird über den Howse-Paß die Rockies queren und dann entlang dem Blueberry-River zum großen Columbia und dem Trans-Canada No. 1 hinüberstreben (denn der kanadische Westen bedarf weiterer Paßstraßen über das Gebirge nach Westen; auf den schon vorhandenen wird der Verkehr bereits bedenklich dicht). Aber noch ist es nicht so weit. Noch endet von Osten her die 11, die man nicht David-Thompson-, sondern Saskatchewan-Route hätte nennen sollen, an dem für schweren Verkehr gesperrten Banff-Jasper-Highway No. 93, halb und halb also eine Sackgasse bildend. Solange sich das nicht ändert, wird die wunderbare Straße einsam bleiben, wird sie dem Reisenden die herrliche Stille und Großartigkeit dieser Gebirge offenbaren, ohne daß er diese Freude mit vielleicht allzu vielen und allzu lauten anderen Leuten zu teilen hat.
An dieser Stelle sei ein noch geheimeres Geheimnis ebenfalls

verraten. Doch hat es Bedeutung nur für Leute, die über ein eigenes Auto verfügen, sei es auch nur ein Leihwagen. Fährt man auf der 11 die gut 175 Kilometer von Rocky Mountain House (entstanden aus einem alten Pelzhandelsposten) ins Gebirge hinauf, so passiert man auf halbem Wege das schon zerfallende ehemalige Minenstädtchen Nordegg. Kurz danach wird die 11 von einer unansehnlichen, nicht gepflasterten Straße gekreuzt, die offenbar in allgemeiner Nord-Süd-Richtung zu verlaufen scheint. Das tut sie, macht indessen gar nichts von sich her, obgleich sie weit im Süden an der amerikanischen Grenze beginnt und, immer dem Osthang des Gebirges folgend, erst weit im Norden in die große Straße von Edmonton ausmündet, die zur Alaska-Straße nach Dawson Creek hinüberführt.

Diese kaum je erwähnte, an die tausend Kilometer lange Route ist auf den Karten nur eben angedeutet, um niemand zu verlocken, sie zu befahren. Es handelt sich auch nicht um eine öffentliche Straße üblicher Art, sondern um eine »Forestry-Trunk-Road«, einen über weite Strecken zwar nur einspurigen und nur geschotterten, aber wohlgehaltenen »Hauptweg der Forstverwaltung«. Die Forstverwaltung hat nichts dagegen, wenn ihre Bedarfsstraße gelegentlich von Privatwagen befahren wird. Sie bietet aber keine Camping- oder Rastplätze, auch nur sehr wenige Tankstellen an; auch mit Übernachtung ist es mager bestellt. Doch lassen sich alle diese Mängel bei einiger Planung und bei Beachtung der Karte und der Entfernungen leicht überwinden.

Diese so auf der ganzen Welt nur im kanadischen Gebirge zu findende Wildnisstraße berührt auf den gut tausend Kilometern ihres Verlaufs von Coleman im Süden bis Grande Prairie im Norden nur sechsmal menschliche Siedlungen (wenn ich mich nicht verzählt habe) – und auch diese sind nach europäischen Begriffen nur winzige Dörfchen oder Weiler, abgesehen von dem einzigen Städtchen Hinton an der Kreuzung mit der Yellowhead-Route, No. 16.

Ich möchte meinen, daß der Südabschnitt der Alberta-Forestry-Trunk-Road den schöneren Teil dieser so gut wie unbekannten, aber außerordentlichen Straße darstellt. Von Nordegg an der 11 über Seebe (am Trans-Canada, No. 1) bis nach Coleman (an der südlichsten, das Gebirge durchquerenden Ost-West-Straße, No. 3)

– auf dieser einmaligen, von jedem einigermaßen vorsichtigen und erfahrenen Autofahrer ohne große Mühe zu bewältigenden Strecke lassen sich die westkanadischen Wildnisse, Wälder, Gebirge und Einsamkeiten aus allererster Hand erleben. Man sollte es eigentlich nicht weitersagen, damit die grüne Stille dort noch lange erhalten bleibt –.

Doch zurück nun zum Banff-Jasper-Highway, No. 93, den wir bei strahlendem Morgenlicht gleich hinter Saskatchewan Crossing über die wenig befahrene No. 11 verließen.

Die Straße 93 strebt weiter nach Nordwesten und überwindet den Sunwapta-Paß. Danach schwingt sie sich ins Tal des Sunwapta-Flusses hinunter, der sich fünfzig Kilometer weiter unweit der Straße mit einem anderen größeren Fluß vereinigt, der ebenso wie der Saskatchewan, jedoch höher im Norden des kanadischen Westens Geschichte gemacht hat, dem Athabasca. Zugleich taucht zur Linken das Columbia-Eisfeld auf, das mit seinem Schmelzwasser den Sunwapta speist. Die breite Zunge zerschrundeten Eises, die vom Mt. Columbia, der höchsten Spitze auf Alberta-Gebiet, herniederleckt wie ein Strom zähflüssiger kalter Lava, hat sich in den vergangenen Jahren und Jahrzehnten beträchtlich verkürzt und damit flachgewalzte Partien ihres Bettes freigelegt, sicherlich ein Zeichen dafür, daß die Durchschnittstemperaturen dieser Gebiete in langsamem Steigen begriffen sind.

Wer Spaß daran hat, kann hier mit einem Schnee-Mobil den Gletscher aufwärts befahren und so, ohne sich mühen zu müssen, ein Erlebnis einheimsen, das, so weit ich weiß, auf der Welt sonst nicht zu wiederholen ist.

Bei den tosenden Wasserfällen des Athabasca weiter an der 93 sollte man anhalten – die Straße führt dicht an ihnen vorbei – und ein wenig in den felsigen Wänden umherklettern. Besonders, wenn der Strom Hochwasser führt, bieten sich Bilder von grandioser, wilder Schönheit.

Nicht weit hinter den Fällen zweigt von der 93 nach links die 93 A ab, die über den Athabasca hinweg höher in die Wände klettert und

Im weiten, reichen Grasland des Douglas-Plateaus, unweit Merritt, British Columbia

schließlich eine steile und etwas grobe Stichstraße zu einer kleinen Lichtung entläßt, von der aus sich ein fast erschreckender Ausblick auf die riesig und beinahe senkrecht aufragende Wand des Mount Edith Cavell bietet. Eine ungeheure Scholle der geborstenen Erdrinde ist hier von titanischen Kräften zu beängstigender Steilheit hochgekippt worden, aufgerichtet als ungeheure Felsenwand, von Eis und Schnee hier und da gefleckt, wo beides Platz und Halt fand, liegenzubleiben.

Ein junges Paar saß oberhalb des Straßenendes auf einem Felsblock in der Sonne und blickte wie gebannt zu der furchterregenden Riesengestalt des Berges hinüber. Die beiden hatten nicht bemerkt, daß ich mich auf holprigem Pfade näherte. So konnte ich verstehen, was die junge Frau zu ihrem Partner sagte, während sie sich erhob (sie sagte es auf deutsch! Wo trifft man keine Deutschen?): »Komm', Peter, wir wollen umkehren. Das ist mir zu gewaltig!« Peter gehorchte. Sie hatte recht. Die beiden nahmen keine Notiz von mir. Ihr Abgang kam mir vor wie eine Flucht.

Wie ein versteinertes Ungewitter ragt die fürchterliche Wand auf. Wenn sie stürzte und das Tal begrübe . . .

Hat man Jasper am Nordende der 93 erreicht, einen freundlichen kleinen Ort, der im wesentlichen aus Hotels, Motels, Gaststätten, Garagen und Tankstellen besteht, so darf man einen Abstecher (etwa 50 Kilometer) zum Maligne-Lake nicht versäumen. Das glasklare, langgestreckte Gewässer ruht – seit Urzeiten unberührt – in einem weiten Kranz von hohen, firngekrönten Gebirgen. Die Samson-Spitze, der Mount Balinhard, der vergletscherte Mount Brazeau und aus großer Ferne der Mount Dalhousie blicken von weither aus eisiger Höhe hernieder, eine unerhörte Galerie mittlerer und hoher Gipfel. Anders als der eng umwallte, tief verborgene Lake Louise wird der – für mich – noch vollkommenere Maligne-See von den hohen Bergen nur in weiterem Abstand umschlossen; über seinen Ufern erheben sich unmittelbar nur weniger herrische Hügel, so daß ein sanfteres Bild entsteht, ein Bild von königlich großartiger Weite, paradiesischer Stille, traumhaft absichtsloser

Vollkommenheit. Im Nordende des Sees ist eine kleine, mit einigen hohen Fichten bestandene Insel verankert. Man meint, das Dach eines alten Tempels durch die dunkeln Wipfel lugen zu sehen. Aber das ist nur das Truggebilde einer allzusehr am klassischen Europa haftenden Fantasie. Hier ist nichts als grenzenlose, nie gekränkte Wildnis zu finden, in sich selbst ruhende Einöde. Immer wollte es mir so vorkommen, als fügte die lautlos im klaren Wasser schwimmende kleine Insel dem strahlenden Gesamtbild des Maligne-Lake einen Akkord der Melancholie hinzu. Vielleicht erklärt sich aus dieser Richtung der Name des Sees, denn Maligne-Lake bedeutet ja eigentlich »Unheils-See«.

Mount Assiniboine

Wir müssen uns nun von der unvergeßlichen Straße 93, die von Radium Hot Springs über Banff und Lake Louise nach Jasper führt, wieder abwenden, um sie nicht allzusehr zu bevorzugen, und wieder zum großen Trans-Canada-Highway, No. 1, zurückkehren. Nicht allzu weit südlich der Straße Nr. 1, aber nur zu Fuß oder besser zu Pferde zu erreichen, erhebt sich, schon auf dem Boden British Columbias gelegen, einer der herrlichsten Berge der Welt, der Mount Assiniboine. Begeisterte Europäer haben ihn das Matterhorn Amerikas genannt. Wie eine ungeheure, erstaunlich regelmäßige Pyramide baut er sich über einem glasklaren, jadegrünen See in die blaue Luft. Jedesmal, wenn ich mich ihm von Vermillion Crossing aus näherte, hatte ich strahlendes Wetter. Die mit ewigem Schnee und Gletscherflecken gesprenkelten Flanken des Berges blitzten in der Sonne. Die Pferde wanderten gemächlich durch das üppige Gras der leuchtendgrünen Matten über dem See, zeigten sich übermütig von Zeit zu Zeit, obgleich sie sicherlich müde waren von dem langen Marsch über steinige Pfade. Eine Barriere aus Fels schiebt sich zwischen den See und den Fuß des Riesen. Flankiert wird diese Barriere von zwei nicht allzu hohen Bergen. Zwischen ihnen, weiter entfernt und abweisend, erhebt sich der grandiose Kegel, ein wenig unregelmäßig an einer seiner Flanken, als wüßte er, daß ganz vollkommene Regelmäßigkeit nicht der Schönheit letzter Schluß ist, daß zur wahren Vollendung ein

wenig *Sabi* gehört, wie die Japaner sagen, ein klein wenig Unvollkommenheit . . .
Der Trans Canada quert den Kamm der Rocky Mountains über den Kicking Horse Pass und folgt dann in atemberaubender Kühnheit dem Fluß gleichen Namens ins tiefe Tal des Columbia River hinunter. Der Columbia jagt und rauscht und schäumt hier entschlossen nach Norden, nachdem er den ebenso wilden Kicking Horse in sich aufgenommen hat. Die Straße hat zuweilen hoch in die Berge auszuweichen und senkt sich dann wieder zum Strom hinunter. Sie zieht durch den Yoho National Park, ein gewaltiges Stück Hochgebirgswildnis, das nun für alle Zeiten so erhalten bleiben soll, wie es von jeher gewesen ist mit seinen ragenden Gipfeln, seinen in prunkhaftem Ernst aufschwingenden Wänden, den steil eingeschnittenen Tälern, in denen Wildbäche tosen, gespeist von den Gletschern und Schneefeldern in unnahbarer Höhe. Yoho ist ein Wort aus der Sprache der Cree-Indianer, ein Ausruf des Erstaunens und der Bewunderung, wie unser Ach oder Oho oder eine Mischung von beiden. Die Indianer haben also Yoho gerufen, als sie dies grandios abrollende Panorama der Rockies zum erstenmal erlebten – und wir Weißen wissen auch nicht viel Besseres zu tun, zücken allerdings obendrein viele Dutzende von Malen unsere Kamera.

Die schöne Kootenay-Straße

Bei dem Städtchen Golden, das seine Entstehung dem Bahnbau der *Canadian Pacific* verdankt – hier fließt der Kicking Horse in den Columbia –, mündet, von Süden her aus dem US-Staate Idaho kommend, die schöne No. 95, die Kootenay-Straße, in den Trans Canada ein. Sie hat den Columbia stromab von seinem Beginn her – er kommt aus dem Columbia Lake – begleitet, hat dann bei Canal Flats eine flache, sumpfige Wasserscheide von Süden her überquert und ist bis dahin dem Tal des Kootenay-Flusses stromauf gefolgt. Bei Fort Steele verläßt die 95 den Kootenay und gleitet ins Tal des Moyie hinüber, der sie über die US-amerikanische Grenze führt, wo dann der beschauliche, viel gewundene, launisch mäandernde Kootenay sie abermals erwartet. Die Straße folgt ›in den Kootenays‹

– wie man sagt – dem nach Süden auslaufenden Rocky Mountain Trench, von dem schon gesprochen wurde, und hat einen ganz anderen Charakter als die No. 1, die ja die Rocky Mountains quert. Sie ist also viel weniger gewaltsam, begegnet vielen schönen Ranches und Farmen, bedarf nicht so verwegener Bravourstücke wie die No. 1, die ja eine nach der andern der im wesentlichen von Nordwest nach Südost ziehenden Gebirgsketten zu überklettern hat. Die 95 paßt sich dagegen dieser Richtung an, wandert die friedlich grünen Täler des Columbia, des Kootenay und des Moyie entlang und läßt sich unerhört großartig im Osten von den Kämmen und Zinnen des Felsengebirges, im Westen von den nicht minder grandiosen Kulissen der Purcell-Ketten begleiten. In schneeschimmernden Fronten und zerzackten Wänden steht eine wahrhaft heroische Landschaft über den Rändern des Tals Parade, in dem sich die Straße entlangschwingt.
Mancherlei wäre von den Orten zu berichten, die an der 95 locker gereiht liegen. Um nur drei von ihnen zu erwähnen: da ist Radium Hot Springs, wo die 93, die aus dem US-Staat Montana heraufkommt und sich für eine Weile mit der 95 vereinte, wieder abbiegt, nach Norden, um dem Oberlauf des Kootenay-Flusses bis in sein Quellgebiet zu folgen und dabei den Kootenay National Park zu erschließen, der sich an das Yoho-Gebiet südostwärts anschließt.
Die sehr kräftigen und heißen radiumhaltigen Quellen sind in Radium Hot Springs mitten zwischen steilen Felswänden in ein großes Badebecken gefaßt, in dem der Rheumatiker oder auch nur ein genüßlicher Faulpelz selbst im Winter unter freiem Himmel höchst angenehm im warmen Wasser die Zeit vertrödeln und seine Arthritis pflegen kann. Schon die Indianer kannten die Heilkraft dieser mächtigen Quellen und nutzten sie – und vor ihnen werden darin schon die Bären ihre vom Winterschlaf in der Schneehöhle steifen Glieder geschmeidig gemacht haben – genau so, wie es auch von Banff berichtet wird.
Richtigen Schick haben natürlich erst die Weißen in die gute Sache gebracht, die stets schnell begreifen, wo Geld zu verdienen ist. Die Wirkung dieser Quellen ist mit jenen von Bad Gastein oder Wildbad zu vergleichen. Es ist nicht viel Prophetengabe erforderlich, dem Ort eine große Zukunft als Heilbad vorauszusagen. Vorläufig steht der große Wald, stehen die ewigen Berge dicht um

den schönen Platz. Hier gibt es noch kein Gedränge; es ist ja unendlich viel Raum vorhanden. Wen die zwei Dutzend Motels und Hotels noch allzu städtisch anmuten, der kann einige Meilen auf der 95 weiter nach Süden fahren. Da trifft er dann im Wald die Fairmont Hot Springs mit anderen, ebenso starken heißen Quellen. Bei diesen Quellen gibt es vorläufig nur ein einziges Hotel, in dem man für ein Einzelzimmer je nach seiner Lage und Ausstattung acht bis sechzehn Dollar bezahlt, den gleichen Preis, den man für andere Motels ohne heiße Quellen auch bezahlen muß. – Ich habe nur einmal in Radium Hot Springs gebadet, an einem naßkalten, unfreundlichen Tage, und fühlte mich pudelwohl in den warmen, kristallen klaren Fluten. Aber leider ist mein Rheuma längst noch nicht stark genug, als daß es mir den erwünschten Vorwand liefern könnte, mich für einige Wochen in dem höchst angenehmen Ort auf die Bärenhaut zu legen.

Weiter im Süden, wenn in der Tiefe zur Linken der Straße der Columbia-See vorbeigezogen ist – die Straße schwingt sich hoch über ihm in die Wände –, gelangt man in einer flachen Schwemmlandebene zu einem nicht besonders hübschen Ort namens Canal Flats. Man versteht zunächst nicht, warum hier von einem Kanal gesprochen wird, bis dann schließlich eine amüsante Geschichte enthüllt, wie grandios hier schon die frühen Siedler mit der Natur umzuspringen beliebten, ohne erst lange irgendwen – am wenigsten die früheren Herren des Landes, die Indianer – vorher um Erlaubnis zu fragen.

Der von Norden her aus den Rockies heranschäumende und zum Rocky-Mountain-Graben nach Westen durchbrechende Kootenay River nähert sich hier dem Columbia-See, aus dem der mächtige Columbia hervorgeht, auf nur wenig mehr als einen Kilometer. Zwischen See und Fluß breiten sich die ›Flats‹, flaches, sumpfiges Land. Das brachte im Jahre 1883 einen der ersten Siedler, einen Mann namens Grohman (wahrscheinlich hat er Groma*nn* geheißen und war aus Deutschland gekommen; aber das weiß keiner mehr!), Grohman also kam auf den Gedanken, das schöne, sicherlich sehr fruchtbare, leider aber versumpfte Schwemmland zwischen Fluß und See zu entwässern und sich ein Königreich des Ackerbaus und der Viehzucht zu schaffen. Grohman sagte sich: Ich werde einen Kanal vom Kootenay River zum Columbia Lake

anlegen, den Fluß in den See ableiten, damit dem überflüssigen Wasser in den Niederungen einen Ausgang schaffen und somit große, leicht bearbeitbare Flächen trockenen Landes gewinnen.
Dieser Grohman muß ein tatkräftiger Mann gewesen sein. Er hat den Kanal tatsächlich gebaut, hat sogar eine Schleuse angelegt, um allzu starke Strömung zu vermeiden. Der Kootenay floß also nun schon hier in den Columbia, bevor sich dieser noch recht auf die Reise macht – und nicht erst, wie die Natur es vorgesehen hatte und wie es heute ebenfalls wieder der Fall ist, nach langem Lauf (ins Amerikanische hinunter und wieder zurück nach British Columbia) bei Castlegar, wo der Columbia, nun von Norden kommend und längst ein gewaltiger Strom, aus den endlos lang gedehnten schmalen Arrow-Seen austritt. Der Kootenay hätte also südlich der Canal Flats aus anderen Seitenbächen erneut zusammenlaufen müssen. Weiter im Süden in den Vereinigten Staaten hätten die Leute einen plötzlich ganz schmal und mager gewordenen Kootenay vor der Tür gehabt, und das Geschrei wäre groß gewesen, wenn sich herumgesprochen hätte, daß der unverfrorene Herr Grohman den oberen Kootenay mir nichts, dir nichts in den Columbia abgeleitet hätte.
Die Herrlichkeit dauerte nur ein Jahr. Dann beschloß das Parlament von British Columbia in Victoria, dem kühnen Mr. Grohman aufzuerlegen, Kanal und Schleuse schleunigst wieder dicht zu machen. Die Gründe und Hintergründe dieses Parlamentsbeschlusses sind niemals völlig aufgeklärt worden. Wahrscheinlich wollte man sich mit den Regierungen der anliegenden US-Staaten, deren Gebiet der Kootenay in weiter Schleife nach Süden durchfließt, mit Montana und Idaho, nicht in die Haare geraten. Immerhin ist Herr Grohman bis zum heutigen Tage unvergessen geblieben. Die Vorstellung, daß irgendein unternehmungslustiger und um Einfälle nicht verlegener einzelner auf eigene Faust große Ströme ableitete, weite Gebiete stromab mehr oder weniger trockenlegte, ohne bei Ämtern oder Landräten und Gouverneuren einen entsprechenden ›Antrag einzureichen‹, diese blanke Selbstherrlichkeit der Landnahme – es geht etwas sonderbar Verführerisches von ihr aus. Da kommt ein Mr. Grohman, den keiner kennt, auf die Idee, die Ströme umzuleiten und sozusagen lieber Gott zu spielen, um ein paar trockene Äcker und Wiesen zu gewinnen. Der Europäer auf

seinem überfüllten Miniatur-Erdteil kann das schon längst nicht mehr. Aber hier in Amerika, im unendlich freien und weiten British Columbia, da geht es noch. Da kann sich der weiße Mann noch als der Herr der Einöden fühlen und sich immer noch nach dem uralten Wort aus der Schöpfungsgeschichte richten: Macht sie euch untertan, die Erde, ihr Menschen! Und ganz gewiß lüftet sich hier wieder ein Zipfelchen des Geheimnisses, warum gerade der Europäer von dem Zauber solcher Länder wie British Columbia, Alberta, Canada so gut wie unwiderstehlich gefangengenommen wird.

Fünfzig bis sechzig Kilometer weiter nach Süden führt die 95 dicht neben dem alten Fort Steele zum Kootenay hinunter, um ihn hier zu überqueren, zu verlassen und zum Moyie hinüberzuziehen. Auf dem Steilufer, dem linken, erhebt sich die alte Urwaldfestung, eher schon eine befestigte Stadt mit starken Palisaden. Von den alten Eck- und Wachttürmen steht noch einer über dem Strom. Glücklicherweise ist der alte und schon dem Verfall nahe Ort von der Regierung gerettet worden, ehe er Regen, Wind und Schnee erlag und verging. Mit größter Sorgfalt erhält die Regierung nun hier das Bild einer frühen Siedlung.

Ursprünglich trug Fort Steele den Namen Galbraith. Der Ort entstand in den sechziger Jahren des vorigen Jahrhunderts, als sich herausstellte, daß hier der stark strömende Kootenay mit einer Fähre zu überwinden war. Damals wanderten Tausende von Goldsuchern zu den Goldbächen weiter im Norden. Sie kamen auf drei der wichtigsten ›Trails‹ der frühen Zeit des Westens, das heißt über die mühsamen Pfade jener Tage durch die Wildnis, die zu Fuß, zu Pferde, mit Packpferden und Maultieren bewältigt werden konnten. Sie kamen über den Dewdney Trail von der Columbia-Mündung. Edgar Dewdney war der erste, der Gold ›in den Kootenays‹ gefunden hatte. Das war 1860 gewesen. Tausende folgten seinen Spuren über die Route, wie er sie abgesteckt hatte. Aber sie kamen auch über den Walla Walla Trail von Süden aus dem Staate Washington und über den Missoula Trail aus dem Staate Montana.

Das ging ein paar Jahre lang ganz gut. Die Stadt Galbraith wuchs munter fort; jeder der Goldsucher ließ ein paar Dutzend Dollar in ihr zurück. Aber noch gehörte das Land ringsum den Indianern.

Zunächst mochten die alten Herren des Landes den Zustrom der Fremden gar nicht ungern gesehen haben. Es fiel mancherlei ab in Galbraith, was man in der Wildnis, beim Fischfang, auf der Jagd gut gebrauchen konnte. Auch gab es immer wieder Gelegenheit, hier ein paar Dollar und da ein paar Dollar zu verdienen – und dann konnte man sich einen herrlichen Rausch antrinken und sich als König aller Könige fühlen.

Als aber die Goldsucher stets zahlreicher wurden – ohnehin gab es nicht wenige Figuren unter ihnen, denen man besser aus dem Wege ging –, wurde es den Indianern allmählich klar, daß sie bald in ihrem eigenen Lande nichts mehr zu sagen haben würden. Man nahm die ›Wilden‹ kaum noch ernst, und wenn sie etwa auf irgendwelchen alten ›Rechten‹ bestehen wollten, so wurden sie ausgelacht. Was ihnen überhaupt geschah, merkten sie allerdings erst, als es längst zu spät war – und auch das begriffen sie nicht recht. Die wahre Kontrolle des Landes lag nicht mehr bei seinen Ureinwohnern, sondern bei der kanadischen Polizei, die damals noch nicht den stolzen Namen *Royal Canadian Mounted Police* führte, sondern wesentlich bescheidener *North West Mounted Police* genannt wurde.

Die Polizei durfte es nicht zu einem offenen Ausbruch der unter den Indianern rumorenden Rebellion kommen lassen. Die Polizei hatte zwar auch den Auftrag, darauf zu achten, daß den Indianern kein Unrecht geschah (abgesehen natürlich davon, daß die Indianer keinen verbrieften Rechtstitel auf ›ihr‹ Land aufzuweisen hatten, daß dies Land also dem Zugriff der Weißen offenlag). Die Hauptaufgabe der Polizei jedoch war es, die weißen Zuwanderer zu schützen, solange sie nach ›weißen‹ Begriffen nicht das Recht brachen, sich also darauf beschränkten, die Bachbetten nach Gold und Silber zu durchwühlen oder sich auf gutem Boden eine Farm aus den Wäldern zu schlagen.

Ehe die Indianer noch zu einem Entschluß gekommen waren, hatte Colonel Samuel Benfield Steele von der Berittenen Polizei schon den Befehl gegeben, den viel benutzten Übergang über den Kootenay durch eine starke Urwaldfestung auf dem Hochufer über der Fähre zu sichern. Die Siedlung Galbraith wurde in diese Befestigung, die von da ab Fort Steele genannt wurde, einbezogen. Die Indianer sahen staunend zu und erkannten zu spät, daß hinter

diesen gewaltigen Palisaden die Eindringlinge nicht mehr zu besiegen waren.
Das Fort entstand 1887, gerade rechtzeitig, um den zu Beginn der neunziger Jahre einsetzenden neuen Ansturm ganzer Scharen von Gold- und Erzsuchern über den Kootenay nach Norden zu schleusen. Die Männer kamen damals schon mit der Eisenbahn bis nach Jennings im Staate Montana, vertrauten sich dort flach gehenden Heckraddampfern an und verteilten sich dann von Fort Steele aus nordwärts am Kootenay entlang und schließlich jenseits der Canal Flats – wie sie heute heißen – den oberen Columbia abwärts. Die Prospektoren ließen ›keinen Stein unumgewendet‹, wie man im Englischen sagt, und mancher machte sein Glück. Nach Gold und Silber führenden Quarzschichten wurden weit umher die Felsen abgeklopft und der Grund der Flußbetten durchgraben. Blei, Kupfer, Nickel wurden entdeckt und verwertet. Manch einer wurde reich – und ließ sich in der Gegend nieder, weil sich keine schönere Gebirgslandschaft denken läßt. Und noch viel mehr fanden keine Gold- oder Kupferader und blieben arm, wie sie gekommen waren – und ließen sich ebenfalls in der Gegend nieder, weil sie schließlich hier in dem schönen Land am Kootenay als arme Schlucker ebenso gut und so schlecht leben konnten wie anderswo. Oft genug sind aus den ärmlichen kleinen Farmen inzwischen große und prächtige Besitzungen geworden. Das Gold und Geld stellte sich auf solche Weise, wenn auch langsamer, so doch viel zuverlässiger ein, als wenn man die Bachbetten nach ihm durchwühlte.
Fort Steele allerdings verlor seine Bedeutung mit einem Schlage, als Straße und Eisenbahn gebaut wurden, eine Brücke über den Kootenay entstand und der Goldrausch um die Jahrhundertwende endgültig ausgeträumt war. Stadt und Befestigung verfielen. Die Leute verdienten nichts mehr und zogen fort. – Die Nachwelt, wir Heutigen, sind dankbar dafür, daß die Regierung sich der Ruinen annahm, sie wieder ein wenig mit Leben erfüllte, so daß wir nun nachempfinden können, wie es hier vor hundert oder achtzig Jahren zugegangen sein mag – das heißt für British Columbia: im fernen, frühen Mittelalter der Provinz.

Um wieder nach Golden und zum Trans Canada zurückzukehren: für etwa zwanzig Meilen folgt der Hochweg dem Columbia stromab. Der Strom blitzt aus der Tiefe. Die Straße hängt hoch in den Abstürzen. Blendend weiß schimmern die Zinnen der Gebirge zu den winzigen Geschöpfen hernieder, die in der Tiefe die wunderbare Bahn, dies schmale, glatte Band aus Zement mit seinen zitronengelben Leistreifen, entlanggleiten. Die No. 1 senkt sich zum Columbia und überquert ihn auf einer kühnen Brücke, die über 300 Meter weit spannt, klettert dann aber sofort wieder in die Hänge hinauf, bis schließlich das Flußtal rechts neben ihr weit in der Tiefe verdämmert, dunstig, mit verwischten Farben, Tönungen aller Rauchblaus, aller Veilchenfarben bis hin zu samtenem Schwarz – ein Fest für die Augen – und eine stets neue Enttäuschung auf der photographischen Aufnahme.

Schließlich wendet sich die Straße stracks nach Westen und drängt in die Selkirks ein, einen Wall himmelhoher Berge, die den Rockies nichts an Gewalt und Großartigkeit nachgeben, ja sie – so erschien es mir –, von der Straße aus gesehen, an himmelstürmender Gewalt sogar noch übertreffen.

Dem Columbia weiter zu folgen hätte für den Trans Canada, den ja die Sehnsucht nach dem Stillen Ozean vorantreibt, einen Umweg von gut 250 Kilometern bedeutet. Der Columbia schlingt sich nämlich in einer sehr engen und abrupten Schleife im Norden um die Selkirks herum, wendet dort nach Süden und begleitet von dort ab die Westflanke der Selkirk-Kette, deren Ostflanke er zunächst nach Norden gefolgt ist. Dieser Flußlauf, höchst einsam und menschenfern mit ursprünglich nur zwei Siedlungen! Dann aber wurde das Schweigen der Wälder und Berge an der großen Krümmung des Columbia für ein paar Jahre unterbrochen. Wenige Meilen West, das heißt stromab, von Boat Encampment (der Name schon verrät einiges von der Vergangenheit) entstand in unberührter, strahlender Einöde unter der Hallam-Spitze im Norden, dem Chapman-, dem Dreizack- und dem Argonauten-Gipfel im Süden der mächtige Mica-Creek-Damm, der den Columbia weithin aufstaut und ebenso mächtige Mengen elektrischen Stroms liefert. Früher, vor dem Bau des Dammes, folgte der großen Schleife des Columbia nach Norden eine wilde, unbeschreiblich großartige Straße, die No. 23. Heute ist der Ostschenkel dieser Straße in dem langgestreckten Stausee ertrunken. Indessen ist der Westabschnitt der No. 23, vom Mica-Creek-Damm stromab gelegen, gut gepflastert und gepflegt. Die Wälder drängen üppig und feucht an den Rand der schmalen Straße. Die Berge stehen wie schwarze und silberne Wunder hoch in den blauen Himmel getürmt, wenn die dicht stehenden Säulen des Urwalds ab und an den Blick freigeben. Und in der Tiefe rauscht, wallt, gleitet auch katzenleise, eilige glasige Quellungen aufwerfend, wandert der große Columbia unaufhaltsam nach Süden.

Rogers Paß

Der Trans Canada Highway schneidet also die Große Schleife des Columbia nach Norden ab und klettert auf dem schönsten aller kanadischen Pässe, dem Rogers Paß, über die Selkirks hinweg. Am großartigsten ist er mir immer erschienen, dieser Paß, den ich in dichtem Schneetreiben ebenso befahren habe wie bei strahlender Sonne und in strömendem Regen, wenn ich ihn nicht von Osten nach Westen, sondern von Westen nach Osten, also präriewärts, passierte. Dann zielt nämlich die Straße scheinbar ins Herz eines ungeheuren Amphitheaters aus senkrechten Wänden, Spitzen, Gipfeln, die den Himmel verstellen wollen. Man meint, in eine riesige Sackgasse geraten zu sein. Aus dem gewaltigen Kessel, an dessen Grund das eigene Fahrzeug, ein kaum erwähnenswertes Ameislein, zögernd dahinkraucht, scheint es keinen Ausweg zu geben.

Und dann wendet das zementene Band sachte nach rechts – und der Fahrende wird erstaunt und seltsam erleichtert gewahr, daß die Straße nicht in die Berge prallt, sondern daß sich ihr zwischen ragenden Steinwänden ein heimliches Tal anbietet und sie aus dem scheinbar unerbittlichen Labyrinth der Selkirk Mountains schließlich in die weite Senke entläßt, in welcher der Columbia nordwärts strömt.

Auf der Höhe der Selkirks zieht der Trans Canada westwärts, wenn er den Rogers Pass hinter sich gelassen hat, durch den Glacier National Park, in dem es vorläufig noch kein Hotel oder Motel gibt (von einem einzigen Gasthaus auf der Paßhöhe abgesehen), sondern nur einige Campingplätze. Die Straße hat, bevor sie so weit gekommen ist, eine Serie von Tunnels zu passieren, über welche im Winter die Lawinen zu Tal donnern. Die Straßenbauer hatten hier wirklich zu beweisen, daß sie ihr Handwerk verstehen, und sind – das weiß der Himmel! – den Beweis nicht schuldig geblieben.

Der Rogers Pass trägt übrigens seinen Namen nach dem Major A. B. Rogers, einem Ingenieur der *Canadian Pacific,* der diesen Durchlaß in den Selkirks am 28. Mai 1881, begleitet von einigen Indianern, entdeckt hat, denn auch die Eisenbahn wollte nicht den weiten Umweg zum Big Bend des Columbia machen und kletterte schon damals wie heute die No. 1 quer über die Selkirks nach Westen.

Natürlich muß die Straße wieder den Columbia treffen, und das geschieht auch. Bei Revelstoke, der wichtigsten Stadt des Big-Bend-Distrikts, eines der vier Distrikte der Kootenay-Region, springt der Trans Canada abermals über den Columbia – der längst zu einem gewaltigen Strom angewachsen ist und den man von der hohen Brücke nur mit Respekt in seinem tiefen Felsenbett südwärts eilen sieht.

Die Berge, Gletscher und Flüsse in diesen Gebieten, die wiederum zum Teil für alle Zeiten in einem Nationalpark, dem Mount Revelstoke National Park, jeder Nutzung entzogen sind, tragen noch vielfach ihre alten indianischen Namen und beweisen damit, daß auch diese unnahbaren Hochgebirgsgebiete roten Mannes Land gewesen sind. Ein sonderbarer Zauber geht von diesen alten Namen aus, die aus einer ganz anderen Welt in unsere Tage herüberklingen: Illecilliwat River, Asulkan-Gletscher, Balu Paß, Kuskanaz-Creek, Shuswap-Lake, um nur einige zu nennen.

Westwärts von Revelstoke gleitet die Straße in eine weitere Gebirgskette hinein, die schon nicht mehr so hoch und wild in die Höhe stürmt wie die Rockies und die Selkirks: die Monashees. Auch hier wieder ist ein Paß zu überwinden, der Adlerpaß, der Eagle Pass – so geheißen, weil sein Entdecker, auch wieder ein Ingenieur, aber früherer Trapper, durch den Flug eines Adlers in ihn hineingeleitet wurde, ein Mann namens Walter Moberly.

Dann aber senkt sich die Straße allmählich in immer sanfter werdenden Kurven aus den hohen Gebirgen in weiträumigere Landschaften, die nur noch Mittelgebirgs-Charakter tragen. Die

Dramatik der Rockies, Selkirks und Monashees löst sich zu freundlicheren, liebenswürdigeren Akkorden. Farmen tauchen auf, große Obstgärten. Große Seen breiten sich schimmernd in die dunstige Weite. Die Straße schwingt über eine Hügelkuppe und öffnet eine grenzenlose Fernsicht – und man könnte meinen, die Straßenbauer hätten so theatralische Effekte beabsichtigt. Aber Straßenbauer sind Straßenbauer und richten sich nach sachlichen und nicht ästhetischen Erfordernissen. Nein, es ist einfach die nie sich wiederholende Vielfalt und der Glanz der kanadischen Gebirge, die solche atemberaubende Szenerien entstehen lassen. Es erhebt sich die alte Frage, ob diese Schönheit nur in meinem Auge da ist, oder ob sie ›an sich‹ da wäre. Ich weiß es nicht. Und ich frage auch nicht danach, wenn ich anhalte, aussteige, ein wenig in den Hang klettere, mich auf einem großen Stein niederlasse, um für ein paar Minuten in das besonnte Land hinauszuschauen, über den großen Shuswap Lake hinwegzublicken, der seinen Namen nach den Indianern trägt, die hier zu Hause waren und sind. Die Blicke schweifen zu blau und immer blauer in der Ferne verschwimmenden Hügeln.

Die Straße folgt weiterhin dem Tal des South-Thompson-Flusses, hat das Einzugsgebiet des Columbia längst verlassen und ist in das des Fraser eingetreten. Wo der Südliche und der Nördliche Thompson sich zum Thompson vereinen und vor ihrem Zusammenfluß eine sandige Düne aufgeschwemmt haben, entstand schon zu Beginn des vorigen Jahrhunderts, im Jahre 1811, als ein befestigter Stützpunkt des Pelzhandels das Fort Kamloops. Der Mann der sich hier zunächst niederließ, war ein David Stuart von der US-amerikanischen ›Pazifischen Pelz-Gesellschaft‹ *(Pacific Fur Company)*, nicht zu verwechseln mit jenem John Stuart, nach welchem Simon Fraser den großen See bei Fort St. James benannte. Dieser Vorstoß ließ die Rivalin der *Pacific Fur*, die kanadische *North West Company*, nicht ruhen; sie beauftragte ihren Agenten, Joseph La Rocque, an der gleichen Stelle ebenfalls ein Fort zu bauen. So geschah es – und die Indianer hatten den Vorteil, zwangen die beiden Agenten der konkurrierenden Gesellschaften, sich beim Einhandeln der Pelze gegenseitig zu überbieten. Die Indianer sind sich nämlich stets – darin stimmen alle Berichte überein – sehr schnell der Möglichkeiten bewußt geworden, die ihnen die weißen

Händler gewollt oder ungewollt einräumten, und haben sie mit »kapitalistischem Urinstinkt« auszunutzen verstanden. Sie lernten überall sehr bald, ausdauernd, listig und unerbittlich zu handeln.
Natürlich merkten auch die Pelzhandelsgesellschaften, daß es sich nicht empfahl, an wichtigen Orten wie am Thompson zwei Agenturen nebeneinander zu unterhalten. 1813 übernahm daher die *North West Company* die *Pacific Fur*, und die Shuswap-Indianer aus der Gegend hatten das Nachsehen. 1821 ging dann, wie schon erwähnt, die *North West* in der *Hudson's Bay Company* auf, womit im ganzen Westen das Monopol dieser Gesellschaft, ihr Reichtum und ihre bis zum heutigen Tage andauernde Bedeutung durchgesetzt waren.
Die Eisenbahnen kamen nach Kamloops, nachdem schon vorher die Goldsucher durch die Stadt geströmt waren. Längst hatten sich Siedler in dem weiten Tal niedergelassen. Zwar ist der Regenfall hier schon spärlicher als in den Gebirgen weiter westlich, aber die Flüsse liefern Wasser zu künstlicher Bewässerung genug, wenn die Regenfälle enttäuschen. Kamloops liegt am Nordrand der trockenen, steppenhaften, über weite Strecken sogar wüstenhaften Gebiete, die dem Reisenden zu Fuß oder zu Pferde kaum ein Hindernis bieten; die Trupps der Goldsucher zogen nach Norden in die wilde Cariboo, gingen bei Kamloops über den Thompson und füllten hier ihren Proviant auf. Aus den Wander- und Karrenpfaden der frühen Zeit wurden die heutigen Autostraßen. Hier kreuzt die No. 5 die große Ost-West-Straße und führt weiter nach Tête Jaune Cache, über das schon berichtet wurde; hier hat sich die große Nord-Süd-Route, No. 97, mit dem Trans Canada vereinigt und führt Reisende aus dem Okanagan-Tal und von weiter südwärts aus den Vereinigten Staaten heran, die über Kamloops die Alaskastraße anstreben. Ringsum hat sich aus den Siedlern, die die Leute des Pelzhandels, die Indianer, die Trapper, später die Scharen der durchwandernden Prospektoren mit Milch, Korn, Eiern, Kartoffeln und Speck versorgten, eine geschlossene und wohlhabende Farmerschaft entwickelt, die vorzügliche Produkte auf den Markt bringt und besonders hervorragendes Obst weithin verschifft. Die Wälder sind auch hier nicht weit, und es versteht sich beinahe von selbst, daß sich in und um Kamloops bedeutende Holzverarbeitung angesiedelt hat. Die Rohrleitung, die aus dem

Nordosten der Provinz das Erdöl nach Vancouver an die Küste befördert, speist unterwegs in Kamloops eine riesige Ölraffinerie. Um die Zukunft dieser höchst aktiven Stadt braucht man sich also keine Sorge zu machen.

Steigt man nach Süden über die Randberge des Thompson-Tals, so gelangt man in die schönsten Grasländer der Provinz. Man hat dies über viele Hügel und runde Kuppen, um tiefe, langgestreckte Seen gebreitete Steppenland *Empire of Grass* genannt, das Kaiserreich des Grases, das bedeutendste der Viehzuchtgebiete British Columbias.

Auch diese wunderbaren, im Frühling smaragdgrünen, im Herbst blaßgoldenen Steppen verdanken ihre Entdeckung dem Golde. Durch dies Land zogen die Glücksucher nach Norden. Die Klügsten unter ihnen erkannten, daß hier, wo im Sommer den Pferden das Gras bis an die Steigbügel wuchs, mehr und vor allem zuverlässigeres Gold darauf wartete, eingeheimst zu werden, als in irgendeinem noch gar nicht gefundenen Bachbett des Nordens. Sie hielten inne, bauten sich eine notdürftige Unterkunft, mühten sich, eine kleine Herde Zuchtvieh heranzutreiben, und waren damit ohne viel Umstände zu Ranchers geworden. Die Blechpfanne, in der sie das Gold aus dem Sand der Backbetten hatten auswaschen wollen, diente fortab dazu, Eier mit Speck zu braten. Statt Hacke und Schaufel zu schwingen, saß man viele Stunden am Tag im Sattel. So wurde das weite Land, das ganz anders ist als die hohen Gebirge, aber gewiß nicht minder bezaubernd, das Land der ungeheuren, golden glühenden Abendröten (nirgendwo habe ich sie goldener und maßloser flammend erlebt als hier!) zu dem *Land of the Cowboys,* dem ›Lande der Kuhburschen‹.

Ein Frankokanadier, Joseph Guichon, hat 1870 hier den Anfang gemacht. Seine Nachkommen sitzen noch heute auf dem zu königlicher Weite angewachsenen Besitz. Wenn sie vorsichtig schätzen, so meinen sie, über 14 000 Stück prächtig gedeihender Rinder müßten es sicherlich sein, die sich im hohen Gras die kernigsten Beefsteaks anfressen.

Das ist das schöne, reiche Land zwischen Kamloops und Merritt (an der No. 5 und 8), die Heimat der größten Viehzuchtfarmen in ganz British Columbia.

Der Wüsten-Salbei

Wenn der Trans-Canada-Hochweg hinter Kamloops erst den langgestreckten See gleichen Namens hinter sich gelassen hat, dringt die große Straße in ein beinahe vegetationsloses Bergland kahler Kuppen, runder, schwerer Hügel ein, auf die das Wort ›Wüste‹ oder ›Halbwüste‹ wahrlich zu passen scheint. In der Tiefe windet sich der Thompson, immer noch gletschergrün, stahlblau und klar, zwischen kahlen Uferbänken dahin, eine weit offene und grandiose, aber höchst melancholische Landschaft, als deren seltsames Kennzeichen die Wüsten-Salbei anzusehen ist, der *Sagebrush*.

Die Wüsten-Salbei betupft die Hänge hier und da mit olivgrünen Büschen, die besonders in heißer Sonne und des Nachts ihren herben Duft ausatmen. Die amerikanische Wüste zwischen den beiden Hochgebirgsketten, dem Felsengebirge im Osten, der Coast Range im Westen, ist bis tief nach Mexiko hinunter ohne die Wüstensalbei gar nicht denkbar. Sie bildet die Leitpflanze dieser regenarmen Gebiete mit der überaus klaren Luft. Ihr strenger, jedoch höchst angenehmer Duft beherrscht das Erinnerungsbild dieser großzügigen, zuweilen wie surrealistisch anmutenden Landschaften.

Doch sind diese Gebiete nur scheinbar dürr und unfruchtbar. Wird der Boden bewässert, so trägt er unter der starken Sonne überaus reiche Frucht. Das hat man weiter im Süden, im Okanagan-Tal, wo die schönsten Äpfel der Welt wachsen, längst begriffen. Aber es gilt auch für das Tal des unteren Thompson. Dort sind diese Möglichkeiten jedoch noch weithin Zukunftsmusik – oder solche der Vergangenheit.

Es zieht da nämlich an der Straße eine ›Geisterstadt‹ vorüber, eine *Ghost Town,* ringsum eine Wirrnis toter Apfelbäume, alter Feldergrenzen im bräunlichen Sand, verwehter Furchen, spärlichen Unkrauts. Walhachin heißt der Ort, bekundet ein Schild. *Walhachin,* das ist indianisch und bedeutet ›Land des Überflusses‹. Man könnte auf den Gedanken kommen, daß es sich um einen schlechten

Noch immer suchen ein paar alte Digger in den Bachbetten der »wilden Cariboo« nach Gold

Witz handelt. Aber wenn man sich um die Geschichte bemüht, die hinter der scheinbar grimmig ironischen Bezeichnung steckt, dann ergibt sich etwas ganz anderes.
Ein Angehöriger des hohen englischen Adels, in dem es ja bekanntlich viele Leute gibt, die ein bißchen verrückt sind, und andere, die kühne, weltbeglückende Träume träumen, der Marquis von Anglesey, ein Mann aus Wales also, setzte sich im Jahre 1907 an die Spitze einer Gruppe von Auswanderern aus seiner Heimat an der Irischen See und zog mit ihnen in den fernen Westen Kanadas, um auf jungfräulicher Erde ›ein neues Leben zu beginnen‹. Da sich der Marquis die gute Sache eine Menge Geld kosten ließ, wurde etwas daraus. Wie noch heute berichtet wird, sollen damals anderthalb Millionen Dollar in die Anlage von Walhachin gesteckt worden sein. Wasser wurde von weit her herbeigeleitet. Es wurde gebaut, gepflügt, gepflanzt, gedüngt, bewässert – und in der Wüste sprang das Leben auf wie ein Wunder. Die Siedlung in der Einöde florierte vom ersten Tage an. Die Eisenbahn, die *Canadian Pacific*, zog ganz in der Nähe vorbei. Man konnte also seine Produkte leicht verschicken. Was auch immer angepflanzt wurde, gedieh unter der heißen Sonne bei reichlicher Bewässerung ausgezeichnet. Der Name des Ortes schien sich zu bewahrheiten. Die Leute aus Anglesey, keiner von der Natur besonders begünstigten Gegend, hatten hier am Thompson zwischen den Wüstenbergen ihr ›Land des Überflusses‹ gefunden. Denn wenn es hier auch nicht viel regnet, so fließt doch aus den Bergen im Osten und Norden über den Deadman River, den Totermann-Fluß, und andere reichlich Wasser heran, das nur auf die Felder geleitet zu werden braucht, um sie prachtvoll ergrünen zu lassen.
Die Herrlichkeit dauerte nur sieben, acht Jahre. Dann brach im fernen Europa der 1. Weltkrieg aus, und bald stand die ganze Welt in Flammen. Walhachin und der Thompson lagen wahrhaftig weit vom Schuß; der junge Ort entging aber seinem Schicksal nicht. 97 der 107 Männer des Dorfes hatten Seiner Britischen Majestät Uniform anzuziehen, lernten, mit Gewehren, Maschinengewehren

Der romantische Emerald-Lake mit Mount Burgess im Hintergrund, British Columbia

und Kanonen zu schießen, und wurden auf die Schlachtfelder von Flandern geworfen, um die Deutschen zu bekriegen. Keiner der Männer kehrte zurück. Die Frauen und Kinder, dazu die wenigen Männer, die nicht mit ausgezogen waren, reichten nicht annähernd aus, die junge, noch längst nicht fertige Siedlung weiter in Gang zu halten. Die Kanäle, die das Wasser heranführten, versandeten einer nach dem andern. Die Frauen vermochten die fehlenden Männer nicht zu ersetzen. Als einer nach dem anderen als gefallen, vermißt, im Lazarett verstorben gemeldet wurde, als die Hoffnung, auch nur einen Rest von Walhachin zu erhalten, schließlich verging – wer wollte es den Witwen und Waisen übelnehmen, daß sie den schnell verdorrenden Ort wieder verließen und irgendwo anders unterschlüpften. Der Marquis of Anglesey hat sein Geld nicht wiedergesehen. Walhachin wurde vom 1. Weltkrieg ebenso zerstört wie irgendein Dorf in Flandern, an der Somme.

Rätselhaft bleibt nur, warum nicht nach dem Kriege, in den zwanziger Jahren, als ja Hunderttausende von landwirtschaftlichen Arbeitskräften sich als Einwanderer in den kanadischen Westen aufmachten, das bewundernswerte Projekt des Marquis aus Wales wiederaufgenommen wurde. Es war ja schon die wesentliche Vor- und Früharbeit, stets der schwierigste Teil einer Landnahme, geleistet worden. Eine merkwürdige und nicht leicht erklärliche Scheu hat alle Späterkommenden davon abgehalten, sich an dem Ort so schneller Blüte und so jähen Verfalls, so großen Unglücks erneut niederzulassen.

Das Land ist voll von merkwürdigen, von heiteren und ernsten, komischen und tragischen und tragikomischen Geschichten; sie liegen alle an den Straßen des kanadischen Westens parat. Man braucht sich nur die kleine Mühe zu machen, sich zu bücken und sie aufzuheben. Ich habe viel zu wenige von ihnen nacherzählen können – und auch das nur allzu knapp.

Ich bin z. B. bisher nicht dahintergekommen, warum in der Gegend von Cache Creek (wo die 97 die 1 wieder verläßt und nordwärts zieht) gleich dreimal der Name Bonaparte vorkommt. Ein See, ein Fluß und ein Städtchen, sie alle tragen diesen Namen. Wer war der Frankokanadier, der den Familiennamen Napoleons dreimal in diesem Wüstenland verewigte?

Franzosen überall im kanadischen Westen hinter der englischschottisch-irischen Vorderfront–! Auch Deutsche übrigens überall bis auf den heutigen Tag. Aber die Deutschen sind überall Kanadier mit englischer Sprache geworden und fügen sich der englisch bestimmten Welt willig und auch erfolgreich ein. Die Franzosen, die Urkanadier – von den Indianern abgesehen –, blieben Franzosen, paßten sich nur ungern ein, gaben ihre Sprache nicht auf und wanderten lieber nach Québec zurück, als auf ihr französisch-kanadisches Wesen zu verzichten. So bieten die Frankokanadier ein erstaunliches Beispiel dafür, daß Völker sich durch Jahrhunderte beharrlich weigern können, eine Niederlage, die sie erlitten haben, mag sie auch eine ›entscheidende‹ gewesen sein, anzuerkennen. Die Niederlage, welche die Engländer vor der Zitadelle von Québec-Stadt unter dem General Wolfe den Franzosen unter Montcalm am 13. September 1759 in der Entscheidungsschlacht zufügten, ist so ›entscheidend‹ wie nur möglich gewesen. Die Frankokanadier nahmen das nicht zur Kenntnis, mochte Paris sie auch 1763 den Engländern ausliefern. Sie blieben ›franko‹ und glauben heute den Zeitpunkt gekommen, Québec wieder zu einer französisch-bestimmten Eigenstaatlichkeit zu verhelfen.

Schon bevor der Thompson bei Lytton in den Fraser mündet, tauchen fern im Westen – wenn die Straße über eine Höhe gleitet – die schneeigen Zinnen der Coast Range auf. Noch immer Sagebrush-Land ringsum, wilderes nun, noch verlasseneres. Die Straße muß zuweilen hoch in die Hänge klettern. Neben dem Fluß in der Tiefe ist kein Platz für sie zu finden gewesen. Bei Spences Bridge trägt eine silbrige Brücke den Trans Canada vom rechten aufs linke Ufer des Thompson. 1864 hat Thompson Spence hier die erste Brücke über den wilden Thompson geschlagen und damit Cook's Ferry überflüssig gemacht. Natürlich verlangte er den zu den Goldbächen der Cariboo strebenden Abenteurern einen Brückenzoll ab, der wesentlich kostspieliger war, als Cook zuvor Fährgeld verlangt hatte. Und doch war Cook's Unternehmen ruiniert, denn die Brücke war unvergleichlich viel sicherer, schneller und bequemer. Die alte Brücke ist natürlich längst durch eine bessere, modernere ersetzt, aber immer noch heißt der Ort Spences Bridge. Ringsum sind inzwischen, eine Oase in der dürren Ödnis, bei geschickter und reichlicher künstlicher Bewässerung große Planta-

gen für Tomaten, Kartoffeln, Weizen und Obst aller Art entstanden und strafen die nackten Wüstenberge ringsum Lügen.
Wenn unter dem Eisenbahnerstädtchen Lytton der Thompson sich mit dem Fraser verbindet, strömen die beiden Wasser im Bett des Fraser noch viele Meilen unvermischt nebeneinander her, das blaugrün farbige des Thompson und das fahlgelbe des allen Schiffen und Menschen feindlichen Fraser.
Von rechts her wandert die Straße von Lillooet heran, setzt unterhalb von Lytton über die Mündung des Thompson in den Fraser und klettert dann durch das verschlafene Städtchen in den Hang hinauf, um den Trans Canada zu erreichen, der nun dem Fraser stromab folgt, zuweilen schwindelnd hoch über dem Canyon, in dem und an dem Simon Fraser beinahe gescheitert wäre. Das ist schon erzählt.
Längst starren nun von rechts die gezackten Wände der Lillooet-Berge, von links die noch drohenderen der Kaskaden auf die Straße hinunter. Der Fraser Canyon, den der Trans Canada nun für seine Trasse entweder in der Tiefe aufsprengt oder in großer Höhe in den Wänden unter sich zurückläßt, beraubt jeden, der diesen Abschnitt der Straße zum erstenmal befährt, er mag auch noch so viel gesehen und erlebt haben, hier und da und immer wieder für Augenblicke den Atem. Zwar braucht heute der Reisende nicht mehr wie einstmals Simon Fraser auf Strick- und Baumleitern die fürchterlich jähen Wände zu durchklettern, aber die Straßenbauer haben doch das gleiche Wagnis mit scharf berechneter Kühnheit großartig wiederholt. Der Canyon ist bezwungen. Der Strom schäumt immer noch ungezähmt und blinkend mit tausend Spiegelungen in der schwindelnd machenden Tiefe. Namen wie *Black Canyon* – Schwarze Schlucht – oder *Hell's Gate* – Höllentor – sagen genug.
1861 bis 1863 haben englische Pioniere über die im wesentlichen gleiche Trasse, die jetzt der Trans Canada benutzt, die erste, noch überaus waghalsige Wagenstraße von der Fraser-Mündung her angelegt, 650 Kilometer weit in den Norden, um die Goldfelder in den Cariboo-Bergen zu erschließen. Die Pelzhändler der *Hudson's Bay Company* hatten das Land im Grunde unverändert gelassen, waren in den gleichen Kanus unterwegs gewesen wie die Indianer, hatten wie sie sich dem großen Lande eingefügt. Die für die damaligen Mittel und Methoden in unglaublich kurzer Zeit durch

das allerschwierigste Gelände der Provinz von den *Royal Engineers* angelegte Fahrstraße von der Küste ins Herz der Kolonie, in die wilde Cariboo, signalisierte unmißverständlich, daß für das große Land eine neue Zeit begonnen hatte, daß die Uhr nicht mehr zurückzudrehen war.
Das Städtchen Yale zieht vorüber. Noch ist man mitten im Hochgebirge, aber man weiß doch, daß in den ›goldenen Jahren‹ des vorigen Jahrhunderts die flachgehenden und höchst strapazierfähigen Heckraddampfer den Fraser bis nach Yale hinauf befuhren, mit ihren wirbelnden Schaufeln die starke Strömung des Fraser bezwangen. Bei dem heutigen Yale ging es dann nicht weiter. Hier mußte umgestiegen, die Lasten und das Gepäck in den Packsätteln oder auf dem eigenen Rücken verstaut und der Weg nach Norden zu Fuß oder zu Pferde fortgesetzt werden. An dieser Umsteigestation entstand eine Stadt, eben Yale. Der Ort bot sich auch deshalb an, weil sich hier schon seit 1848 ein Pelzhandelsposten der *Hudson's Bay Company* befunden hatte, findet doch hier der Canyon des Fraser sein Ende.

Der Zauberstab des Goldes

Yale wuchs zu einer hektisch betriebsamen Stadt von über 20 000 Einwohnern an, als das Gold wie mit einem Zauberstab das weite Hinterland jenseits der Küstenberge bis zum Felsengebirge aufschloß, als ein Flußtal, ein Bachbett nach dem anderen erkundet wurde. Auch im Bett des Fraser selbst wurde reichlich Schwemmgold entdeckt. Anderthalb Meilen südlich von Yale kann man noch heute – im Herbst, wenn der Fraser nur wenig Wasser führt – jene große Sandbank von der Trans-Canada-Straße aus erkennen, die 1858 als ein reiches Lager des edlen Metalls entdeckt und bis zum letzten Körnchen ausgewaschen wurde. Nach dem Namen des glücklichen Finders heißt sie noch heute Hill's Bar.
Bei Hope hat der Trans Canada den Canyon endgültig hinter sich. Hier zweigt die südlichste der großen Hauptrouten, die nach Osten führen, von dem Trans Canada ab, die No. 3, die dicht nördlich der US-Grenze in großen Schlangenlinien zum Crowsnest Pass strebt, dem südlichsten der kanadischen Rocky-Mountains-Pässe. Auch

über die No. 3 wäre viel zu berichten, wird sie doch auch manchmal Dewdney Trail genannt, weil sie in etwa der Route folgt, die der schon erwähnte Edgar Dewdney, der erste Entdecker des Goldes im Lande der Kootenay-Indianer, von der Küste tief ins Innere erschloß, ein halbes Tausend Kilometer weit. in Abschnitten mögen die Indianer den alten Urwaldpfad schon gekannt haben; ihn aber über die Grenzen der Stämme und Pelzfanggebiete zu einer geschlossenen Verbindung vom Meer ins ferne Hochgebirge zusammengefaßt zu haben, das ist hier wie an vielen anderen Stellen in Kanada (und auch in den nordwestlichen USA) das Verdienst weißer Männer.

Gut 150 Kilometer weit stößt die flache Schwemmlandebene, in welcher der untere Fraser dem Meere entgegenwandert, ins Innere des Landes vor. Nach all seinem Tosen, Wirbeln und Gurgeln ist der Strom nun endlich beruhigt, ist träge und müde geworden. An der inneren Spitze dieses ostwärts landein weisenden, unendlich fruchtbaren Flachlandkeils liegt Hope. Das sehr reizvolle und anmutige Städtchen, wenn auch noch die Berge von allen Seiten zu ihm herniederblicken, erfreut sich schon ganz und gar des milden Klimas der pazifischen Küste British Columbias, die ja durch den ›pazifischen Golfstrom‹, den Kuro Schio, gewärmt wird, so daß sie bis hoch nach Alaska hinauf den ganzen Winter über eisfrei bleibt. Die Durchschnittstemperaturen betragen in Hope im Sommer 18, im Winter 0 Grad Celsius (zum Vergleich: München hat im Sommer ein Temperaturmittel von 16,9, im Winter von −2,2 Grad Celsius).

Die große Straße No. 1 braucht nun kein Vorgebirge mehr zu umgehen, sich nicht mehr Tunnels durch senkrechte Wände zu bohren, keine steilen Felsenhänge mehr in kühnen Serpentinen zu erklimmen. Schnurstracks wandert sie westwärts und entfaltet sich bald zu einer doppelbahnigen Autoschnellstraße. Die Berge sinken eilig zurück. Der Übergang vom allerschroffsten Bergland in eine vollkommen flache, sehr fruchtbare Gartenlandschaft mit vielen kleinen Dörfern und Städten vollzieht sich in weniger als einer Stunde Autofahrt.

Die große No. 1 wird durch die unbehindert passierbare Autobahn No. 401 abgelöst, wenn sich die Straße den immer dichter und auch komplizierter aufgesiedelten und bebauten Stadtlandschaften von

Vancouver mit seinen Nebenstädten New Westminster, Coquitlam, Port Moody, Burnaby und schließlich dem zentralen Vancouver mit Nord- und Westvancouver jenseits des Burrard Inlet nähert. Die 401 streift das Stadtzentrum nur am Rande. Von der hohen Brücke der No. 401 über den Burrard Inlet gesehen, versammelt sich bei klarem Wetter die Schar der Wolkenkratzer, welche die City bezeichnen, in der Ferne wie ein Wald von Totempfählen. Solche Vergleiche bieten sich gerne an, denn noch zur City von Vancouver und ihr unmittelbar benachbart gehört der Stanley Park, im Grunde nichts weiter als ein Stück Urwald, das man ein wenig gelichtet und vom Unterholz befreit, im ganzen aber unverändert gelassen hat. Im Stanley Park aber, knapp eine halbe Stunde zu Fuß nur von dem lebendigen Kern der City entfernt, stehen eine Anzahl der eindrucksvollsten indianischen Totempfähle, die an der ganzen Nordwestküste kaum ihresgleichen haben.

Wenn die 401 North Vancouver hinter sich hat, wird sie wieder zur 1 und steigt in weiten Kurven zur Horseshoe Bay am Howe-Sund hinunter. Autofähren, die einige hundert Wagen fassen, überbrükken von hier die Meerenge von Georgia (Strait of Georgia) anderthalb Dutzend Mal am Tage und verbinden das Festland mit der großen Vancouver-Insel, die das ganze südwestliche British Columbia gegen den offenen Ozean abschirmt. Die Fährenhäfen sind vorzüglich eingerichtet. Man kauft, ohne aussteigen zu müssen, an einem Autoschalter seine Fahrkarte, wird dann in eine der wohl zwanzig langen Warte- und Anfahrstreifen eingereiht und rollt schließlich über eine stählerne Fallbrücke unmittelbar in den Bauch der großen Schiffe.

Und nach wenigen Stunden Fahrt über eine niemals ernsthaft unruhige See, mit der strahlenden Kette der Coast Range im Heck des Schiffes und den blauenden Wälderbergen, die den hohen Rücken von Vancouver Island bilden, vor dem Bug, gelangt die schwimmende Straße, die viele Schären und bewaldete Inseln zu umgehen hat, schließlich in die Nähe von Nanaimo, einer hübschen Stadt von etwa 15 000 Einwohnern an der Ostküste von Vancouver Island.

Nanaimo ist in den fünfziger Jahren des vorigen Jahrhunderts entstanden (wobei kaum noch erwähnt zu werden braucht, daß die Siedlung ursprünglich ein befestigter Pelzhandelsplatz der *Hud-*

son's Bay Company gewesen ist). Hier gibt es nämlich reiche Kohlenlager, und sie werden noch heute abgebaut. Weitere Industrie ist hinzugetreten. Doch ist die Stadt ferne davon, etwa den grauen Eindruck einer Minenstadt zu machen. Helle, frische Luft überall! Vor den Türen die tiefblau leuchtende Bucht mit den strahlenden Schneegipfeln der Küstenkette dahinter. Und im Rücken der Stadt die üppigen, dichten Wälder von Vancouver Island, in denen die vollkommenen Säulen vielhundertjähriger Douglasfichten und anderer Koniferen in den ewig von neuem gewaschenen Himmel streben. Sonntags blühen auf der geschützten Meeresstraße die weißen und bunten Segel der Boote wie Hunderte von hellen Blumen, zwischen denen die fixen Motorboote dahinflitzen. Von der hoch in den Bergen über dem Meeresufer nach Süden ziehenden No. 1 aus hört man keinen Lärm. Wie schlafende Riesentiere schwimmen die Schären und die dicht mit Wäldern bepelzten größeren Inseln im schwarzblauen Gewässer der Strait of Georgia. Wie ein Schwan zieht ein Überseefrachter aus Japan oder Panama zwischen ihnen hindurch, eine gleißende Doppelschleppe, sein Kielwasser, hinter sich herziehend.

An einer Stelle, wo der Trans Canada Highway sich besonders hoch in die Küstenberge schwingt und sich eine wahrhaft hinreißende Fernsicht über Meer und Inseln, Wälder und verwinkelte Küsten zu fernher grüßenden Gebirgen auftut, dem Mount Garibaldi, dem Mt. Seymour, der Tantalus-Gruppe und dem Mount Churchill – um nur einige zu nennen – steht vor dem Absturz in die Tiefe fast erschreckend nahe und wild ein großer Totempfahl, als sollten alle Leute, die diese Straße benutzen, daran gemahnt werden, daß hier vor den Weißen andere Völker beheimatet waren – und noch sind, wenn auch nur noch in kleinen Gruppen von hundert oder zweihundert Menschen, so die Songishe, die Cowichan, die Comiaken, die sich alle längst als friedliche und durchaus mit Sympathie gewürdigte Bürger ins kanadische Dasein von heute eingefügt haben.

Und schließlich Victoria, die Hauptstadt British Columbias, an der Südspitze der großen Vancouver-Insel und am Rande der weiten Juan-de-Fuca-Straße gelegen, die sich hundert Kilometer weiter im Westen in den offenen großen Ozean öffnet! Über die hier etwa zwanzig Meilen breite Meeresstraße schimmern bei klarem Wetter

die »Olympischen Gebirge« mit dem mächtigen Mt. Olympus herüber, die sich über der olympischen Halbinsel erheben, dem äußersten Nordwestteil des US-Staates Washington.
In Victoria, nicht weit von dem Provinzparlament, bezeichnet eine große, schwere Tafel die Meile Null des Trans Canada Highway, angesichts der Wasser des pazifischen Meeres, zu dem ja die Juan-de-Fuca-Straße bereits gehört. Was in St. John's auf Neufundland, weit drüben im Osten am Atlantik begann, ist nun hier vollendet:
A mari usque ad mare – von Weltmeer zu Weltmeer!

Victoria und Vancouver, die schönen Rivalinnen

Ich bin kein Freund von großen Städten, das kann ich nicht leugnen. Ich möchte auch meinen, daß es nicht die großen Städte sind, die ein Europäer im Sinn hat, wenn er an Länder wie British Columbia, Alberta, die kanadischen Gebirge oder die Prärien denkt, sie sich vorstellt und wenn er schließlich, falls Geld und Zeit dazu reichen, auch dorthin fährt. Der Zauber dieser Gebiete besteht für den Europäer in ihrer königlichen Weite, Freiheit, Leere und Einsamkeit. Die Wälder, die Seen, die wilden Flüsse sind es, die Stille, der Duft, der ewige Schnee in unnahbarer Höhe, der Gesang der Brandung, die heiseren Stimmen der Graugänse – dies alles lockt uns in den fernen kanadischen Westen: um es mit einem Buchtitel Jack Londons zu sagen: *The Call of the Wild (Der Ruf der Wildnis).*
Doch wenn man erst einmal die große Stadt Vancouver und das kleinere, aber sehr ausgedehnte Victoria kennengelernt und in beiden gewohnt hat, muß selbst ein Feind der großen Städte zugeben, daß diese beiden wichtigsten Städte der Provinz B. C. zwar die meisten Vorzüge der großen Städte in sich vereinigen, aber nur durch wenige ihrer Nachteile geschädigt werden.
Vancouver zählt etwa 500 000, Victoria (mit seinen Nebenstädten und Vororten) ca. 200 000 Einwohner. Rechnet man zu Vancouver auch die Nebenstädte, in die es heute längst übergeht, so ergibt sich die einigermaßen erstaunliche und eigentlich beunruhigende Tatsache, daß ungefähr die Hälfte aller Einwohner British Columbias in den größeren Stadtgebieten nur dieser zwei Städte zu Hause ist.
Aber die Provinz ist von der Natur auf einmalige Weise begünstigt, nicht nur was ihre Schönheit, sondern auch was ihre im heutigen Sinne verwertbaren Schätze anbelangt: den Überfluß an Hölzern vieler Art, den Reichtum an Erdöl und Erdgas, die riesenhaften Wasserkräfte, die Vielzahl edler und seltener Metalle und Mineralien, die ungeheuren Mengen vorzüglichster Fische im See- wie im Süßwasser, die nur erst zu einem kleinen Teil ausgeschöpfte Fülle an

fruchtbarer Ackererde. All dies und noch vieles andere bedarf zu seiner Nutzung und Verwertung des komplizierten Apparats der Handelshäuser, Schiffsagenturen, Exportfirmen, bedarf der Wertpapier- und Produktenbörse, der Banken und großen Verkehrs- und Versicherungsunternehmen, natürlich auch aller Zweige einer weit verästelten Staatsverwaltung, um wirklich sinn- und gewinngerecht zu funktionieren. Da all diese Organisationen und Institutionen ineinandergreifen und weithin voneinander abhängig sind, ergibt es sich beinahe von selbst, daß sie sich räumlich möglichst eng verbinden. So entsteht zwangsläufig die große Stadt.

British Columbia hat die hiermit auftauchenden Probleme sehr glücklich gelöst. Victoria wurde zum Sitz der staatlichen Institutionen, das heißt der Verwaltung der Provinz, der Ämter, Kommissionen, des Parlaments und der Regierung. Vancouver dagegen entwickelte sich zum ungemein beweglichen, ja spekulativ nervösen Zentrum des Handels, zum Sitz der großen Produktionsgesellschaften, der Verkehrsunternehmen, der Börse, der Banken und anderer Finanzinstitute. Die beiden sich ergänzenden, nicht miteinander konkurrierenden Städte tragen also einen ganz verschiedenen Charakter, bieten sich also dem Besucher und Beobachter als Riesenlebewesen mit ganz verschiedenen innerlichen und äußerlichen Eigenschaften dar, die zu studieren oder auch nur zu erfühlen für den Fremden von hohem Reiz sein sollte.

Ich habe Vancouver zum erstenmal erlebt, als ich den Winter 1927/28 dort verbrachte und in ein ganzes Geflecht von privaten Verstrickungen gezogen wurde. Wenn auch der Winter regnerisch und nebelig war mit viel nassem Schnee, der sich nie halten wollte, so weiß ich doch sehr gut, daß in den Parks noch um die Weihnachtszeit die letzten Rosen blühten, daß man die Handschuhe in der Hand, aber nicht an den Fingern trug. Damals war es um den Wald der Turmhäuser in der City noch sehr mager bestellt; das zweistöckige Wohnhaus beherrschte auch hier noch ganz und gar die städtische Szenerie, und auf den noch recht zahlreichen leeren Bauplätzen an der großen Granville-, Georgia- oder Hastings-Street verkündeten viele halb verkohlte Baumstümpfe, daß hier noch vor kurzer Zeit der Urwald seine hohen Wipfel in den lauen Winden des Pazifischen Ozeans hatte rauschen lassen.

Aber auch damals schon wie heute blickten und winkten im Norden und Osten die Berge in die Stadt zu ihren Füßen, dehnte sich im Westen und Süden die weite Wasserfläche der Meerenge von Georgia. Die Luft ging milde,enthielt indessen noch nicht so viel an Abgasen wie heute. Die Gefahr der Verschmutzung der Umwelt ist na ürlich in Vancouver mit seinen industriereichen Vororten und Nebenstädten genauso gegeben wie anderswo im Bereich der großen Städte Amerikas und Europas. Vorläufig sind die goldsandigen Badestrände an den Ufern der vielen Inseln und Halbinseln, über die sich dieser auf über 800 000 Einwohner anzusetzende Großstadtverbund ausgebreitet hat, alle zu benutzen. Gleich drei davon liegen ganz nahe dem Geschäftszentrum; aber es gibt noch viele andere, an denen sich im Sommer die Leute aus den benachbarten Wohnbezirken tummeln und bräunen, etwa Kitsilano Beach, Point Grey Beach, Spanish Banks Beach und andere.

Die riesigen Betriebe vieler holzverarbeitender Industrie, besonders auch in dem unmittelbar an Vancouver sich im Süden und Südosten anschließenden New Westminster, entleeren einen großen Teil ihrer Abwässer und Abfälle in die Mündungsarme des Fraser und in die Strait of Georgia. Die Stadtverwaltungen werden sich noch einiges einfallen lassen müssen, die einmaligen Vorzüge dieses großen Stadtgebiets so sauber und klar zu erhalten, wie sie von einer freigebigen und prachtvollen Natur vor wenigen Jahrzehnten erst den Menschen überlassen worden sind.

Die Kanadier selbst sind sich darin einig, Vancouver für die schönste der Metropolen Kanadas zu halten. Die Lage unter dem unmittelbar an Nord- und Westvancouver herandrängenden Hochgebirge mit üppig feuchten Wäldern an den Flanken und schneeigen Kuppen – und auf der anderen Seite die salzige See, ohne aber die Stadt dem Anprall des offenen und keineswegs sehr ›Stillen‹ Ozeans auszusetzen; die Mischung von Seeluft und Gebirgsluft, die sich den Bewohnern der Stadt bietet; die großzügig weit und mit viel Grün ausgelegten Stadtpläne; die ragenden Hochhaustürme vor der Gebirgskulisse; die überall die Stadt tief aufgliedernden Flußarme und Meeresbuchten; die mit beneidenswerter Opulenz und Weiträumigkeit entworfenen, über steilste Hänge kletternden Wohngebiete, nur über zuweilen fast verwegene Zufahrtsstraßen erreichbar; die vielen kleinen Häfen für Segel- und Motorboote jeder Größe und Preislage; gleich daneben die großen mächtigen Becken der von der Natur vorgezeichneten unübertrefflich geschützten Naturhäfen am Burrard Inlet und in der Fraser-Mündung, wo man ebenso einen Frachter des *Norddeutschen Lloyd,* wie etwa der *Nippon Yusen Kaisha,* der *Blue Funnel Line* oder der *Australian-New Zealand Steamship Co.* in traulichem Verein mit den Schiffen der *Canadian Pacific* oder der *Matson Line* liegen, löschen und laden sehen kann – und wenn die Schiffe aus- oder einlaufen, so wenden sie um Point Grey herum, wo eine der besten und schönsten Universitäten Nordamerikas zu finden ist, die *University of British Columbia,* in einem riesigen Park, in dem noch genau wie in dem Park der City, dem Stanley Park, die herrlichen tausendjährigen Bäume des ehemaligen Urwalds ihre Kronen wiegen – wahrlich, diese Stadt Vancouver sucht ihresgleichen nicht nur in Amerika, sondern in der ganzen Welt.

Das Meerwasser an den Badestränden, die laue Flut des Kuro-Shio-Stroms, von dem ich schon sprach, bleibt bis in den Winter sehr warm – und ist es schon wieder im Frühling. Wo sonst gibt es eine so brausende, höchst moderne, elegante, vor allem auch kunst- und musikbewußte Großstadt wie Vancouver, in der man am gleichen Tag und im Abstand von nur einer halben Autostunde vom Skilauf über verschneite Hochgebirgsabfahrten zum Baden und Schwimmen im Salzwasser der See fahren kann, ohne sich besondere Mühe dabei zu geben. Ich wüßte keine.

Es braucht nicht verschwiegen zu werden, daß die klaren, stets belebenden Lüfte der Stadt von See und Gebirge her, die starke Sonne (Vancouver liegt fast genau auf der Breite von Paris), das milde und zugleich anregende Klima, der unerhörte Glanz der umgebenden Natur die Menschen, die sich Vancouver und seinen Schwesterstädten anvertraut haben, wie in einen fortdauernden leichten Rausch versetzen. Im Geschäftsleben Vancouvers spiegelt sich ja die unerhörte, gar nicht aufzuhaltende wirtschaftliche Entfaltung des gewaltigen Hinterlandes British Columbia.

Hier wundert sich keiner darüber, wenn einer dreimal Bankrott macht und ihm erst beim viertenmal der Durchbruch zum Millionär gelingt. Hier weht immer noch der blaue Rauch der Goldräusche durch die Straßen, die das ganze weite Innere der Provinz in der zweiten Hälfte des vorigen Jahrhunderts wie mit einem Zauberschlage erschlossen – und die dann, als sie vergingen, Zehntausende von Siedlern zurückließen, denen es klargeworden war, daß das schönste Gold in diesem königlichen Lande nicht in den Flußbetten versteckt lag.

In Vancouver ist also von jeher mit Begeisterung spekuliert worden und wird heute noch spekuliert. Man braucht nur einmal ein paar Tage im großen und traditionsreichen *Hotel Vancouver* oder im *Hotel Georgia* oder im *Devonshire Hotel* gewohnt und sich umgehört zu haben – es ist erstaunlich leicht, hier Bekanntschaften zu schließen, um die prickelnde Atmosphäre dieser von geschäftlichen Möglichkeiten und Vergnügen am Risiko bebenden Stadt, in welcher auch der kleine Mann nicht an dem Marschallstab der großen Chance in seinem Tornister zweifelt, um diese die ganze Stadt aufs lebendigste durchpulsende Spannung auch in den eigenen Nerven zu spüren.

Natürlich gibt es in solcher Umgebung viele mißratene Schicksale und manch einen Zeitgenossen, dem allzu hoch gesteckte Ziele zerbrachen, der den Anschluß verpaßte, der sich schließlich mit einem mühseligen, grauen Alltag begnügte, den auch der Glanz der Berge und der English Bay nicht mehr aufzuhellen vermag. Wo viel Licht ist, ist viel Schatten – und wo man sehr reich werden kann, kann man auch sehr arm werden. Es spricht aber für die in der Tat ungewöhnlichen Chancen, die sich nicht nur dem überdurchschnittlich einfallsreichen und geschickten Manne hier und im weiteren B. C. bieten, daß von großen Elends- und Armutsvierteln, den gräßlichen Slums, von denen so viele amerikanische Großstädte verunziert werden, in Vancouver nicht gesprochen werden kann.

Das Volk der Salish

Die Indianer, die im südwestlichen heutigen B. C. gerade auch in der Gegend der jetzigen großen Stadt beheimatet waren, die Salish, sind keineswegs zu armseligem Proletariat herabgesunken wie die Schwarzen in den Zentren vieler amerikanischer Großstädte; sie haben sich nicht nur behauptet, sondern mit Erfolg an dem allgemeinen Spaß des Geldverdienens und des Sich-ein-hübsches-Haus-Bauens beteiligt. Mitten in Vancouver, dicht unter der sich hoch und zierlich in die Lüfte schwingenden Lion's Gate Bridge, liegt die Capilano Indian Reservation, am Nordarm der Fraser-Mündung die Musqueam Indian Reservation. In diesen Reservationen gibt es natürlich Zelte, Federschmuck, Tomahawks und dergleichen nicht mehr; sie unterscheiden sich kaum von den benachbarten ›weißen‹ Wohnvierteln, gehören aber ausschließlich den Indianern. Die Musqueam Reservation beherbergt etwa 300 Menschen. Der Grund und Boden allein, auf dem sie sitzen, macht sie zu reichen Leuten.

Die verschiedenen Reservationen der Cowichan, Sehmiahmoo, Comox, Sechelt und anderer Stämme, die alle zu dem großen Volk der Salish gehören, bieten in Vancouver, New Westminster und am unteren Fraser etwa 6000 Indianern, die sich in keiner Weise benachteiligt zu fühlen brauchen, eine Heimat. Sie ›gehören dazu‹, und jedermann erkennt sie an. Ihre Totempfähle werden gepflegt und von Tausenden bewundert; der Handel mit kleinen und großen Nachbildungen dieser Clan-Zeichen, welche die Herkunft der Sippe von einem mythenhaften Urahn, dem Totemtier, versinnbildlichen, ist ein schwunghaftes Geschäft geworden. Denn kein amerikanischer Tourist mag Vancouver (oder auch Victoria) verlassen, ohne ein indianisches Andenken, meistens ein mehr oder weniger kostspieliges Totempfählchen des Bären- oder des Eulen- oder des Eidechsen-Clans, im Gepäck zu führen.

Das Geschäft ist im Laufe der Jahre so groß und verlockend geworden, daß Stämme, die nichts mit der Kultur der Indianer der pazifischen Küste zu tun haben, zum Verkauf von imitierten Totempfählen übergegangen sind. Es ist jedoch festzuhalten, daß diese großartigen und in hohem Maße künstlerischen Darstellungen der Sippen-Stammbäume ausschließlich auf die Küstenindianer des amerikanischen Nordwestens beschränkt sind. Nur die Salish, die Kwakiutl, die Tsimshian, die Tlingit und insbesondere die Haida von den Queen-Charlotte-Inseln im Norden der großen Vancouver-Insel haben diese bewundernswerte Kunst der Bildnerei in Holz entwickelt. Überall sonst handelt es sich um Imitationen.

Für viele Kanadier und Nicht-Kanadier, die noch das alte Vancouver von vor 50 Jahren mit den riesigen, rasselnden, um die Kurven quietschenden Straßenbahnen kennen, ist Vancouver heute zu groß – wenn man es mit den Vancouveranern verderben will, kann man auch sagen: zu amerikanisch geworden. Ich teile diese Meinung nicht. Hier hat man einmal eine Großstadt des amerikanischen Kontinents vor sich, mit eigenem Stil, Gesicht, Temperament und Charakter, der heute noch unverkennbar ist wie vor 50 Jahren. Ich möchte sogar meinen, daß Vancouver an Schönheit der Lage und der Stadt selbst, an einmaliger, nirgendwo wiederholbarer Atmosphäre sogar noch San Francisco übertrifft, das ja von vielen Amerikanern für die schönste Großstadt der USA gehalten wird.

Wenn man aber mich fragt, ob ich lieber in Vancouver oder lieber in Victoria leben wollte, so würde ich mich, ohne überlegen zu müssen, für Victoria entscheiden. Größere Gegensätze als diese beiden wichtigsten und für kanadische Begriffe so eng benachbarten Städte British Columbias lassen sich kaum denken.

Von einigen wenigen Hauptstraßen abgesehen – auch sie vornehm breit und niemals überfüllt –, findet der Besucher die Großstadt Victoria gar nicht. So tief und weitläufig liegt sie in ihr reiches Grün gebettet. Die Straßen laufen, von dem kleinen Zentrum mit seinen vielen Regierungsämtern, dem viktorianisch pompösen Parlament und einigen Kauf- und Bürohäusern abgesehen, ganz unamerikanisch, dafür aber um so englischer in alle nur denkbaren Richtungen, stoßen alle auf die blanke See der Juan-de-Fuca-Straße oder eine der vielen Buchten. Die Vororte sind Lichtungen in den großen Wäldern, die hier noch üppiger und dichter wachsen als drüben auf dem Festland hinter Vancouver.

Die Stadt verrät in allen ihren Teilen – Elendsviertel gibt es überhaupt keine, die der Erwähnung wert wären –, daß man sich hier insbesondere um eines bemüht: ein angenehmes, niemals übertriebenes oder aufgeblasenes, aber stets behäbiges und wohlgepflegtes Dasein zu führen. Gutes Benehmen, Geschmack, Bildung, zurückhaltende Leistung, Haltung – das sind die Maßstäbe, die hier an Menschen angelegt werden. Geld ist natürlich wichtig – wo wäre das heute nicht der Fall? Aber es darf nicht die erste Rolle spielen, vermag insbesondere den Mangel der anderen, für den Umgang der Menschen so wichtigen Wesenszüge nicht zu ersetzen. Wer hier mit seinen vielen Dollars in der Tasche provozierend klimpern wollte, wäre im Handumdrehen *out,* wäre ›draußen‹, sähe sich von lauter kalten Schultern umgeben.

Victoria also, ziemlich am weitesten unter den nordamerikanischen

Großstädten von Europa entfernt, ist also vielleicht die ›europäischste‹ Stadt auf dem nordamerikanischen Kontinent, wenn man – vielleicht etwas veraltete – europäische Maßstäbe anlegt, europäisch hier in durchaus englischer Prägung, aber auch das ist ganz und gar europäisch, wenn es auch immer noch viele Engländer gibt, die sich gar nicht gern als Europäer angesprochen hören.

Natürlich gibt es auch in Victoria viele Kanadier deutschen, skandinavischen, holländischen, irischen Ursprungs, noch viel mehr davon und auch aus anderen Nationen in Vancouver. (Vancouver rühmt sich z. B. der zweitgrößten China Town nach San Francisco auf amerikanischem Boden.) Aber während in dem ebenfalls vorwiegend angelsächsischen Vancouver eine durchaus internationale Luft weht, ist Victoria bewußt und mit Überzeugung ›britisch‹ geblieben, pflegt sogar mit einer gewissen Eitelkeit ein wenig *stuffiness* und ein wenig *Colonel-Blimpishness,* ein wenig die Allüren der alten englischen Führungsschicht aus der Zeit des die Meere beherrschenden Albion (die in England selbst ziemlich elend vergangen ist).

Ich für meine Person finde das alles keineswegs unsympathisch. Wenn man sich nur ein wenig Mühe gibt, sich diesem im Grunde sehr bequemen und lässigen Stil anzupassen, dann läßt es sich sehr angenehm und sicher darin leben.

In Vancouver ist man gern überschnell, übereifrig und immer rappelvoll von neuen Plänen. In Victoria hält man dergleichen offen oder im geheimen für nichts weiter als schlechte Kinderstube. Hast und Allzuviel-Geld-Verdienen ist unvornehm. Geld hat man eben – aber auch das mit Maßen.

Victoria also hat kein ›Nachtleben‹, das der Erwähnung wert wäre, Vancouver dafür um so mehr. In Victoria gibt es keine *traffic jams,* kein Verkehrschaos, in Vancouver dagegen stehen, was den Autoverkehr auf den Straßen anbelangt, einem Kind vom Lande wie mir oft genug die Haare zu Berge. In Victoria spricht man über Politik, Verwaltung und Kultur; in Vancouver über Geschäft und Sport. In Vancouver geht man gern französisch, chinesisch, japanisch, jugoslawisch speisen – in Victoria speist man englisch, was sonst, das heißt ein bißchen langweilig, aber sehr nahrhaft und solide. In Vancouver läuft man mit Begeisterung Ski, in Victoria ist davon nicht viel die Rede, weil es keine Berge im Hintergrund gibt, die mit sicherem und trockenem Schnee aufwarten könnten. Victoria ist also mehr *British* und Vancouver ist mehr *Columbia.* Beide zusammen aber ergeben ein ganzes und vollständiges British Columbia.

Ich sollte nun wohl von den – nicht allzu dicht geflochtenen – Straßen auf der großen Vancouver-Insel berichten und habe ja schon die No. 1 von Nanaimo nach Victoria, ihrem End- oder Anfangspunkt, erwähnt.

Die No. 4

Wahrhaft erwähnenswert erscheint mir eigentlich nur ein einziges Stück Straße, die einzige nämlich in ganz Westkanada, die bis unmittelbar an die freie Küste des offenen Ozeans und nicht nur an eine geschützte Meeresstraße oder tief ins Land stoßende Meeresbucht vordringt. Diese No. 4 führt mit einer Abzweigung nach Süden nach Ucluelet (ausgesprochen Juklulet) und weiter an einem nicht enden wollenden Sandstrand entlang, auf den die große Brandung des offenen pazifischen Meeres ungehindert aufläuft, nach dem Städtchen Tofino, wo die Straße unmittelbar über der felsigen Küste endet. Tofino ist ein sehr alter Ort. Die Spanier schon haben es von Kalifornien und Mexiko her gegründet wie weiter im Norden das nur über See zu erreichende Nootka. Die Spanier haben das Rennen schon seit langem aufgegeben. Tofino und Nootka sanken der Vergessenheit anheim. Es gibt aber eine nicht unbeträchtliche Anzahl von Leuten, welche die weite und auch beschwerliche Reise nicht scheuen, weil hier am Ende der Welt in der weichen Luft des Ozeans, dem die dichtesten, herrlichsten, üppigsten Wälder bis an den Silbersaum der Brandung wachsen, weil hier sozusagen die Urheimat aller Stille, Ruhe und Entlegenheit zu finden ist.

Bevor die No. 4 sich zur Küste des Weltmeeres niedersenken kann, muß sie, von der Straße No. 19 längs der Ostküste von Vancouver Island, also der dem Festland zugekehrten Seite ausgehend, den schroffen, steilen Rücken der Insel überqueren, eine einigermaßen waghalsige, ebenso aufregende wie hinreißende Angelegenheit. Das

Gebirge ist nicht allzu hoch, aber äußerst grob und zerklüftet – und der Autofahrer hat wieder einmal Gelegenheit, die Kühnheit und technische Phantasie der kanadischen Straßenbauer zu bewundern. Wahrhaft hinreißende und atemberaubende Fernsichten offenbaren sich neu hinter jeder Kehre und Wende. Aber es empfiehlt sich, die lyrische Begeisterung nicht die Oberhand gewinnen zu lassen, sondern die Aufmerksamkeit auf die schwierige Straße zu konzentrieren. Ein Absturz von den Bergen in die blauen, dunstigen Tiefen mit den donnernden Flüssen wäre gar zu tief und unwiderruflich!

Ich meine, ich habe nun bis auf eine alle wesentlichen Straßen der kanadischen Gebirge vorüberziehen lassen und an und mit ihnen all das aufgereiht, was den fernen Westen Kanadas herrlich, erlebens- und liebenswert macht.
Nur eine ganz große Straße fehlt mir noch, die unvergleichliche und einzige Nord-Süd-Magistrale des geliebten Landes, die No. 97.

No. 97, die längste Straße des kanadischen Gebirges

Von den Ausmaßen British Columbias bekommt man einen Begriff, wenn man erlebt hat, daß es vier Tage dauert, das Land auf der No. 97 von Norden nach Süden oder umgekehrt zu durchqueren, also der Länge nach, die den etwa doppelten Umfang der Breite aufweist. Vier Tage bei einer täglichen Ration von 600 Autokilometern! Dabei lassen sich bei gutem Sitzfleisch und zügiger Fahrweise (erlaubte Höchstgeschwindigkeit 88 Kilometer in der Stunde) auf dem Südabschnitt mehr als 600 Kilometer bewältigen. Auf dem Nordabschnitt (erlaubte Höchstgeschwindigkeit 80 Kilometer in der Stunde) bei ungeheurem Staub, viel grobem Geröll und oft genug tiefen Löchern in der Straße aber bilden schon 500 Kilometer am Tag eine beachtliche Leistung.

2470 Kilometer sind zurückzulegen, um vom Teslin Lake, diesem langgestreckten Gewässer, das mit seinen nördlichen 70 Kilometern schon ins Yukon-Gebiet hinaufreicht, mit seinen südlichen 65 noch zu B. C. gehört, nach dem freundlichen Osoyoos inmitten seiner Äpfel-, Birnen-, Pfirsich-, Weintrauben-, Pflaumen-, Kirschenhaine und mancherlei sonstigen Schmackhaftigkeiten zu gelangen und dort über den 49. Breitengrad nach Oroville im US-Staat Washington zu rollen, also die Südgrenze von British Columbia zu überqueren.

2470 Kilometer, das ist weiter als (in der Luftlinie) von Hamburg nach Casablanca in Marokko. Allerdings ist ein wenig Schwindel dabei, wenn ich Entfernungen auf der Straße mit Entfernungen in der Luftlinie vergleiche. Aber selbst wenn ich Straßenentfernungen heranziehe, bringen mich 2470 Kilometer immer noch von Hamburg bis weit über Madrid nach Süden. Auch das ist nach europäischen Begriffen nicht gerade wenig. Man kreuzt dabei, je nachdem, welche Route man wählt, zwei bis vier internationale Grenzen. In Kanada bleibt man im Bereich einer einzigen Provinz, in British Columbia. Es lohnt sich, solche Vergleiche anzustellen;

sie vermitteln einen Begriff von der Weite des Landes mit seiner (für 1971) auf etwa 2,1 Millionen geschätzten Bewohnerzahl.

Ich war mit einem der schönen Schiffe der *Canadian Pacific* von Prince Rupert nach Skagway im alaskischen Südosten hinaufgefahren – eine wunderbare Reise im Schutz der großen Inseln vor der britisch-kolumbischen Küste und dann der Küste des alaskischen ›Pfannenstiels‹ – und hatte mich und mein Auto in Haines an Land setzen lassen. Von Haines führt eine anfangs vorzügliche, dann keineswegs mehr vorzügliche Nebenstraße über die hier besonders wilden Küstenberge unter den riesigen Gletschern des St.-Elias-Gebirges nordnordwestwärts durch den äußersten Nordwestzipfel British Columbias zur großen Alaskastraße hinauf, die sie nach etwa 235 Kilometern bei Haines Junction erreicht, eine unendlich einsame, sehr schlechte, aber außerordentlich eindrucksvolle Straße.
Ich war in den Alaska Highway nach Osten und Süden eingebogen, hatte in Whitehorse übernachtet und war dann ohne Aufenthalt der Alaskastraße weiter columbiawärts gefolgt. Der August war gerade zu Ende gegangen. Schon schritt der schöne September ins Land, das weite, leere. Als ich Teslin und den Teslin-See hinter mir hatte (auf dem jener waghalsige Norman Lee aus dem Chilcotin-Lande seine zweihundert geschlachteten Rinder und fast sein eigenes und das seiner Gefährten Leben dazu verloren hatte, wie schon berichtet), als ich den 60. Breitengrad passiert und damit auf das Gebiet British Columbias gelangt war, hielt ich inne und schaute mich um. Das Land sah hinter mir – im Yukon-Territorium – genauso aus wie vor mir – in British Columbia. Oder sah es doch nicht so aus?

Die Alaskastraße

Das einsam große Waldland vor mir schien mir schöner. Ich fuhr sachte weiter. Der Simpson Peak tauchte auf zur Rechten der Straße. British Columbia – dies Zauberwort verklärte mir die Landschaft – so meinte ich selbst. Oder war es wahr, was ich zu fühlen meinte? Ich vermag es nicht zu sagen. Aber unbezweifelbar

ist dies: der dunkel verlockende Glanz, der jedem, der sich nach weiten Reisen sehnt, aufgeht, wenn die Alaskastraße ins Gespräch gebracht wird, kam mir immer erst zu Bewußtsein, wenn ich mich auf dem Boden British Columbias befand. Dort steht ja in der Stadt Dawson Creek der Pfosten, der die ›Meile 0‹ der Alaskastraße bedeutet. Dort beginnt sie – als der große Nordabschnitt der britisch-kolumbischen Straße 97; das ist ihre amtliche Bezeichnung. Zunächst scheint sich, wenn man von Norden kommt, die 97 nicht von dem 60. Breitengrad (auf dem in Europa etwa Oslo und Helsinki liegen) trennen zu können, sie folgt ihm ostwärts, wobei sie noch zweimal über ihn nach Norden ins Yukon-Gebiet abgleitet. Dort überquert sie den Swift River und anderthalb Kilometer weiter ostwärts den oberen Rancheria. Wieder einmal hat man eine wichtige Scheidung der Wasser passiert, ohne es recht zu merken. Denn der Swift – er ist wirklich swift, das heißt eilig, geschwind – fließt in den Teslin und dieser in den Yukon, der im Beringmeer vergeht. Der Rancheria aber ergießt sich in den gewaltigen Liard und dieser in den noch viel gewaltigeren Mackenzie, der zum Nördlichen Eismeer strebt.
Wenn man erst einmal Contact Creek hinter sich hat, eine kleine Siedlung an der Yukon-Grenze, wendet sich die No. 97 endgültig nach Südosten und stößt nun, ohne noch einmal zurückzublicken, in den weiten Nordosten der Provinz British Columbia vor, den allmählich sich höher türmenden Rocky Mountains nach Norden und Osten ausweichend. Contact Creek heißt, wie es heißt, weil hier die Bautrupps, welche die Straße von Süden nach Norden vortrieben, zum erstenmal mit jenen anderen Kontakt gewannen, welche von Whitehorse im Yukon-Territorium südostwärts vorgedrungen waren. Das geschah am 24. September 1942, also mitten im letzten Weltkrieg.
Ohne den Krieg würde es die Straße nach Alaska vielleicht heute noch nicht geben. Der Angriff der Japaner auf Pearl Harbor hatte dem amerikanischen Volk und besonders seinen militärischen Führern einen schweren Schock versetzt. Wenn die Japaner im gesicherten Marinehafen bei Honolulu auf Oahu in den hawaiischen Inseln beinahe ungestraft einen großen Teil der Pazifischen Flotte der USA zerstören konnten, dann war ihnen auch zuzutrauen, daß sie die ungeschützte Küste Alaskas angreifen und sich hier

einen Brückenkopf auf amerikanischem Boden schaffen würden. Außerdem brauchten die USA das gegen Asien beinahe auf Sichtweite vorgeschobene Alaska als gar nicht zu ersetzenden Marine- und Luftstützpunkt für den Gegenangriff auf Japan. Alaska war aber bis dahin nur über See oder durch die Luft erreichbar gewesen. Der Weg über See wurde durch die japanische Marine in Frage gestellt. Durch die Luft ließ sich kein schweres Gerät in genügender Menge transportieren, wenigstens damals noch nicht. Sozusagen von heute auf morgen ergab sich die zwingende militärische Notwendigkeit, Alaska über Land durch kanadisches Gebiet mit dem amerikanischen Kernland im Süden zu verbinden.

Zwei Monate nach Pearl Harbor, am 14. Februar 1942, wurde der Entschluß gefaßt, eine Straße von Fort St. John unweit des Peace River in British Columbia (bis dahin bestand schon Straßenverbindung) nach Big Delta in Alaska zu bauen. Big Delta liegt an die 100 Meilen südostwärts von Fairbanks, der Hauptstadt Alaskas, und war mit Fairbanks bereits durch eine Straße verbunden. Fairbanks aber lag am Ende des Schienenstranges, der von Seward an der Südküste Alaskas heraufführt.

Schon einen Monat nach dem Beschluß ging das vorzügliche amerikanische Pionierkorps an die Arbeit. Nach der unvorstellbar kurzen Zeit von neun Monaten und sechs Tagen war Alaska über Land von den Staaten her zu erreichen. Es versteht sich von selbst, daß die Straße zunächst nichts weiter war als eine breite Schneise durch die Urwälder über Berg und Tal, Sumpf und Strom, die nur von starken, groben Militärfahrzeugen befahren werden konnte.

Der *long trail*, der Lange Pfad, ist dann 1943 von 11 000 amerikanischen Soldaten und 16 000 zivilen Arbeitern soweit ausgebaut worden, daß er von Autos jeder Art befahren werden konnte.

Doch wurde unermüdlich an der Verbesserung der Straße weitergearbeitet; das hat sich bis zum heutigen Tage nicht geändert.

Nach dem Kriege ging die Straße, welche die B. C. No. 97 nach Norden fortsetzt, in die Obhut der kanadischen Behörden über. Der größte Teil der Alaskastraße liegt ja auf kanadischem Gebiet, davon wieder das längste Stück auf B. C.-Boden. Rund 560 Kilometer der Alaskastraße verlaufen auf US-amerikanischem,

2010 Kilometer aber auf kanadischem Gebiet. Auf der alaskischen, d. h. US-amerikanischen Seite ist die Straße asphaltiert. Die kanadische Route ist bis auf die ersten etwa 100 Kilometer von Dawson Creek nordwärts über Fort St. John hinaus nur geschottert. Wäre auch sie in ihrer ganzen Länge gepflastert, so müßte man die Alaskastraße wohl die großartigste Wildnisstraße der Welt nennen. Aber weder British Columbia, erst recht nicht der Yukon, haben bisher die riesigen finanziellen Mittel aufzubringen vermocht, die Straße in ihrer ganzen Länge mit einer festen Oberdecke zu versehen.

Doch sind die ursprünglichen, rein militärischen Zielsetzungen der Alaskastraße längst überholt von wirtschaftlichen Notwendigkeiten. Südwärts von Watson Lake führt eine Straße nach Cassiar, einem der bedeutendsten, wenn nicht dem bedeutendsten Asbestvorkommen der Erde. An dieser Straße wurde – wie schon erwähnt – mit großem Nachdruck gebaut. Jetzt ist sie bis nach Stewart am Portland Canal, also am Salzwasser des Stillen Ozeans, befahrbar. Fort Nelson, wo die Alaskastraße aus ostsüdöstlicher Richtung scharf nach Süden abknickt, hat sich zum Mittelpunkt eines bedeutenden Erdgasgebiets entwickelt, nachdem der schon 1806 von der *Hudson's Bay Company* gegründete Ort erst durch die Alaskastraße zum Leben wiedererweckt worden war. Von Fort Nelson strahlen eine Anzahl von ›Winterstraßen‹ nach Norden und Osten, in die unabsehbaren Ödnisse der Interior Plains, der Ebenen des Innern, hinein, die sich in immer weiterem Umfang als wahre Fundgruben an Erdöl und Erdgas erweisen. Winterstraßen – das sind Straßen, die zwar einigermaßen durch den Urwald gebahnt, in die Hänge geschnitten, mit Brücken versehen sind, die aber keinen festen Unterbau haben. Für den Unterbau sorgen die tiefen Temperaturen des Winters. Der steinhart und tief gefrorene Boden trägt selbst die schwersten Lasten. Gerade das ist es, was die Bautrupps der Erdöl- und Erdgas-Suchgesellschaften brauchen. Schon ist das Gebiet östlich der Rockies zwischen Liard River und Peace River von einem ganzen Geflecht solcher nur im Winter, dann aber selbst für allerschwerste Lasten befahrbaren Winterstraßen durchzogen, für das die Alaskastraße den ganzjährig befahrbaren Hauptstrang bildet.

Außerdem liegen an der Alaskastraße in B. C. eine Reihe von Orten und Landschaften, die schon heute in den Reiseführern vier Sterne tragen würden, wenn es nicht immerhin so beschwerlich wäre, sie durch den alles durchdringenden Staub der Alaskastraße zu erreichen. Die Gebiete um den Muncho Lake (*Muncho* ist indianisch und bedeutet ›sehr tief‹) sind von einer strengen, doch unvergeßlichen Schönheit. In Liard River, einem aufstrebenden Örtchen über dem Fluß gleichen Namens, warten starke, heilkräftige Quellen mit einer Temperatur von 45 Grad Celsius auf Erholungssuchende. Und an den schönsten Abschnitten der Straße – und deren sind mehr, als man glauben möchte – haben sich schon jetzt kleine Motels und Hotels etabliert, und die Zahl der Touristen, die fischen und jagen oder einfach die Wildnis, die Stille, die reine Luft, den Ausblick über wahrhaft unabsehbare Einsamkeiten genießen wollen, nimmt von Jahr zu Jahr zu.

Früher oder später also wird die Alaskastraße gepflastert werden, da sie als staubige Kiesstraße dem schnell sich verdichtenden Verkehr nicht gewachsen sein wird, eigentlich, möchte ich nach meinen Erfahrungen sagen, schon nicht mehr gewachsen ist. Die mammuthaften Schwerlaster des Militärs, der Erdöl- und Bergwerksgesellschaften donnern in vollem Karacho um die Kurven und in die Senken, spritzen und ziehen einen Hagelschwanz von großen Kieseln und kompakte Wolken von Staub hinter sich her. Armseligen kleinen Personenwagen (wie auch dem meinen) werden die Scheiben eingeworfen oder mehr als einmal angeknackst. In den Staub prallt man hinein wie in eine dicke gelbgraue Suppe und ist für eine halbe bis ganze Minute jeder Sicht beraubt. Wenn es irgend ging, und ich diese veritablen Schrecken der Alaskastraße an ihren hohen Wolken rechtzeitig vorausgesehen hatte, so fuhr ich lieber rechts heran – noch mehr! - und ließ die wildblickenden Burschen in den hohen Führerkanzeln respektvoll passieren. Manchmal nämlich überholen sie sich gegenseitig, diese Irrsinnigen, kümmern sich nicht um die erlaubte 50-Meilen-Geschwindigkeit und preschen durch den jede Sicht raubenden Staub des Vordermannes mit durchgetretenem Gashebel vorwärts. Es empfiehlt sich nicht, auf diese daherdonnernden und zeitweise erblindeten Ungetüme frontal aufzufahren – sie sind auf alle Fälle die Stärkeren!

Es hat wenig Sinn, die kleinen Weiler, die sich in weiten Abständen an der Straße sehr, sehr locker aufreihen, hier einzeln Revue passieren zu lassen; dazu unterscheiden sie sich zuwenig voneinander. Man wird auch ohne das glauben, daß der eine oder andere schon als Pelzhandelsplatz im vorigen Jahrhundert bestanden hat, daß ein paar sonstige die Namen von Trappern (Hyland River), amerikanischen Pionier-Offizieren (Johnson's Crossing; Jake's Corner) oder längst dahingeschwundenen Agenten der *Hudson's Bay Company* verewigen, so zum Beispiel Beatton River, McDonald Creek, Peterson Creek und andere. Auch tauchen indianische Namen noch hier und da auf, Sikanni Chief zum Beispiel, weil hier vor vielen Jahren die Beaver(Biber)-Indianer die Sikanni überfallen und in Mengen erschlagen haben, oder *Muskwa,* was ›Bär‹ bedeutet, weil es dort so viele Bären gab (und gibt), daß es selbst den Indianern auffiel.

Das Erlebnis der großen Entfernungen

Das ist alles bescheiden interessant, aber nicht wesentlich genug, um ausführlicher erzählt zu werden. Trotzdem aber wird die Alaskastraße jedem, der sie befahren hat (ich habe es schon dreimal unternommen und sehne mich nach dem vierten) unvergeßlich bleiben. Er wird sich des Staubes nicht mehr erinnern und nicht mehr der prasselnden Salven von Kieselsteinen, welche die Schwerlaster hinter sich ausspeien, auch nicht der tiefen Löcher in der Straße, des wie Schmierseife nachgebenden, losen Schotters, der in die Schutzbleche knattert wie das Gebell einer Maschinenpistole – all dies und manche Mißlichkeiten sonst werden zur Bedeutungslosigkeit vergehen. Unvergänglich aber bleibt das Erlebnis der großen Entfernung. Man fährt und fährt und fährt. Manchmal, vom hohen Rande eines weiten Urstromtals oder einer flachen Paßhöhe, sieht man die Straße sich in der Ferne über die Hügel schlängeln, in der Tiefe irgendwo verschwinden, dahinter seitab wieder auftauchen, ein dünner grauer Strich nur noch, und erst über dem allerfernsten Bergzug nadelspitzenfein verschwindend. Mit der Kamera kaum zu fassen, wird hier dem Fahrenden das Gefühl grenzenloser Weite, gar nicht einzufangender Distanz vermittelt, und nachts, wenn man auf der Straße weithin allein ist, kann dieser Eindruck fast unerträglich, in der Tat überwältigend werden. Wie verloren wir

Menschen auf dieser Erde sind, wie nicht einmal ameisenklein angesichts der kaum absehbaren Räume der unberührten Natur, wie sehr wir auch eigentlich Fremdkörper in ihr sind, unerwünschte, überflüssige und allzuoft zerstörerische, es ist mir kaum irgendwo sonst so unmittelbar deutlich geworden wie in den Tagen, in denen ich wieder einmal Meile für Meile der Alaskastraße unter mir in die Vergangenheit davongleiten ließ und immer noch weitere Meilen, Meilen, Meilen mich erwarteten.

Es war fast noch Nacht, als ich im Spätsommer 1970 von Norden her den großen Muncho Lake erreichte. Neben mir hatte sich der Trout River in seinem steinigen Bett den Weg zum Liard gesucht (Liard River – das klingt sehr englisch, ist aber wieder einmal das Denkmal für irgendeinen verschollenen frankokanadischen *Voyageur*, der dem Strom den Namen verliehen hat. *Liard* bedeutet Schwarzpappel im Französischen, eine Baumart, die an den Ufern des Flusses reichlich vertreten ist).

Als ich das langgestreckte Tal zwischen hohen, im Westen kahlen Bergen erreicht hatte – die Straße folgt dem Ostufer des Sees unter steilen Wänden –, herrschte auf meinem Ufer noch Dunkelheit. Ganz von fern sah ich zwei Glühpünktchen herannahen, dicht am schwarzen, von keinem leisesten Hauch bewegten Wasser, die Scheinwerfer eines Lastautos, wie sich eine Viertelstunde später herausstellte.

An einer scharfen Wende um eine Felsnase war die Straße erweitert, um einen Ausweich- und Rastplatz zu schaffen. Ich hielt an und stieg aus. Jenseits des Sees die kahlen Berge; sie flammten schon fahlgelb im Morgenlicht, ließen dadurch das Schattendunkel auf meiner Seite noch tiefer erscheinen. Der See – dies war kein See; es war eine riesige Masse aus blauschwarzem Glas – hellte sich vom jenseitigen Ufer her ganz langsam auf, wurde von tief orangefarbenen, türkisblauen und dann jadegrünen Lichtern überspielt. Wie verzaubert folgte ich dieser sanften, lautlosen Darbietung. Wer veranstaltete sie – und für wen? Auf alle Fälle nahm ich daran teil, empfand den harten und wohl auch abweisenden, unnahbaren Glanz dieser Stunde als ein mir gewährtes königliches Geschenk.

Nicht ich allein! Der Lastwagen hatte inzwischen hinter seinen zwei Leuchtaugen Gestalt angenommen, war auch auf den Rastplatz am völlig kahlen, steinigen Seeufer abgebogen und hatte seinen Fahrer

aus dem Führersitz entlassen, einen schweren, breitschultrigen Mann in unförmiger Wolljoppe.
»Hast du das gesehen, hast du das gesehen? Als wenn sie plötzlich einen Kübel von gelber Soße darüber ausgeleert und dann angesteckt hätten. Ich fahre diesen Abschnitt alle zehn Tage, aber so wild wie heute habe ich es noch nicht gehabt. Immer wieder was Neues, Sommer und Winter. Ich habe den See noch niemals sich selber gleich erlebt. Jedesmal ein neuer See! Wo kommst du denn her?«
Ich wies auf das Ontario-Nummernschild an meinem Auto: »Aus Toronto. Aber jetzt komme ich von Liard River. Habe da übernachtet. Gutes Hotel!«
»Ja, das stimmt – und nicht zu teuer! Und sieh dir das bloß wieder an!«
Er wies über den See. Die Sonnenstrahlen hatten nun die Berge bis zu ihrem Fuß aller Nacht entkleidet. Hinter ihnen waren die Wolken aufgebrochen. Vor reinstem Blau schimmerten die Gipfel. Das jenseitige Seeufer aber hatte sich in einen beinahe unerträglich blitzenden Kranz von weißen, flirrenden Lichtern verwandelt. Dort mochte ein Fallwind von den Bergen das Wasser getroffen haben und zersplitterte in tausend Wellchen das Morgenlicht zu gleißenden Spiegelungen. Das war so ohne jede Vorbereitung geschehen, daß wir beide, der riesige, unförmige Mann, der wie ein Eskimo in Zivil aussah, und ich – wie ich aussah, weiß ich nicht, wahrscheinlich verfroren –, wie gebannt über den nun sehr schnell sich erhellenden See hinblickten. Das Jadegrün hatte sich weithin ausgebreitet, verschwamm zu lila Tönen, zu veilchenfarbenen Schattierungen. Wir standen und starrten – und genossen staunend die unerschöpfliche Fülle dieser noch in kein Joch gespannten Natur. »Well«, sagte der Mann mit einer heiseren, grabestiefen Stimme. »I must be going. You can waste a lot of time at this kind of thing. So long, buddy!«*
Er hatte durchaus recht. Wir stiegen ein, legten den Finger an den Mützenrand und rollten fort, er nach Norden, ich nach Süden.

*) »Also, ich muß mich auf den Weg machen. Bei solchen Sachen kann man eine Menge Zeit vertrödeln. Mach's gut, Kumpel!«

Ein andermal kam ich, wieder in aller Herrgottsfrühe – ich hatte die Nacht durchfahren und war ziemlich müde –, von Süden herauf und bog über bewaldete Höhen in das Tal eines Flusses hinunter. Ich glaube, es war der Prophet River. Aber die vielen Namen und Flüsse, die man bei tausend Kilometern durch die Wildnis quert oder begleitet, geraten in der Erinnerung leicht durcheinander.
Es hatte über Nacht mehrmals geregnet, weshalb ich auch unverdrossen weiter und weiter gefahren war, denn die Feuchtigkeit band den Staub.
Ich hatte die Höhe überwunden und schwenkte in weiter Kurve in den Abstieg zum Tal hinunter. Wieder bescherte mir die Straße eine ihrer großartigen, beinahe theaterhaften Überraschungen. Der Wald blieb plötzlich rechts und links von mir zurück, und vor mir öffnete sich, so weit das Auge reichte, eine Geisterlandschaft: bis zum Fluß hinunter, der im Frühlicht, das schräg hinter mir heraufquoll, taubenblau aus der Tiefe blinkte, und weit darüber hinaus über Hänge und felsige Kuppen dicht an dicht die senkrechten, silbergrauen Stämme verbrannten Waldes! Das Feuer mußte vor Jahren gewütet haben, der Jungwuchs war schon beinahe mannshoch. Nicht eine einzige Fichte war lebendig geblieben. Die Zweige brennen ab und fallen zu Boden. Die verkohlte Borke findet an dem blanken, im Feuer getrockneten Kernholz keinen Halt mehr und blättert ebenfalls zu Boden. Stehen bleiben zu Zehn-, zu Hunderttausenden die leeren, schlanken Stämme, blankes Holz ohne Bast und Borke, das im Laufe der Jahre eine grausilberne Farbe annimmt. Wie eine Armee senkrecht in die Erde gepflanzter spitzer Speere, so bedeckt der tote Wald Täler, Hügel, Berge, ein wahrhaft gespenstischer, unwirklicher Anblick. Ein grelles, weißes Frühlicht – die Sonne hatte einen Nebeldunst zu durchdringen – fiel in diesen Geisterwald ein und ließ jede einzelne der unzähligen Silberlanzen mit kalter Deutlichkeit wie unter einem überstarken Vollmond glänzen. Im Himmel dahinter aber zog der nächste schwere Regenschauer heran mit blauschwarzen Riesenwolken und gelblichen Gewittertönungen in den helleren Rändern. Nie hatte ich dergleichen gesehen. Es war Tag und doch kein Tag; ich bin versucht zu sagen, es war eine Tagesnacht. Ich fuhr durch einen großen Wald – und war doch kein Wald mehr; abertausend Baumleichen drehten sich an mir vorbei, während ich fuhr und fuhr

und starrte; abertausend verzweifelte Speere, in die Erde gerammt nach verlorener Schlacht, das Gespenst des großen Waldes. Der Strom sprang ungerührt über die Felsblöcke in seinem Bett; er hatte nie aufgehört, sein Gurgellied zu singen, sang es eintönig weiter wie seit Ewigkeiten. Ich atmete erst wieder auf, als mich nach einer halben Stunde dieser trostlose Friedhof des Waldes in die Doppelparade der grünen, vor Leben und Gesundheit strotzenden Fichten entließ.

Vierzehn Tage später kam ich den gleichen Weg zurück, an einem warmen, sonnigen Sommernachmittag. Ich glaubte mir selber nicht mehr, so verändert fand ich die Landschaft da am Prophet River. Jetzt in goldenem Licht unter leuchtend blauem Himmel beherrschte das Grün des Jungwuchses – und wie es schimmerte und glänzte! – das ganze weite Tal. Die Stangen des verbrannten Waldes machten sich sehr harmlos und bescheiden in dem Gewoge von hellem Grün, betonten es nur mit ihrer Silbrigkeit. Nichts Geisterhaftes mehr weit und breit, nur die helle Luft und Frische unbändigen Wachstums, ein schönes und trostreiches Bild.

Was ich aber nicht vergessen kann, ist nicht der Anblick der grünen Lichtungen, sondern das geisterhafte Bild jenes grellen und zugleich düsteren Morgens, welcher mir beinahe schamlos das furchtbar zerstörte Antlitz des Waldes enthüllte.

Eines der schönsten und angenehmsten Hotels, die ich überhaupt im kanadischen Gebirge erlebt habe, steht am großen Liard River. Noch schlurft der sehr alte Mann darin umher, liest die Zeitung, redet mit diesem oder jenem ein paar Worte, der vor vielen Jahrzehnten, als von der Alaskastraße noch keine Rede war, hier am Liard als Trapper angefangen und gutes Geld gemacht hat, der dann die Zeit und die Möglichkeiten begriff, als die große Straße dicht an seinem alten Platz vorbeigeführt wurde und ein erstes, noch sehr bescheidenes Gasthaus errichtete.

Heute ist längst der Sohn an der Reihe, und aus dem Gasthaus ist ein erstaunliches Hotel geworden mit allem, was der müde Autowanderer nur wünschen kann, einem kühlen Trunk in einem dämmrigen Barraum, einem freundlichen Speisesaal mit guter Hausmannskost, einem reich ausgestatteten Proviant- und Kaufladen, einer Autowerkstatt, Tankstelle und einem Campingplatz. Die Gastzimmer zeigen sich üppig groß, sehr bequem. Dusche, Bad und sonstiges funktionieren, wie sie in Toronto nicht besser funktionieren könnten. Wer Betrieb und Leben liebt und nichts versäumen will, was auf der Alaska Road und an diesem viel benutzten Rastpunkt vorgeht, der kann ein Zimmer zur Straße bekommen, kann im Lehnstuhl sitzen und wie aus einem Logenplatz das geschäftige Wesen auf der großen Straße beobachten.

Wer das auf der Straße selbst schon zur Genüge getan hat, nimmt ein Zimmer zur Rückseite, an der man von der Straße nichts mehr hört oder sieht. Statt dessen blickt man von einem steilen, bewachsenen Hochufer, über dessen Kante sich das Hotel zweistöckig erhebt, auf den in der Tiefe breit und mächtig, wallend und wirbelnd vorbeiwandernden Liard hinunter, den großen Strom, der aus dem Yukon-Territorium kommt, zum Mackenzie strömt, nachdem er dem Nordosten British Columbias eine ausführliche Visite abgestattet hat.

Nichts, was nicht dazugehört, kein Draht, keine Straße, Brücke, stört den Blick über den Strom hinweg zu den Ufern gegenüber und den in blauer Ferne vergehenden Bergen und Hügeln und Hügeln und Bergen dahinter.

Da sitzt man dann an seinem breiten Panoramafenster oder steht – und hat die grenzenlose, unabsehbare Einöde, die königliche Wildnis sich zu Füßen bis an den fernen Horizont. Ich wüßte keinen, der da hinausblicken könnte, ohne daß ihm ein tiefer, unbewußter Seufzer die Brust dehnte. Soviel Glanz, Weite, Einsamkeit, strahlend fleckenlose Unendlichkeit. Es ist, als badete sich die Seele in dieser reinen, wunderbaren Stille.

Frisch und duftig weht der Wälderwind zu dir herein, dringt unbehindert durch das außen mit feiner Kupfergaze bespannte Fenster. Der Wind dringt ein und der herbe Geruch der Einöde, aber die Moskitos, die dir oft genug die Einöde verleiden, sie bleiben draußen! Ich lobe mir das *Hotel Liard River*.

»Wissen Sie«, sagt der alte Mann – er ist noch in Reutlingen geboren, ein Schwabe also, hat sein Deutsch fast ganz vergessen –, »wenn Sie mich fragen, ich sage allemal, daß der Winter hier am Liard schöner ist als der Sommer. Es wird dann sehr kalt hier. Wir haben minus vierzig und sogar manchmal minus fünfzig Grad, aber meistens bloß minus zwanzig. Es ist windstill, sehr trocken. Sie merken die Kälte kaum. Schnupfen und dergleichen gibt es nicht. Die Straße ist fest. Der Staub ist vergessen. Der Schnee auf dem groben Schotter macht eine vorzügliche Fahrbahn. Die Sonne scheint, und in den Nächten sorgen die bunten Nordlichter, die Sterne, der Mond dafür, daß es niemals wirklich dunkel wird. Wenn man sich auf die Kälte versteht, dann ist sie nicht feindlich, sondern in vieler Hinsicht ein besserer Helfer als die Wärme des Sommers. Und dann, wissen Sie, Mr. Johann, die Aussicht zum Beispiel aus Ihrem Zimmer No. 9 über den gefrorenen Fluß, der des Nachts das Eis krachen läßt, hinüber zu den verschneiten Wäldern und Bergen, diese Pracht, dies Geglitzer am Tag – und die Schneehelle des Nachts! Nein, ich sage immer, der Winter ist noch viel schöner hier als der Sommer. Und die Leute fangen schon an, es zu merken, und fahren auch im Winter hierher. Ich sage immer zu meinem Sohn: Paß auf, es kommt noch die Zeit, da werden im Winter mehr Leute hier sein und sich an der Alaskastraße erfreuen und unsere Zimmer mieten, als im Sommer!«

Ich glaubte es ihm gern, dem Alten aus Reutlingen, der vor vielen Jahrzehnten die Wildnis am Liard zu seiner zweiten Heimat erkor und sie nie wieder verlassen hat, diese Wildnis, die, wie er heute meint, »sehr gut zu ihm gewesen ist«.

Von Dawson Creek bis nach Prince George über den Pine Pass trägt die 97 den Namen John Hart Highway. Hudson's Hope und der Bennett-Damm bleiben abseits vom Wege liegen, aber das alte Fort McLeod, von Simon Fraser gegründet, liegt an der neuen, alten Straße, dem früheren Indianerpfad, über den schon vor Fraser Alexander Mackenzie 1793 gezogen ist, nach ihnen viele Klondike-Abenteurer, unter ihnen Hector Tremblay, ein Frankokanadier, der dann der erste Siedler und wahre Pionier des Peace-River-Gebietes wurde.

John Hart Highway heißt die Straße indessen nach einem Premierminister von British Columbia.

Südlich von Prince George stehen dann die Erinnerungen an die ›goldenen‹ Tage British Columbias überall an der 97 Spalier. Von

Am Pine-Paß, dem nördlichsten der Übergänge über die Rocky Mountains, zwischen Prince George und Dawson Creek

Prince George bis Cache Creek, wo sie sich für eine Weile mit dem Trans Canada ostwärts vereint, wird die Straße Cariboo Highway genannt, durchquert sie doch die ganze wilde Cariboo von Norden nach Süden und folgt im wesentlichen der ersten Wagenstraße, die im Innern von B. C. überhaupt gebaut wurde, der Straße den Fraser aufwärts in die Goldgebiete am Quesnel, Swift, Lightning, Big Valley und Willo River und ihren Nebenbächen, der Straße nach Barkerville.

Barkerville

In der sehr geschäftigen Sägemühlenstadt Quesnel – der blaue Dunst des verschwelenden Sägemehls und sonstiger Holzabfälle füllt bei Windstille das ganze weite Tal – biegt die Straße 27, die im Bowron Lake Park endet, von der 97 ab. Bald tauchen die ersten Zeugen der ›goldhaltigen‹ Vergangenheit auf am Rande der schmalen Straße durch die Wälder. Da steht, solide aus großen Stämmen gefügt und sicherlich noch in hundert Jahren ebenso zuverlässig brauchbar wie heute, Cottonwood House in einem weiten Wiesental, in das die Wälderberge hineinblicken. In den Zeiten der Stage Coaches, der Postkutschen zu den Goldbächen von Barkerville, war dies die letzte Station. Ein Mann namens J. Boyd hatte dies Rasthaus erbaut an der steinigen, schlammigen Straße nach Barkerville – sie ist auch heute noch nicht sehr gut, die No. 26. In diesem geräumigen Blockhaus hat manch ein müder Abenteurer und Goldgräber sein Haupt zur nächtlichen Ruhe gebettet. Die Männer verweilten hier gern, denn die Boydsche Küche war landauf und landab berühmt wegen der Schmackhaftigkeit und Deftigkeit des Essens, das aus ihr hervorging.
Boyd ist aber aus einem ganz anderen Grunde in die Geschichte der Cariboo eingegangen. Er hat nämlich von 1864 ab, von einem Jahr nach der Eröffnung seiner Herberge in der Wildnis, bis zu seinem Tode im Jahre 1909 mit großer Genauigkeit fortlaufend aufgezeich-

Der Moraine Lake im »Valley of the ten peaks«, dem »Tal der zehn Gipfel«

net, was sich in seinem Gasthof und in der weiteren Umgebung an Ereignissen jeder Art, an Trauerspielen und Lustspielen, zugetragen hat. Nicht weniger als 34 dicke Bände hat er im Laufe seiner 45 Jahre als Herr und Eigner von Cottonwood House vollgeschrieben. Diese Bände, deren Originale heute von der *Quesnel Historical Society* hoch in Ehren gehalten werden, bilden eine höchst zuverlässige und auch unerschöpfliche Fundgrube für das Geschehen jener wilden Jahre, in denen sonst kein Mensch Zeit hatte, daran zu denken, seine Eindrücke und Erlebnisse schwarz auf weiß festzuhalten. Er muß ein merkwürdiger Mann gewesen sein, dieser J. Boyd: über Tag ein Gastwirt im Urwald für stets wechselnde Gestalten von weiß Gott woher, finstere Burschen darunter, Phantasten, Glücksritter jeder Couleur oder auch einfach mit ihrem bisherigen Dasein unzufriedene Männer, grimmig entschlossen, nun hier mit einem Schlage ihr Glück zu machen. Des Nachts aber, wenn die letzten Betrunkenen endlich eingeschlafen waren, riegelte Boyd die Tür hinter sich zu, stellte seine Kerze auf den Tisch und zeichnete auf, was er am Tage gesehen und gehört hatte – und das mit einer Zuverlässigkeit, die jeden Schriftsteller, der ›auf Stimmung‹ wartet, beschämen müßte.
Elf Meilen weiter kommt man an dem Grabe von C. M. Blessing vorbei. Dieser brave Mann aus dem US-Staate Ohio ist dort begraben, wo er 1866 erschlagen aufgefunden worden ist – erschlagen und des Goldklumpens beraubt, den er gefunden hatte, eines Nuggets von erstaunlicher Größe. Dummerweise hatte er in seiner Freude den Schatz herumgezeigt und erklärt, der reiche ihm. Er kam nur 25 Meilen weit damit, dann sprang einer seiner ehemaligen Kameraden aus dem Busch und schoß ihn vom Pferd. Aber auch der Mörder kam nicht weit; er hatte sich durch sein plötzliches Verschwinden verdächtig gemacht, verstand es nicht, sich allein durch die wilden Wälder zu schlagen, wo ihn niemand gefunden hätte. Er zeigte sich wieder an der Straße, wurde in Cottonwood House aufgegriffen, wurde nach Barkerville vor den weit und breit gefürchteten Richter Matthew Baillie Begbie gebracht (der unter dem Spitznamen *the hanging judge,* der Hängerichter, in die Geschichte der Cariboo eingegangen ist), ohne viel Federlesens zum Tode durch den Strang verurteilt und auch auf der Stelle gehängt. Sein Name war James Barry.

Wieder zehn Meilen weiter gleiten die jämmerlichen Ruinen von Stanley van Winkle vorüber, in den Goldrauschtagen eine Stadt, in der es Tag und Nacht hoch her ging, leichte Mädchen in den dance halls ihre Beine warfen, über viele Bars Whisky, Gin und Brandy flossen und viele Hotels sich keineswegs ihrer unverschämten Preise schämten. Allein der Friedhof erzählt hier noch Geschichten. Hier liegt Harry Jones begraben, einer der ersten Pioniere, die hier Gold entdeckten, hier auch Captain John Evans, der die 26 walisischen Bergleute, bekannt unter dem Namen ›die walisischen Abenteurer‹, in die Wildnis geführt hatte – sie hatten allesamt Glück, fanden Gold und blieben im Lande. Die Gräber von 36 in Stanley van Winkle verstorbenen Chinesen liegen geöffnet da. Die Gebeine der Söhne des Himmels wurden alle nach angemessener Frist von den Angehörigen wieder ausgegraben und wohlverpackt nach China zurückgeschickt, um neben den Ruhestätten der Ahnen in chinesischer Erde begraben zu werden.

Wieder zehn Meilen weiter das noch lebendige und bewohnte Städtchen Wells, eine neue Stadt, erst 1933 entstanden, als Fred Wells als erster Gold nicht im Sand der Flußbetten, sondern im Gestein fand, einen goldführenden Saum im Kuhberg nahebei entdeckte.

Im übrigen nämlich haben weder die alten Prospektoren noch die neuen Geologen feststellen können, wo das viele Gold in den Wasserläufen der Cariboo bis zum unteren Fraser eigentlich herstammt. Es muß ja irgendwo im Hochgebirge gewaltige Ablagerungen goldhaltigen Gesteins geben, aus denen die Verwitterung oder strömendes Wasser das Gold befreite und in den Bächen und Flüssen talab spülte. Bisher aber ist diese *mother lode,* die Mutterschicht oder Mutterader, nicht gefunden worden – und vielleicht gibt es sie gar nicht mehr; die Jahrtausende haben sie vollständig abgebaut, verwittern lassen, haben das Gold aus dem Gestein befreit und mit den Schneeschmelzen fortgeschwemmt.

Wells verkaufte seinen Fund an Minengesellschaften und wurde ein reicher Mann. Das goldhaltige Gestein ist inzwischen abgebaut; es gibt keinen verwertbaren Goldquarz mehr. Die letzte Mine wurde vor wenigen Jahren geschlossen. Das Städtchen Wells aber blieb am Leben, denn inzwischen war das vier Meilen entfernte alte Barkerville wieder aufgebaut worden, um diese wichtigste der

Goldgräber-Siedlungen aus dem vorigen Jahrhundert der Nachwelt zu erhalten.
Die Touristen stellten sich bald ein, kamen und kommen immer zahlreicher, je weiter der ›Goldrausch in der wilden Cariboo‹ in die Vergangenheit zurücksinkt und damit zur Legende wird. Denn wir empfinden ja in dieser schnellebigen Zeit ein Ereignis, das vor hundert Jahren stattfand, im Grunde als genauso weit entrückt als andere, die vor tausend Jahren über die Bühne der Geschichte stolperten. Das Bewußtsein der zeitlichen Dimension ist uns besonders nach dem 2. Weltkrieg weithin verlorengegangen. Das gilt für jüngere Länder wie die USA oder Kanada in eher noch höherem Maße als für uns.
Barkerville trägt seinen Namen nach einem seinem Schiff entlaufenen Seemann namens Billy Barker. Das Goldfieber war in British Columbia nicht mehr abgeflaut, seit 1858 im unteren Fraser die ersten gelben Körnchen aus dem Sand gewaschen worden waren. Den Fraser aufwärts und hinein in all seine Nebenflüsse und Bäche bis in die entlegensten Quelladern drangen die bärtigen Männer vor, einzeln oder auch in Gruppen, ließen sich ihr dürftiges Gepäck von einem Esel oder Maultier oder Packpferd schleppen – das Wichtigste darin waren Hacke, Spaten und die blecherne Pfanne zum Waschen des Sandes –, begnügten sich mit Bohnen, Mehl und Speck als Proviant, den sie gelegentlich durch ein Stück Wild, das ihnen vor die Büchse lief, aufbesserten. So zogen sie von Tal zu Tal und wühlten in den Uferbänken und am Grunde der Bäche.
1862 waren schon an die 4000 Goldsucher in der weiten Cariboo unterwegs. Das Fieber ließ nicht nach, denn immer neue Funde wurden gemacht. Geringe Mengen von Gold waren eigentlich überall zu finden. Es kam nur darauf an, die ›Taschen‹ zu entdecken, in denen die Körnchen sich gestaut hatten.
Billy Barker war lange Zeit für die andern ein Gegenstand des Gelächters gewesen. Der Seemann paßte in die Wildnis wie die Faust aufs Auge, verstand nichts von Flüssen und Bächen, von Strömungen und Ablagerungen, von Gesteinen, Erdzeitaltern und Schichtfolgen. Er grub und probierte nur so herum und wurde langsam das Geld los, das er sich mühselig genug auf See zusammengespart hatte. Aber gerade ihm gelang *the big strike*, der große Schlag, nachdem insgesamt in der Cariboo bereits für etwa

zwei Millionen Dollar Gold gefunden worden war, für die Zeit vor hundert Jahren ein riesiger Betrag.
Am Williams Creek (nach Wilhelm Dietz so genannt, dem Deutschen, der anderswo und hier das erste Gold gefunden hatte, daran reich und wieder arm geworden war) hatte weit unterhalb der ursprünglichen Fundstelle der verrückte Seemann zu graben begonnen, hatte sich dazu einen Platz abseits vom Wasserlauf gesucht – dort war es ihm nicht so naß. Mochten die anderen lachen; er grub und grub und war schon 17 Meter tief in die Erde gedrungen, ohne etwas anderes zu finden als Sand und Geröll. Weiter oberhalb am Bach hatte das Gold viel flacher gelegen. Billy Barker hatte eben keine Ahnung, schuftete sich zuschanden und fand nie auch nur das kleinste Korn.
Aber Billy hatte jenes sagenhafte Glück, von dem die allermeisten nur träumten. *He struck it rich,* wie man dort sagte, er ›traf es reich‹. Am 21. August 1862 stolperte er, lehmbeschmiert, naß, dreckig, aber in glänzender Laune, in die nächste Kneipe – man brauchte nicht lange zu suchen nach ihnen dort und damals –, lud alle Welt zum Saufen ein und zahlte mit purem Gold, ohne es sehr genau mit dem Abwiegen zu nehmen. Gefeiert wurde gleich ein paar Tage lang. Denn das Gold unter der Erde würde auch das Dutzend anderer Glücksritter reich machen, daran zweifelte niemand, und ihnen ihr Schäfchen ins trockene bringen, ehe der nun unvermeidlich gewordene Ansturm der Späteren und Zuspätkommenden einsetzte.
Und Billy saß auf dem Tisch und sang:

I'm English Bill,
Never worked, an' never will.
Get away, girls,
Or I'll tousle your curls.
(Ich bin Englisch-Bill,
hab' niemals gearbeitet und werd's auch nicht tun.
Macht euch davon, Mädchen,
oder ich werd' euch die Locken zausen.)

Barkers Platz hat noch im gleichen Jahr 600 000 Dollar erbracht, wovon der vergnügte, sauf- und sangeslustige Seemann den Löwenanteil erhielt. Er fuhr im nächsten Winter nach Victoria und lachte sich dort eine Londoner Witwe namens Elizabeth Collyer an,

die er dann in die Cariboo in die mit Windeseile um seinen Claim aufschießende Stadt Barkerville mitnahm als seine Ehefrau.
Das hätte er nicht tun sollen, denn Billy Barker hatte die schönsten O-Beine der Welt, war schon 42 Jahre alt, und einen Kavalier konnte man ihn keinesfalls nennen. Es gab aber viele sehr ansehnliche, junge und propere Männer in Barkerville, jedoch so gut wie keine Frauen, wenige Mädchen – und die muntere Witwe Elizabeth war hübsch.
Barker hatte also den einzigen Vorzug einzusetzen, über den er verfügte: sein Gold und Geld. Aber das nutzte schließlich auch nichts mehr, und Englisch-Bill Barker fing aus Verzweiflung noch härter an zu trinken, als er's schon ohnehin gewöhnt gewesen war. Man glaubt gar nicht, wie schnell bei solcher Sorte von dolce vita die Dollars sich verflüchtigen. Als sie alle in Whisky aufgelöst, an die Kumpane verschwendet oder der Elizabeth als Juwelen um den Hals gehängt waren, schwanden Glück und Herrlichkeit dahin. Elizabeth war eines Morgens nicht mehr da und kehrte niemals wieder. Das Schäfchen, das Barker bei sich im trockenen gehabt hatte, stand nun bei ihr im Stalle. Das Gold in der Tiefe war ausgeschöpft, und neues ließ sich nicht finden, obgleich anderen immer noch reiche Funde gelangen.
Barker verdiente sich schließlich kümmerlich seinen Unterhalt als Koch in einem Straßenbau-Camp der Regierung. Ein Ausschlag an seiner Unterlippe wollte nicht heilen. Als Koch konnte er, so gezeichnet, nicht mehr arbeiten. Irgendwie driftete er zurück nach Victoria, wo er Jahre zuvor seinem Kapitän entsprungen war, und ist dort am 11. Juli 1894 als gebrochener Mann im Armenhaus an Krebs gestorben. Es ist ihm also nicht besser ergangen als dem anderen großen Goldfinder der Cariboo, Wilhelm Dietz, *Dutch Bill,* dem ›Deutschen Willy‹.
Barkerville florierte bis gegen das Ende des vorigen Jahrhunderts und sank dann langsam der Vergessenheit anheim. Alle Sände, die von einzelnen Goldgräbern gewaschen werden konnten, waren ausgeschwemmt.
Ende der fünfziger Jahre besann man sich in Victoria darauf, daß die schnelle Aufschließung British Columbias den Abenteurern und Goldsuchern zu verdanken war, die Fluß für Fluß und Bach für Bach erkundet und ein weitverzweigtes Netz von Wildnispfaden,

erste Siedlungen, ja Städte aus dem völligen Nichts hatten entstehen lassen – nicht anders, als es einige Jahrzehnte früher weiter im Süden, in California, geschehen war.
Um diese Vergangenheit zu ehren, wurde beschlossen, das schon von jedermann verlassene Barkerville wieder aufzubauen oder wiederherzurichten, wie es in seiner goldenen Zeit, von 1865 bis 1885, ausgesehen hatte.
Die Restauration war 1975 so gut wie vollendet. Die Touristen bringen nun das Gold und Geld, das die Goldgräber hinausgetragen haben, langsam wieder nach Barkerville und Wells zurück. Man kann den Schacht der Barker-Mine bestaunen, die schmalbrüstige Kirche des ›Heiligen Heilands‹, das Büro des *Gold Commissioner*, die Kneipen, die Kaufläden, die Barbierstube von Moses, einem Chinamann, Richter Begbies Amtsstube, in der manch ein Übeltäter verurteilt worden ist, ›am Hals aufgehängt‹ zu werden, die Spielhölle der Chinesen, die hier reichlich vertreten waren und alle wohlhabend wurden, ohne nach Gold zu graben – und natürlich ist neben vielem anderen auch das Théâtre Royal wieder im Gange, und die Mädchenbeine fliegen – nicht mehr für bärtige Miner, sondern für die Touristen.
Das Ganze ist ein wenig gespenstisch und schmeckt leise nach Panoptikum – aber vielleicht nur für den Europäer. Die Amerikaner leihen sich für fünfzig Cents eine Blechpfanne und fangen noch einmal an, den Sand am Williams Creek auszuwaschen, sehr eifrig und ernst und ganz konzentriert. Ab und zu wird ein Körnchen gefunden. Das wandert mit nach Chikago oder St. Louis – und fortab kann man sagen: »Auch ich habe Gold gewaschen!«

Weiter auf der 97 nach Süden. Williams Lake zieht vorbei, von wo die 20 nach Bella Coola führt über viele staubige Kilometer. Williams Lake – Williams Creek – es ist beidemal derselbe William, nämlich Wilhelm Dietz, Dutch Bill.
Südlich davon tragen die Städtchen die Namen der Postkutschenstationen an der alten Cariboo-Straße: 100-Meilen-Haus, 70-Meilen-Haus, 59-Meilen-Haus.
In Cache Creek vereinigt sich die 97 mit dem Trans Canada Highway (No. 1) und trennt sich erst östlich von Kamloops wieder von der großen transkanadischen Magistrale.

Das Okanagan-Tal

In Monte Creek, 17 Meilen hinter Kamloops, zweigt sie entschlossen nach Süden ab und strebt durch ein schönes, fast anmutig zu nennendes Gartenland der Stadt Vernon zu. Mit Vernon hat die Straße dann eine der wesentlichsten und am dichtesten besiedelten Landschaften British Columbias erreicht, das Okanagan-Tal. Das Tal des endlos langgestreckten Sees, durch den der Okanagan nach Süden fließt, und weiter durch den kleineren Skaha Lake und Osoyoos Lake über die Grenze ins Amerikanische, um schließlich in den Columbia zu münden (die Amerikaner nennen den Fluß merkwürdigerweise Okan*o*gan); dies prangende Tal gehört eigentlich zum *Dry Belt,* dem Trockengürtel in der Mitte des südlichen B. C. Künstliche Bewässerung hat es in ein Paradies verwandelt – und das warme, klare Wasser der vielen Seen zu einem immer stärker werdenden Magneten für den Tourismus.

Das Okanagan-Tal bildet die letzte der Landschaften British Columbias, die ich zu skizzieren habe. Ich will sie Gestalt gewinnen lassen, indem ich erzähle, wie ich selbst das Bergland Kanadas in seinen Westprovinzen Alberta und British Columbia, den fernen kanadischen Westen im Okanagan-Tal zum erstenmal intim kennen- und liebenlernte. Dabei wird man merken – falls der liebe Leser es nicht schon gemerkt haben sollte –, daß dieses Buch mehr oder weniger als eine Liebeserklärung an die Gebirge Kanadas im fernen Westen aufzufassen ist.

Es war im Jahre 1927. Als junger Sonderberichterstatter der ›Tante Voss‹, der *Vossischen Zeitung,* der damals ältesten und angesehensten Tageszeitung Deutschlands in Berlin, war ich nach Kanada geschickt worden, um ›an der Front‹ festzustellen, ob und wie die damals sehr zahlreichen deutschen Auswanderer in dem noch recht unbekannten Lande vorankamen, wie sie behandelt wurden und ob man in Deutschland von Staats wegen etwas unternehmen müßte, die Auswanderer vor ihrer Abreise zu beraten, um die vielen Tragödien in der Ferne – von denen zahlreiche, aber unverbürgte Versionen kursierten – schon im voraus abzufangen.

Ich hatte selbstverständlich auf der Stelle beschlossen, nicht bloß umherzufahren und ›mich zu erkundigen‹. Wenn ich meinen Auftrag so ernst nahm, wie er genommen werden mußte – handelte

es sich doch um Hunderttausende von menschlichen Schicksalen –, so mußte ich eben auch selbst im Zwischendeck wie alle die anderen ›auswandern‹, wie die allermeisten mit zwanzig Dollar in der Tasche im fernen Westen eintreffen und zusehen, ob es mir dann selber gelingen würde, nicht nur eben meinen Unterhalt zu verdienen, sondern auch schon etwas vorwärtszukommen. Und es verstand sich weiter von selbst, daß der Verlag mir kein Gehalt und kein Honorar für meine (dann reichlich in der *Voß* erscheinenden) Aufsätze nachsenden durfte. Mein Krieg auf kanadischem Boden hatte sich selber zu ernähren.
Ich habe mich streng an diesen Grundsatz, mit dem der Chefredakteur Georg Bernhard höchst einverstanden war, gehalten, habe also völlig echt berichten können, was es mit dem Auswandern nach Kanada auf sich hatte.

Südlich von Edmonton in der Provinz Alberta hatte ich als Farmarbeiter auf einer der großen Gemischtfarmen dieser Gegend ein ziemlich saures Brot verdient. Der Lohn belief sich auf fünfzig Dollar im Monat und freie Station – für damalige Zeiten war das nicht schlecht, denn der Dollar war noch etwas wert, und man konnte sich auf seine Kaufkraft verlassen.
Die Arbeit auf dem Hofe, den Feldern und in den Ställen hatte sich hart, pausenlos und dreckig angelassen. Das hätte mich nicht sehr betrübt – aber der Boß, weiß der liebe Himmel, nein, der Boß war nicht mein Fall, der gefiel mir gar nicht. Der Boß war ein Schotte, ein Mann von wenigen Worten. Ich glaube, es ist ihm nicht einmal im Traum in den Sinn gekommen, irgendwem ein freundliches oder anerkennendes Wort zu gönnen – seine Leute hätten dann unter Umständen auf die ausgefallene Idee kommen können, der gute, alte Pat McCloskey wäre auch nur eine Minute lang mit ihrer Leistung zufrieden gewesen.
Well, ich habe schon damals nichts dagegen gehabt, so hart und auch so schnell zu arbeiten, wie es mir irgend gegeben war – es gibt so verrückte Leute, und ich gehöre dazu. Aber ab und zu wenigstens brauche ich ein wenig Anerkennung, meinetwegen nur stillschweigende. Und wenn ich sie nicht kriege, so kann von mir aus der Arbeitgeber einen Strick nehmen und sich aufhängen.
 Nachdem ich mich acht Wochen lang angestrengt bemüht hatte,

Pats Zustimmung zu gewinnen, schmiß ich die Forke hin und forderte Pat auf, mir meinen Lohnscheck auszuschreiben. Ich hatte dabei sehr deutlich gemacht, daß ich mich weder in Kanada noch sonstwo wie ein Stück Maschinerie behandeln lasse; dafür wären Lohn, Essen und Unterkunft längst nicht gut genug. Pat zeigte sich noch stärker überrascht von solchen Gefühlen als ich selbst. Er überwand sich sogar soweit, zu erklären, daß ich meine Pflicht und Schuldigkeit ganz leidlich verrichtet hätte und daß ich bei zehn Dollar mehr im Monat dableiben könnte, wenn es mir recht wäre. Es war mir nicht recht. Denn ich begriff sofort, daß er mir den höheren Lohn schon längst hätte zahlen müssen. Er hatte mich für zu furchtsam gehalten, danach zu fragen.

Pat war so wütend über meine Halsstarrigkeit und die Ablehnung seines Angebots, das sich in seinen Augen sicherlich höchst großzügig ausnahm, daß er mir den Scheck ausstellte, kein Wort mehr mit mir redete, also mir auch nicht anbot, mich, wie es üblich war, mit meinem Gepäck zur nächsten Bahnstation zu fahren, dem schläfrigen und damals noch sehr staubigen Städtchen Wetaskiwin. So schulterte ich also früh am nächsten Morgen ungefrühstückt mein mageres Bündel – von Farmarbeitern mit Autos im Stil von heute war 1927 noch keine Rede – und nahm die erste der zehn Meilen nach Wetaskiwin unter meine nägelbewehrten Sohlen – frei wie ein Vogel in der Luft und vergnügt wie die Grillen im Gras am Straßenrand, die gerade damit begannen, den Tag einzuzirpen. Die Sonne war schon ein gutes Stück in den Himmel geklettert, in dem die großen weißen Juni-Wolken noch nicht erschienen waren – ein herrlicher Tag!

Eine keineswegs nutzlose, wenn auch ein bißchen lächerliche Episode lag hinter mir. Mir knisterten fünfzig ehrlich verdiente Dollars in der Tasche meines Overalls. Zweihundert mehr hatte ich in der *Bank of Commerce* in Wetaskiwin schon auf der hohen Kante liegen. Die Zukunft, neue Erfahrungen, erwünschte Abenteuer warteten auf mich hinter dem strahlenden Horizont. Ganz gewiß! Ich zweifelte keinen Augenblick daran, war noch ein Greenhorn und jung!

Hat irgendwer je versucht zu erklären, warum West die Richtung der guten Erwartungen ist, warum der weiße Mann allezeit westwärts geblickt und gestrebt hat? Heutzutage ist man nun am

Ende des Westens angelangt, fühlt sich blockiert und wendet sich voller Ärger und Benommenheit nach innen.
Ich hatte mich langsam westwärts durch Kanada gearbeitet, von Ontario nach Manitoba, über die Saskatchewan-Prärie nach Alberta ins Buschland weiter im Norden. Ich hatte viel über die hohen Gebirge Albertas und British Columbias gehört. An jenem sonnigen Morgen, der mich nach Wetaskiwin wandern sah, wußte ich also, ohne daß ich darüber erst nachzudenken brauchte, daß ich auf dem Wege nach B. C. war; ›B. C.‹ – so nannten die Leute das Land im Westen, eben British Columbia.
Der ewig saure und mürrische Schotte, Mr. Patrick McCloskey, hatte gerade noch gefehlt, mir den Spaß an der Prärie gründlich zu vergällen. Ich war nun drauf und dran, wirkliches Hochgebirge zu erleben – zum erstenmal in meinem Dasein! –, um festzustellen, was hinter den Bergen zu entdecken sein mochte. In den Obstgebieten des Okanagan-Tals, dort sollte immer Arbeit zu finden sein, hatte ich mir vorsorglich sagen lassen. Von meinem bis dahin ersparten Geld wollte ich so wenig wie möglich anwenden. In jenen Tagen hegte ich noch die beglückende Überzeugung, daß man nur seine Dollars zusammenzuhalten hat, um schließlich und unvermeidbar als Millionär seine Tage zu beschließen. Immerhin fühlte ich mich meiner Sache schon so sicher, daß ich beschloß, die Reise nach B. C. in vornehmem Stil anzutreten, das heißt per Eisenbahn mit bezahlter Fahrkarte, und nicht einem Güterzug aufzulauern, aufzuspringen und auf den Puffern das Land zu durcheilen – wie es damals in Amerika noch weithin üblich war und wie ich es auch schon verschiedentlich zum Spaß und aus Sparsamkeit praktiziert hatte.

Meine erste Nacht unterwegs, nachdem ich in Calgary nach Westen umgestiegen war, war klar und hell. Ein noch nicht ganz voller Mond stand im Himmel. Der Zug hatte Calgary nach Sonnenuntergang verlassen. Die *Daycoach,* der Tageswagen, war so gut wie leer. Schlafwagen hatte ich mir nicht erlaubt. Wozu auch! Ich würde sowieso nicht viel schlafen. Ich hatte mir eine Zeitung gekauft, nachdem ich bei einem Chinaman während des Aufenthaltes mein bescheidenes Abendessen eingenommen hatte. Die Zeitung schlug ich nun auf, um – wie ich's erwartet hatte – festzustellen, daß die

Welt noch da war, sich aber nicht im mindesten um meine Existenz oder mein Wohlbefinden Gedanken machte, daß ich nicht davon träumen konnte, den Gang der Ereignisse im mindesten zu beeinflussen und daß es sich deshalb empfahl, sich auf nichts und niemand zu verlassen. Das war mir schon damals, der ich aus dem östlichen Deutschland kam und mit Eltern und Geschwistern nach dem Ersten Weltkrieg daraus verjagt worden war, nichts Neues mehr. Ich faltete also die Zeitung wieder zusammen, legte sie neben mich auf den leeren Sitz und richtete meine Augen durch das Fenster in die hereinbrechende Nacht – und im gleichen Augenblick veränderte sich meine Welt entscheidend und wurde niemals mehr, was sie vorher gewesen war.

Der letzte Nachglanz der Sonne erhellte noch den westlichen Himmel. Gegen diesen Hintergrund von zartgoldener und rötlicher Tönung standen sie wie aus sehr dunklem, veilchenblauen Glas, scheinbar ein wenig durchsichtig, sie, die Berge, die Rocky Mountains, nur ihre Schattenrisse – zeichneten sich dort in den späten Himmel mit jenem unirdischen tiefen Blau, das ich niemals vergessen werde – und das ich seither viele Male erlebt und in mich aufgenommen habe.

Ich hatte bis dahin Berge nur in Bildern gesehen. Ihre Wirklichkeit offenbarte sich mir im Nachtzug nach Vancouver zum erstenmal. Aber alle Abbildungen, die ich in den Jahren zuvor betrachtet haben mochte, hatten mich auf den Anblick dieser wilden Barrikade von hochgetürmten Schollen der Kruste unserer Mutter Erde, von ungeheurem Druck aufgerichtet in wahrhaft bestürzender Regellosigkeit, als wären es Kanten des Schorfes über den Wunden und Narben im Leibe unseres Planeten, nein, alles, was ich je gesehen, hatte mich nicht auf das vorbereitet, was sich nun meinen Blicken darbot.

Benommen, fast beklommen, hockte ich in dem mit großer Geschwindigkeit den Bergen zustrebenden Zuge und starrte die wunderbare Erscheinung an. Unmerklich hob sich die gezackte Silhouette aus dunklem Glas höher und höher in einen Himmel, in dem die Purpurtöne schon vergangen waren. Für eine Weile zeigte sich noch ein seltsam grünliches, blasses Licht hinter den Umrissen des Gebirges. Dann versickerte auch dies. Weit und breit dehnte sich das samtige Schwarz einer vollkommenen Sommernacht.

Doch gingen die Konturen des Gebirges in der warmen Dunkelheit nicht völlig verloren. Sie blieben sichtbar, wurden sogar immer deutlicher. Was nur ein Schattenbild gewesen war, verwandelte sich allmählich in grobe Wälle aus Fels. Der Zug donnerte diesen Wällen entgegen, als sei er entschlossen, sie zu rammen. Doch entdeckte er dann einen schmalen Durchlaß in der Versammlung von ragenden Spitzen, jähen Hängen und sperrenden Wänden. Plötzlich waren die leicht gewellten Ebenen der Prärie im Osten hinter mir verschwunden und vergessen, als gäbe es sie gar nicht. Ungeheure, schattenhafte Bergeshänge hatten den nächtlichen Himmel erobert; tiefschwarz hoben sie sich gegen das lichtere Firmament mit seinem Sterngeglitzer ab. Der Zug rollte ungerührt dahin. Ein schäumender Bach oder Fluß glitt zuweilen unter den eisernen Rädern fort, über klobige Steine und entwurzelte Bäume. Der Mond war höher gestiegen. Seine Strahlen erreichten die taumelnden Wasser manchmal und entlockten ihnen für Sekunden silbriges Gefunkel.
Und häufig ereignete es sich auch, daß der Mond eine schneeige Bergspitze mit seinem Licht voll erfaßte und sie wie ein kostbares, helles Juwel in den warmen Schattensamt der Nacht hineinbettete. Noch nie in meinem Leben hatte ich so Wunderbares und Unvergleichliches erlebt. Das waren sie also, die hohen Gebirge des Westens. Schon damals wurde mir bewußt, daß es irgendwie um mich geschehen war. Es würde wohl nie etwas Schöneres mehr für mich geben als ein Land hoher Gebirge, tiefer Täler, schäumender, smaragdgrüner Bäche, Flüsse und Ströme.
Ich wußte dabei natürlich, daß der Ostabhang der Rockies zu dem Gebiet der Provinz Alberta gerechnet wird. Alberta aber ist im weit überwiegenden Teil ein Land endloser Buschwälder, flacher Prärien, unabsehbarer Ebenen – und unfreundlicher McCloskeys. Nein, diese unerhörte Landschaft von steilen Felsenbügen, Graten und abgründigen Kluften und Schluchten mußte zu einem völlig anderen Land gehören. Das konnte nur British Columbia sein.
Ich weiß nicht mehr, ob ich in jener ersten Nacht, die ich auf dem Boden British Columbias verbrachte, überhaupt zum Schlafen gekommen bin. Viel kann es nicht gewesen sein. Gegen Morgen hatte ich in Sicamous umzusteigen. Ich hatte mir auf gut Glück eine Fahrkarte nach Vernon gelöst. Irgendwer – ich erinnere mich nicht mehr daran, wann und wo – hatte mir versichert, daß ich in Vernon

im Norden des Okanagan-Tals nicht lange würde nach Arbeit zu suchen brauchen. Als also der Mann hinter dem Schalterfenster in Wetaskiwin mich fragend angesehen hatte, war Vernon der einzige Platz in B. C. gewesen, den ich ihm als Ziel meiner Reise angeben konnte. In Vernon also schloß ich mit B. C. erstmals nähere Bekanntschaft, und habe bis heute keinen Grund entdecken können, dies zu bedauern.

Jener erste Morgen in Sicamous –, welch ein Morgen! Kühl und frisch die Luft von den Bergen, üppig das Grün über dem kristallklaren Wasser des Sees, ein leuchtendblauer Himmel von so reinem Blau, daß man erst bei seinem Anblick begriff, wie wunderbar blau Blau eigentlich sein kann. Noch heute spüre ich, wie jener helle Morgen auf dem Bahnsteig von Sicamous dicht über dem See mich nach der verwachten Nacht wie ein Bad erfrischte.

Noch am gleichen Nachmittag fand ich in Vernon einen Raum, zum Schlafen und meinen Koffer auszupacken. Ich hatte natürlich eine sehr bescheidene Unterkunft ausgewählt; sie lag über dem Speiseraum eines Chinesen, der zugleich der Eigentümer des ganzen Hauses war und einige sogenannte Zimmer vermietete. Sie enthielten kein weiteres Mobiliar als ein schrecklich quietschendes zweischläfriges Bett aus Eisen, einen wackligen Tisch und einen morschen Stuhl. Im übrigen waren einige kräftige Nägel in die Wände geschlagen – an Stelle eines Schrankes –, an denen man seine Jacken und Hosen – und auch sich selbst aufhängen konnte, sollte das als wünschenswert erscheinen. Die Nägel hätten es ausgehalten.

Mir war noch nicht danach zumute. Ich hängte meinen Rasierspiegel auf, ein Bildchen aus meiner Heimatstadt, meine Sonntags- und meine Alltagshosen, alles in einer Reihe, wischte den Staub vom Fensterbrett, säuberte obenhin mit einem Bausch nasser Zeitung den elenden Tisch – und war eingerichtet. Zu meinem Erstaunen entdeckte ich auf dem Flur sogar eine Dusche zwischen blechernen, schon leicht angerosteten Wänden und versuchte sie auch gleich. Die Dusche tat ihr Bestes. Das war nicht viel, aber besser als gar keine Dusche. Sehr befriedigt begab ich mich zu meinem Wirt, Herrn Lim Yü-to, und bestellte bei dem ewig lächelnden Sohn des Himmels mein Abendessen. Es war nicht schlecht, wenn es auch nicht sehr elegant serviert wurde. Ich saß noch eine Weile herum und sah mir die anderen Männer an, die da kamen und ihr

Nachtmahl bestellten. Sie schienen allesamt gute Arbeit zu haben.
Ich spürte die Nacht in den Knochen, die sich nicht hatten ausstrecken können, verfügte mich bald in mein Eisenbett, das bei jeder leisesten Bewegung stöhnte und quiekte wie die Verdammten in der Hölle und schlief tief und traumlos.
Im letzten Augenblick indessen hatte ich noch den Entschluß gefaßt, mich am kommenden Morgen sofort auf die Suche nach Arbeit zu machen, Arbeit im Freien mußte es sein, denn der Himmel, die Luft und die Berge rings um das weite Tal am großen See, sie hatten mich in einen angenehmen und belebenden Rausch versetzt. Ich würde nicht genug davon bekommen können. Das ist bis heute so geblieben.

Die heiße Luft, die das tief eingeschnittene, Canyon-gleiche Tal erfüllte, war wie ein Meer aus Glut und Feuer; sie bewegte sich nicht, war fast flüssig schwer. Die nackten, senkrechten Wände, welche die ›Hölle der japanischen Tomaten‹ – diesen Namen hatte ich dem Tal verliehen – flankierten, spiegelten die Strahlen der gnadenlosen Sonne auf den Boden der Schlucht hinunter. Die braune Erde wurde dann so heiß, daß man sie nicht mit der nackten Haut berühren konnte.
Wo aber dieser Wüstengrund bewässert wurde, da ließ er alles nur Denkbare wachsen, besonders aber Pflanzen, die trockene Hitze lieben – Tomaten zum Beispiel.
Wer aber hat Lust, in solcher Glut Bewässerungsgräben auszuheben? Wer ist geneigt, die flacheren Hänge zu planieren und an den steileren Terrassen anzulegen? Damit die Felder gepflügt und Reihe um Reihe der kleinen Setzlinge in sie gesenkt werden können mit dunkelgrünen, kratzigpelzigen Blättern? Wer hat Lust, ständig bergauf und -ab zu steigen und danach zu sehen, daß jede Furche ihren gerechten Anteil an der Bewässerung empfängt, von da oben her aus dem Hauptkanal, der die Felder alle an ihrem obersten Rand umsäumt? Wer hat – um alles in der Welt – Spaß daran, die Felder unter der sengenden Sonne von Unkraut freizuhalten? Wer ist schließlich bereit, die Früchte zu pflücken, wenn sie noch im wesentlichen grün sind, jedoch um den Stengelansatz schon einen ersten Schimmer von Rot zeigen? Und all dies in einem engen, abgeschlossenen Bergtal zu verrichten, wo die Mittagshitze den

Menschen umklammert, als wollte sie ihn erst ersticken und dann rösten!

Wer?

Leute mit weißer Haut sagen gewöhnlich: Raus hier, nichts wie raus! Aber die unverwüstlichen und unvermeidlichen Chinesen oder Japaner, sie mucksen nicht; sie nehmen den Handschuh auf, den die Natur dem Menschen hier vor die Füße wirft.

Das tote braune Tal beginnt, sich in Grün zu kleiden, trägt nach zwei, drei Jahren reiche Frucht, die sich in klingende Münze verwandelt und als solche in die Tasche der Kinder des Fernen Ostens zurückkehrt.

In meinem speziellen Fall waren es Mr. Younosuke Takamata und seine winzige, tatsächlich aber äußerst zähe bessere Hälfte, die dieses Tal in der Nähe von Vernon in einen erstaunlichen Garten umgezaubert hatten, eine große Plantage, in welcher Tausende von Tomatenpflanzen unter der nie erlahmenden Pflege der Familie Takamata prächtig gediehen, wo nun Hunderttausende von Früchten zu reifen begannen. Die Früchte mußten rechtzeitig und sorgfältig gepflückt werden, um die lange Reise zu den Märkten unversehrt zu überstehen und dort gerade voll gerötet anzukommen.

Die Takamatas hatten in dieser Zeit – sicherlich sehr gegen ihren Wunsch und Willen – fremde Hilfe anzuheuern, und natürlich, da es sich um sehr harte Arbeit handelte, mußte die Arbeit auf Akkord geleistet werden. Im Akkord entlarven sich Faulenzer schnell. Takamata bezahlte nur bewiesene Leistung, was wiederum ich, wenn auch schwitzend, durchaus recht und billig fand.

Für jede Kiste frisch gepflückter Tomaten, die man am Hauptweg durch die Pflanzung ablieferte, erhielt der Pflücker ein kleines Kupferplättchen. Am Ende der Woche tauschte Mrs. Takamata diese Plättchen gegen einen Barscheck um, den man in der Stadt bei der *Royal Bank of Canada* einlösen konnte – ein einfaches und verläßliches System, nach dem sich jeder Pflücker jederzeit selber ausrechnen konnte, wieviel er schon verdient hatte.

Am Lake Louise, der von prachtvollen Gletschern umrahmt wird,
liegt eines der berühmtesten Hotels der Welt

Außerdem übte das System eine höchst anfeuernde Wirkung aus. Wenn ich mitansehen mußte, daß die Kistenstapel anderer Pflücker schneller wuchsen als mein eigener, so wurde ich sehr nervös. Ich vergaß dann die Hitze, die Sonne, den Staub und auch die scheußliche grüne Kruste, die mir die Hände, Unterarme, Schienbeine, Knie und sogar die Oberschenkel bedeckte. Der klebrige Pelz aus feinsten Haaren, mit dem sich die Blätter der Tomatenpflanze gegen die Sonne schützen, löst sich schon bei leichter Berührung ab, dringt durch die Hosen, haftet wie angeleimt an der Haut und ist nur schwer zu entfernen.
Doch das interessierte mich nicht mehr, ich sah nicht mehr rechts und nicht links und richtete all meine Aufmerksamkeit darauf, nur die Früchte zu pflücken, die sich um den Stengelansatz schon ein wenig röteten, zugleich aber keine solche Frucht in der Vorreife zu übersehen. Wenn die Früchte zu rot werden, können sie nicht mehr verschickt werden und müssen verkommen.
Ab und zu wie aus dem Nichts tauchte die unermüdliche Mrs. Takamata auf, ging hinter dem Pflücker die Reihen ab, um zu kontrollieren, ob er gerade errötende Früchte zu pflücken versäumt hatte, Früchte also, die am Stamme weiterreifen und unverwertbar werden würden. Oft genug hörte ich die durchdringende Stimme der kleinen, aber hartgekochten Person über die Hänge hallen in der wabernden Hitze, wenn sie irgendeinen armen Akkordsklaven, der nicht genügend Sorgfalt bewiesen, zu grün gepflückt oder zu rot am Stengel gelassen hatte, auf fürchterliche Weise heruntermachte, wobei auch nicht mehr eine Spur asiatischer Höflichkeit bemerkbar war; und oft genug erhielt dieser oder jener Pflücker den Laufpaß, weil die unerbittliche Mrs. Takamata in seinen Kisten zu viele nur grüne oder in seinen Furchen zu viele schon rote Tomaten entdeckt hatte.
Well, ich will mich ja nicht loben. Aber offenbar war ich durch mein Universitätsstudium besser aufs Tomatenpflücken vorbereitet als andere unstudierte Pflücker. Ich wurde nicht an die frische Luft außerhalb des Tals gesetzt und kassierte schon für die zweite Woche

273 *Mount Eisenhower, Alberta (früher Castle Mountains) im Frühling*

meiner segensreichen Tätigkeit einen Scheck über einen viel ansehnlicheren Betrag, als mir die Schufterei bei dem muffligen McCloskey im ganzen Monat eingetragen hatte.

Obendrein hatte ich mich mit meinem Boß angefreundet (das heißt, wahrer Boß im Tal war die Mrs., nicht der Mr. Takamata). Dieser Mr. Takamata war ein beinahe gebrechlich wirkender Mann, wenn man nicht genau hinsah. Tatsächlich waren seine trockenen Muskeln wie aus Stahl, seine Ausdauer grenzte ans Wunderbare. Er sprach nicht viel. Was zu sprechen war und mehr als das, besorgte die Mrs. Sein lederbraunes, starkknochiges Gesicht verriet kaum je eine innere Regung, aber seine Augen – das hatte ich schon am ersten Tag gemerkt – konnten lachen. Als Mrs. Takamata mir am ersten Tage streng meine Pflichten erklärt und mich über die Regeln, die auf ihrer Plantage gefälligst einzuhalten waren, ins Bild gesetzt, als sie mir einen Abschnitt der Felder als Pflückrevier zugewiesen hatte, der besonders steil und mühsam war und obendrein weit vom Farmeingang entfernt lag, hatte ich völlig ernsthaft geantwortet:

»Vielen Dank für die ausführliche Instruktion, Mrs. Takamata. Ich bin keine Bergziege, das heißt, noch nicht. Aber ich werde mir jede erdenkliche Mühe geben, eine zu werden.«

Die Mrs. erwiderte diese Bemerkung mit einem eisigen Blick. Sollten meine Worte etwa ironisch gemeint sein? Das wäre unerhört gewesen.

Mr. Takamata war während meiner Einweisung einige Schritte abseits mit dem Zählen der gefüllten Tomatenkisten vom Tage zuvor beschäftigt gewesen. Er hatte meine Worte mitangehört und hatte mich aus dem Hintergrund dabei angesehen. Zufällig fing ich diesen Blick auf und spürte sofort, daß mein bescheidener Scherz ihn vergnügt und mit einem Gelächter erfüllt hatte, das er nicht ins Freie entschlüpfen lassen durfte. Unwillkürlich lächelte ich zu ihm zurück, wobei ich mich zur Seite wandte, damit es der weibliche gelbe Drache nicht gewahr wurde.

Mr. Takamata war der erste Mensch in British Columbia, der, wenn auch nur wortlos, eine freundliche, menschliche Beziehung zu mir aufgenommen hatte; er hatte meine Sympathie gewonnen. Eine Stunde vor dem Mittag tauchte er am Platze meiner schwitzenden Bemühung auf, um das Werk des Anfängers zu kontrollieren. Er

gab mir auf eine freundliche und sachliche Weise ein paar Ratschläge, wie und woran die pflückreifen Früchte am leichtesten zu erkennen waren – und ich war ihm dankbar dafür. War ich doch schon nach diesen ersten fünf Stunden zwischen den glühenden Canyon-Wänden, den pelzigen Blättern der Tomatenstauden und den steil auf und nieder gleitenden Äckern, halb tot und dachte daran, mit dieser Art von Schufterei nicht länger zu experimentieren. Ich fühlte, daß ich drauf und dran war zu versagen, und sprach dies zu meinem eigenen Erstaunen auch aus. Aber Mr. Takamata verlor seinen Gleichmut keinen Augenblick und meinte nur:
»Ja, auch mir wird es manchmal ein bißchen viel – und ich bin es doch gewohnt. Was haben Sie vorher gemacht?«
So kamen wir ins Gespräch und – ob man es glaubt oder nicht – fanden uns nach kurzer Zeit bei einer Erörterung der politischen Lage in Ostasien, die ihn offensichtlich viel stärker interessierte als die korrekte Methode, Tomaten zu pflücken.
Bis dann plötzlich Mrs. Takamata über der nächsten Bodenfalte auftauchte – sie liebte diese Überraschungen; ich lernte schnell, stets darauf gefaßt zu sein. Wir beugten uns pflichtschuldigst über die Tomatenpflanzen, Mr. Takamata ebenso wie ich. Er gab mir noch mit ausgestrecktem Zeigefinger eine strenge Anweisung und trollte sich dann zum nächsten Pflücker hundert Schritte weiter talab. Die Mrs. würdigte mich keines Blickes und folgte ihrem Manne. Niemals kritisierte sie ihn vor den Augen und Ohren fremder Leute.
Ich muß gestehen, daß ich ohne die geheime, sich aber schnell vertiefende Beziehung zu dem schmalschultrigen japanischen *gentleman* – er war ein *gentleman*, war gebildet außerdem und sehr bewandert in Politik und Geschichte –, ohne diese sachte sprießende Freundschaft mit Yo, wie ich den viel älteren Mann bald nennen durfte, wahrscheinlich die Tortur des Tomatenpflückens nicht bestanden hätte, trotz des vielen Geldes, das dabei zu verdienen war. Sein Beispiel steifte mir das Genick, wenn ich mich versucht fühlte, aufzugeben, was mich in den ersten vierzehn Tagen mehr als einmal anwandelte. Aber dann hatte ich stets Yo vor Augen, den jüngeren Sohn einer geachteten Familie, die in finanzielle Schwierigkeiten geraten war. Er hatte dem ältesten Sohn – wie es die Tradition erforderte – weichen müssen und war zu einem einigermaßen wohlhabenden Onkel nach British Columbia ausgewandert.

Mit all der Energie und der unheimlichen Fähigkeit, sich auf eine einzige Aufgabe zu konzentrieren, welche die Japaner auszeichnet, hatten Yo und seine Frau (die ihm von seinem Vater, wie es die Sitte vorschrieb, noch vor der Ausreise von Miyazaki auf der japanischen Südinsel Kyushu zudiktiert worden war) jenes Tal bei Vernon, das bis dahin keinen anderen verlockt hatte, in eine profitable Frucht- und Gemüsefarm verwandelt – und waren dabei zu einigem Wohlstand gelangt. Er zweifelte selbst nicht daran, daß der Frau der größere Anteil an diesem Erfolg zustand.
Die beiden hätten längst das Leben etwas leichter nehmen können. Aber die Frau war von der jahrelangen unablässigen Schufterei und Quälerei so verhärtet worden, daß sie nun nicht mehr anders konnte, als sich selbst, den Gatten und die Kinder ohne jede Nachsicht und Pause zur Arbeit anzutreiben. Yo jedoch hatte sich unter der grauen Oberfläche seine angeborene Haltung und den Gleichmut eines wirklich gebildeten Mannes unbeschädigt erhalten. In seinem Herzen war er ein Liebhaber der schönen Künste und der Geschichte geblieben, war – in seinen verblichenen Overalls und staubigen Stiefeln – in Wahrheit ein Gelehrter. Wir verstanden uns ausgezeichnet, ohne je darüber ein Wort zu verlieren. Wenn dieser kleine zähe Mann die Sonne und die Arbeit in dem höllisch heißen Tal nicht nur zu ertragen fähig, sondern dabei auch noch feinfühlig geblieben war und seine Wohlerzogenheit nie verleugnete, so sollte ich wohl genügend Courage entwickeln, mich für einige Wochen ebenfalls den Tomaten zu widmen.
Ich war bald ›durch‹. Die Hitze, den Staub, das beständige Gebücktsein, den greulichen Schleim an Händen und Knien – ich nahm sie kaum noch zur Kenntnis. Sonderbarerweise regte sich auch nach einiger Zeit so etwas wie Bewunderung und Liebe in mir zu dieser gewaltsamen Landschaft ragender Felswände, dieser harten, klaren Hitze, die vollkommen trocken war, also den Schweiß zwar trieb, aber auch schnell zum Verdunsten brachte, diesen ungezählten Reihen nützlicher Früchte, die einer widerspenstigen Natur abgezwungen und abgelistet waren. Wüste war es gewesen, dies Tal, und nun war die Wüste zum Blühen verführt worden. Dies war ein starkes, machtvolles Land! Man konnte es hassen. Tat man das nicht, so mußte man es lieben. Ein Mittelding gab es nicht. Mir blieb kaum eine Wahl. Ich begann, es zu lieben.

Ich lernte mit der Zeit noch andere Leute in der Stadt kennen und fand Geschmack an ihnen. Darunter befand sich auch der Pastor der Lutherischen Gemeinde, dessen Gottesdienste ich versuchsweise besucht hatte (die Sonntage, ohne Arbeit, ohne Tomaten, ohne Yo im Hintergrund waren manchmal ein bißchen einsam). Die einfachen Predigten hatten mir gefallen. Pastor P. hatte mich angesprochen und mich gefragt, wo ich wohnte. Ich hatte darauf von meinem Quartier bei Herrn Lim berichtet und hatte hinzugefügt, daß mein sogenanntes Bett auf wahrhaft heidnische und gottlose Weise quietschte und daß die Dusche allzu sparsam flösse, um mich von meinem Alltagsdreck zu befreien.

Pastor P. hatte daraufhin einen Mann aus seiner Gemeinde angesprochen, dem am Rande der Stadt ein nicht mehr bewohntes Haus gehört. Das Haus – wie sich dann herausstellte – befand sich noch in leidlich brauchbarem Zustand, aber es lag ein gutes Stück abseits der Straße und, um es zu erreichen, hatte man einen schnellen Bach in einem tief eingekerbten Felsenbett zu überqueren. Die Brücke hinüber war vernachlässigt worden und wies große Löcher auf. Ein Fußgänger mochte sich ihrer noch bedienen. Einem Wagen oder Auto war sie nicht mehr gewachsen. Niemand schien sich für die Wartung der Brücke verantwortlich zu halten. Dem guten Reverend P. – er war nur wenig älter als ich selber – war dieser romantische Winkel eingefallen, als ich die Mißlichkeiten meiner chinesischen Herberge beklagt hatte. Am darauffolgenden Sonntag machte mich der Pastor mit Mr. Sourbeer bekannt; dem gehörte das Haus im Winkel – und ein gutgehende Sägemühle samt Holzgeschäft ebenfalls.

»Aber sicher!« sagte Mr. Sourbeer. »Warum nicht! Sie können da wohnen, wenn Sie wollen. Die Tür ist nicht verschlossen. Ich muß aber den Schlüssel noch irgendwo haben. An Mobiliar ist kaum noch was da. Sie werden sich schon einrichten. Kein Mensch wird Sie da draußen stören!«

Ich wollte wissen, was ich an Miete zu zahlen hätte. Mr. Soubeer lächelte:

»Guck dir das Haus erst mal an, mein Junge. Wenn du mir nachher fünf Dollar die Woche zahlen willst, werde ich mich angemessen entschädigt fühlen.«

 Noch am gleichen Nachmittag erkundete ich den verwachsenen

Seitenweg, die klapprige Brücke und schließlich zwischen hohen Bäumen und blühenden Wildbüschen das Haus selbst. Es stand neben einer bemoosten Felswand, die etwa doppelt so hoch war wie das Haus; dichtes, wirres Gerank hing darüber herab. Ein kleiner Bach von Gott weiß woher hatte seinen Lauf gerade über diese Wand gelegt und schoß über ihre Kante in fußbreitem Strahl in die Luft hinaus, beschrieb darin eine makellose Kurve und hatte, wo er den Boden wieder erreichte, eine breite, flache Steinplatte leergewaschen und gespült. Unterhalb dieses Steins fanden sich die Wasser wieder zusammen und rieselten weiter zu dem Flüßchen unter der brüchigen Brücke, diesem Flüßchen, das den märchenhaften Platz mit dem alten, stillen Haus, den Büschen und Bäumen, dem kostbaren kleinen Wasserfall, das die ganze blühende Wildnis mit dem nie endenden eintönigen Lied des stürzenden und fließenden Wassers wie ein tiefer Festungsgraben umzingelte.
Dann sah ich mir das Haus etwas näher an. Eine eiserne Bettstatt – schon wieder eine! – stand vergessen in einem der unteren Räume. Nein, sie quiekte nicht ganz so abscheulich wie die bei meinem Chinesen – wie ich sofort ausprobierte. Außerdem konnte ich die rostigen Federn mit einigen Brettern bedecken. Ich hatte einen Stapel von geschwärzten, aber sonst noch gesunden Brettern in einem baufälligen Verschlag entdeckt, der sich an die moosige Felswand lehnte. Ich würde mir ein paar Planken zurechtsägen. Yo würde mir sicherlich eine Zimmermannssäge leihen; selbst die basaltharte Mrs. Takamata würde keine Einwände erheben (sie hatte letzhin Spuren von Umgänglichkeit im Verkehr mit mir ahnen lassen – kaum glaublich, aber auch kaum bezweifelbar!). Schließlich konnte ich mir eine anständige Matratze kaufen, ein paar Decken – und würde ruhen wie ein Fürst.
Zwei Tage später hatte ich mich bereits in meinem neuen Quartier eingerichtet, hatte mein ›Schlafzimmer‹ gesäubert – es öffnete sich auf eine Veranda –, hatte einige Nägel in die Wände geklopft, hatte die Fenster gewaschen und war zu Hause. Das beste aber an der ganzen Pracht war der Wasserfall. Diese glasklare, starke Dusche – anders als ihre klägliche Stiefschwester im Quartier des Herrn Lim – ließ mich nie im Stich.
Unter diesem kalten, reichen Strahl konnte ich mir am Abend den ganzen Schmutz und die Müdigkeit von zehn oder zwölf Stunden

Akkordarbeit vom Leibe waschen und das Übermaß an Hitze, das der Tag zwischen den Takamata-Felsen in mich hineingestopft hatte, wieder auf ein erträgliches Maß abmindern. Das Wasser war kalt, aber in dieser Sommerszeit auch nicht zu kalt. Keine Menschenseele besuchte mich je in meinem höchst komfortablen Versteck, das ich Herrn Pastor P. verdankte.
Seit jenen Tagen kann ich eine gewisse Schwäche für lutherische Pastoren nicht mehr loswerden; sie hat mir, leider, einige Enttäuschungen beschert.

In der Erinnerung erscheinen mir heute jene ersten Tage und Wochen im Okanagan-Tal mit als die glücklichsten meines Lebens. Ich verbrachte sie in zwei total voneinander verschiedenen Daseinsbereichen zur gleichen Zeit – eine anregende und niemals langweilende Sorte von Existenz. Am Tage war ich ein Leibeigener auf Akkord der Mrs. Takamata – abgesehen von den zwanzig oder dreißig Minuten, in welchen ich mit Yo die allgemeine Weltlage oder auch Immanuel Kant, den Shinto oder Bushido oder sogar den alten Vater Hegel diskutierte, streng wissenschaftlich natürlich nur, davon waren wir überzeugt – während ich die Pflückerei übrigens nicht eine Minute unterbrach und Yo mir dabei half; er war ein rasanter Pflücker, und meine Debatten mit Yo haben mich nie einen Cent verlorenen Pflücklohns gekostet – ganz im Gegenteil! Die Sonne, glühend von einem wolkenlosen Himmel, die wabernde Luft zwischen den steilen Wänden, nicht ein einziger Windhauch, so große Trockenheit, daß die Lippen sprangen, wenn man sie nicht ständig befeuchtete, ein gekrümmter Rücken für zehn Stunden am Tag, der durchdringende Duft der Tomatenstauden, die dünne Kruste olivgrünen Schleims an Händen und Beinen, der Kistenstapel, Beweis und Denkmal meiner Mühe, leider im Stil des Sisyphos (jeden Morgen hatte ich erneut damit anzufangen, ihn zu errichten) – all dies bildete den Inhalt meines Arbeitstages.
Das Abendessen nahm ich dann bei Herrn Lim ein. Es war niemals besonders gut, aber auch niemals besonders schlecht. Ich setzte mich zu Tische noch in allem Dreck und Speck nieder, weil das Speisehaus auf halbem Wege zu meiner Märchenbleibe lag und ich mich stets zu müde fühlte, nochmals in die Stadt zurückzukehren, war ich erst bei mir ›zu Hause‹.

Die Abendmahlzeit bildete den Übergang von meinem schmutzigen und schwitzigen Tagesdasein zu dem kühlen, sauberen und idyllischen der Nacht, dem Dasein eines Herrn, der über Zeit und Muße verfügt – wenn auch nur auf äußerst bescheidene und unauffällige Manier.

Ich stellte mich für eine Viertelstunde unter meinen Wasserfall und Tropfenschwall, seifte und schrubbte nach Herzenslust – und kam als ein neuer, ein anderer Mensch wieder zum Vorschein. Ich hüllte mich in einen höchst feudalen Bademantel – er hatte mich einen halben Wochenverdienst gekostet! –, bettete mich auf der Veranda in einen alten Schaukelstuhl, der nur sehr zurückhaltend knarrte, schlug ein schönes Buch auf oder las die *New Republic, Atlantic Monthly* oder *Foreign Affairs* – oder lag oder saß auf den Verandastufen nur einfach so da, hörte den Grillen zu, lauschte dem Gemurmel des Flüßchens in seinem tiefen Felsenbett oder dem Plätschern meines Wasserfalls und sah zu, wie die Nacht sachte über die Hügel im Osten zu den Seen Okanagan und Kalamalka herniederstieg, die allerdings meinem Blick verborgen waren.

Später, wenn die Mücken sich bemerkbar machten, verfügte ich mich in mein Zimmer, entzündete eine Kerze, schrieb vielleicht noch einen Brief bei dem sanften, stillen Licht und legte mich schließlich auf meiner neuen Matratze unter neuen, frischen Decken zur Ruhe.

Dann blickte nur noch die Sommernacht mit ihren Sternen zu mir durchs Fenster. Die Stille war vollkommen – die sanften Geräusche der Wasser draußen machte sie nur vollkommener.

Zehn Jahre später hatte das Geld, das ich bei Takamata zu machen begonnen hatte, weitere Gelder ausgebrütet. Takamata übrigens hat darauf bestanden, sich weiter meinen Freund zu nennen – auf eine angenehm unverbindliche Weise –, nachdem ich das Okanagan-Tal wieder verlassen hatte. Zwei- oder dreimal im Jahr wechselten wir lange Briefe. Er starb während des Krieges, ein verbrauchter, müder Mann. Seine unzerstörbare Frau ist nach dem Kriege, verärgert über die schlechte Behandlung, der sie während des Krieges ausgesetzt gewesen war, mit all ihren Kindern wieder nach Japan zurückgekehrt, wohlhabend nun, besonders, wenn man japanische Maßstäbe anlegt.

Ich hatte die blauen Himmel des Okanagan-Tals, die trockene, belebende Wüstenluft, die schimmernde Kette der glasklaren Seen und die unbeschreiblich fruchtbaren Hügelhänge – man braucht sie nur zu bewässern –, all das hatte ich nicht vergessen. Ich investierte meine ersten größeren Gelder in einer Obstfarm südlich von Penticton über dem Skaha Lake. Ich wollte die Farm nicht selbst bearbeiten. Ich verpachtete den Betrieb, den ich nur als Geldanlage erworben hatte, an einen, wie ich glaubte, ehrenhaften Mann.

Dann kam der Krieg. Um die lange und wenig erfreuliche Geschichte kurz zu machen: Ich war kein Kanadier und wurde meinen Besitz wieder los, endgültig und unwiederbringlich – so wie alles, was ich im deutschen Osten besessen hatte.

Ich sollte die Angelegenheit längst vergessen haben, aber sie drängt sich mir immer wieder ins Bewußtsein. Das Haus, das ich hätte bewohnen sollen, steht immer noch an seinem alten Platz an dem sanft geneigten Hang, der weiter unterhalb schroff zum See abstürzt. Es ist aber vergrößert und verbessert worden. Die steile Anfahrt ist nun gepflastert und bereitet keine Kümmernis mehr.

1969 habe ich der Versuchung nachgegeben und habe an die Tür geklopft. Ich erklärte der liebenswürdigen jungen Frau des Hauses, die mich einließ, daß ich gern noch einmal von der Veranda auf den Skaha Lake hinuntergeblickt hätte und zu den goldenen Hügeln und blauen Bergen jenseits des stahlblauen Wassers. Zu meiner großen Überraschung zeigte sich der jetzige Eigentümer der Obstfarm – er war bald ins Zimmer getreten – mit der Vergangenheit seines Besitzes wohl vertraut. Er wußte von mir, dem Deutschen, der hier einmal einer seiner Vorgänger gewesen war.

Ich stand auf der Veranda und blickte über das üppige Laub der Apfel-, der Pfirsich- und Kirschbäume zum See hinunter. Die Bewässerung wisperte eifrig in dem grünen, dichten Kraut, das den Boden zwischen den Bäumen bedeckt, um die Feuchtigkeit im Erdreich vor der Verdunstung zu schützen. Die Strahlen der Sonne fielen schon schräg vom Westen her über Gärten und Hänge, Berge und See, badeten die Gebirge gegenüber in goldenem Licht. Zwei große Sommerwolken schwebten hoch ins schimmernde Blau des Himmels gezeichnet – ja, dies war das Bild, das sich mir vor über vierzig Jahren in die Erinnerung geprägt hat und das ich nicht vergessen werde.

Man bot mir sehr herzlich an, über Nacht zu bleiben. Ich schützte eine nicht aufschiebbare Verabredung vor und empfahl mich nach einer guten Stunde. Man soll Erinnerungen nicht übertreiben, und glücklich ist bekanntlich, wer vergißt, was nicht mehr zu ändern ist. Ich bin auch der Einladung, wieder einzukehren, wenn mich die Lust dazu anwandelte, nicht gefolgt. Ich hatte eigentlich nur wissen wollen, ob der Platz noch gut verwaltet wird und Gewinn abwirft. Daran brauche ich nun nicht mehr zu zweifeln, und ich bin dafür merkwürdig dankbar.

Als ich wieder in meinem Auto saß und die Straße nach Osoyoos unter den Rädern hatte, versuchte ich, mir vorzustellen, was wohl aus mir geworden wäre, wenn ich mich tatsächlich hier als Obstfarmer niedergelassen und der Krieg mich nicht meines Besitzes beraubt hätte. Natürlich hätte ich ein sehr friedliches und unproblematisches Dasein führen können. Ich vermochte mir nicht recht darüber klarwerden, ob das wünschenswert gewesen wäre oder nicht.

Aber schließlich sagte ich mir:

Du wärst an das Okanagan-Tal gebunden gewesen. Die kanadischen Gebirge sind viel zu bunt und groß und wunderbar, als daß man sich in nur einer Landschaft festsetzen sollte. Es gibt noch so viel zu erkunden! Es wäre schade gewesen, wenn ein scheinbar günstigeres Geschick mir das beschnitten hätte. So bin ich weiter damit beschäftigt.

Und noch längst nicht am Ende!

Einige Daten zur Geschichte Kanadas

1000–1006	Der Norweger Leif Eriksson landet als erster Europäer an den Küsten der heutigen kanadischen Ostprovinzen Newfoundland (mit Labrador) und Nova Scotia (Neu-Schottland).
1497–1498	John Cabot (Caboto), ein italienischer Seefahrer in englischen Diensten, entdeckt die Nordostküsten Kanadas von neuem und landet auf der Cape Breton-Insel, dem Nordteil der heutigen Provinz Nova Scotia.
1534–1542	Der Franzose Jacques Cartier erforscht auf drei großen Reisen die Küsten von Labrador und Neufundland, entdeckt den großen St. Lorenz-Strom, nimmt an der Mündung des Stroms in den gleichnamigen Golf auf der Halbinsel Gaspé im Namen des Königs von Frankreich Besitz von allem Land, das sich westwärts anschließen mag, befährt den St. Lorenz aufwärts, bis ihm die Stromschnellen oberhalb des heutigen Montréal den weiteren Weg versperren, überwintert in der Nähe der heutigen Stadt Québec und entdeckt oberhalb von Montréal den Ottawa-Fluß, der eine Wasserstraße ins ferne Innere des Landes zu bieten scheint.
1543–1599	Verschiedene französische Versuche, am unteren St. Lorenz zu siedeln, scheitern zunächst.
1583	Sir Humphrey Gilbert hißt die englische Flagge im Hafen von St. John's auf Neufundland und erklärt das Land für die Königin Elisabeth zu englischem Besitz.
1600	Die erste erfolgreiche französische Ansiedlung am unteren St. Lorenz bei Tadoussac an der Mündung des großen Saguenay in den St. Lorenz-Strom wird gegründet.
1604	De Monts, Champlain und Poutrincourt erforschen die Küsten von Acadia (heute Neu-Schottland) und gründen dort an der Bay of Fundy

Port-Royal als erste französische Siedlung außerhalb des St. Lorenz-Gebiets.

1608 Champlain gründet die Stadt Québec.

1610 Der englische Seefahrer Henry Hudson erforscht die Ostküste der später nach ihm benannten Bay, tief im Innern des Nordens Nordamerikas, weit westlich der französischen Siedlungen.

1613 Die Engländer zerstören die frühen französischen Siedlungen in Acadia (Neu-Schottland).

1622 Étienne Brulé, der indianischen Sprachen mächtig, entdeckt für Frankreich die Niagara-Fälle, den Erie-See und reist im Rinden-Kanu westwärts bis zum heutigen Sault Ste. Marie zwischen Lake Huron und Lake Superior.

1628–1632 Die Engländer setzen sich am unteren St. Lorenz gegen die Franzosen durch, gründen die Kolonie Neu-Schottland, erforschen den Süden der Hudson-Bay, die James-Bay. Im Frieden von St. Germain erhalten jedoch die Franzosen ihre Besitzungen am St. Lorenz und in Acadia wieder zurück.

1642 Montréal wird gegründet.

1653 ›Canada‹ am unteren St. Lorenz, wie ›Neu-Frankreich‹ auf amerikanischem Boden bereits genannt wird, zählt etwa 2000 weiße Bewohner.

1642–1673 Ständige Bedrohung der französischen Siedlungen durch die kriegerischen Irokesen, die den englischen Interessen dienen.

1663 Zwei erfolgreiche französische Pelzhändler, die über Land bis zur Hudson-Bay vorgedrungen sind und den großen Reichtum an kostbaren Pelzen im fernen kanadischen Westen und Nordwesten erschlossen haben, werden vom französischen Gouverneur in Montréal schlecht behandelt und ihrer Pelze beraubt. Darauf gehen die beiden Franzosen, Radisson und Groseilliers, erbittert zu den Engländern über und stellen ihnen ihre wertvollen Landeskenntnisse und Erfahrungen zur Verfügung.

1670 Auf Radissons Rat wird in London die ›Hudson's Bay Company‹ gegründet und erhält vom englischen König das riesige Einzugsgebiet der Hudson-Bay, das weit in den kanadischen Westen und Nordwesten hineinreicht, als Handelsdomäne zugesprochen.

1670 Die Franzosen fühlen sich im Norden umgangen, nehmen abermals Besitz von Acadia und ein Jahr später vom Land um den Huronen- und Superior-See, erheben auch offziell Anspruch auf die Hudson-Bay. Es fehlt ihnen jedoch an Machtmitteln, diese Ansprüche ernsthaft durchzusetzen.

1679–82 Der Franzose La Salle erkundet die Großen Amerikanischen Seen und schließlich sogar den Mississippi bis zu seiner Mündung in den Golf von Mexiko.

1684 Radisson nimmt das von ihm an der Westküste der Hudson-Bay gegründete Fort Nelson abermals für die Engländer in Besitz, nachdem es für einige Zeit von den Franzosen gehalten worden war. Die Franzosen setzen sich jedoch wiederum an der Hudson-Bay fest.

1713 Frieden von Utrecht. Frankreich verliert alle seine Besitzungen an der Hudson-Bay, in Neufundland und Acadia (Neu-Schottland), behält aber das eigentliche ›Canada‹ am unteren St. Lorenz, Cape Breton Island (heute der Nordteil von Neu-Schottland), Prince Edward Island (heute Kanadas kleinste Provinz, im Golf von St. Lorenz gelegen), dazu Neu-Acadia und das Land am St. John-Fluß (heute New Brunswick, Neu-Braunschweig, eine der atlantischen Provinzen Kanadas).

um 1730/40 Französische Pelzhändler dringen immer weiter in Kanus aus Birkenrinde nach Westen vor und errichten bis in die heutige Provinz Manitoba hinein befestigte Handelsposten. Der kühnste und geschickteste dieser Männer ist La Verandrye, der sich schließlich sogar am Saskatchewan festsetzt.

Seine Söhne stoßen über das Gebiet des heutigen Alberta bis an den Fuß der Rocky Mountains vor.

1739 Neu-Frankreich zählt etwa 38 000 weiße Einwohner.

1749 Die Engländer gründen in Neu-Schottland die Stadt Halifax, die erste größere englische Siedlung auf kanadischem Boden. Drei Jahre danach entsteht südlich von Halifax die erste deutsche Siedlung: Lüneburg (heute Lunenburg).

1751 Saint Pierre errichtet das Fort La Jonquière (an der Stelle von Calgary, der heute zweitgrößten Stadt der Provinz Alberta) in Sichtweite der Rocky Mountains, den am weitesten westwärts vorgeschobenen Stützpunkt des franz. Pelzhandels.

1755 Die Engländer verweisen 6000 französische Akadier ohne jede Entschädigung des Landes, eine der brutalsten Episoden der englischen Kolonialgeschichte. Einige weitere tausend Akadier wissen sich dem Zugriff der englischen Truppen zu entziehen und fliehen in die großen Wälder.

1756–63 Siebenjähriger Krieg zwischen England und Frankreich um die Vorherrschaft im nördlichen Nordamerika. Frankreich wird entscheidend und endgültig geschlagen.

1763 Friede von Paris. Frankreich verliert alle seine kanadischen Besitzungen. Nur die kleinen Inseln südlich Neufundland, St. Pierre und Miquelon, bleiben schließlich französisch.

1765 Canada zählt ca. 70 000 weiße Bewohner, die allermeisten französischer Muttersprache. Doch beginnt jetzt ein immer stärkerer Zustrom britischer, vor allem schottischer, auch irischer Siedler, nachdem im südlichen Neu-Schottland auch deutsche Siedler mit Erfolg Fuß gefaßt haben.

1774/75 An den fernen pazifischen Küsten des heutigen Kanada entdecken spanische Seefahrer die (heute so genannten) Queen Charlotte Inseln und Vancouver Island, womit das heutige British Columbia zum erstenmal auf europäischen Karten erscheint.

1777 Captain Cook erforscht den Nordosten des Pazifischen Ozeans und stellt den Verlauf der Küsten des heutigen British Columbia und Alaskas fest.

1783 Im Vertrag von Versailles erringen die aufständischen amerikanischen Kolonien Englands die Unabhängigkeit vom Mutterland. Die weiter nördlich gelegenen englischen Kolonien, um die England ein Jahrhundert lang mit Frankreich gerungen hat, bleiben England treu. Aber auch viele Bürger der jungen amerikanischen Staaten wollen englische Untertanen bleiben und strömen nach Norden, bilden dort den Grundstock der engl. Bevölkerung der heutigen Provinz Ontario und stärken entscheidend das englische Element in Nova Scotia, New Brunswick, Prince Edward Island und auch in Québec, wo nach wie vor französisch gesprochen wird, die englische Krone sich aber Sympathien erworben hat. Erst nach dem amerikanischen Unabhängigkeitskrieg beginnt das Land nördlich der ›Vereinigten Staaten‹ sich im Gegensatz zu diesen als bewußt britisches Dominium zu entfalten.

1791 Captain George Vancouver nimmt, nachdem Spanien von den Briten geschlagen ist, Besitz von allen spanischen Territorien an der Nordost-Küste des Stillen Ozeans, darunter auch den Küsten des heutigen British Columbia.

1793 Als erster Europäer erreicht nach abenteuerlicher Reise der Schotte Alexander Mackenzie von Osten her über Land pazifisches Salzwasser bei der Indianer-Siedlung Bella Coola (auf halbem Wege zwischen dem heutigen Vancouver und Prince Rupert). Damit ist das kanadische Hochgebirge zum erstenmal durchstoßen, der letzte Abschnitt des Landweges vom Atlantischen zum Pazifischen Ozean bezwungen.

1808 Simon Fraser befährt unter unsäglichen Mühen

und Gefahren den nach ihm benannten Fluß bis zur Mündung, an der später die große Stadt Vancouver entstehen wird. Damit ist der Hauptstrom des späteren British Columbia entdeckt.

1827 Die beiden weitaus wichtigsten kanadischen Pelzhandelsgesellschaften haben sich 1821 unter dem Namen der älteren, der Hudson's Bay Company, zusammengeschlossen und gründen in Fort Langley am unteren Fraser einen starken Handelsposten, nachdem schon Simon Fraser weiter im Norden für die zweite Gesellschaft, die North West Company, andere Posten errichtet hat.

1843 James Douglas gründet auf Vancouver Island für die Hudson's Bay Company das Fort und die Stadt Victoria (heute Hauptstadt von B. C.).

1845 Der Oregon-Vertrag setzt die Grenze zwischen den U. S. und den Westgebieten der Hudson's Bay Co. fest.

1848 Vancouver Island wird englische Kronkolonie.

1858/59 Im Tal des Fraser ist Gold gefunden worden. Die Bevölkerung des Gebiets steigt sprunghaft an. British Columbia wird Kronkolonie mit New Westminster (südöstlich des heutigen Vancouver) als Hauptstadt.

1866 Die Kronkolonien Vancouver Island und British Columbia werden unter dem Namen British Columbia vereinigt.

1867 Das britische ›Dominion of Canada‹ entsteht, zunächst mit den Provinzen Ontario, Québec, Nova Scotia und New Brunswick.

1868 Victoria wird Hauptstadt von British Columbia.

1869 Die kanadische Föderation erwirbt das gesamte Territorium der Hudson's Bay Company. Die Company erhält für die Gebiete des heutigen Alberta und Saskatchewan und die im Norden und Osten anschließenden Länder 1 350 000 Dollar als Entschädigung.

1870 Manitoba wird Provinz des Dominions.

1871 British Columbia wird Provinz des Dominions, nachdem die kanadische Regierung in der neugegründeten Hauptstadt Ottawa versprochen hat, das ferne Land am Stillen Ozean durch eine Eisenbahn mit dem kanadischen Osten zu verbinden.

1873 Prince Edward Island wird kanadische Provinz.

1887 Die transkontinentale Eisenbahn (Canadian Pacific) ist vollendet. Der erste Zug von Montréal fährt in Vancouver ein.

1896 Goldrausch am Klondike im Yukon-Distrikt, der damals noch zu British Columbia gerechnet wird.

1898 Der Yukon-Distrikt wird als eigenständiges Territorium begründet und von B. C. getrennt.

1903 Grenze zwischen Alaska und British Columbia sowie dem Yukon-Territorium wird festgelegt.

1905 Alberta und Saskatchewan werden zu Provinzen erhoben, womit vom Atlantik bis zum Pacifik eine ununterbrochene Kette von Provinzen besteht. Kanada ist im wesentlichen ›fertig‹.

1931 Das Dominion of Canada wird zu einem unabhängigen Staat, verbleibt jedoch im britischen Commonwealth of Nations.

1949 Newfoundland wird als zehntes und letztes Gebiet verspätet ebenfalls kanadische Provinz.

1952 Königin Elisabeth II. von England wird zur Königin von Kanada ausgerufen.

1965 Kanada legt die Flagge der britischen Handelsmarine (Red Ensign) als Nationalflagge ab und entscheidet sich für eine eigene kanadische Flagge: rot-weiß-rot in Längsstreifen mit einem roten Ahornblatt in der Mitte des weißen Mittelstreifens.

Einige Ratschläge für Touristen

Es ist durchaus kein exotisches, kein fremdartiges Land, in dem sich der Reisende aus Europa bewegt, wenn er den fernen kanadischen Westen mit den hohen Gebirgen Albertas und British Columbias besucht. Kanada – und das gilt für seinen Westen mehr noch als für seinen Osten – ist ein sozusagen befreites Europa, in dem die alteuropäische Zergrenzung und Zersplitterung nicht mehr gilt, wo Europäer aus allen Teilen Europas sich auf eine Sprache, das Englische, geeinigt haben, ohne daß die einzelnen Bestandteile, aus denen das kanadische Volk des Westens zusammengewachsen ist, sich scheuen oder gar schämen, sich ihrer Herkunft zu erinnern. Mit einigen Abwandlungen und Einschränkungen kann sich also der Europäer – vom Menschlichen her gesehen – im westlichen Kanada durchaus zu Hause fühlen. Auch im östlichen natürlich, wenn dort auch die viel weiter in die Vergangenheit zurückreichende Besiedlung, vor allem aber die in der größten kanadischen Provinz, in Québec, eifersüchtig gehegte franko-kanadische Besonderheit und die französische Sprache dem Leben dort einen etwas anderen Charakter verleihen. Man darf auch nicht vergessen, daß der kanadische Osten vom Westen durch die riesige Barriere der siedlungsfeindlichen, schwer durchdringbaren Wildnisse im westlichen Ontario – nördlich der Großen Amerikanischen Seen bis hinauf in die schon arktische Züge tragenden Gebiete um die Hudson-Bay – nicht nur geographisch geschieden ist.

Der Europäer wird also im kanadischen Westen, wenn er sich als solcher zu erkennen gibt – falls ihn nicht schon sein Akzent im Englischen verrät –, ohne lange Einleitung mit Sympathie und Hilfsbereitschaft rechnen können. Er wird oft genug zu hören bekommen: »Ach ja, mein Vater, der ist noch in Schlesien geboren . . .« oder »Meine Großmutter kam aus Wiener Neustadt und hat ihr Leben lang kein richtiges Englisch gelernt . . .« Dann ist die menschliche Verbindung genauso hergestellt, wie wenn der Kanadier, den man eben erst in der Eisenbahn, an der Bar, auf dem Rastplatz oder beim Tanken kennenlernte, erfreut angemerkt hätte: »So? Sie sind aus Hamburg? Da kennen Sie bestimmt Kopenhagen, wo meine Mutter herkommt. Das liegt ja dicht beieinander.«

Ja, für kanadische Verhältnisse und Entfernungen ist es von

Hamburg nach Kopenhagen nur ein Katzensprung, ein sehr kleiner sogar. Ich habe dabei oft genug die Entdeckung gemacht, daß es am ehesten noch die Leute mit deutschen Namen sind, die den »geborenen« Ur- und Nurkanadier herauskehren, während Kanadier mit schottischen, irischen, ukrainischen, schwedischen, italienischen Namen sich gern der Heimat ihrer Vorfahren erinnern.
Zwar wird der Reisende im kanadischen Westen immer irgendwo einen Menschen finden, der auch deutsch versteht, aber man muß sich darüber klar sein, daß man sich in einem englisch-sprechenden Land befindet, daß also eine, wenn vielleicht auch nur begrenzte Kenntnis des Englischen sehr von Nutzen ist. Mit Französisch ist im Westen gar nichts auszurichten, so sehr auch manche Leute in Europa meinen, Kanada wäre ein »zweisprachiges« Land. Das Französische ist im Westen weder anerkannt, noch geschätzt, ja, es wird sogar entschieden abgelehnt.

Die englische Sprache und Vergangenheit des kanadischen Westens haben dafür gesorgt, daß auch englische Sitten sich einigend über die Menschen aus praktisch allen Nationen Europas und aus China und Japan legten; und der Reisende tut gut, sich anzupassen. So ißt man gern ein ausführliches Frühstück mit Eiern, Speck oder vielleicht sogar einem kleinen Steak, dafür aber nur ein sehr bescheidenes Mittagessen (Lunch). Die Hauptmahlzeit (Dinner) wird erst am Abend eingenommen, oft schon ab halb sechs, sicherlich aber ab sechs Uhr – und nur in großstädtischen Gaststätten läßt sich nach neun Uhr noch ein volles Dinner erwarten. Die meisten schließen sogar schon um neun Uhr.
Doch man ist in Amerika. Feste Schlußzeiten für Läden oder Gaststätten gibt es nicht. In den großen Städten hat irgendein chinesischer Gastwirt immer noch auf und serviert früh um vier ein beliebig umfangreiches Mahl. Außerhalb der Großstädte sollte man davon ausgehen, daß von sieben bis zehn Frühstück, von zwölf bis zwei Lunch und von sechs bis neun Dinner zu haben ist.
Dabei bedeutet die Aufschrift ›Café‹ nicht wie bei uns ein Lokal für Kaffee und Kuchen, sondern vielmehr eine Gaststätte für volle Mahlzeiten jeder Art – und auch notfalls zu jeder Tageszeit –, jedoch ohne Ausschank von alkoholischen Getränken. Solch ein
 Ausschank erfordert eine besondere behördliche Lizenz und wird

gewöhnlich durch ein Schild mit der Aufschrift »Fully licensed« angezeigt. Wenn man nur etwas trinken will, muß man sich in eine »fully licensed« Bar begeben. In den Restaurants der Hotels und größeren Motels kann man sich zum Essen ein Bier oder eine Flasche Wein bestellen.
Alkoholische Getränke jeder Art – und meist in großer Auswahl – lassen sich nur in staatlichen Geschäften (Government Liquor Stores) erwerben, werden dort aber nicht ausgeschenkt. Man muß die Flaschen nach Hause oder ins Hotel mitnehmen, wo man auf dem Zimmer so viel trinken kann, wie man will – und viele wollen reichlich.

Will man sich mit Proviant versehen, so wird man Nahrungsmittel jeder Art in überreicher Auswahl, dazu auch Toilette-Artikel, Schreibwaren, Lesestoff, oft auch einfache Bekleidung und vieles andere (z. B. auch Medikamente) in einem der großen Super-Markets oder Einkaufszentren am schnellsten einkaufen. In einer Stunde kann man sich dort mit allem Notwendigen für viele Wochen versehen, sogar mit Brennspiritus und Holzkohle für den Bratrost.
Bei solchem Ratschlag setze ich voraus, daß man sich auf eigene Faust ins kanadische Gebirge aufgemacht hat, weil ich das von jeher für das Beste und auch Selbstverständlichste gehalten habe. Viele Leute jedoch, die nicht gewohnt sind, in englischsprechenden Ländern zu reisen, werden dies jedoch durchaus nicht für selbstverständlich halten und sich lieber der genau vorgeplanten Gruppenreise eines Reisebüros anschließen. Dagegen ist wenig einzuwenden. Man muß sich nur darüber klar sein, daß der Veranstalter bei dem Entwurf der Reiseroute daran denken muß, die Kosten für Transport, Übernachtung und Verpflegung so niedrig wie möglich zu halten, um einen niedrigen Gesamtpreis anbieten zu können und obendrein für sich selbst noch genügenden Gewinn zu erzielen. Wer sich einer solchen Gruppenreise in den fernen Westen Kanadas anschließen will, bedarf keiner weiteren Ratschläge, da der Veranstalter – hoffentlich! – für alles Notwendige vorgesorgt hat. Natürlich ist der Reisende dann an die vorgeplante Route gebunden, kann nicht verweilen, wo er will, kann keine Abstecher machen, kann den Bus nicht anhalten, um Blumen oder Blaubeeren

zu pflücken oder eine ihn besonders lockende Aufnahme zu machen. Außer den anderen Teilnehmern der Gruppenreise lernt er kaum je einen waschechten Kanadier kennen, wird sozusagen in einer gläsernen Kapsel durch das schöne Bergland spediert. Unbeschreiblich großartig ist es auch dann, bleibt aber nur ›Ansichts-Postkarte‹, besonders auch deshalb, weil diese Reisen fast immer zu schnell ablaufen und auch, weil zu viel in sie hineingepackt wird.

Schon wesentlich umfänglicher ist man sein eigener Herr, wenn man sich nur für den Hin- und Rückflug einer Gruppe oder einem Sonder-Arrangement anschließt, im Lande selbst aber als unabhängiger Reisender unterwegs ist. Auf den kanadischen (sehr komfortablen, im Gegensatz zu den US-amerikanischen) Eisenbahnen und auf den in West-Kanada verkehrenden Bus-Linien, kanadischen wie US-amerikanischen (z. B. ›Greyhound‹) kann man für erstaunlich wenig Geld einen Dauer-Fahrschein lösen (kaufen oder vorbestellen schon hier in Deutschland; Auskunft erteilt mit Prospekten und Landkarten das Kanadische Fremdenverkehrsamt in Frankfurt/M., Biebergasse 6–10, Tel. 06 11/28 01 57). Mit der *Canadian Pacific* oder der *Canadian National* durchs Gebirge zu fahren, ist ein wunderbares Erlebnis; aber leider versäumt man dann, was in der Nacht an der Strecke vorüberzieht. Anders, wenn man eine Monats- oder Sechswochen-Buskarte gelöst hat (sie wird nur an ausländische Touristen vergeben). Die Busreise läßt sich nach Belieben unterbrechen, allerdings nur an den fahrplanmäßigen Haltestellen; doch an denen ist kein Mangel. Man kann also irgendwo übernachten oder sonst Station machen. Mit der Dauerkarte läßt sich dann das Land kreuz und quer erkunden. Die Busse dringen auch zu weit entlegenen Orten vor, die sich mit keiner Eisenbahn erreichen lassen. Gewiß reist man auf den schmalen Bus-Sitzen nicht besonders komfortabel, schon gar nicht des Nachts, auch erobert man sich nicht jedesmal einen Fenster-, d. h. Aussichtsplatz. Aber die Billigkeit der Touristen-Dauerkarte, die große Ausdehnung und Verwobenheit des Bus-Liniennetzes und die Möglichkeit, überall aus- und umzusteigen, vermögen diese Art des Reisens in ein buntes Abenteuer zu verwandeln. Außerdem schließt man unterwegs im Bus sehr leicht Bekanntschaften. Da der

Überland-Bus für wohlhabende oder vornehme Leute nicht als angenehmes Verkehrsmittel gilt, trifft man in seinem vor sich hinbrummenden Aluminium-Gehäuse mit vielen interessanten und amüsanten Gestalten aus dem vielgestaltigen kanadischen ›Volk‹ zusammen und erfährt vieles über den kanadischen Alltag und die Sorgen der Leute.

Jedoch auch Busreisen haben, so preiswert sie sein mögen, ihre Nachteile: Vor allem kann man nicht anhalten, wann und wo man will, sondern ist dauernd unterwegs, eingekeilt auf engem Sitz in der Mitte des großen Vehikels, von wo aus sich kein anderer Anblick bietet als die mehr oder weniger appetitlichen Locken des Vordermannes. Zudem, da die Busse vielfach schier endlose Routen befahren – an die tausend, ja zweitausend Kilometer sind keine Seltenheit –, kommen sie am Ort, wo man aussteigen will oder muß, häufig zu völlig unmöglichen Tages- bzw. Nachtzeiten an – oder fahren ebenso ab. Und was machen Sie zum Beispiel in Skookumchuck, B. C., morgens um 1/2 3? Der Ort, soweit überhaupt in der sterndurchfunkelten Dunkelheit zu finden, schläft so tief – selbst die Katzen schlafen und die Käuzchen! –, daß bestenfalls die Posaune des Jüngsten Gerichts die Skookumchucker Sünder aufstören würde. Ihnen bleibt also gar nichts weiter übrig, als nach Kimberley oder Cranbrook weiterzufahren in der Hoffnung, daß vielleicht dort ein Motel Nachtdienst hat. Aber – der Bus ist längst abgefahren und hat Sie in der allerdings makellosen Stille einer leider sehr frostigen Nacht am Straßenrand zurückgelassen . . .

Sicherlich am schönsten und gründlichsten läßt sich das kanadische Gebirge (wie auch das übrige Kanada und die USA) erkunden, wenn man allein oder mit Gefährten im Auto unterwegs ist. Schon von Deutschland aus kann man sich einen Leihwagen an den Flugplatz bestellen, nach der Ankunft sofort seine Anzahlung leisten oder seine Kreditkarte vorweisen (die Kreditkarte der American Express Co., die sich auch in Deutschland erwerben läßt, ist die am weitesten verbreitete und auch in den meisten besseren Hotels, Motels und Geschäften verwendbar. Adresse in Deutschland: American Express, Card Division, Frankfurt/M., Moselstr. 4, Tel. 06 11/23 02 71). Sofort nach der Ankunft kann man also sein Gepäck einladen und abfahren, wohin man Lust hat, braucht auch den Leihwagen durchaus nicht dort wieder abzugeben, wo man ihn übernommen hat. Es gibt für den Auto-Verleih viele verschiedene Tarife, die häufig abgeändert werden und sich am sichersten über eine der vielen Filialen amerikanischer Verleihfirmen wie Hertz oder Avis in jeder deutschen Großstadt erkunden lassen. So läßt es sich z. B. leicht arrangieren, den Leihwagen in vorbestellter Machart und Größe am Flugplatz in Victoria oder Vancouver, B. C., vorzufinden, ganz British Columbia und halb Alberta darin zu bereisen und ihn erst am Abflugtag auf dem Flughafen in Edmonton oder Calgary, Alberta, wieder abzugeben.

Nach meiner nun schon gut zwei dutzendmal erprobten Erfahrung empfiehlt es sich für den Reisenden, der wirklich ganz nach seinem Geschmack das große Land sehen und erleben will, jedoch noch eine andere Reisemethode. Diese lohnt sich bereits, wenn man nur vier oder sechs Wochen unterwegs sein und vielleicht zehn- bis zwölftausend Meilen zurücklegen will – eine Strecke, die in Kanada, dem nach der Sowjetunion größten Land der Erde mit gewaltigen Entfernungen, sich bei einiger Neugier und Lust am Schauen und Fahren bald zusammenaddiert. Man kauft sich für die Fahrt nach Whitehorse über die Alaskastraße oder nach Yellowknife am Großen Sklavensee ein neues Auto, je nach dem Geldbeutel und nach den Erfordernissen der Reise, vielleicht einen VW-Bus oder einen Ford-Pickup, ein Halbtonner, und macht mit der Verkaufs-Firma aus, daß sie den Wagen zum Tagespreis gegen bar wieder abnimmt, wenn man von der Reise zurückkommt. Solche Vereinbarungen machen weder in den USA noch in Canada Schwierigkeiten. Man verliert dann gewöhnlich – ich wenigstens habe es nie anders erlebt – nur etwa $ 1000,– beim Verkauf, wobei wenig danach gefragt wird, ob man zehn- oder zwanzigtausend Meilen zurückgelegt hat. Die Fahrtüchtigkeit und der äußere Zustand des Autos sind allein entscheidend. Und schon hat man seinen Scheck – und hat dann, von den Benzin- und Servicekosten abgesehen, für den Transport über sechzehntausend Kilometer (gleich zehntausend Meilen) nur tausend Dollar, z. Z. etwa 2½ tausend Mark aufgewendet. Hätte man die gleiche Strecke mit einem Leihwagen (für den man ja das Benzin ebenfalls selbst bezahlen muß) bewältigen wollen, so hätte man das Mehrfache an Leihgebühren bezahlen müssen. Obendrein hat man im eigenen Auto gesessen und war völlig frei, jede Straße unter die Ränder zu nehmen, die dem eigenen Geschmack und der eigenen ›Wanderlust‹ – wie die Amerikaner sagen – behagte.

Um ein Beispiel anzuführen: Im Spätsommer 1975 habe ich in Toronto einen amerikanischen Mittelklasse-Wagen für $ 5500,– gekauft und acht Wochen später – mehr Zeit hatte ich diesmal nicht – nach 19 000 Kilometer quer über den Kontinent, vor allem dann in Alberta und British Columbia, in Toronto wieder verkauft, für $ 4450,–, obgleich die neuen Modelle 1976 schon herausgekommen waren, der Wagen also, vom Händler her gesehen, schon zu einem ›vorjährigen‹ geworden war. Frühmorgens fuhr ich bei dem Händler, der mir das Fahrzeug verkauft hatte, vor, ließ den Wagen prüfen und schätzen. Noch am gleichen Nachmittag konnte ich den Scheck über $ 4450,– bei der Bank einlösen.

Ich glaube, behaupten zu können, daß man billiger und angenehmer so weite und auch schwierige Strecken nicht zurücklegen kann, wie auf die eben geschilderte Weise. Um auch die – natürlich nur im Durchschnitt angebbaren – Benzinpreise zu nennen: im Herbst 1975 kostete die kanadische Gallone (etwas über viereinhalb Liter; die US-amerikanische Gallone enthält nur 3,785 Liter) etwa $ 0,85, also ca. DM 2,13, d. h. ein Liter kostete ca. 48 Pfennige. Mein kräftiger Wagen der Mittelklasse verbrauchte etwa 19–20 Gallonen auf 330 Meilen. Nach diesen Angaben lassen sich die Benzinkosten für eine lange Kanada-Reise mit einiger Genauigkeit schätzen.

Doch will ich auch auf die Nachteile dieser Methode aufmerksam machen: Wenn man ein neues Auto in Amerika bestellt, so muß man auch dort im allgemeinen einige Wochen oder gar Monate auf die Lieferung warten, besonders dann, wenn man Wünsche für die technische oder sonstige Ausstattung des Wagens anmeldet, die über die Standard-Ausführung hinausgehen. Man braucht also drüben einen Verwandten oder guten Freund, der rechtzeitig vor dem Antritt der Reise das Auto bestellt, bezahlt, abnimmt und möglichst auch tausend oder zweitausend Meilen benutzt, damit es bereits gut »eingefahren« ist und die üblichen »Kinderkrankheiten« überstanden hat. Am besten wird das Auto dann auf den Namen des kanadischen oder amerikanischen Freundes oder Verwandten zugelassen und versichert. Dann braucht man nur noch den

deutschen Führerschein mitzubringen, der für Touristen ein Jahr Gültigkeit hat. Es empfiehlt sich, den Führerschein von einem beglaubigten Dolmetscher eines kanadischen oder amerikanischen Konsulats in Deutschland übersetzen zu lassen, da die kanadische Polizei den deutschen Führerschein nicht lesen kann – und ein gesiegeltes Dokument stets einen guten Eindruck macht.
Um bei der Polizei zu bleiben: Sie verhält sich ausländischen Touristen gegenüber meistens wohlwollender als gegenüber einheimischen Fahrern. Aber es empfiehlt sich *dringend*, die von Provinz zu Provinz verschiedenen Höchstgeschwindigkeiten, die überall auf den Hauptstraßen und in den Ortschaften reichlich und deutlich angegeben sind, zuverlässig zu beachten, ganz besonders aber dann, wenn man in die Nähe einer Stadt oder auch nur eines Städtchens kommt. Es gibt mehr Polizei und sie ist im allgemeinen schneller und unnachsichtiger als bei uns. Wenn man nicht lange Aufenthalte und viel Fragerei riskieren will, so sollte gerade ein Ausländer die Verkehrsvorschriften genau beachten. Im ganzen gesehen wird in Kanada ebenso wie in den USA wesentlich langsamer, rücksichtsvoller und vorsichtiger gefahren als in Deutschland. Vor allem sollte man sich einprägen, daß dort der Fußgänger *immer* die ›Vorfahrt‹ hat, auch dort, wo er sie nicht hat.

Um die Preise für Unterkunft anzudeuten: Sie lagen im Herbst 1975 zwischen $ 13,– und $ 22,– je nach Qualität und Ortschaft. Für die Übernachtung in großstädtischen Luxushotels und ähnlichen Quartieren muß man oft wesentlich mehr bezahlen. Aber auch ein durchschnittliches Motel, sei es an noch so entlegener Straße, wird stets ein geräumiges Zimmer mit guten Betten, Bad, Toilette anbieten. Das Teuerste ist hier durchaus nicht immer auch das Beste. Für mehr als eine Person braucht nie das entsprechend Vielfache des Einzel-Preises bezahlt zu werden, sondern meistens nur ein Zuschlag von $ 2,– pro Nase. Man bezahlt das Motel-Zimmer fast stets im voraus. Dann kann man morgens abfahren, wann man will. Die Mehrzahl der Motels liefert nur das Zimmer. Man kann sich entweder selbst verpflegen (viele Motels bieten gut ausgestattete Koch-Möglichkeiten, *house-keeping*, an) oder muß ins nächste Café oder Restaurant essen gehen. Für europäische Reisende waren amerikanische Restaurants früher sehr viel teurer

als europäische. Seit der Dollar nur noch etwa DM 2,50 wert ist (der kanadische Dollar ist etwas weniger wert als der US-amerikanische), kann man in Kanada und auch in den USA keineswegs teurer, meist sogar billiger essen als in Deutschland. Alkoholische Getränke sind jedoch fast überall wesentlich kostspieliger als bei uns.
Um diese Notizen mit einiger Zuverlässigkeit weitergeben zu können, habe ich im Herbst 1975 acht Wochen lang jeden Tag genau Buch geführt und jede, auch die kleinste Ausgabe festgehalten. Ich habe in teuren und billigen Motels gewohnt (wirklich gute Hotels sind nur noch in größeren Städten zu finden; im allgemeinen sollte man die zahlreichen, auf den Autofahrer zugeschnittenen Motels bevorzugen; es ist so außerordentlich bequem, bis auf ein, zwei Meter an seine Zimmertür heranfahren und dort parken zu können. Das Gepäck läßt sich leicht transportieren, und das Auto bleibt unter Aufsicht). Ich habe bald billig, bald teuer gegessen, mich auch manchmal selbst verpflegt. Ich habe bald viel, bald wenig für Benzin, Öl und andere Autounkosten gezahlt. Ich habe in der Woche ein- bis zweimal mit Deutschland telefoniert. Alles in allem (jedoch ohne Berücksichtigung der beim Autoverkauf verlorenen tausend Dollar und ohne Hin- und Rückflug, für den ja eine große Skala von Preisen angeboten wird) habe ich im Durchschnitt $ 55,– am Tag verbraucht (bei 19 000 Kilometern insgesamt zurückgelegter Strecke; kürzere Strecken erfordern weniger Benzin und weniger Geld). Ich habe, alles in allem, unterwegs ›bescheiden großzügig‹ gelebt; sicherlich lassen sich bei bescheidenerer Bescheidenheit nochmals zehn oder fünfzehn Prozent einsparen. Zwei Personen würden nicht das Doppelte dieses Durchschnittssatzes kosten, sondern wesentlich weniger, denn die Autounkosten blieben die gleichen wie bei einer Person, die Unterkunftskosten würden sich nur wenig erhöhen. Die Verpflegungskosten allerdings würden sich verdoppeln.

Für die Einreise nach Kanada braucht der europäische Tourist vorweg kein kanadisches Visum, wenn er nicht länger als drei Monate im Lande bleiben will, jedoch ein US-amerikanisches, falls er auch über die Grenze nach Süden fahren möchte. Doch sind die Kontrollen für einreisende Ausländer in den internationalen Flughäfen Kanadas beträchtlich verschärft worden, seit wegen der auch in Kanada grassierenden Arbeitslosigkeit und Wirtschaftskrise weitere Einwanderung auf ein Mindestmaß beschränkt werden muß. Man sollte also seine Rückflugkarte datiert bereit haben, wenn man einreist, sollte einen Nachweis genügender Geldmittel für die Dauer des Aufenthalts erbringen können und, falls vorhanden, die Anschriften kanadischer Freunde oder Verwandter vorweisen.

Eine Frage, die viele Fremde in Amerika beschäftigt, ist die, ob und wo und wann Trinkgelder erwartet werden. Die Preise in Gaststätten, Hotels, Taxis etc. werden stets ›ohne Service‹ angegeben. Andererseits ist niemand verpflichtet, Trinkgeld zu geben. Aber es empfiehlt sich für den Gast, das Trinkgeld nicht zu vergessen, sonst kann es ihm passieren, daß er beim nächstenmal an der gleichen Stelle wie Luft behandelt wird. Da fast überall, was man schuldig ist, an einer Kasse beim Ausgang bezahlt wird, läßt sich das Trinkgeld nicht in die Begleichung der Rechnung einbeziehen. Man läßt etwa zehn Prozent der Rechnung am Platz, wo man gegessen hat, halb versteckt unter dem leeren Teller oder der Tasse für die Bedienung liegen, gibt ihr das Geld ja nicht in die Hand – das wäre peinlich für beide Teile. Man kann sicher sein, daß die Münzen oder der Schein sofort in der Tasche verschwinden, für die sie gedacht sind. Gute Trinkgelder, dezent an den Mann oder das Fräulein gebracht, erhalten auch in Amerika die Freundschaft.

Wichtig ist, daß man im kanadischen Gebirge stets mit warmer Kleidung versehen sein sollte. Von der Küste abgesehen, bewegt man sich überall auf 500 bis 1500 Meter Meereshöhe, so daß die Nächte stets kühl, auch im Sommer oft kalt werden. Im schönen Herbst friert es vielleicht schon leicht des Nachts, während am Tage die Sonne das Thermometer auf 25 bis 30 Grad ansteigen läßt.
Vom Frühling bis in den halben August versehe man sich, besonders in den Wäldern, stets mit einem Insektenschutzmittel. Die Schnaken und mehr noch die speziell kanadischen Black Flies, winzige schwarze Fliegen, können, vor allem gegen Abend und nachts, zu einer üblen Plage werden. Deshalb sind auch alle Fenster in den Motels oder Hotels mit Mückengittern versehen, und man sollte sich vor dem Schlafengehen vergewissern, ob die Kupfer-Gaze unversehrt ist.

Da das Gewicht des Flug-Gepäcks auf zwanzig bzw. dreißig Kilo in der ersten Klasse beschränkt ist, ist es wichtig zu wissen, daß man nicht übermäßig viel Wäsche und Kleidung mitzunehmen braucht. Auch in feudaleren Gaststätten ist man im Reisekleid, in Jeans oder was auch immer willkommen. Die äußerste Grenze wird nur dort überschritten, wo der Reisende ein häufig zu sehendes Plakat nicht beachtet: »No shirt, no shoes, no service!« (Wer ohne Hemd oder barfuß kommt, wird nicht bedient). In allen größeren Städten erhält man Wäsche, die man zum Waschen, oder Kleider, die man zum Reinigen gegeben hat, am Nachmittag sauber und gebügelt wieder zurück, vorausgesetzt, daß man das schmutzige Zeuge vor neun Uhr abgegeben hat. Darauf kann man sich nach meiner langjährigen Erfahrung unbedingt verlassen.

Wenn der Reisende nach der bewährten Regel verfährt, sich morgens früh auf den Weg zu machen und nachmittags möglichst ab vier Uhr schon nach einer Unterkunft für die Nacht Ausschau zu halten, so braucht man sich auch in der Hauptreisezeit (Juli und August) nicht um manchmal umständliche Vorbestellungen von Motel- oder Hotelzimmern zu bemühen; man wird dann immer ein freies Bett auftreiben. Wer sich die Reisezeit aussuchen kann, dem sei die Spanne von Mitte August bis Mitte, sogar Ende Oktober angeraten. Niemals zeigt sich das große Land herrlicher, als wenn es sich in die bunten Prachtgewänder des Herbstes hüllt. Auch ist die Insektenplage dann so gut wie vollständig vergangen und es gibt keine schwülheißen Tage mehr. Das Wetter pflegt am beständigsten zu sein: leuchtende, warme Tage, kühle, sternklare Nächte!
Auf eines sei noch hingewiesen: an den Straßen des kanadischen Gebirges sind an vielen Stellen von der Regierung Tafeln errichtet, die über aufschlußreiche historische oder sonstige Ereignisse in der jeweiligen Gegend Aufschluß geben. Diese am Straßenrand unübersehbar sozusagen von Amts wegen gelieferten Informationen sind stets interessant. Vor allem sind sie zuverlässig. Die Zeit, die man verliert, um sie zu studieren, ist niemals vertan.

Gewiß ließen sich solche Ratschläge ausgiebig fortsetzen. Doch müßte der Ratgeber zuvor hören, was der Ratsuchende wissen will. Es sei nochmals erwähnt, daß die verläßlichsten Auskünfte über das

Reisen im kanadischen Westen beim Kanadischen Fremdenverkehrsamt in Frankfurt/M., Biebergasse 6–10, Telefon 06 11/ 28 01 57, zu erhalten sind.

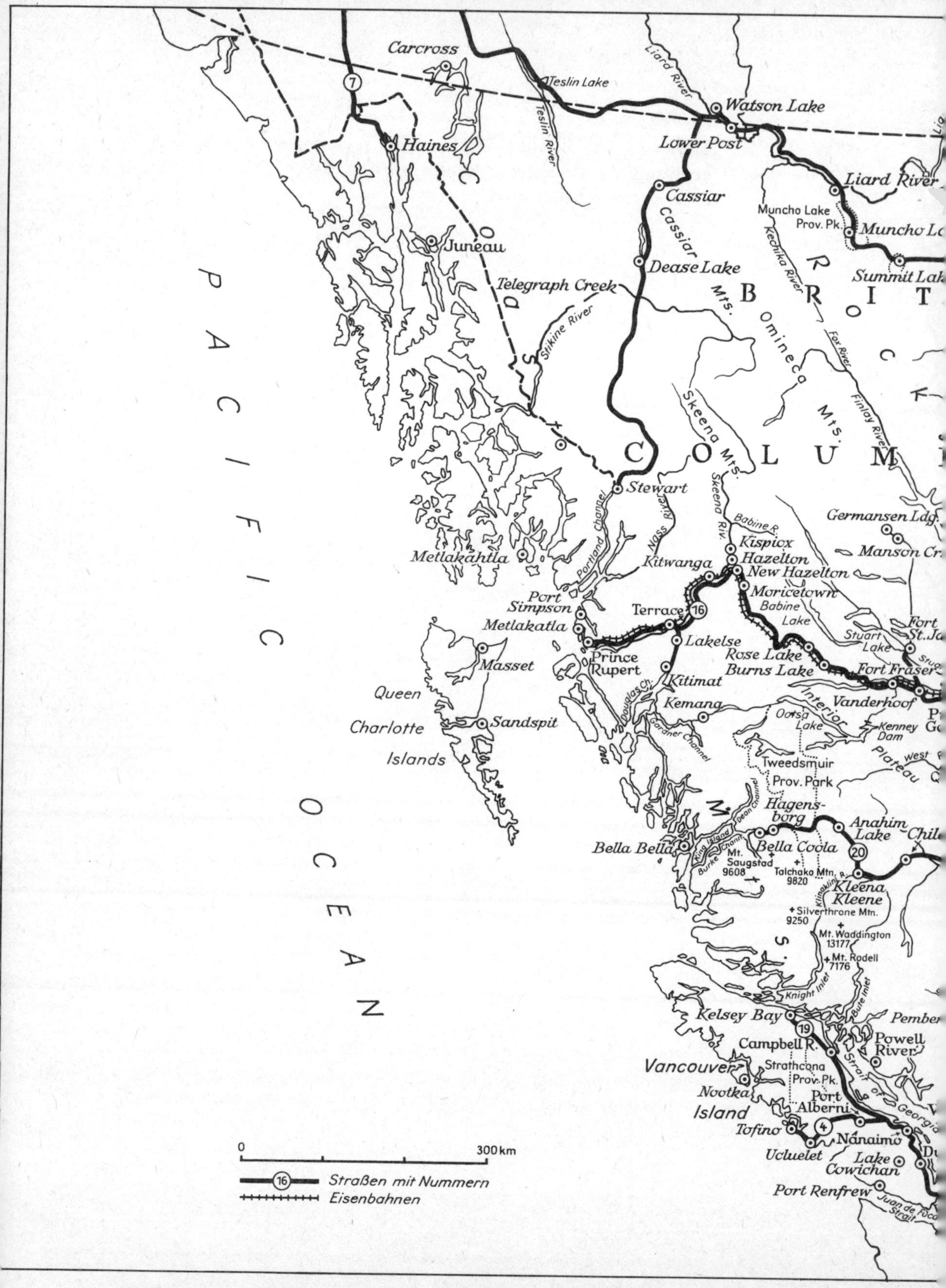

Carcross
7
Teslin Lake
Teslin River
Liard River
Watson Lake
Lower Post
Haines
Cassiar
Cassiar Mts.
Liard River
Muncho Lake Prov. Pk.
Muncho Lake
Kechika River
Juneau
Dease Lake
Summit Lake
Telegraph Creek
Stikine River
PACIFIC OCEAN
BRITISH COLUMBIA
ROCKY
Omineca Mts.
Fox River
Finlay River
Skeena Mts.
COAST MTS.
Stewart
Portland Channel
Nass River
Skeena Riv.
Babine R.
Germansen Ldg.
Kispiox
Hazelton
Manson Cr.
Metlakahtla
Kitwanga
New Hazelton
Moricetown
Port Simpson
Terrace
16
Babine Lake
Metlakatla
Lakelse
Stuart Lake
Fort St. James
Masset
Prince Rupert
Rose Lake
Burns Lake
Fort Fraser
Kitimat
Douglas Ch.
Queen Charlotte Islands
Kemano
Vanderhoof
Sandspit
Gardner Channel
Ootsa Lake
Interior Plateau
Kenney Dam
Tweedsmuir Prov. Park
Hagensborg
Dean Channel
King Island
Burke Channel
Bella Bella
Bella Coola
Anahim Lake
20
Mt. Saugstad 9608
Talchako Mtn. 9820
Klinaklini R.
Kleena Kleene
Silverthrone Mtn. 9250
Mt. Waddington 13177
Mt. Rodell 7176
Knight Inlet
Bute Inlet
Kelsey Bay
19
Campbell R.
Powell River
Strathcona Prov. Pk.
Vancouver Island
Nootka
Port Alberni
Strait of Georgia
4
Tofino
Nanaimo
Ucluelet
Lake Cowichan
Port Renfrew
Juan de Fuca Strait
0
300 km
16
Straßen mit Nummern
Eisenbahnen

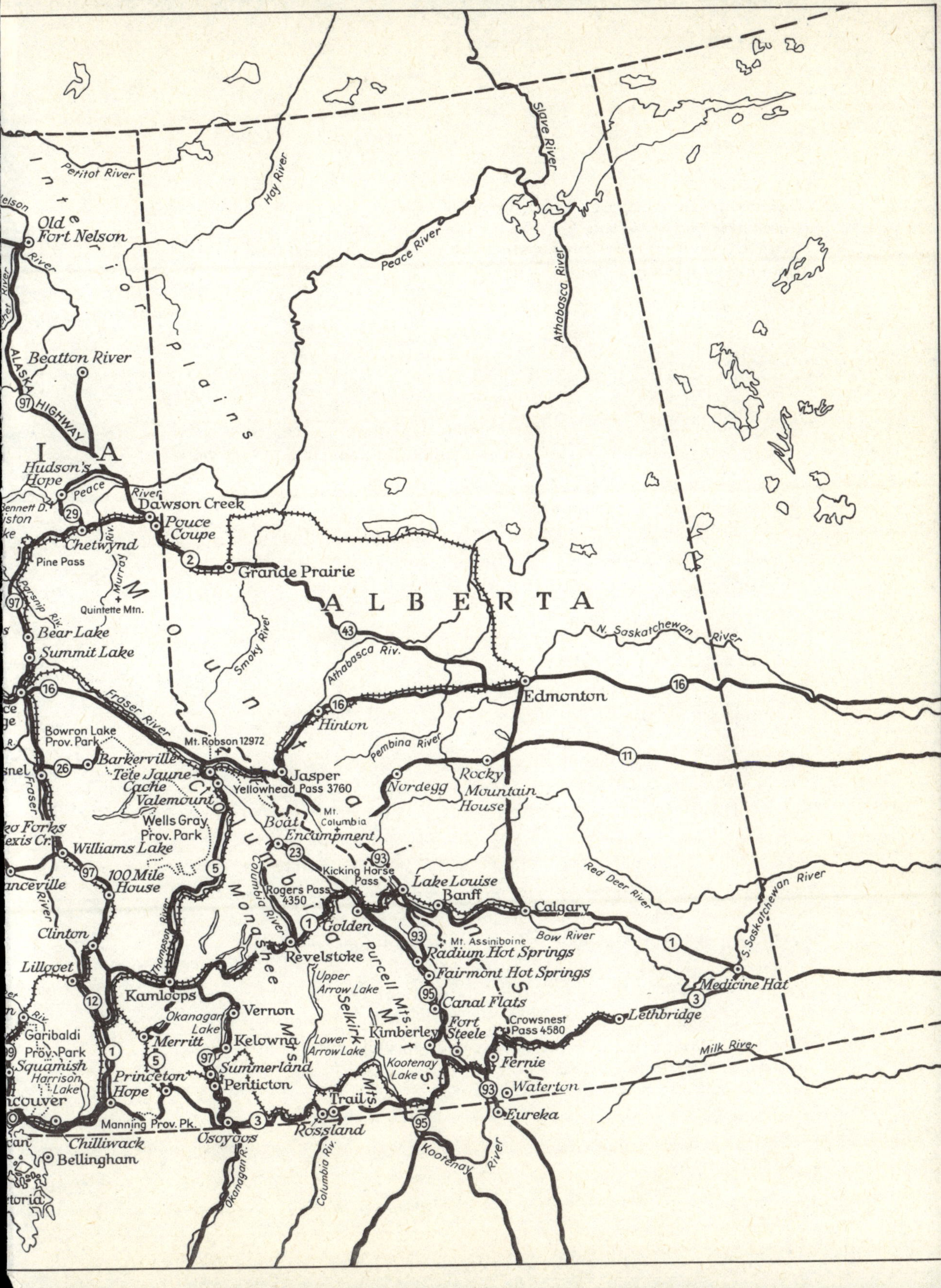
ALBERTA
Interior Plains
Columbia Mts
Monashee Mts
Selkirk Mts
Purcell Mts
Peace River
Slave River
Hay River
Athabasca River
Petitot River
Old Fort Nelson
Beatton River
ALASKA HIGHWAY
97
Hudson's Hope
Dawson Creek
Pouce Coupe
Chetwynd
Pine Pass
Murray Riv.
Quintette Mtn.
Parsnip Riv.
Bear Lake
Summit Lake
29
2
Grande Prairie
43
Smoky River
Athabasca Riv.
N. Saskatchewan River
Edmonton
16
Hinton
Fraser River
Bowron Lake Prov. Park
Barkerville
26
Mt. Robson 12972
Tete Jaune Cache
Valemount
Jasper
Yellowhead Pass 3760
Pembina River
Nordegg
Rocky Mountain House
11
Mt. Columbia
Boat Encampment
Wells Gray Prov. Park
Williams Lake
100 Mile House
23
93
5
Kicking Horse Pass
Lake Louise
Banff
Rogers Pass 4350
Columbia River
Golden
Calgary
Red Deer River
S. Saskatchewan River
Bow River
1
Mt. Assiniboine
Radium Hot Springs
Fairmont Hot Springs
Clinton
Thompson River
Revelstoke
Upper Arrow Lake
Lillooet
12
Kamloops
Okanagan Lake
Vernon
Medicine Hat
3
Canal Flats
95
Lethbridge
Fort Steele
Crowsnest Pass 4580
Kimberley
Merritt
Kelowna
Lower Arrow Lake
Garibaldi Prov. Park
Squamish
Harrison Lake
Summerland
Kootenay Lake
Fernie
Milk River
Princeton
Hope
Penticton
Trail
Waterton
Manning Prov. Pk.
Osoyoos
Rossland
Eureka
Chilliwack
Bellingham
Kootenay River
Okanagan R.
Columbia Riv.

Bildnachweis:

A. E. Johann
Department of Travel Industry, Victoria, British Columbia
Canadian National Ry., Ottawa
Canadian Government Travel Bureau, Ottawa, Ont.
Travel Alberta, Edmonton, Alta

Dieses Buch stellt die auf den neuesten Stand (von 1976) gebrachte, ergänzte und stark erweiterte Neubearbeitung des 1971 erschienenen Buches A. E. Johann: »Ein Traumland – British Columbia« dar.